WIZARD

脳とトレード

「儲かる脳」の作り方と鍛え方

Inside the Investor's Brain

The Power of Mind over Money　by Richard L. Peterson

リチャード・L・ピーターソン［著］　長尾慎太郎［監修］　岡村桂［訳］

Pan Rolling

監修者まえがき

本書はリチャード・L・ピーターソンによる〝Inside the Investor's Brain : The Power of Mind Over Money〟の邦訳である。最初に書いておきたいが、これは本当に素晴らしい相場書だ。いやけっして単なる宣伝文句ではない。私は本心で言っているのだ。本書はこの分野で今後革新的な役割を果たすに違いない。今から一〇年たったときに過去を振り返って、この本の邦訳にかかわったことを私はきっと誇らしく思い出すことだろう。

さて、マーケットで稼げるトレーダーの必須条件の議論の際によく言われることだが、それには備えるべき条件が三つあって、①優れた投資手法を持つこと、②適切なマネーマネジメントを行うこと、③最後はメンタルマネジメントに留意すること――である。

最初に挙げられた投資手法の件は、だれもが関心を持つことだし、巷にも情報があふれている。次の資金管理の件もそれが重要であるという認識が、ここ一〇年ほどで個人投資家の方の間にも急速に広まってきたようだ。

しかし、三番目の条件である精神面の管理については、それが具体的に何を指しているのか、トレーダーや投資家としては何をどうすればよいのか、これまではまったくと言ってよいほど情報がなかった。もちろん「トレードにおいて必要なメンタルマネジメントを詳細に解説した」

と称する相場書はこれまでにもたくさんあったし、そのなかにはそこからそれなりに役に立つ知見を得られるものもあった。

ところが、そのほとんどは残念なことに、書いている本人の医学的な知識があやふやであったり、一般的ではない特殊なバイアスを持ったトレーダーのケースのみを扱っていたり、はたまた書き手の力量不足で内容が整合性の取れない思いつきレベルのものであったりしたのである。したがって、たとえそれらが善意で書かれたものであったとしても、そういった本の読み手は混乱を来すか、あるいは正しく理解するのに相当の知識を要求されてきたのである。

だが、本書はこれまでにあったそれらの問題をすべて払拭してしまった。本書こそ、私たちトレーダーがメンタルマネジメントの教科書として待ち望んでいた種類のものである。私たちがこの分野で知りたかったことやトレードに必要なことのすべてがここに書いてある。本書はこれまでの類書とは明らかに一線を画す正統なメンタルマネジメントの手引書である。

著者はテキサス大学で医学を学び、その後スタンフォード大学で神経経済学を研究した学者であり、現在は資産運用会社の役員も務めている。トレーダー向けのメンタルマネジメントの解説書はまさに彼のような人物によって書かれるべきであった。

二〇一一年七月

長尾慎太郎

サラへ

君の優しさ、思いやり、そして温かさが私の世界を明るく照らしてくれる

この本を最後まで書き上げられたのも、君のおかげだ

目次

第2部　感情と投資

第4部　儲かる脳とは？

序文

「本書はあなたのために書いたのではない」。少なくとも、この一文を読んで困惑した理性的な「考え」を持った人ではなく、この一文にどうしようもない不安を「感じた」人のために書いたのだ。ただしこういった感情はだれにでも存在するのだが、それは脳の深い部分から生じ、しかも無意識であることが多い。それを認識するには、読者のみなさんが自分自身について詳しく知らなければならない。

実はそこには落とし穴がある。考えることでだれもが偉大な投資家になれるのなら、バブルもパニックも貧困も熱狂も強欲も存在しなかっただろう。しかし、私たちはこういった問題を抱えている。その理由のひとつとして、「考える脳」は約一〇万年前に進化したが「感じる脳」は人間の未発達な部分であり（ペットを見れば分かるだろう）、この二種類の脳の両立が難しいことが挙げられる。金融マーケットという荒海で両方の脳をうまく利用する方法を見つけること、それが本書のテーマである。

金融の世界では、投資判断の大半が合理的なプロセスに従っている。ただし、重要な場面ではこのプロセスが崩れてしまうことがある。個人投資家でも、ポートフォリオマネジャーでも、ファイナンシャルアドバイザーでも、トレーダーでもアナリストでも、あるいは投資委員会のメンバーでも、マーケットを動かすマインドの強い影響力を実感したことがあるはずだ。そこで本書では、二つの質問を投資家に投げかけている。いろんな投資行動に駆り立てる「非理性的な」力とは何か？　そして、その力に対処するにはどうしたらよいか？

知識だけでは良い投資はできない

良い投資をするには基本的な金融知識が必要だ。これは当たり前のことだが、「優れた」投資をするには自分自身を管理するスキルを身につけなければならない。知識だけでは十分とはいえない。マーケットの状況と自分の心の状況の両方を理解する必要があるのだ。

本書は、知識の豊富な投資家（個人投資家、ポートフォリオマネジャー、ベンチャーキャピタリスト、銀行家）、アナリスト（証券アナリスト、ファンダメンタルズやテクニカルのアナリスト）、そしてトレーダーを対象としている。本書を読んで、投資判断の際の無意識の誤り（バイアス）について学んでいただきたい。そして、心理バイアスが脳と関係していることを理解し、どのようなときにバイアスが起こるかを学び、投資判断能力を高めるテクニックを身につけていただきたい。

ただし、過ちを犯しそうなタイミングを「知る」だけではそれを防ぐことはできない。バイアスに対処できるようにするには二つの効果的な方法がある。それは、経験を積むことと、他人の例から学ぶこと。ただし、マーケットで経験を積むのは犠牲が大きい。そこで他人の例から学ぶため、本書はバイアスに負けた投資家、過ちを乗り越えた人、偉大な投資家の意思決定方法、意思決定にプラスとなる環境の作り方など、さまざまなケースを紹介する。

本書で紹介する投資バイアスに関する研究のほとんどは、行動ファイナンスの分野で行われたものである。行動ファイナンスの研究者たち、つまりこの分野のパイオニアたちは、多くの投資バイアスを見つけた。バイアスの要因は脳回路の奥深いところにあるため、無意識のうちにバイアスが投資判断に影響してしまう。神経科学、行動ファイナンス、実際の投資家の例を統合して考えると、根本的な問題とその解決方法が明らかになってくるだろう。

各章の概要

各章の初めに、私が経験したり人から聞いたりしたエピソードを簡単に紹介している。悲劇的なストーリーもあれば、励みになるエピソードもある。また、相当珍しいケースも紹介しているが、どのエピソードからも学ぶことができる。実在の人物や出来事に酷似しているケースもあるだろう。

どの章でも、①潜在意識のバイアスを見つける方法、②思考や分析によって投資プロセスを改善させるタイミングを知る方法、③自分の感情を正しく認識する方法、④意思決定プロセスを強化する方法――を説明している。

ただし、ひとつ注意していただきたいことがある。本書ではバイアスの神経的な要因に重点を置いて説明しているが、今の段階では、脳と投資行動の直接的な関係についてはほとんど証明されていない。とはいうものの、私は脳と投資行動の関連性についてできるだけ正確にお伝えしようと思う。まえがきとして、ＬＴＣＭ（ロングターム・キャピタル・マネジメント）、アイザック・ニュートン、サミュエル・クレメンズ（マーク・トウェインの本名）の過ちについて紹介し、最も一般的で基本的な投資バイアスについて検証したい。第1章では、競争の激しいマーケットで投資機会を見つけときに投資家が直面する課題を取り上げ、利益を上げるには、ほかの投資家の考え方を理解することが重要だという見解を検証する。第2章では、脳の基本的な構造を説明し、実験で使用する研究ツールについて簡単に見ていく。第3章では、経験を形成するうえで信念と期待が果たす役割について検証する。第4章では、神経化学のバランスを変え、投資判断に影響を及ぼす薬品や化学物質などを紹介し、神経化学の分野に足を踏み入れる。

第2部では、判断に影響を及ぼすさまざまな感情について調べていく。第5章では、投資判断における直感と本能の重要な役割を説明する。第6章では、恐怖、興奮、怒り、悲しみといった感情が投資判断のバイアスになる例を紹介する。第7章では、強い興奮や強欲の原因と投資に及ぼす病的な影響を分析する。第8章では、成功を重ねていくうちに自信過剰や傲慢な態度が生まれ、それがいかに危険であるかを説明する。第9章では、不安や恐怖が投資判断に及ぼす影響を検証する。第10章では、特にストレスと燃え尽き症候群に的を絞って見ていく。第11章では、デイトレーダーや質の悪い機関投資家が陥るギャンブル依存症について取り上げる。そして第12章では、偉大な投資家に見られるパーソナリティーを調べる。

第3部は、認知（思考）バイアスについて検証する。これらのバイアスは感情によって生じるが、その根底にある感情のメカニズムに関するさまざまな研究が行われている。第13章では、意思決定の原則について簡単に説明し、結果の大きさ、確率、あいまいさに関する情報がバイアスになるケースを紹介する。第14章では、フレーミングが判断に及ぼす影響を見ていく。第15章では、プロとアマの両方の投資家に見られる損失を確定することを回避（「損を長く持ちすぎる」）する特徴を検証する。第16章では、現在価値の算出における時間の認識が投資においてバイアスになる様子を見ていく。第17章では社会的影響と集団行動の過程、そしてそれが投資判断と投資委員会に及ぼす影響に触れる。第18章では、チャート作成やデータマイニングの際に陥りやすいワナについて説明する。第19章では、投資家に影響を及ぼす注目と記憶のバイアスについて説明する。第20章では、投資リスクをとるときに見られる性別や年齢といった生物学的な違い、および西洋と東洋の投資家の文化的な違い（限定的ではあるが）について調べる。

第4部では、実際にバイアスに対応する方法を紹介する。第21章では、バイアスを和らげるためのエクササイズについて簡単にまとめる。第22章では、投資の際の感情管理について深く掘り下げていく。第23章では、心理的な投資戦略、そしてマーケットの価格に見られるバイアスを利用する方法を説明する。

謝辞

本書を書き上げるのに数年かかった。そのため実に多くの方々が作成にかかわってくださり、言葉では表しきれないほどのサポートを受けた。愛情を注ぎ、励ましてくれた家族や友人に感謝したい。特に、常に楽観的で忍耐強い妻のサラには心から感謝している。

多くの研究者の方々の努力があったからこそ、本書でさまざまな研究や調査について紹介することができた。彼らの熱意と情熱がなければ、われわれ人間の知識はこれほど向上しなかっただろう。

多くの研究者が長年にわたって論議を重ねてきたおかげでそのアイデアを共有することができ、本書の考え方に取り入れさせていただいた。ブライアン・ナットソン教授は私の偉大な師であり、彼から学ばなければ本書の完成にこぎつけることはできなかっただろう。また、多くの神経科学者の方々にもお礼を述べたい。寛大なるチン・ハン・リン教授は「蘇州ギャンブリング・タスク」の興味深い研究結果を提供してくれた。キャリー・アルメル博士は顔面筋電図の基本的な知識を教えてくれた。ポール・ザック教授は経済行動学と生物学の共通点に関する広い見解を示してくれた。ヒルキ・プラスマン、スコット・ヒュッテル、ポール・スロビック、グレッグ・バーンズ、エルケ・ウエーバー、アーネスト・バラット、そしてジャミール・バンジ教授は、インタビューや討論に時間を割いてくださり、しかも励ましをいただいた。

ファイナンス面では、リチャード・ピーターソン（私の父）に感謝したい。父は私が小さいころからマーケットについて教えてくれ、ファイナンスに関する論議をともに楽しんできた。カメリア・クーネン教授は、行動ファイナンスとニューロファイナンスの限界と強みについて見解を提供してくださった。ハーシュ・シェフリン、マーク・シーショールズ、デビッド・ラインウエーバー、チャオフィイ・チャン、アンドリュー・ロー、ハンク・プルーデン教授は、行動ファイナンスおよび行動投資戦略の基本的なアイデアを理解できるように（正直に言うと、今でもまだ理解が不十分なのだが）ご教示くださった。ボブ・オルセン教授が編集された『ジャーナル・オブ・ビヘイビアル・ファイナンス』の論文は、実社会における心理バイアスの影響について深い考察を与えてくれた。

投資心理学者のフランク・マーサ、ダグ・ヒルシュホルン、デニス・シュル、フラビア・シンバリスタ、オールデン・カス、ジャニス・ドルン博士が提供してくれた非常に興味深いケースは、本書の作成に大いに役立った。またパフォーマンス・サイコロジストのハワード・フライシュマン博士には、自己啓発に関する章を執筆する際に貴重なアドバイスをいただいた。

マイケル・モーブッシン氏との議論や氏の本や論文から、資金管理の心理的側面について知ることができた。また、金融の世界で大活躍をしているデビッド・ストロング、マーティン・オースター、カルロ・キャネル、パトリック・アカシオ、ラファエル・ドローウィー、ショーン・フェラン、ファリス・フィッチ、ダン・ビール、ジョン・カマック、ビル・ミラー、アーノルド・ウッド、ダン・ケース、そしてエミリー・ウォン。彼らの素晴らしい見解を本書に取り入れさせていただいた。多くのファイナンシャル・アドバイザー、シャーリー・ミューラー、ケン・ワイナンズ、マイケル・ローレン、サントーシュ・ケニ、アーディル・ユスフザイ、マイケル・マックダナウ、ニティン・ビルラ、そしてアンディ・バイヤーの考えも参考にさせていただいた。

前向きで熱意あふれる友人であり、心理療法の師でもあるトム・サミュエルは、この本を四〇時間で書き上げてみせる、と恥ずかしながら豪語していた私を常にサポートしてくれた。リチャード・フリーゼンはいつも私を励まし、私を落ち着かせてくれた。

ワイリー社のエミリー・ハーマンの支援と忍耐なくして本書は存在し得なかっただろう。パメラ・バン・ギーセンとビル・ファルーンは、本書を出版するというビッグチャンスを私に与えてくれ、ワイリー社のクリスティーナ・ベリガンは私の執筆が順調に進むようにサポートしてくれた。

最後になったが、さまざまなストーリーを提供してくださったたくさんの投資家の方々にお礼を申し上げたい（匿名や仮名で紹介させていただいた）。悲劇的なストーリーであれ、素晴らしい成功物語であれ、投資家のマインドを探るうえでの確かなロードマップとなった。読者の方々は、これらのストーリーをハイパフォーマンス実現のヒントとして、方向を見誤ることなく投資を進めてほしい。

リチャード・L・ピーターソン

はじめに

まず、ファイナンスの過ちとして有名な三つの出来事、一九九〇年代後半のＬＴＣＭ（ロングターム・キャピタル・マネジメント）の破綻、アイザック・ニュートンと南海バブル、そしてサミュエル・クレメンズ（マーク・トウェインの本名）と一八六〇年代の銀の熱狂をご紹介したい。投資の失敗からは学ぶことが多い。失敗の原因には、会計関連のミスや景況判断の誤りだけでなく、マーケット参加者の誤った判断といった心理的なミスも考えられる。これから三つのストーリーを紹介するが、主人公たちの成功、自信、成長がそれぞれの役割判断にどのように影響したかに注目してほしい。

強靭ではなかった鉄のブレーンたち

一九九四年二月、当時としては史上最も高い評価を受けたヘッジファンドが誕生した。その名はＬＴＣＭ。ファンドのパートナーには著名な学者や成功を収めたトレーダーが名を連ねていたが、ＬＴＣＭは秘密裏に運用されていた。金融界でも学界でも有名で、ノーベル経済学賞を受賞した（一九九七年）マイロン・Ｓ・ショールズとロバート・Ｃ・マートンも取締役会に加わっていた。

ＬＴＣＭの創設者はジョン・メリウェザー。『ライアーズ・ポーカー』（パンローリング）の著者であり、一九八〇年代後半にソロモン・ブラザーズでメリウェザーの同僚でもあったマイケル・ルイスによると、「私が思うに、ジョンは、普通のトレーダーには破壊的だと思われる二つの感情――恐怖と欲――をコントロールする能力にたけており、この能力によって彼は、自己の利益を執拗に求めることができたのだ」[1]。メリウェザーは自分の感情を隠すことができるだけでなく、優れた知性の持ち主としても認められていた。

さらにメリウェザーは、マーケットに対する自分の見解に自信を持っていた。マーケットが自分に有利に動いていると考えたら、投資金額を増やした。数学によって証券やオプションの適正価格を導き出した。自分の価格評価モデルが間違っていても、時間がたてば適性価格に戻るだろうと確信していたのだ。

ＬＴＣＭの創設は、当時としては史上最大規模だった。世界中から一二億五〇〇〇万ドルを調達したのだ。ＬＴＣＭの成功報酬の水準は業界平均を上回っていたが（利益の二五％）、設立後四年間の利益はその成功報酬の水準でも納得できるほど大きかった。一九九四年に一ドル投資した人は、一九九八年四月には二・八五ドルの利益（手数料差し引き後）を手にしていた。

ところがＬＴＣＭにとって不運なことに、数学の才能だけでは一定の利益を維持することができなくなった。ほかのトレーダーたちがＬＴＣＭの戦略を解明してそのトレードに便乗すると、ＬＴＣＭの収益性が低下してきたのだ。ＬＴＣＭの数学者たちは、自分たちの基本モデルを適用できる新しいマーケットを探し、新しいマーケットでもこれまでと同じように運用できると決めてかかった。やがて欲が強くなり、高いリスクをとり、ポジションを大きくしていった。共同設立者たちは当初の投資家の持ち分の大部分を買い上げたので、ファンドとの利害関係が大きくなっていた。

一九九八年四月、ＬＴＣＭのパフォーマンスは急降下し始めた。四月から九月までの五カ月間に、ＬＴＣＭは資産の九〇％を失い、一三兆円の追証に対応できなくなってしまった。ウォール街の大手銀行の多くは薄い担保でＬＴＣＭに有価証券を貸しており、また引かされているポジションを解消してファンドを解約すれば、膨大な被害になるという脅威に直面した。

一九九四年に投資した一ドルは一九九八年九月には〇・二三ドルの価値にまで下がっており、ファンドの崩壊によって世界金融システムが破綻することが懸念された。[2] 財政上は、ＬＴＣＭの崩壊は非流動的なポジションに大きなレバレッジをかけたことが原因であったが、なぜこのようなことになってしまったのだろうか？

同ファンドに関する報道では、急激な崩壊の根本的な原因は心理的なものにあるとの見解を示していた。何年も成功を収めた結果、強欲、自信過剰、傲慢が生じて投資判断に影響を及ぼし、コミュニケーション不足を生み出したのだ。数学の才能は短期的には良いパフォーマンスを上げたが、「心の知能指数」が不十分だった。

大衆の熱狂を計算する

アイザック・ニュートンは歴史上最も影響力を持つ科学者の一人であり、古典物理学（ニュートン物理学）を確立させた。彼は、地上での物体の運動と天体の動きを同じ数学的学説で論証した。またニュートンによる光や音の調査は、その後の数々の物理学者たちの研究の基盤となった。ところが残念なことに、ニュートンは、その科学的な洞察力を投資判断に生かすことができなかったようだ。それどころか、彼は株式バブルで多くの財産を失ってしまった。

一七〇〇年代初めのイギリス上流階級の多くがそうであったように、ニュートンも、一七二〇年、南海会社の株式を取得した。南海会社は、①南アメリカのスペイン植民地との貿易権を取得すること、②イギリス政府の負債の一部を引き受けること――を目的として設立された。当初はイギリス政府の優遇もあり、合法的かつ収益的な独占事業を行っていた。さらに、事業に対する期待から、イギリス株式市場で資金を調達することができた。ところが南海会社の成功を受け、やがてライバル会社が次々に誕生してその独占状態が脅かされるようになった。

南海会社に便乗して投機事業を提供する株式会社が登場し、株式の売却によって資金を調達し始めた。一般大衆の間にも投機熱が高まり、株価が急騰した。新たに設立された株式会社の詐欺的な販売促進行為が当局の目にとまるようになり、一七二〇年六月、無許可の会社が株式を発行するのを防ぐ法案（「泡沫会社規制法」）が成立した。ところが規制法成立後も、株式会社は株式を発行し続けた。こんな事業広告まで登場した。「大きな利益を保証するが、その内容についてはだれも知らない会社」[3]

一七二〇年夏、ニュートンは株価の暴落を予測し、南海会社の株式を売却して七〇〇〇ポンドの利益を手にした。ところがその後、南海会社の株価が上がり続けるのを見て、もっと高い価格で買い直した。株価が急降下してもまだ持ち続けていた。やがてパニック売りが起こり、バブルが崩壊した。一七二〇年八月、事態が沈静化したときにはニュートンは二万ポンドも損を出していた。この失敗を受け、彼は次のように述べている。「天体の動きなら計算できるが、大衆の熱狂までは計算できなかった」。利益の機会を失いたくないと考えたニュートンは、急上昇している株に手を出し、結果的には資産のほとんどを失ってしまった。

マーク・トウェインと銀の熱狂

著名な作家でユーモアのあることでも知られるサミュエル・クレメンズ（マーク・トウェインの本名）は、国内外を問わず、一九世紀後半のアメリカで最も人気のある作家の一人だった。[4]鉱業株バブルでのクレメンズの経験談は、投機熱に関する最もユーモラスなストーリーのひとつだと言えるだろう。

南北戦争が始まるとクレメンズは南部軍に従事したが、その後、兄が書記官を務めていたネバダ準州へと向かい、バージニアシティーで記者の仕事を見つけた。バージニアシティーは、ネバダで金銀の採掘が最もさかんな地域であった。採掘隊が次々に荒野に向かうのを羨望のまなざしで見つめ、すぐに銀のとりこになった。[5]

クレメンズと二人の友人は、鉱脈を探しに山に向かった。クレメンズによると、彼らは「ワイルドウエスト」と呼ばれる銀脈をすぐに発見し、所有権を主張した。所有権を得た晩は、途方もない富を手にできることに興奮して眠れなかった。「その晩は、眠ろうなんてバカげたことを考えた人はだれもいなかった。ヒグビーと私は真夜中に床についたが、横になっているだけで、あれこれ頭の中で思いを巡らせていた」[6]

銀脈発見から数日たっても興奮と混乱が冷めやらず、クレメンズと二人のパートナーは銀を掘り始めようとしなかった。しかしネバダの法律では、一〇日以内に作業に取りかからなければその権利を取り上げられることが定められていた。ちょっとした不注意からクレメンズは所有権を失い、一獲千金の夢は一瞬にして消え去ってしまった。

ところがクレメンズはうわさを聞きつけ、まだチャンスがあることを知った。鉱脈を見つけた人のなかに、ニューヨーク市に株を売って採掘作業の資金を調達していた人たちがいたのだ。一八六三年、記者の仕事などをしながらクレメンズは鉱山株を買い集めた。株で確実に利益を上げるため、彼は、持ち分の価値が合計で一〇万ドルになった時点、またはネバダの有権者が州憲法を承認した（長期的な価値が低くなるだろうと考えたのだ）時点のどちらかで売ろうと計画した。

一八六三年、相当な「含み益」を抱えたクレメンズは記者の仕事を辞めた。サンフランシスコに移り、ぜいたくに暮らそうと考えた。新聞で銀鉱山の株価をチェックし、金持ちになった気分を味わった。「最高のホテルに泊まり、高級な服を見せびらかし、オペラを見に行った。私はチョウになりたいと思っていた――ようやくその夢がかなった」[7]

ネバダが州として認められても、計画に反してクレメンズは株を持ち続けた。銀鉱山株の熱狂が何の前触れもなく急に冷めると、彼は自分が失敗したことを悟った。

「おめでたい大バカ者の私は、金を湯水のように使い、自分に不幸など降りかからないと思い込んだ結果、借金を払ったら手元には五〇ドルも残っていなかった」[8]

クレメンズは、また記者生活に戻らざるを得なくなった。しかも数年は薄給だった。一九世紀後半に偉大な作品と講演活動で大成功を収めたあとでも、賢い投資は苦手だった。晩年も多額の借金を抱えていたため働く必要があり、家族を養っていくにはもっと働かなくてはならなかった。

ネバダが州になったら銀鉱山の株を売る、という計画を立てていたにもかかわらず、急に大きな利益を抱えたため、自分は絶対に負けないという過剰な自信が生まれた。そこで計画を変更し、マーケットのファンダメンタルズを無視し、ほぼ全財産を失うという結果になってしまったのだ。

鉱山株の熱狂に負けたアメリカ人は、クレメンズだけではなかった。それから数十年後の一九〇〇年代初め、『ザ・ワールズ・ワーク』という投資月刊誌は、鉱山株についてのアドバイスを求める投資家からの大量の手紙に悩まされた。同誌は次のように答えている。

「鉱山株に関しては、感情があまりに大きな影響力を持ちすぎている。鉱山株に熱狂し、利益を求め、そして簡単にだまされてしまっている。冷静で常識ある賢明な投資家は、このような投資には手を出さない」[9]

つまり、マーケットの熱狂の対象が変わっても、投機家の心理はいつの時代も変わらないのだ。数学の天才でノーベル賞受賞者も（ＬＴＣＭのケース）、科学の天才も（ニュートンのケース）、創造力あふれる作家も（クレメンズのケース）、投資の過ちから逃れられない。本書で紹介するように、栄誉と成功は投資の邪魔になることがある。これらの三つのケースでは、明らかな警告サインがあったのに自信過剰になり、リスクを無視し、賢明な資金管理ができなくなってしまった。そして損失に直面してもそれを避ける行動を起こさなかった。

プロであっても、大多数の投資家はマーケットを上回る成果を上げられない。その理由は、たいがい前述の三つのケースに似ている。お金が絡むと、感情が理性を圧倒してしまう。好況時には、投資家はそれを当たり前だと思ってリスクに備えない。ところがマーケットが反転しても注意を払わず、株価が戻ることを期待したり現状を無視したりしてポジションを長く持ちすぎてしまうのだ。

神経経済学の役割とは？

神経経済学の世界には、投資家の行動を調べる画期的なテクノロジーがある。研究者は脳機能の変化をリアルタイムで観察し、意思判断プロセスを正確に特徴づけることができるのだ。研究者が脳についてより深く理解できるようになったため、人間の投資判断について興味深いさまざまな事柄が明らかになった。

「ニューロファイナンス」とは、神経経済学によって投資活動を研究する学問のことである。金融学、心理学、経済学、そして神経経済学の共同研究者たちは、人が最適でない投資判断を下す理由とそのプロセスを解明しようとしている。さらに近年では、臨床心理学者、精神科医、神経学者の努力によって、さまざまな治療法を利用して「神経の」バイアスを正す方法が明らかになっている。

第1部

脳に関する基礎知識
――マインドとマネーの交差点

第1章　マインドとマーケット——競争上の優位性を見つけるには

「もし市場が常に効果的だったら、今ごろ私は、街角で物ごいをしているだろう」——ウォーレン・バフェット

金融市場では毎日何兆ドルものお金が行き来しているが、アクティブな投資家の多くは、競争上の優位性を見いだすことができない。心理バイアスの影響を受けやすく、投資判断に支障を来し、ひいてはその収益性を低下させる。そこで、インターネット時代のデイトレーダーの運命について考えてみたい。

一般的にデイトレーダーというのは、一日のわずかな値動きや微妙なトレンドから利益を上げることを目的としており、その多くは、トレーニングを受けたり経験を積んだりした金融のプロというわけではない。独立したいとかハイリターンを得たいとか期待して、ほかの職種から転向してきた人もいるだろう。

一九九八年、北米証券管理協会（NASAA）の出資によって行われた調査では、ランダムに二六人のデイトレーダーの口座を選び、それを分析した。一九九八年はデイトレーダーにとって絶好の年であり、S&P五〇〇が二六％も上昇した。それにもかかわらず、この調査は悲観的な結論を導いていた。「二六の口座のうち一八の口座（七〇％）が損を出した。さらに注目すべきことに、これらの一八の口座は『破綻確率一〇〇％』の手法でトレードしていた」。この破綻確率とは価格変動に基づく統計確率であり、その口座が翌年破綻する確率を示している。調査報告では、「短期トレードで利益を上げられるのは、二六の口座のうち三口座のみである」と指摘している。[1]また、トレーダーのほとんどは自ら利益を制限して損失を増大させている、と結論づけ、「これは破綻への確実な方法である」と述べている。[2]

一九九〇年代の後半に損失を出したのは、アメリカのデイトレーダーに限った話ではない。台湾証券取引所のデイトレーダーたちを分析したところ、トレーダーの利益は取引コストを補うには足りていなかった。「六カ月という一般的な投資期間で見ると、一〇人のデイトレーダーのうち八人が損を出す」。短期のFXトレーダーも、デイトレーダーと同じような割合で損を出す。二〇〇五年、アメリカ最大の外国為替ディーラーのひとつであるフォレックス・キャピタルマーケッツ（FXCM）のドリュー・ニブCEO（最高経営責任者）は、ウォール・ストリート・ジャーナル紙に「FXのデイトレーダーの一五％が利益を上げていたら、それは驚くべきことだ」との所見を述べている。[3]

短期トレードは、平均すると勝ち目がないように見えるが、アメリカでも台湾でも、常に利益を上げているデイトレーダーもいる。台湾に関しては、「過去のパフォーマンスが優れているトレーダーは高い利益率を継続している。彼らが買う銘柄は売る銘柄よりも、一日当たり六二ベーシスポイント（〇・六二％）高い」[4]。デイトレーダーのほとんどは、この少数派の仲間入りすることを目指しているが、誤った意思決定からそれを達成できないでいるのだ。

デイトレーダーの多くが優れたパフォーマンスを上げられない根本的な原因とは何だろうか？　数人のリサーチャーが、ある大手ディスカウントブローカーの顧客たちの毎日のトレード記録と毎月のパフォーマンスを分析した。六万六四六五の口座について二〇〇〇万を超える普通株式取引を含む一〇年間のトレード記録を調べ、株式ポートフォリオの回転率に基づいて口座を五つのグループに分けた。最もアクティブにトレードしている投資家グループは、平均口座よりも、平均年間純利益が七・七％も低かった[5]。この調査から、過度な株式回転率とそれに伴う取引コストはパフォーマンスの低下に結びついていると思われる。

利益率が低いというのは、単にトレードのしすぎというだけでなく、誤った銘柄選択にもよる。個人投資家の利益率が低い原因として、心理バイアスが投資判断に支障を来していることが挙げられる。前述とは別の調査では、一六万二〇〇〇件の普通株式取引を含め、一万もの取引口座の六年間のトレード記録について分析をした[6,7]。保有して損を出した銘柄と売却して利益を上げた銘柄のパフォーマンスを比較したところ、売却の一年後、保有して損を出した銘柄は売却して利益を上げた銘柄よりも、平均すると利益率が三・二％低かった[8]。つまり、多くの投資家が勝ち銘柄を早く手放し、負け銘柄を長く保有していることが分かる。

バンガード・グループの創始者であるジョン・ボーグルは投資信託の利益率について広範囲に調査を行い、一九八三年から二〇〇三年にかけて株式市場は年間一三％上昇したが、投資信託の平均利益率は一〇％で、投資信託の投資家は六・三％の利益しか上げていない、と算出した[9]。また、投資信託の平均的な投資家のパフォーマンスはインフレ率を下回っている、と結論づけた研究者もいる[10]。

投資信託のマネジャーの投資判断は、心理バイアスの影響を受けやすい。投資信託のパフォーマンスを一九七五年から一九九四年にかけて分析した調査によると、純利益レベルで、さまざまなマーケット指標を年間一％下回っていることが分かった[11]。この原因のひとつとして、ファンドマネジャーがトレードをしすぎていることが挙げられる[12]。さらに、投資信託の運用報酬が高ければ高いほど、パフォーマンスは低くなる。投資信託というのはロス－ロスになる宿命のようだ。いくらあなたがトレードのしすぎをコントロールできたとしても、あなたの投資信託のマネジャーはトレードのしすぎをコントロールできないだろう。

投資信託の大多数がベンチマークを下回っているが、三～四％の投資信託は常にハイリターンを維持している[13]。こういったスターたちが一貫して成功を収めているというのは、ごく少数のポートフォリオマネジャーには「適切な資質」が備わっている、と言えるだろう。そこで第

12章では、スターパフォーマーたちの心理的な特性に迫りたい。

平均して、投資信託のマネジャーも個人投資家も、心理バイアスによって、マーケットを大きく下回るパフォーマンスを記録してしまう。トレードのしすぎとそれに伴う取引コストも、パフォーマンス低下の一因である。LTCM（ロングターム・キャピタル・マネジメント）やニュートンやクレメンスなど、本書の「はじめに」で紹介した「セレブリティ」の不幸の陰には、そのほかの過ち――負け銘柄を長く保有しすぎた、事前に決めておいたリスク管理計画に従わなかったなど――も見え隠れしている。すべての投資家がバイアスの影響を受ける宿命にあるわけではない。経験を積めば、バイアスは大幅に緩和され（あるいはバイアスにとらわれない選択ができ）、その結果として利益増につながる。[14] また、判断を下すときに価値のあるものがリスクにさらされない場合には、バイアスは弱まる。最高のパフォーマンスを記録する金融のプロのなかには、実際には意思決定をする必要がない人たちがいる。それは、株式アナリストだ。

アナリストとダーツ盤

投資信託と個人投資家のほとんどは、マーケットの動きを把握するのに日々苦労しているが、株式アナリストの売買推奨は、一般的に精度が高い。ノーベル経済学賞受賞者のポール・サミュエルソンは一九六七年、アメリカ上院委員会で、「一般的な投資信託は投資信託の所有者に何の価値も提供していない。ダーツ盤にダーツを投げているほうがまだましだ」と断言している。サミュエルソンの主張は、新聞の株式欄にダーツを投げて選択した銘柄と、プロの株式アナリストが選択した銘柄とではどちらがよいか、という論争を刺激した。主要なビジネス紙もこぞってコンテストを開催し、スウェーデンの新聞はチンパンジーにダーツを投げる練習までさせた。最も高い評価を受けたのは、ウォール・ストリート・ジャーナルが一九八二年から二〇〇二年にかけて実施したコンテストである。

六カ月にわたって一四二回ものコンテストを行った結果、プロの推奨はダーツで決めた銘柄のリターンを大きく上回り、六カ月の平均リターンは一〇・二％であった。ダーツのほうの半年平均リターンは三・五％だったのに対し、ダウ平均は五・六％上昇した。[15][16]ということは、株式アナリストの推奨は投資家にとって非常に価値あるものだと考えられる。ところが、プロの推奨は、個人投資家にとって有利に働かなかった。アナリストの銘柄推奨は、前日の終値から平均四％も乖離して翌日寄り付いたのだ。[17]アナリストの専門知識があまりに広く伝わり、その優位性が薄れてしまったからだ。

一般的に言って、プロの株式アナリストの「ストロングバイ」推奨は「ストロングセル」推奨よりも、年間ほぼ九％優れている。[18]ところが、アナリストのアドバイスに基づいて投資すると、回転率も取引コストも高いため、こういった戦略の超過リターンはマーケットリターンを大して上回ることはない。アナリストの予測はすぐに株価に組み入れられるうえ、見解が変わるたびに取引コストも生じるため、超過リターンを維持することができない。

バイサイドの多くは社内アナリストを擁しているため、その見解をすぐに得ることができる。またヘッジファンドのなかには、高い手数料を支払っているところもあり、大手ブローカーのベストアナリストの「先行」意見を獲得できる。報酬が高いため、優秀なアナリストはヘッジファンドで働き、その意見は企業秘密として厳重に守られる。

これは、個人投資家にとってどのようなことを意味するのだろうか？　結局、優位性を持ちたいと思ったら、みずからが株式アナリストになるしかないのだ。そのための第一ステップとして、まず、アナリストの思考方法を学ぶ必要がある。

予測の精度を高める

アナリストというのは、有望な株価の動きを予測する術にたけている。カリフォルニア州サンマテオに本社を置く投資信託会社であるフラー・アンド・セイラー・アセットマネジメントのポートフォリオマネジャーであるラッセル・フラーは、「市場平均よりも収益率が高いと予測できるすべてのアルファの源泉だ」と記している。[19]「アルファ」とは、ベンチマークを上回る収益率（超過収益）のことを指す。通常は、ファンドが購入しようとしている銘柄と似通ったサイズ、伸び率、または価格特性を持つ株価指数がベンチマークとなる。

　では、投資家は、どのようにしたら予測の精度を高めてアルファを高めることができるだろうか？　フラーによると、投資家は、次の三つの強みのうちのひとつを生かせばよい。一つめは、企業のファンダメンタルズやマーケットについて、自分にしか分からない情報をつかむこと。そのためには、企業の成長予測、収益力、製品の実用性、あるいは経営陣などについて徹底的な調査を行うとよい。

　フラーが提唱する予測の精度を高めるための二つめの方法は、情報の処理の仕方がカギを握っている。企業のファンダメンタルズと、コンピューター化された定量的な情報処理に基づく財務データのなかに、数学的な予測関係を見いだすことができるだろう。これに、プロによる分析が加わると、企業データの予測関係を引き出すことができる。

　そして三つめの方法は、投資家の行動バイアスを理解することである。行動バイアスが生まれる原因は、①投資家が富を最大限にできない、②投資家が精神的なミスを組織的に犯す――ことにある[20]。行動バイアスが株価に及ぼす影響を知るには心理学の知識が必要だが、それを知るのは非常に有益だ。フラー・アンド・セイラーのポートフォリオは、創業以来、平均ほぼ四％のアルファを記録しており[21]、これを模倣した「行動ファイナンス」ファンドが多く生まれるきっかけとなった。

　本書では、予測の精度を高めるためにそれぞれの方法について説明していく。これをマスターすれば、特に、分析とモデリングの際に生じるミスを見つけ、それをなくすことができるようになるだろう。第8章で取り上げる企業経営陣のバイアス「自信過剰」は、ファンダメンタルズのアナリストに大いに役立つだろう。また、第18章で説明するデータの解釈ミス（自己欺瞞）は、定量分析やテクニカル分析に有効だ。本書の大半は、行動バイアスについて述べている。行動バイアスを投資戦略に生かすには、大多数の投資家に影響を及ぼすバイアスを見つけ、それが価格パターンにどのように現れるかを見極める必要がある。

「集団の知恵」

「投資家が不合理であればマーケットは合理的に動く。そのため、効率的な価格形成には多様性が欠かせない。投資家の意思決定ルールが多様であれば──たとえ準最適であっても──誤りは相殺され、マーケットは適正な価格を示す」──マイケル・モーブッシン『投資の科学』（日経BP社）[22]

マイケル・モーブッシンは、レッグ・メイソン・キャピタル・マネジメントのチーフ・インベストメント・ストラテジストであり、コロンビア・ビジネススクールで教鞭も執っている。また、複雑な応用システム理論と行動ファイナンスの要素を自身の投資哲学に取り入れたことでも有名だ。彼は、その哲学のひとつを「集団の知恵」と名づけた。総意の市場価格よりも個人（専門家ならなおさら）のほうが「正しい」株価を予測する能力にたけている、ということを指摘するたくさんの論文を見つけたのだ。

ポットのなかのジェリービーンズの数、牛の正確な重さ、あるいは爆弾が落とされる場所などのように、さまざまな答えが考えられる問題を尋ねられると、人は予測の精度が低くなる（専門家ですらそうだ）。回答者の予測を平均すると総意が得られ、それは信頼性も正確性も最も高い問題解決となるケースが多い。いろいろな意味で、株式市場は未来の経済に関する集団予測であると言えよう。

モーブッシンいわく、人はマーケットにおいて合理的に行動することができず、株価が常に均衡を保つことなどありえず、また株価の変動は正規分布ではないことから、マーケットというのはまさに「複雑適応系」だと言える。複雑性を前提とすることで、現実世界の問題を考慮することができる。つまり、マーケットは限定合理的な主体で成り立っており（個人の行動は心理状態によって左右される）、不均衡状態であり（新たな情報がなくても価格は不安定）、価格変動は「ファットテール」を持つ（予想よりもはるかに多くの大きな価格変動が生じる）。

モーブッシンも指摘しているように、株式市場には決まった形や時間枠というものはない。金融市場では、価格が売買主体に情報を与えるとともに、その行動に影響を及ぼしている。。投資家が「情報カスケード」に依存してお互いの行動をまねると、市場の多様性（または効率性）が失われる。つまり、市場参加者が情報カスケードに依存すると、独自の考えを持たず、周囲から得られる同じシグナルに基づいて同じ判断を下すことになってしまう。

モーブッシンの見解から、いくつかの結論を導き出すことができる。まず、市場での優位性を得るには、「多様性の崩壊」を見つける必要がある。多様性の崩壊とは、新しい情報に対する集団の過剰反応または過小反応のことであり、不適正な価格を引き起こすが、やがてそれを自ら修正する。価格設定が不適正でそれが崩壊するときに、投資利益が生まれるのだ。

研究者たちが一律の売買を引き起こす脳の活性化パターンを見つけたら、一見もっともらしい脳のメカニズムと多様性の崩壊とを関連づけることができたかもしれない。モーブッシンが指摘しているように、「個人が非合理的かどうかが問題ではなく（個人は非合理的なのだ）、個人が同じタイミングで同じように非合理的なのが問題なのだ」。彼はさらに続けて述べている。「個人の行動の落とし穴を理解すれば投資判断を向上させることができるかもしれないが、集団力学を正しく認識することは、マーケットを上回るパフォーマンスを上げるカギとなる」[23]

多様性の崩壊などめったに起こらないと思われるかもしれないが、実は、金融市場では毎日のように起こっている。生物学的人間は生物学的に共通の「ハードウエア」を持っているため、環境から共通の影響を受けやすい。集団の思考を左右する環境要因というのは公然のもの（ニュースリリースなど）かもしれないし、意識下のレベルにあるかもしれない。また、自然のサイクル（日光量の変化など）や気象事象（厚い雲や磁気嵐など）も、集団の心理や行動に変化をもたらす。こういった集団レベルでの感情や思考の変化は、市場価格の変動にさまざまな影響を及ぼしてきた。

天候と心理の関係

暦と気象が市場価格に及ぼす影響は驚くほど大きく、人間の意識下に作用する。投資行動に影響を及ぼす短期的な自然事象は、六つの分野——①日中の日照時間、②睡眠パターンの中断、③異常気温、④月の満ち欠け、⑤電磁波の嵐、⑥風の強さ——で起こる。また、投資行動に影響を及ぼす長期的な生物学的事象として、季節ごとの日照時間の変化が挙げられる。

オハイオ州立大学ハーシュライファー教授は、朝の日照と株式リターンには相関性があることを発見した[24]。彼は一九八二年から一九九七年にわたり、世界中の二六の株式市場指数を調べ、特にその国最大の株式市場がある都市の晴れの日と曇りの日に注目した。「ニューヨークでは、快晴の日のマーケットリターンは年率ほぼ二四・八％だったのに対し、曇りの日は八・七％だった」と、日照が投資家の心理に影響を及ぼしていることを実証している。気分が高揚すると、投資家はリスクを回避したいという気持ちが弱まり、買う可能性が高くなるのだ。

カムストラ、クレーマー、レビ（二〇〇三年）は、株式リターンと季節には強い相関性がある、としている。北半球については秋分（九月二一日）から春分（三月二一日）までの六カ月間、南半球についてはその逆の六カ月間の株式市場のパフォーマンスを調べたところ、株式市場は、夏は低迷、冬は順調であることが分かった。例えば、オーストラリアのシドニー（北半球が冬の時期に、最も日照時間の長い最も南に位置する主要なマーケット）とスウェーデンのストックホルム（夏に最も日照時間の長い最も北に位置する主要なマーケット）では、どちらも、五〇％のリターンを記録した。一九八二年から二〇〇一年にかけて、この等金額ポートフォリオは年平均一三・一％のリターンであった。世界中で曇りの日に投資したところ――つまり、ストックホルムでは九月から三月、シドニーで三月から九月に投資したら――、その年平均リターンは二一・一％であった（これと逆の戦略では五・二％だった）。研究者らは、生物の季節的感情障害（ＳＡＤ）によってリスク選好が変わり、その結果として全体レベルの投資行動に大きな影響を及ぼす、との仮説を立てた。[25]

また、ゴッツマンとズー（二〇〇二年）は、一九九一年から一九九六年にかけて七万九九九五人の投資家の取引口座を分析し、個人投資家は天気によってトレードが変わることはないが、マーケットメーカーの行動は雲の量によって大きく変わることを発見した。曇りの日に買い気配と売り気配のスプレッドが広がるのはマーケットメーカーがリスク回避をしているからだ、との仮説を立てた。また別の研究者らは、シカゴの朝の雲量と風速は午後の買い気配と売り気配のスプレッドと相関性があることを発見した。[26] 取引所のある都市の気候はマーケットメーカーの行動に影響を及ぼすが、ほかの都市で注文を出す投資家の行動には何の影響もないのだ。

日照が投資家の心理と投資行動に影響を及ぼす、という見解は妥当なようだが、これよりもっと驚くべき関連性が見つかった。太陽フレアによる磁気嵐が起こると、その後六日間は世界の株式市場でパフォーマンスの低下が見られたのだ[27]。興味深いことに、心理学の文献でも、磁気嵐が起こると、その後二週間は不景気の兆候が見られる、と指摘している。つまり、リスク回避による感情障害も、不景気の要因のひとつと考えられるのだ。

日照と磁気嵐のほかにも、睡眠障害がマーケットリターンの低水準に結びついている、という研究結果がある。サマータイムは一種の時差ぼけを引き起こす。カムストラ、クレーマー、レビ（二〇〇二年）は、夏時間実施の週末（金曜の大引けから月曜の寄り付きにかけて）、株式リターンが通常よりも低い（通常とは二～五倍の差があった）ということに気づいた。この結果から、睡眠障害によって判断力の低下が生じ、それがマーケットリターンの低水準につながる、という仮説を立てた。この仮説を過大解釈すると、週末によく眠れないと「マンデー効果」によって月曜日の株価上昇がほかの曜日よりも低くなる可能性がある。

これらのほかにも、投資家に影響を及ぼす環境変数がある。ツァオとウエー（二〇〇二年）は、主要な株式市場のある都市で異常気温が起こると株価に影響する、ということに気づいた。そこで心理学的な研究を行い、気温が著しく低いときには身体的活動が活発になり、気温が著しく高いときには無気力になったりあるいは攻撃的になる、ということを示した。

またヤン、ツェン、ズー（二〇〇一年）は、月の満ち欠けが世界の株価に影響を及ぼすことに気づいた。四八カ国の株式市場のリターンを調べたところ、新月近辺よりも満月近辺のほうが低いことが分かった。新月の時期の年リターンは六・六％を記録していたのだ[28]。満月は夜間覚醒や睡眠障害を引き起こし、翌日のリスク回避につながるのだろう。

こういった自然事象に起因する市場の異常から、自然界が投資家全体の行動や市場価格に影響を及ぼす、ということが理解できる。季節要因や気象要因が人の感情を不安定にさせ（さらにはリスク選好にも影響を及ぼし）、株価異常を引き起こすのだろう。これらの研究・調査結果から、投資家の精神状態がある程度予測可能であることが分かる。重要なのは、マーケットパターンというのは無意識の集団行動の変化の結果であり、予測が可能だ、ということだ。

センチメント

投資家の精神状態から市場価格の変動を予測できるとしたら、市場価格を予測するよりも投資家の感情を知る方法のほうに興味がわくだろう。もちろん、前述の研究者たちは日照や磁気など、精神や行動に影響を及ぼすとされる環境要因について調査している。金融関連の文献では、投資家が「強気」と「弱気」をどのように感じているかの調査結果を紹介している。研究者らは、ニュースレターの記者[29]も個人投資家[30]も、最近の高騰を受けて将来の株式市場を楽観視している（強気）、と指摘している。これに加え、S&P五〇〇が一二カ月間低迷したため、株式市場の将来に関する楽観的な考えは株価の下落とともに弱まっている[31]。将来の市場に関する投資家の予測は、最近の株価トレンドに対する感情が反映されるのだ。

逆説的かもしれないが、フィッシャーとスタットマン（二〇〇〇年）は、市場が過大評価されていると考える投資家の割合は、一九九八年から二〇〇一年にかけてのリターン予測と関連性がある、と指摘している。[32]つまり、市場が「過大評価されている」と投資家が認識していても、株価がより過大評価されていると思うほど今後の利益に対する期待はますます高まる。この驚くべき事実に基づくと、投資家の頭の中での判断（「過大評価されている」）は楽観的な感情（「株価は上昇する」）とは切り離されているようである。一般に、センチメントのレベルは、将来の価格変動（およびその予測）と逆の相関関係があると思われる。[33]

感情によって生じる情報処理の生物学的特徴は個々に異なるため、市場価格の多様性の崩壊に結びつく。気象や暦の出来事が市場価格に及ぼす影響は非常に大きく、しかも何度も影響を与えることを考えると、微妙な生物学的特徴でも集団の投資行動に影響が及ぶ。市場価値に対する知的判断とセンチメントが切り離されているということは、さまざまな脳のシステムが意思判断の仲介者の役割を果たしているのだ。神経系と多様性の崩壊のかく乱要因を理解することで、こういったバイアスを除外した斬新な投資戦略やトレーニングプログラムを開発できるかもしれない。

次の章では、バイアスのある投資行動に影響を及ぼす脳回路について説明する。

第2章　脳の世界を探る──脳の構成要素

「感情の神経回路の生物学的な構造に関して言えば、人間が生まれたときに持っていたものは過去五万世代にわたって最も効果的であった。……人間の感情を形成してきた慎重でゆっくりとした進化のパワーは、何万年もの年月を経てきた。そしてこの一万年は、……人生の感情的な部分に関する生物学的な構造に小さな跡を残してきた」──ダニエル・ゴールマン（『ＥＱ──心の知能指数』［講談社］）[1]

投資家の感情とモチベーションは無意識のうちに生じることが多いが、それでも意思決定に大きな影響力を持つ。幸いなことに、心理学の新たなツールと神経科学のテクノロジーのおかげで、投資家の感情バイアスの根底にある神経系が明らかになり、判断に及ぼす効果を向上させるテクニックが提案されている。本章と次の章では、投資判断の際の神経・精神的な基盤について説明していきたい。まずは、脳の構造を明らかにしていこう。

精神疾患の症状は、お金に関する判断ミスという形で現れることがある。何かにとらわれたように盗みを働いたり、必要のないものを買いだめしたり、見境なく買い物をしたり、危険なギャンブルに巻き込まれたりするのは、それぞれ症状は違うものの精神疾患の疑いがある。精神科医の研修生だったころ、原因不明の神経疾患や依存性の障害や精神障害の症状があり、お金に関して慢性的に間違った判断を下す患者たちを診断したことがあった。

サンフランシスコ総合病院にいるとき、リーという患者の判断能力を判定するため、精神科の診療チームが集められた。その一年前、ひどい頭痛、視覚異常、注意力散漫などの症状が数カ月にわたって見られたため検査をしたところ、リーの脳に腫瘍が見つかった。彼は当時五三歳で、会計事務所のパートナーの職に就いていた。腫瘍は良性の髄膜種だった。脳と頭蓋骨を分ける細胞膜は薄いが緻密である。リーのケースでは、頭蓋骨の底部に腫瘍が発生しており、前頭葉の正中部に沿って脳組織の空洞化が見られた。発見したとき、すでにレモンほどの大きさになってた。

私たちは脳神経外科手術を行い、無事に腫瘍を取り除くことができた。正常な脳組織が腫瘍によって酸素不足になり、壊死した脳組織も脳から離したため、リーは眼窩前頭皮質（ＯＦＣ。意思決定などの認知処理にかかわる脳の連合皮質）の一部を失った。

手術の数週間後、リーは退院し、昔の生活リズムを取り戻そうとした。脳組織の一部を失ったものの、彼は高い知的能力を維持していた。ＩＱも優れており、神経心理検査でも運動、知覚、視空間、計算能力に重大な欠陥は見られなかった。

ところがリーの奥さんによると、彼は退院後の二カ月間、少し奇妙な行動をとったらしい。大して必要もないのに高額なものをクレジットカードで買ったのだ。なんと、新車二台とボートまで買ったという。奥さんが、不要なものを買うのをやめるように言ったところ、リーもそれに同意し、車を一台とボートを返却した。それでも買い物癖は続いたため、クレジットカードはすぐに上限に達し、奥さんを悩ませた。

職場では、複数の仕事を同時にこなすことができなくなっていた。ほかに至急の任務があっても、一つの仕事に没頭してしまうこともあった。仕事のパフォーマンスは落ち、復帰後六カ月もすると、プロジェクトをこれ以上管理できないことが明白になった。結局、早期退職を強いられてしまった。

退職後もリーの投資判断は好ましくなかった。セールストークにだまされ、値下げしたからといってタイムシェアのリゾート物件をいくつも購入し、また、ファクスやeメールの広告を見ただけで安値のボロ株を買った。もちろん、これらの投資で多額の損失を出した。数カ月後には住宅ローンの支払いもままならなくなり、夫婦は破産と離婚寸前まで追い込まれた。

手術から一年後、私たちはリーの経過を調べた。精神科医としての私たちの仕事は、リーが自分の健康や法的・財務的な判断を下す能力があるかどうかを診ることであった。その能力がなければ、こういった判断を奥さんに任せなければならなくなる。

リーは、自分がわずかな資金で非常にリスクの高い投資をしている、という判断能力はあった。しかも、これは今までまったく見られなかった行動パターンだということも認識していた。これまでの彼は堅実な投資家であり、ギャンブルも好まなかった。彼は、自分がリスクを冒しているということを認識するべきだとは分かっていたのだが、リスクに対する恐怖心は感じていなかった。それどころか、リスクに対して何の感情も持っていなかった。投資がリスクを伴うものだと感じていなかったため、投機リスクを冒すという行動を抑制できなかったのだ。

私たちのチームは、リスク判断以外はリーは正常だ、と診断した。恐怖心がないため、誘惑に負けやすい。リーのケースから、高いリスクをとるという意思判断は、神経伝達の過程に原因があることが分かる。投機に魅力を感じたり高級品を買いたいという衝動に駆られたりしても、多くの人は、借金を抱えた場合のネガティブな結果を考えて自制心が働く。ネガティブな結果に対する恐怖心から、道楽に手を出さずに済む。リーのことを調べるうちに、アイオワ大学の精神科医アントニオ・ダマシオ博士が研究した患者と似たような症状が見られることが分かった。

アイオワ・ギャンブリング・タスク

リーの脳は眼窩前頭皮質に損傷があり、脳のほかの領域も似たような問題が起こる可能性があった。というのも、眼窩前頭皮質から「損失回避系」と呼ばれる領域が取り除かれたため、脳回路に影響を及ぼすことが考えられたからだ。脳腫瘍などによって損失回避システムが損なわれる（**図2.2**を参照）と、リスクを認識・処理する方法が変わってしまう。

一九九〇年代初め、アイオワ州立大学の精神科医であるアントニオ・ダマシオ博士は、脳の眼窩前頭皮質に損傷のある患者に関心を持った。彼の患者グループは前頭前皮質腹内側部（眼窩前頭皮質の正中部）に損傷があり、リーと同様、分析的思考や論理的思考に関する基本的な知力、記憶、能力は持っていたが、[2] リスクに対する判断力に問題があった。

こういった患者の多くは、いつ恐怖心を感じるべきかは分かっているのだが、①何らかの感情を覚えること、②自分の感情とそれによる結果を関連づけること──ができなかった。基本的に、感情と思考を結びつける能力に欠けていたのだ。

患者が損傷を負っている脳の領域、つまり眼窩前頭皮質には、感情という情報を意思決定に結びつける働きがある。[3] ダマシオ博士の患者たちは、どのような感情情報が重要なのかを理解できなかった。リーと同じように、恐怖心を持つべきだとは分かっていても、恐怖心を利用して投資リスクを避けることができなかったのだ。

ダマシオ博士は、患者のリスク処理に関する問題を見つける方法はないだろうか、と考えた。そこで、「アイオワ・ギャンブリング・タスク」と呼ばれるカードゲームを開発し、リスクに対する心理・行動の反応を測ろうとした。患者には、電気生理の覚醒監視装置（ウソ発見器に使われるものに似ている）をつけ、皮膚伝導反応（ＳＣＲ）を調べた。脳に損傷を持つ患者とそうでない人の前に四組のカードを並べ、[4] 四組のカードから好きなカードを引いてもらい、そこに書いてある数字の分だけ金額を得る、という実験だ。**図2.1**に、四組のカード、その結果、

図 2.1　アイオワ・ギャンブリング・タスク――AとBの山のネットリターンはマイナス、CとDのリターンはプラスで、プラスとマイナスの差はCとDの山のほうが小さい

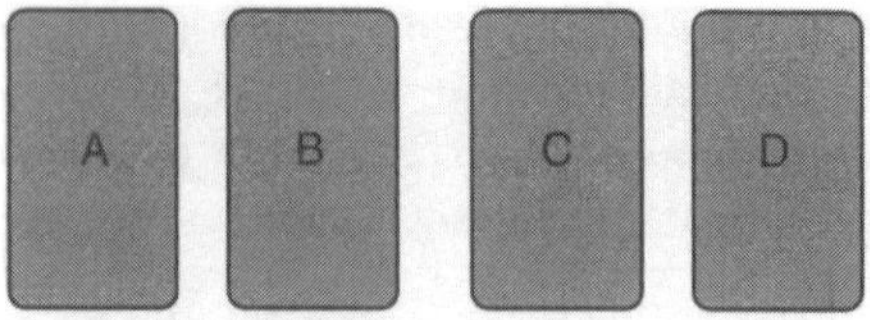

	「悪い」山		「良い」山	
	A	B	C	D
１枚当たりののカードの利益	$100	$100	$50	$50
10 枚当たりの損失	$1250	$1250	$250	$250
10 枚当たりの純利益（または純損失）	− $350	− $350	+$200	+$200

確率について示している。

　被験者は、カードの確率つまり勝算については知らされていない。単にカードを引き、できるだけ多くの金額を稼いでほしい、とだけ伝えている。左の二組の山AとBは一〇〇ドルプラスのカードと一二五〇ドルマイナスのカードがまざっている、右の二組の山CとDは五〇ドルプラスのカードと二五〇ドルマイナスのカードがまざって構成されている。AとBの期待値はマイナス三五〇ドル、CとDの期待値は二〇〇ドルである。

　実験を続けるうちに、ダマシオ博士は、患者がAとBの山（「悪い」山）からカードを選ぶ傾向があることを発見した。患者は、リスクの高い山（A

とB）に対する予知的な皮膚伝導反応を生じず、損を出したままプレーを続けてしまう。「プレーを続けていくうちにどちらのカードが悪いか気づくのだが、それでも誤った選択をしてしまう」[5]。感情と論理的思考を結びつける能力に欠けると、「悪い」山に対する判断ができなくなるが、意思決定自体は行うことができるため、損を出す山からカードを選び続けてしまうのだ[6]。

ところが、脳に損傷を受けていない被験者は、損を出す山を避けるようになる。一〇回カードを引くと、皮膚伝導反応測定でAとBの山に対する生理的な「ストレス」反応を示し始める（患者はそのような反応を示さなかった）。一〇回カードを引いた段階で生理的ストレス反応を示すのだが、四〇回カードを引くまでは、AとBが悪い山だと意識することはできない。その後CとDの「良い」山からカードをさらに引き、やっと、これらが良い山なのではないか、と気づくようになる。つまり、脳に損傷を受けていない人は、一〇回で「悪い」山に対する「直感的な」ストレス反応を示し、CとDを選ぶように行動が変化する。五〇回カードを引いて初めて、その「直感」が「思考」となり、八〇回引いて確信を持つようになる。

ダマシオ博士の研究から、人間には、リスク環境で損失を回避するべき時期を知らせる信号となる感情が必要であることが分かる。リスクの高い判断をするときは、感情の脳（脳の辺縁系）が認識するリスクと、実際のリスクに対する自覚意識との間にギャップが生じている。直感的判断、つまり「勘」というのは辺縁系の知識から生じる（これについては第5章で説明する）。

脳に損傷を受けたギャンブラーは、リスク感情と論理的な判断を結びつける脳の領域がオフラインになっているのだ。

脳の構造と機能

脳に損傷を受けた患者のリスク処理能力について調べる前に、まずは脳の基本的な機能について説明するとしよう。人間の脳は何百万年もの進化を遂げており、情報を効率的・効果的に解釈し、社会的階層のなかでその能力を発揮し、リスクを回避しつつ目標の達成を目指すための行動を指示するように設計されている。石器時代においては、リスクや機会は直接的であり、他人との社会的な交流は限定的であった。ところが現代社会は、他人との交流機会も多く、物事は急速に変化しているため、石器時代の脳ではこの複雑な状況をうまく管理することができない。

本書で繰り返し説明するが、脳というのは三つの解剖学的領域があるものとして概念化されている。それぞれの領域はタマネギのように層になっており、論理的判断などの複雑な処理は外側の層で実施し、やる気や意欲は中間の層で生じ、生命維持の生理的プロセスは内側の層で起こる。この概念的モデルは「三位一体脳」と呼ばれる[7]。

皮質は脳の司令塔であり、実行機能と運動制御を指示する役割を持つ。ここでは、前頭前皮質と呼ばれる領域に最も注目する。前頭前皮質は、抽象的思考、計画策定、計算、学習、戦略的判断などを行う。[8] もうひとつの皮質、島皮質は、進化的に新皮質とは異なる。本書で「皮質」というときは、主に新皮質と前頭前皮質のことを指し、島皮質は除外する。

脳の辺縁系は感情の表出に関与し、恐怖や興奮といった原始的な感情を引き起こす。皮質と辺縁系の位置については**図2.2**を参照してほしい。三つめの領域、中脳（「爬虫類脳」の一部）は、呼吸数や心拍数など体の基本的な生理的プロセスに関連する（本書では取り上げない）。

これら三つの領域の間を脳回路が走っており、二つのタイプの目標指向行動、つまり「報酬追求」と「損失回避」に作用する。[9] 報酬系と損失回避系の存在は、古代ギリシャのアリストテレスの時代から仮説が立てられていた。[10] すでに二〇世紀後半には、報酬系と損失回避系は、快楽に好感を抱き、痛みを回避する活動を促進する、と考えられていた。現在、科学者たちは、これらの系が感情、認知（思考）、行動にかかわる複雑な脳活動に影響していると確信している。報酬系と損失回避系は基本的には独立しているが、一方の系が高度に活性化されると、他方の非活性化を引き起こす可能性がある。

まず、報酬系について説明したい。「報酬」とは、達成したい目標や所有したいモノのことであり、脳の「報酬系」がこれらの「報酬」を「追求」せよと指令を与える。報酬系は、望ましい利益（報酬）を得るための環境を調べ、望ましい利益を評価し、それを得ようとする。

報酬系は、主に神経伝達物質ドーパミンを介して伝達される神経細胞で構成されている。報酬系が電気的に刺激されると人は強い満足感を示すため、ドーパミンは脳の「快楽」物質と

図 2.2　各領域の位置説明。辺縁系は皮質の下部にあり、前頭前皮質は額のうしろ、眼窩前頭皮質は目のうしろで静脈洞の上、頭頂葉皮質は脳の後部にある

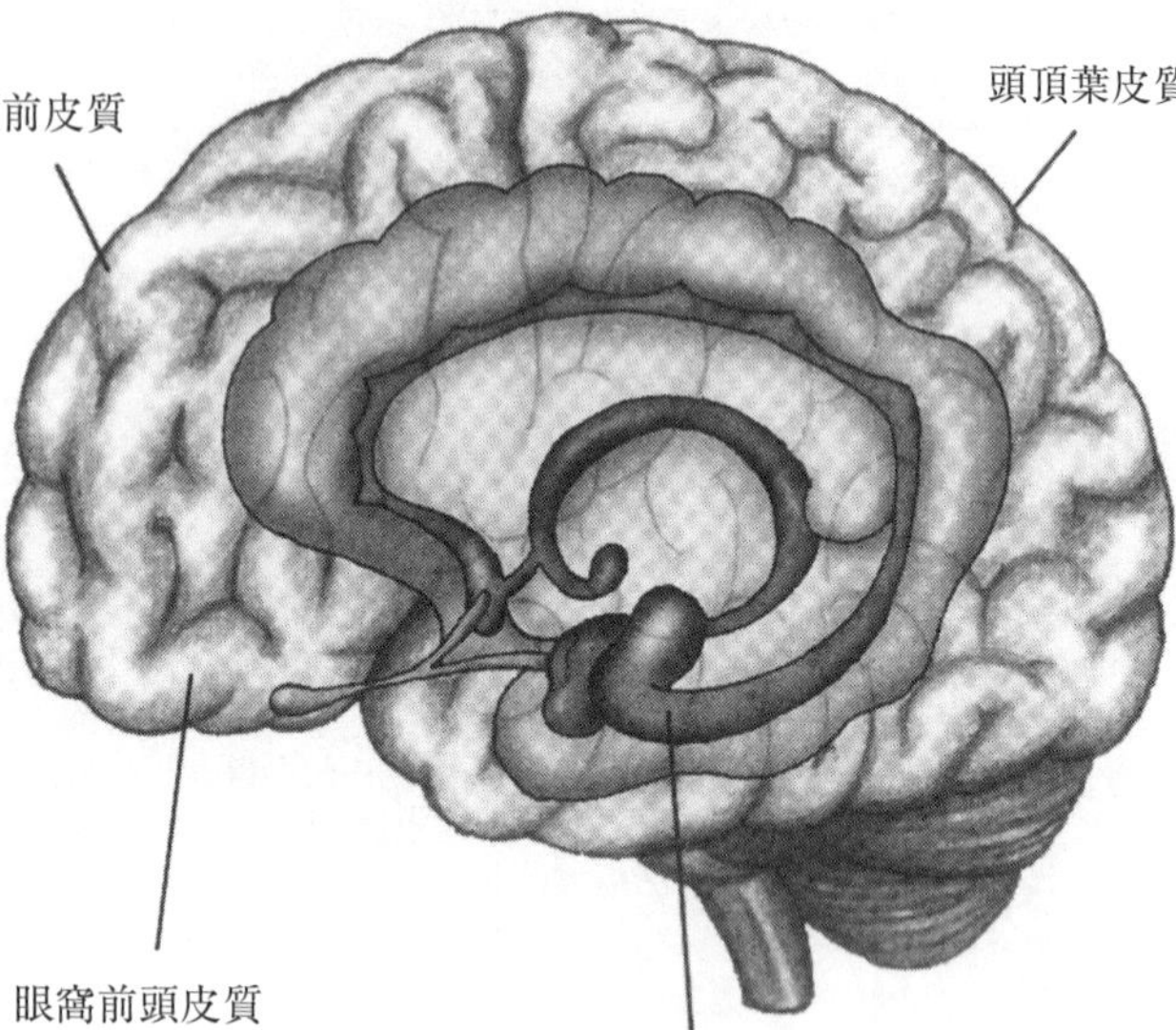

も呼ばれる。[11] 不正な薬物使用によって側坐核（報酬系の一部）にドーパミンが放出されることから、違法ドラッグの使用は「ドーピング」とも呼ばれている。報酬系は、潜在的な報酬を探し、評価し、追求する動きを調整する。報酬系の図解を**図 2.3** に示すので、参照してほしい。

また、人の脳は、潜在的な機会や脅威を即座に評価・判断する。人が何か価値のあるものを認知すると、報酬系が活性化され、それを欲する。私たちは、価値

図 2.3　脳の報酬系。中脳のドーパミンニューロンは前頭前皮質に映像を投射する

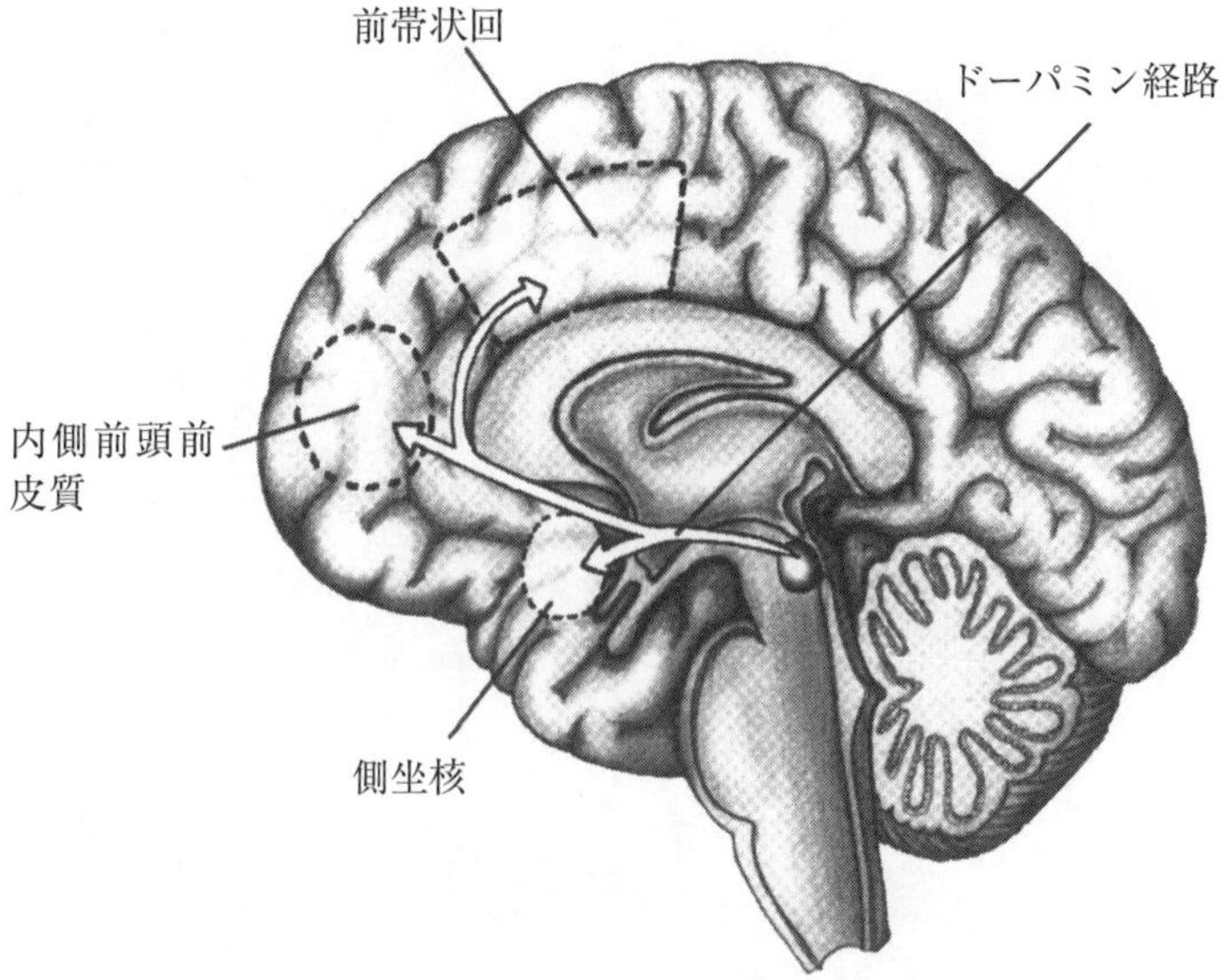

のあるたくさんの物事や目標に囲まれている。例えば、おいしい（濃い、甘い、塩辛い）という味覚に価値を感じ[12]、魅力的な異性[13]や寛容な人[14]を大切だと感じる。また、地位の象徴（高級品や高級車）[15]を重視し、笑いを好み[16]、愛する人をいとおしく思い、逸脱行動を罰することに価値を見いだす[17]。これらの価値あるイベントを見いだすと、脳の報酬系が活性化される。

もうひとつの誘因回路は「損失回避」に影響を及ぼす。脅威や危険を認知すると「損失回避系」が活性化され、不安、恐怖、パニックといった感情が生じ、損失回避系の認知後遺症として悲観的な考えが生まれる。

損失回避系の分析は、報酬系の分析ほど十分には行われていない。損失回避系は、前頭（痛み、嫌悪感）、扁桃体（感情処理）、海馬（記憶の保持）、視床下部（ホルモンの分泌）で構成されていると考えられる。図2.4を参照してほしい。

損失回避系が活性化されると、血流ホルモンと神経伝達物質が放出され、身体全体に影響を及ぼす。恐怖を認知すると、視床下部―下垂体―副腎皮質系（ＨＰＡ系）が活性化され、ストレスホルモンとエピネフリン（アドレナリン）が血流に分泌される。身体の交感神経系（ＳＮＳ）は、危険に対する「闘争・逃走反応」を引き起こし、主要な器官系に神経信号を伝達する。脅威や恐怖を感じると、交感神経系の信号が活性化され、震え、発汗、動悸、浅息呼吸、瞳孔拡張などの症状が現れる。また交感神経系は、パニックの身体的兆候にも影響を及ぼす。

報酬系と損失回避系は思考に影響し、しかも意識下のレベルにあるため、判断や考えに微妙な感情的影響を及ぼすことで行動を自動的に指示することもある。ダマシオ博士の患者たちは、損失回避系によって生じる恐怖心と前頭前皮質によって生じる論理的思考の連携が遮断されてしまった。幸いにも投資家には、脳の報酬系と損失回避系の健康状態を測るたくさんのツールがある。

図 2.4　脳の損失回避系の構成要素

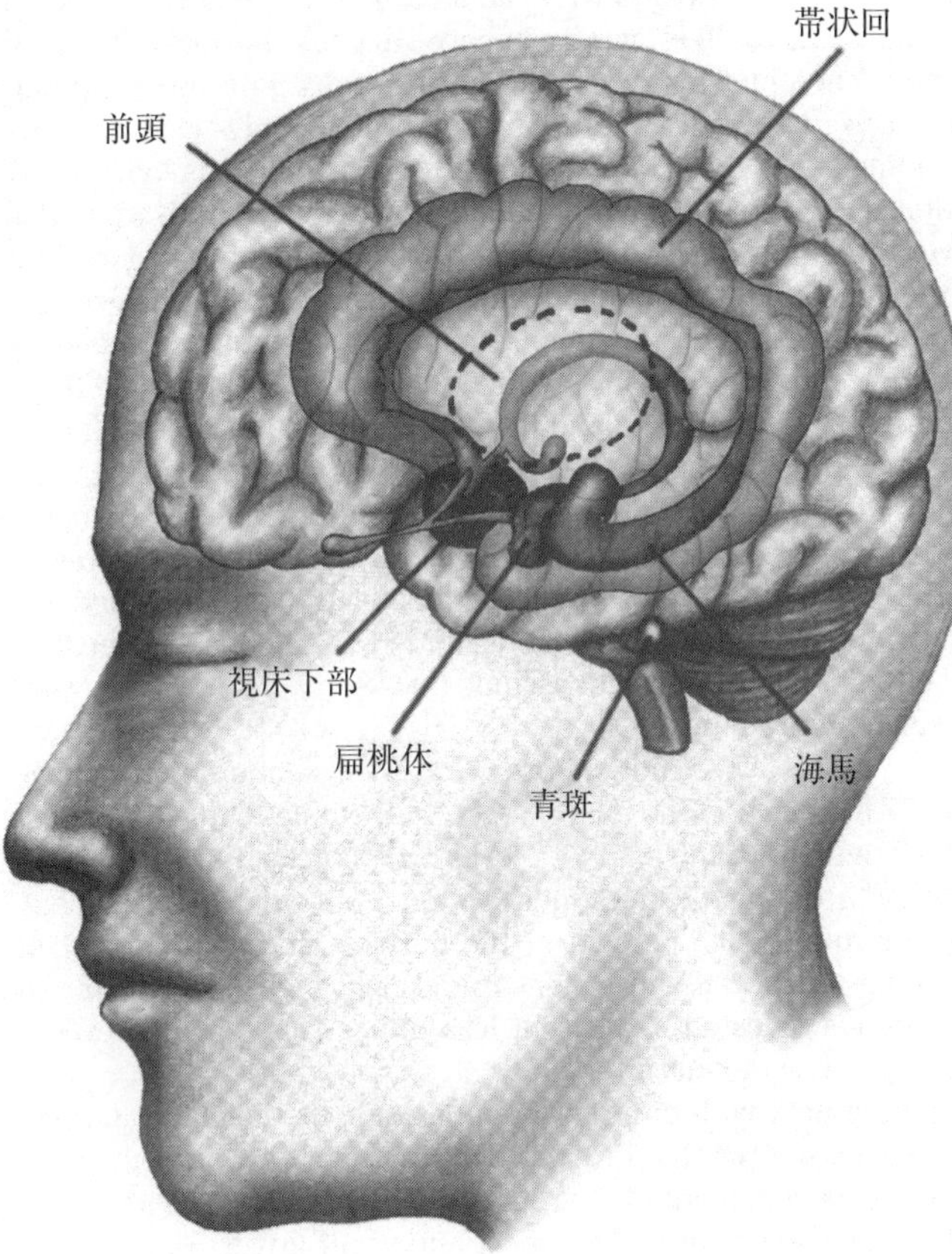

脳に損傷を負った投資家

二〇〇五年六月二一日のウォール・ストリート・ジャーナルに掲載された論文「脳に損傷を負った投資家に学ぶ教訓（Lessons from the Brain-Damaged Investor）」によると、脳に損傷を負ったトレーダーのほうが良い投資判断を下せる可能性がある、という[18]。脳に損傷を負い、情動を感じる領域に欠陥のある人と健常者に投資ゲームを行わせ、その結果を調べた。リサーチ責任者のババ・シブ教授（現スタンフォード大学教授）は、眼窩前頭皮質、扁桃体、前頭のいずれかに損傷を負った患者をランダムに混ぜて実験を行った。

被験者にはそれぞれ二〇ドルが与えられ、二〇回の投資判断を下すように言われる。つまり、毎回「投資する」か「投資しない」かの判断を下す。「投資しない」を選んだ場合は、一ドルをキープして次の回に進む。「投資する」を選んだ場合は一ドル取り上げられ、実験者がコインを投げる。コインが表なら一ドル失い、コインが裏なら二・五ドルもらえる。投資判断は、毎回下さなければならない。一ドルを投資した場合に期待される利益は一・二五ドル（〇ドル＋二・五〇ドルの平均）だが、投資しない場合には一ドルが保証される。賭けたときの期待値のほうが高い（一・二五ドル）ため、賭けるのが合理的な選択だ。したがって、被験者が利益を得るには、常に「投資する」のが妥当だと考えられる。

ところが実際には、結果は一様ではなかった。損傷のない人は二〇回のうち五七・六％に投

図 2.5　シブ教授による脳に損傷を負った被験者と健常者の投資判断の実験――「投資する」を選択した平均と損失後に「投資する」を選択した平均

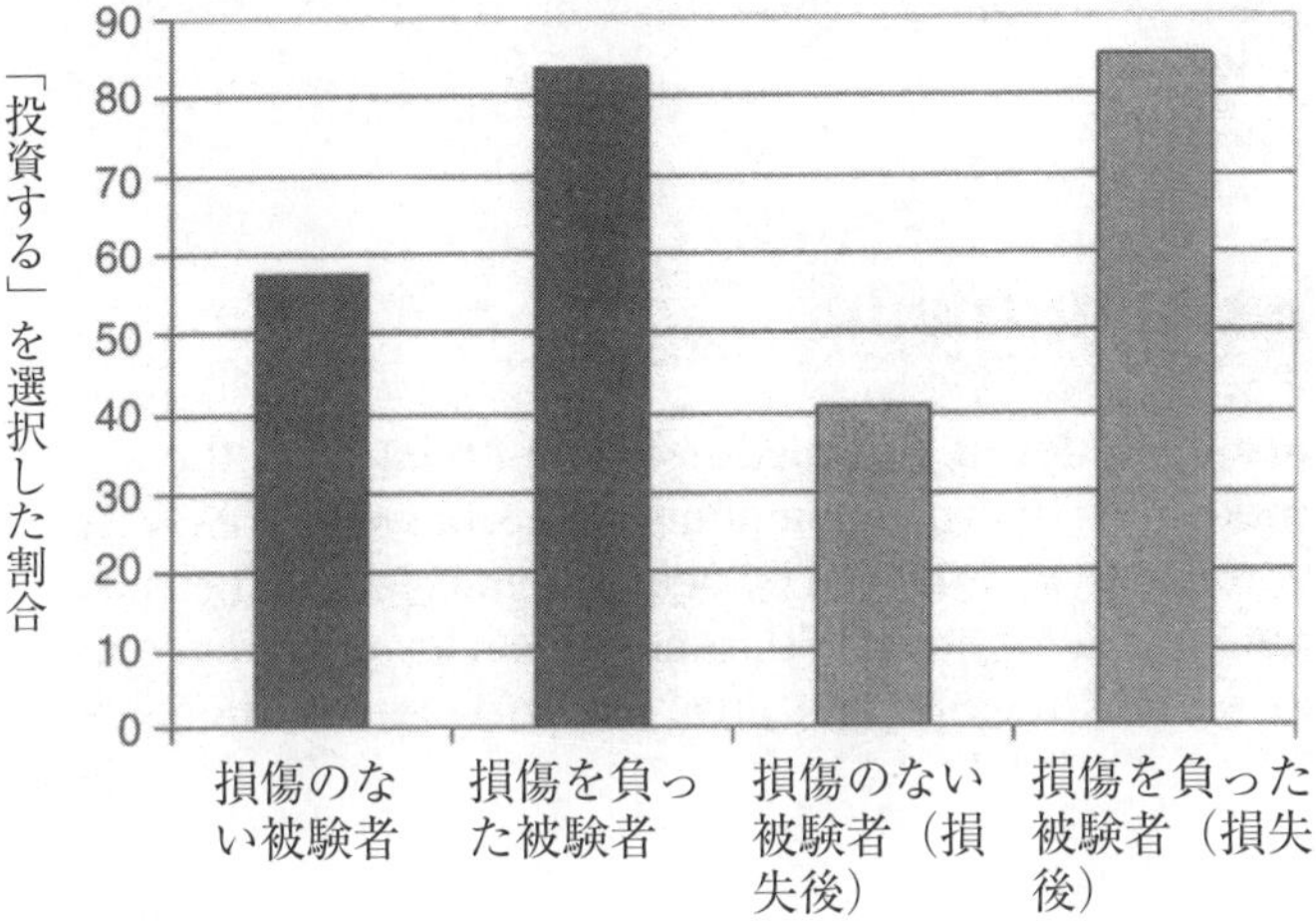

資し、損傷を負っている人は八三・七%に投資したのだ。損傷のない人の多く（四二・四%）は、「見境なく」投資するという選択肢を回避した。前の回で損を出すと、損傷のない人の四〇・七%と損傷を負った人の八五・二%が、次の回で投資を選択した（**図2.5**参照）。損失が続くと、損傷のない人の投資頻度は二七%低くなった。つまり、損失のあとでは「リスク回避性」が高くなったのだ。

　脳に損傷のある患者のうち、前頭に損傷のある対象者はリスクに対する感度が最も低く、なんと二〇回のうち九一・三%も投資し、損を出したあとでは九六・八%も投資した。この結果から、前頭はリスク回避にとって最も重要な部位のひとつであると考えられる。前頭に欠陥があると、「投資する」を選択する可能性が高くなった。

神経学者のアントワーヌ・ベシャラ博士はこれを明るいほうに解釈し、感情の影響を避けるには投資家は「機能的な精神病質者」でなければならない、と発言した。機能的な精神病質者は自分の感情をうまくコントロールできるか、あるいはほかの人ほど感情が激しくない。シブ教授によると、CEO（最高経営責任者）や一流弁護士にも同じような資質があるかもしれない、という。「感情を抑えることで特定の状況にうまく対応できる」と述べている[19]。

ここまで読んで、こう思われたのではないだろうか？「自分の投資を妨害する脳領域があるのだろうか？」と。その答えは明らかではない。ただ、損傷を負った患者は、クレジットカードの負債がかさんだり、仕事に遅刻したり、インターネット詐欺に引っかかったり、破産を宣言したり、相当悲惨な財務状況に陥る可能性がある、ということが明らかになっている。IQテストで正常なスコアをとっていても、お金に関するリスクの判断に何らかの欠点がある。こういう人たちは、リスクや大損失のネガティブな面を認識できないようである。そのため、シブ教授の実験では「合理的な」判断ができたとしても、別な状況では（アイオワ・ギャンブリング・タスクなど）破壊的なリスクを適切に回避することができない。

多くの投資家は、損失を経験するとリスクを避けようとする。リスク回避は、ミスから学ぶという点で賢明な方法だ。例えば、自分が投資している会社の経営陣の不正財務報告が公になって株価が下がったとしたら、今後の投資では十分な注意を払うようになるだろう。警戒を強めれば、不健全なリスクを避けることができる。

マーケットでは、多くの投資家が教訓などないところからそれを見つけようとする。二〇〇一年の損失から、ハイテク株を避けることを学んだ。弱気相場での損失は、ハイテク以外の銘柄のその後のパフォーマンスにはほとんど影響を及ぼさなかったはずなのに。弱気相場で損失を出してしまうと、投資家のほとんどは株価の妥当性が確認されるまではトレードに戻らない。ひょっとしたら、高値を更新するまで静観しているかもしれない。株価が妥当であることを確認してから買おうとすると、利益の機会を逃してしまうかもしれないが、実際、多くの人は高値を更新して初めて自信をもって買おうとする。

ここまで、カードゲーム（アイオワ・ギャンブリング・タスク）やコインゲーム（シブ教授の実験）を利用して、脳に損傷を負った人の投資判断を研究者たちがどのように調べたか、ということを見てきた。意思決定に関する研究では、このほかにもさまざまなテクニックが使われてきた。この一〇年間で、研究者たちが利用するテクノロジーはますます複雑度を増している。そのいくつかを紹介したい。

脳の働きを調べるさまざまな手法

脳というのは、個々の構成分子の活動や各「葉」間のコミュニケーションなど、さまざまな範囲で機能している。分子レベルで見ると、神経化学物質、少量の電流、遺伝子転写などによって神経活動が引き起こされる。また解剖学的レベルでは、脳領域に張り巡らされた脳回路が、複雑な思考や行動を生じさせる。これらは、脳の神経系を理解するうえで基本となる。

研究者らは、さまざまなツールを利用して脳の働きを解明している。意思決定を理解するのに最も一般的に使用されているのは、脳機能イメージングである。本書で紹介する脳機能イメージングの研究のほとんどは、機能的磁気共鳴画像法（ｆＭＲＩ）と呼ばれるものである。ｆＭＲＩを使用して、酸素を含んだ血流の変化をビジュアル化すると、脳代謝を測定することができる。ｆＭＲＩは、二秒ごとに二×二×二ミリ画素（ボクセル）の脳の画像を撮像できる。また、ｆＭＲＩの代わりに使用される脳機能イメージング法、ポジトロンＣＴ（ＰＥＴ）では、ほぼ三×三×三ミリ画素での測定が可能であり、放射性トレーサーを患者に注射するだけでグルコース代謝と血流の変化を検出できる。

これらのほかにも、行動測定、主観的報告、心理テスト、電気生理学といった調査手法がある。電気生理学では、心拍数や血圧、皮膚電気反射（発汗）などの身体的変数を測定する。その多くは、辺縁や中脳領域の脳活性化の指標となる。また、瞳孔を測定することで、交感神経系の活動を直接観察することができる（前述のとおり、交感神経系は危険に対する闘争・逃走反応を引き起こす）。

筋電図（EMG）では、筋肉収縮中の電気的活動を測定する。顔面の筋肉を測定すると、幸福感や不安感など、微妙な動きをとらえることができる。例えば、投資対象を見つけて興奮しているアナリストは、そのアイデアについて話すときに頬骨の筋肉が大きく動く。頬骨の筋肉は、笑いに関連しているからだ。一方で、マーケットのボラティリティにストレスを感じると、額の前頭筋が活動し、いわゆるしかめ面となる。

かつて多くの研究者たちが、脳電図（EEG）を使用して実験を行ってきた。脳電図とは、脳皮質の表面に見られる電気的活動の変動を検出するためのテストであり、医療現場で発作や発病の診断に利用されることが多い。心理療法士（サイコセラピスト）は、脳電図を利用して感情面のバイオフィードバック（「ニューロフィードバック」と呼ばれる）を行うこともある。例えば、ファミリーセラピスト（家族や夫婦間の問題解決をサポートするセラピスト）は、家族のだれかの辺縁系がほかの家族からの刺激を受けると脳電図を観察する。刺激を受けた人は、刺激に対して自動的・感情的に反応する可能性が高い。逆に言えば、刺激を受けた人は脳電図の動きを自己観察することで、他人を傷つける恐れのある自動的・感情的な反応を避けることを学ぶ。

単一ニューロン活動記録という技法は患者に負担がかかるため、主にサルやラットを対象に行われている。研究者は、この技法によって、ごく小さな神経束（判断を下す際のさまざまな選択肢の期待値を算出するのに機能する神経束など）の活動をモデル化することができる。ポリメラーゼ連鎖反応（ＰＣＲ）などの遺伝子解析手法によって、遺伝子がパーソナリティーや行動特性と関連していることが明らかになった。また、血液と脳脊髄液の分析から、ホルモン（信頼やストレス反応を仲介するホルモンなど）と神経伝達物質（衝動性に影響を及ぼす物質など）を測定することができる。

神経科医がよく使う研究手法に、特定の脳障害を持つ患者を調べる、というものがある。リーのケースがまさにそうだ。脳卒中や腫瘍に続発するわずかな脳障害から、さらに別の障害を引き起こすことがある。これらの障害を調べると、脳の特定領域の機能の状態がよく分かる。

人間の脳は約一〇〇〇億の神経細胞で構成され、その結合数は一〇〇兆にも及ぶ。人間の頭の中の神経細胞の数は、銀河系の星の数ほどもあるのだ。このように複雑に構成されているため、「人間とは何か」というモデルを作り出すことなど到底無理な話だ。どのような研究や調査を行っても、人間の感情、記憶、経験を適切に描くことはできないのだ。

脳回路、パーソナリティー、そして遺伝的影響という点からマインドについて説明しても、真相は分からない。また、さまざまな個性について調べても一人の人間像を予測することはできない。個人はそれぞれ独自性があり、不可解なほど複雑であり、一人ひとりが固有の興味や希望を持っている。個性を作り出す複雑な器官である人間の脳は未踏で神秘的なものなのだ。

神経科学とは

ここで、本書で取り上げるさまざまな脳の領域について概要を説明しよう。今ここですべてを理解する必要はなく、あとで読み返してほしい。今の段階では斜め読みでもかまわない。

本書では、投資判断を下す際の前頭前皮質、報酬系、損失回避系の役割について説明する。辺縁（感情）の衝動を自己認識し、自己制御することは、最適な投資判断を下すことにつながる。そして「心の知能指数」を鍛えておけば、チャンスやピンチに直面しても柔軟に対応することができる。心の知能指数は前頭前皮質に起因し、辺縁系と強い結びつきを持つ。

前頭前皮質にはいくつかの領域があり、それぞれが異なる形で感情を制御している。例えば、将来を計画する、規則に従う、注意を払う、重要な判断を下す、自制心を働かせる、といった感情をサポートする。より具体的に言うと、眼窩前頭皮質（ＯＦＣ）は理性と感情を結びつけ、前帯状回（ＡＣＣ）は判断の矛盾を解決し、関連性や重要性などに応じて情動的情報の優先順位をつける。

辺縁系には、投資に関連する二つの主な核がある。それは報酬系と損失回避系だ。報酬系は、人の価値判断や目標達成に対する意欲に関与し、斬新なアイデアを求める。これに対して損失回避系は、恐怖心や迷いの根底にあり、潜在的な脅威を回避する働きをする。

報酬系は、お金に関するバイアスを生み出す。報酬系が活性化されると楽天的な考えや過度な自信が生じ、リスクを冒すようになる。報酬系に関連する主な領域は側坐核（ＮＡｃｃ）と内側前頭前皮質（ＭＰＦＣ）である。

側坐核は脳のなかにやる気（欲望）を引き起こす。お金を儲けることを期待すると側坐核が活性化され、欲しいものや投資対象を追求しようとする。つまり、側坐核の働きが強くなると、高いリスクをとろうとする。ドーパミンニューロンが投射される内側前頭前皮質は、信頼や確実性、満足感が高まる、つまり報酬が得られ、報酬を得る方法を学び、成功と失敗から学習することで活性化される。

報酬系を強く活性化させたり、逆に感受性を低下させると、無関心や脱力感を引き起こしたり、報酬を過度に求めたりするようになる。異常なほどギャンブルに興じる、衝動的に買い物をするというのがこの例だ。短期的に利益が得られると、報酬回路にドーパミンが噴出される。

一方、損失回避系が活性化されると、ストレス、不安、嫌悪感、痛み、さらにはパニックを引き起こす。損失回避の行動バイアスは、失望や後悔を恐れると刺激され、扁桃体（行動の選択判断をする）から生じる。前頭皮質は、嫌悪感、痛み、損失の経験を処理し、前頭皮質が活性化されるとリスクを嫌悪する気持ちに作用する。また、損失回避系のホルモン回路および化学回路によって、ストレスが精神的にも肉体的にも影響を及ぼす。

次の章では、脳と心の関係についてご紹介しよう。特に、感情、期待、信念、自己欺瞞がどのように生じるのかに焦点を当てていく。

第3章　感情の発生源――期待、信念、意義

「知らないということが問題なんじゃない。知りもしないことを知っていると思い込むことが問題なんだ」――マーク・トウェイン

私は、カリフォルニア州のサンマテオ・メディカルセンターの精神科救急（ＥＲ）で精神科の研修医として働いたことがある。このＥＲはシリコンバレー北部で精神救急医療を行っており、私は、危機的状況に陥ったエンジニア、ベンチャーキャピタリスト、会社の経営者など、さまざまな患者に対応する機会があった。

二〇〇一年八月、ダグが車輪付き担架でＥＲに運ばれてきた。彼は深夜まで働いていて、机に突っ伏して泣きじゃくっているところを警備員に発見された。死にたいと漏らしたため、警備員が一一九番通報したのだった。

ダグの診療中、彼はこんな話をしてくれた。一九九九年、オラクルの会計士として働いてい

たところ、彼は形だけの大金持ちになった。というのも、オラクルのストックオプションが高騰したからだ。ただし、そんなのは大した話ではなかった。周りの人たちもみな、一〇〇万ドル以上の含み益を持っていたのだから。

そこで、高級車を二台と大きな家を買った。「目指している自分」になれた気がした。世界経済が空前の変動を迎えているなか、彼もその真っただ中にいた。まだ若く（当時三〇歳だった）、経済的にも恵まれ、仕事にやりがいを感じ、人生を謳歌していた。彼はアメリカの中西部で生まれ育ったが、シリコンバレーのいわゆる排他的集団にもすぐに溶け込んだ。

二〇〇〇年後半から二〇〇一年初めにかけて株式相場が下落し始め、彼のストックオプションの価値が下がっても、極力気にしないようにした。「すぐに上昇するさ。僕たちは世界を変えようとしているのだから」と自分に言い聞かせていた。ところが二〇〇一年中ごろになると不安が増し、ストックオプションを行使することにした。そのときに受けたショックについて、彼はこう言った。「先生、聞いてください。オプションの価値がなんと一〇分の一になっていたんです。二六〇万がすっからかんですよ！」。失意ぼうぜんのまま二週間が過ぎた。仕事中も数分おきにオラクルの最新株価をチェックした。株価の変動に一喜一憂し、数週間後、オラクルの株式はダグの買値を下回る価格で取引されていた。

突然の損失で頭がいっぱいになった。オラクルの株価はなお下がり続けていた。何度も何度も考えた。「なんでこんなことになったんだ?」。夜も眠れず、食欲も減退した。仕事中にも突然恐怖心が高まり、外出をするのもいやになった。どんなに前向きなことを考えようとしても、自殺という文字がちらつき始めた。

オプションの損失に打ちのめされ、自殺を考えるようになってしまった。「含み損」でしかなかったのに。紙の上での価値が下がっても、彼の生活には何の影響もなかった。給料もこれまでと同じ。家や車のローンを払う余裕もあったし、純資産はプラスだった。

ダグの生活は、実際には何も変わっていなかったのになぜ自殺したくなったのだろうか？　彼に質問すると、こんな答えが返ってきた。「仕事を辞められないと思ったから」

「仕事を辞める？　三〇歳で？」と私は聞き返した。

「残りの人生も働かなくちゃいけないなんて。お金のない自分って、いったい何者なんだ？　億万長者だったのに、今ではただの人になってしまった」

ダグのアイデンティティはお金に縛られており、それを失ってしまった。たくさんの可能性があった未来は、いまや暗く、孤独で、無意味で、ひどくつまらないものに思えた。カリフォルニアには親しい友人もほとんどいないし、これといった趣味もなかった。自分の長所だと思っていた富も、なくなってしまった。ダグの価値観においては、自分は完全なる敗者であり、以前の生活には戻れないという恐怖で身がすくんでしまった。生きていることに意味なんてない、とまで考えたのだ。

私たちは、ダグの富とシリコンバレーの文化が彼の価値観にどのように影響したか、そして幼少期や大学時代の友人、彼の信念について話し合った。特に、数字が大好きで会計を勉強するきっかけになった、と興奮気味に話した。

ダグの診療が終わると、私は、今後の治療法を書いた書類を持って、彼を出口まで見送った。すると彼は、作り笑いを浮かべてこう言った。「ＣＦＯ（最高財務責任者）から、来週にはさらなる増収を目指そうと言われているんだ。だからもう、僕は大丈夫」

ダグは、ストックオプションで得た富が必要だったわけではなかった。でもその富が彼の価値観を変えてしまったのだ。富を失ったため、「ハイテク長者」というこれまでのステータスと「出世の見込みのない会計士」という新たな自分が衝突し、それに打ちのめされてしまった。基本的に、ダグには何の変化も起こっていない。失った富も「含み損」でしかない。変わったのは、「感じ方（認識）」だ。

感情と認識

富の変化にどのように対応するかは、その人が利益と損失にどのような意味を見いだしているかによって異なる。損失に打ちのめされるか、それとも早く立ち直れるかは、その人の体力ではなく、その人の信念と期待によるものが大きい。自分に起こった出来事をどのように解釈するかは、生活をうまく調整する能力、生まれながらにして持つ資質、最近の出来事、文化、環境などがすべて影響するのだ。そして、出来事の解釈の仕方が、強い感情（ダグのケースでは「絶望」）を生じさせる。

感情は、思考、行動、認識の根底にあり、無意識のうちに生じることが多い。感情とは主観的な感覚であり、脳にとって便利なショートカット（「ヒューリスティック」＝複雑な問題解決などのために意思決定をするうえで、短時間で楽に判断したいときに用いる解法や法則）の役割を果たす。特に、感情は、特定の目標や恐怖に対してその人がどのように対応するかに影響する。例えば興奮という感情が見られると、その人がチャンスを発見したことが分かる。興奮した人はリスクを追求するという行動をとる。一方で、恐怖という感情は、危険が迫っている可能性を示唆している。恐怖心を抱くと、リスク回避や撤退という行動になって現れる。

分かりやすく言うと、感情とは脳の信号機のようなもの。機会や脅威を見つけると、感情は、リスクをとって前へ進め（興奮）、注意して進め（不安）、止まれ（恐怖）という指示を出す。このように、感情には「予想性」がある。感情は、恐怖や機会に備えるのをサポートし、危険から離れる（損失回避）あるいはチャンスをとらえる（報酬追求）という思考と行動を結びつける役割を果たす。

脅威が現実のものとなって危険が迫ると、人は、うろたえて逃げようとする（逃走）、恐怖のあまり立ちすくむ、あるいは好戦的になる（闘争）。これは、危険に対する「闘争・逃走」と呼ばれる反応だ。危険を察知し、恐怖を感じ、その危険に対応しようとすると、「闘争・逃走」

反応が現れる。

予想感情と反応感情を区別することはとても重要だ。アマチュアの投資家は、自分に都合よく株価の変動を予測して、株を買おうとする。プラスの予想感情は、投資家の予測のバイアスとなり、リスクの認識が弱まってしまう。また投資家は、予測を上回る利益が得られそうだとか、予期しないマイナスのニュースを知ったなど、イベントに反応して株を売ることもある。こういった反応による売りは、理性的な計画に基づくものではなく、むしろ感情に刺激されたものである。

感情は思考と認識に影響を及ぼし、悲観的あるいは楽観的な思考スタイルを促進する。ダグのケースでは、利益が消えてしまったという強い感情から自殺という好ましくない思考が生まれた。これは、感情によって認識にバイアスがかかった例である。また別の例として、投資家が恐怖を抱くと、景気後退が迫っているとか価格が下落するなどと反射的に予想し、リスクの高い銘柄を早く売ってしまう。とは言うものの、恐怖心を抱いた投資家に、なぜ売るのか、と聞いても、「怖いから」とは答えないだろう。ネガティブな経済ニュースを聞いた、とか言うに違いない。感情的な投資家は、感情が自分のものの見方に影響を及ぼしていることに気づいていないのだ。

「感情」とは、心理的な経験を広く表した用語である。気分、情緒、態度などもすべて感情である。気分によって思考回路のショートカットが生じるのが「感情ヒューリスティック」である。つまり「ヒューリスティック」とは精神的なショートカットの一種であり、「直感」に基づく判断や選好によって物事を結論づける。「感情ヒューリスティック」という言葉は、心理学者のポール・スロビック氏の造語である。

感情ヒューリスティックは、人が複雑な判断を下すときの感情の「ラベル」の役割を果たす。例えば、投資家はグーグルとＩＢＭについて質問されると、「グーグルは新しくてエキサイティングな会社」「ＩＢＭは古く退屈な会社」と感じる（あるいはとっさに考える）だろう。こういった考えは、それぞれの概念に添付された感情のラベルから生まれるものである。ラベルがあると、物事を簡単かつ迅速に判断できる。感情ヒューリスティックによって、時間の制約があったり不確実な状況のなかでも迅速な判断を下すことができる。つまり感情ヒューリスティックは、習慣的で比較的弱い感情のラベルだと言えよう。

これに対して、強い予想感情と反応感情は、目標追求の意欲を生み出す脳システムを介して判断能力を左右する。「コンパレーター（比較器）」の役割を果たす広範な脳システムが、その人が目標に向かって進んでいるかどうかを評価する。期待よりも進んでいる場合は幸福感が生まれ、期待に沿っていない場合は絶望感が生まれる。このコンパレーターは、人間のモチベーションと行動の根底となっているのだ。

期待との比較

脳のコンパレーターは、目標達成に向けて期待される進捗状況と、実際の進捗状況を比較する。期待に対して自分がどの地点にいるかを評価することによって、どのような感情が生まれるか、そしてそのギャップを埋めるのにどのような戦略を立てるのかが決まる。コンパレーターは、モチベーションを維持するためのフィードバックの役割を果たしているのだ。

比較に対する反応として生じる感情の強さは、①期待と現実のギャップの大きさ、②似たような状況（経験）との関連性、③過去の記憶――という三つの特徴に左右される。例えば、期待と現実のギャップが小さいときは弱い信号が送られ、ギャップが大きいと強い信号が送られる――つまり、感情がより強くなる。コンパレーター（**図3.1**）は、報酬系（目標接近）と損失回避系（目標回避）の両方から情報を受け取る。

「目標接近」とは、報酬系の動機づけ行為のことであり、期待される目標の達成に向けて刺激を与える。目標接近の進捗度が期待を上回っていると、幸福、喜び、陶酔、満足といった高揚に関連する感情が生まれる。これに対して目標接近が不十分だと、悲しみ、動揺、不快、失望といった落胆に関連する感情が生まれる。

「目標回避」は損失回避系の機能であり、危険な状況を回避するように働きかける。損失回避がうまくいくと、安堵感が生まれる。ただし、期待にこたえられず、危険も回避できないと、

図 3.1　脳のコンパレーターは目標達成に向けて期待される進捗状況と実際の進捗状況に基づいて感情を生み出す

	目標接近	目標回避
プラスの進捗	高揚	安堵
マイナスの進捗	落胆	不安

出所＝C・S・カーバーとM・F・シュアーの「On the Structure of Behavioral Self-Regulation」とM・ボカーツ、P・ピントリッチ、M・ジーダー編集の『Hand-book of Self-Regulation』42～80ページより

不安、憂慮、心配、緊張感が生じる。

脳機能イメージングで観察すると、期待される報酬を受け取ると報酬系の活動は弱まる。また、目標達成の進捗状況が期待に等しいと、感情的な反応は特に見られない。[1]ところが、予想しなかった報酬が得られる、という思いがけないニュースが飛び込んでくると、期待される進捗状況を超えているため、報酬系が強く活性化される。[2]

興味深いことに、近い将来に報酬が得られるというニュースが飛び込んできても、期待される報酬が実際に得られなければ、脳は抑制された状態になる。つまり、期待される報酬が得られないと、回路のドーパミンニューロンの放出が減少するのだ。[3]おそらくこれ

が、「落胆」という脳の表現なのだと考えられる。

反事実的条件による比較

自分が置かれた状況と他人の状況を比較すると、なんらかの感情が生まれるものである。心理学者らは、オリンピックのメダル授与式の写真からメダリストの顔を切り抜き、何色のメダルだったかを告げずに、顔にはどのような表情が見られているか、と質問する実験を行った。その結果は予想どおり、金メダリストは最も高いプラスの感情を示していた。ところが驚いたことに、次に高いプラスの感情を示していたのは、銀メダリストではなく、銅メダリストだった。[4]

オリンピックの選手は、反事実的条件による比較を行っていたのだ。銅メダリストは下方比較したため、表彰台に上ったことを幸せに感じていた。ところが銀メダリストは上方比較をしたため、自分より上の選手がいることにややがっかりしていた。

反事実的条件による比較は、利益と損失に対する感情にも影響を及ぼす。カリフォルニア大学バークレー校のバーバラ・メラーズ教授は、ギャンブルの実験を作成し、多額の損失（または利益）を回避した場合に損失（または利益）に対する感情的な反応を調べた。被験者は、勝算が五分五分のギャンブルをする。一つのゲームは八ドルの勝ちか三二ドルの勝ち（いずれも五〇％の見込み）、もう一つのゲームは八ドルの負けか三二ドルの負け（いずれも五〇％の見込み）。どちらのゲームをするかは選べないが、ギャンブルの結果を見て、自分の感情を評価してもらう。

その結果、三二ドルの損失を回避した被験者は、八ドルの負けでもややポジティブな感情を示し、三二ドルの勝ちを逃した被験者は八ドルの勝ちでやや不満げだった。つまり、負けゲームでは八ドルの負けには良い感情を抱き、勝ちゲームでは八ドルの勝ちでも悪い感情を抱いた。期待される価値（この実験では、勝ちゲームの期待値はプラス二〇ドル、負けゲームの期待値はマイナス二〇ドル）と実際の結果を比較することで、結果に対する感情に違いが生じるのだ。

こういった比較現象はビジネスの世界でも見られる。ビジネスにおいては、自尊心と達成感の評価基準がはっきりとしていることが多い。シリコンバレーの億万長者たちは、他人のヨットの大きさに嫉妬を感じ、超高級ヨットの建設ブームを引き起こす。大してお金のない者たちは、美しいボートと一緒の港にいるだけで幸福感に浸れるだろう。

ポートフォリオマネジャーも比較の影響を受ける。マーケットの上昇を見逃すと、期待されるパフォーマンスを上げられないことに落胆し、ベンチマーク（あるいは同僚の成績）を下回ることに不安を感じる。

最高の業績を上げたマネーマネジャーは、その成功を褒められる。ところが、成功のあとには業績不振になることが多い。なぜか？　それは目標を達成したことで、トップになるというモチベーションを失ってしまうからだ。自分と他人を比較して成功を評価すると、イソップ物語のウサギとカメのように比較に勝てば喜びを感じるが、努力を続けるというモチベーションが消えてしまう。期待よりも良い成果を上げたのに、なぜこれ以上努力する必要があるというのだろう？　他人や外部のベンチマークと比較すると、パフォーマンスのワナに陥ってしまう。

これに対して、意思決定のプロセスを向上させる、あるいは判断を明確にする、といった自分の内なるベンチマークに基づいて成功を評価すると、いつまでもモチベーションを持ち続け、長期にわたって好成績を上げることができる。つまり、意思決定プロセスの向上に努め、常に好奇心を持ち、健全な投資哲学を求めているポートフォリオマネジャーは、長期的に良い成績を収める可能性が高い。この件については第22章で詳しく説明する。

比較によって、期待に対するフィードバックを受け取るとなんらかの感情が生まれる。期待への執着度（自我関与）は、フィードバックに対する感情的な反応の強さを左右する。トレーダーや投資家の間で禅や仏教関連の本の人気が高いことからも、このことがうかがえる。こういった本は、結果にとらわれず過程を大切にせよ、と説いているからだ。

結果を比較すると、感情が刺激される。結果に無関心でいられると、感情的な刺激と感情によるバイアスが弱まる。仏教の瞑想を修行した人は、強い感情を静めて穏やかな内なるささやき声を認識することができる。残念ながら、多くの投資家はトレードの結果に執着し（結果と報酬が結びついているから無理もないのだが）、反応感情の影響を受けやすい。

思い込みと期待——プラシーボ効果

目標の成功を期待すると、「自己達成的予言」が生じることがある。「自分は目標を達成できる」と信じると、目標の追求をサポートする潜在能力が活性化される。つまり、自分の成功を信じると、神経系統に影響を及ぼす物質が刺激され、精神的にも肉体的にも忍耐力が強化されるのだ。「プラシーボ効果」は、思い込み、望み、期待が現状の打破にどのように作用するかをよく表した例である。医師から薬をもらうと（それが偽薬であっても）、患者は自分の病気が良くなると思い込み、健康を取り戻したいというモチベーションにつながる。

コネチカット大学の心理学者であるアービング・キルシュ教授は、一九件の抗鬱薬の臨床試験を分析し、改善するという期待が薬の効果の七五％を占めている、と結論づけた[5]。キルシュ教授の説明によると、「大切なのは、自分に起こることを信じるという気持ち。自分を変えるのに、薬に頼る必要などない」という。新薬の実験では、患者の三五～七五％は偽薬を投与して効果が得られている。プラシーボ効果という考え方は、何世紀にもわたって西洋医学の中心になっていた[6]。

プラシーボ効果は、好ましい結果が生じると信じることで症状が良くなるが、これに対してノーシーボ効果は、良くないことが起こるという暗示または思い込みによって体調を崩してしまう。プラシーボ効果もノーシーボ効果も、結果を期待することで自己達成予言が生じている。

マーケットでは、参加者の期待はすぐに価格に反映される。投資の技術は、自分の期待、マーケットの期待、そして経済のファンダメンタルズを理解する能力によるところが大きい。マーケットの期待がファンダメンタルズから外れると、精神的なショックが大きくなる可能性が高い。例えば、株価収益率の高いハイテク銘柄に対する成長期待が妥当な水準を大きく上回り、マーケットの超楽観的な期待を反映して株価は上昇したが、投資家の高い目標価格に届かないことが分かると、期待と現実の差は最終的に小さくなった。

一般的に、成長に対する投資家の期待が高いと株価収益率も高くなる。しかし皮肉にも、株価収益率の低い銘柄（成長に対する投資家の期待が低い銘柄）のほうが良いパフォーマンスにつながることが多い。これはバリュー投資の原則だ（バリュー投資については第23章で説明する）。バリュー戦略が効果的な理由のひとつとして、投資家の期待が低いとポジティブなサプライズが生まれやすいことが挙げられる。つまり、株価収益率の低い銘柄に対してはポジティブな感情が高まるが、株価収益率の高い銘柄はすでに「良いニュース」を織り込み済みであるため落胆につながりやすいのだ。

ニュースの意味を理解する

マーケットが引けると、ジャーナリストは毎日、その日のマーケットの行動の「根拠」を求めてトレーダーにインタビューをする。インタビューによって得られる説明は、たいてい明確で論理的だ。マーケットの心理状態は、最近のイベントの因果関係によって説明されることが多い。例えば、一九八七年一〇月一九日の大暴落（ブラックマンデー）のあと、ＢＢＣは、マーケットの急落はニュースが原因でパニックになった、と説明した。「金利の上昇とドルの下落に対する懸念から株価が下落した。さらに、アメリカが沖合いの石油掘削設備を爆撃してイランの攻撃に対抗するというニュースが広まり、株価は悪化した」[7]

このＢＢＣの論理には欠点がある。なぜなら、パニックの原因は最近の株価動向と世界的な事件にある、と言い切ってしまっているからだ。ニュースと株価の変動は確かに投資家の心理に影響を及ぼし、こういった出来事からのフィードバックは投資家の感情を左右する。しかし、ややネガティブなだけのニュースではこれほど大きなパニックは起こらない。この日のパニックの下地はすでに出来上がっていたのだ。

ＢＢＣの記事の事後注釈で、編集者は、「暴落の原因に関する論議はその後何年も続いたが、エコノミストらはブラックマンデーのきっかけとなる要因をひとつも挙げることはできなかった」と認めている。[8] 結果的に、「ニュース原因説」は否定され、不確実性だけが残った。

なぜＢＢＣは、パニックの原因をひとつに絞ろうとしたのだろうか？　おそらく、原因が不確実なこととコントロールができないということに読者が不安を覚えると判断したからだろう。投資家がパニックになったと聞いたら、あなたはすぐにその「原因」を知りたいと思うはずだ。

「恐怖心を抱いたから」「自信過剰だったから」という説明では満足しないだろう。「金利が上昇したから」という具体的な説明があれば気持ちも落ち着く。

マーケットの動向に関する説明によく見られる欠点は、投資家の感情（恐怖や強欲）の原因を最近のニュースに直接結び付けていることにある。悪いニュースが出ても恐怖心やマーケットを刺激しないこともあれば、刺激することもある。では、同じようなニュースでも、恐怖心をあおることもあればまったく反応がないこともあるのは、なぜだろうか？　投資家がニュースやイベントをどのように解釈するかは、その根底にある感情的な考え方に左右される。楽観的な投資家は、株価の急落を「バーゲン買い」のチャンスだととらえるが、悲観的な投資家は、世界の金融システムが崩壊している証拠だと考える。

面白いことに、非常にネガティブなニュースが強気のマーケットに影響を及ぼさない時期もあれば、ポジティブなニュースが弱気のマーケットから回復できない時期もある。こういった時期には、投資家は、集団レベルで感情の防衛メカニズムに負けてしまう。感情の防衛メカニズムは「自己欺瞞」という形で現れ、投資家は、自分の強い信念に反するニュースを歪曲して解釈してしまう。

自己欺瞞の影響

メディアは、あとになってからマーケットのイベントの根拠を合理的に説明しようとするが、個人投資家は、感情の防衛メカニズムと論理の歪曲によって問題を解決しようとする。特に、プレッシャーがかかっていたり、自分にとってマイナスの情報を入手したりすると、脳は自己欺瞞によってそれに対処しようとする。

感情の防衛メカニズムとは、好ましくない比較から生じるネガティブな感情を、心の中で最小限に抑えようとするプロセスのこと。論理の歪曲（合理化）や回避（拒否）によって、あるいは自分の感情を他人の感情のように見せかけたり（投影）、自分でコントロールできない環境を非難したり（客観化）することによって、ネガティブな感情を弱めることができる。例えば、今後のマーケットの動向に確信が持てないとき、投資家は、それはマーケットが不確実だからだ、と決めつけようとする（投影）。ところが多くの場合は、投資家自身に原因があるのだ。また、マーケットで損を出したとき、その責任は自分にあるのではなく相場師がマーケットを操作したからだ、と考える（客観化）。こういった防衛メカニズムは無意識の反応であるが、現実を受け止め、正確に予測する能力に深刻な影響を及ぼす。

本書で取り上げるバイアスのなかには、この感情の防衛メカニズムから生じているものがある。「後知恵バイアス」は、あとから知ったことをあたかも前から知っていたかのように考え、過去の成功を楽観的に評価して、さらに見当違いの試みをしてしまう。「確証バイアス」は、自分の見解や思い込みを裏づける事実を探し、都合の悪い情報を無視してしまう。また「投影バイアス」は、現在の心理状態から将来の心理状態を推測し、将来のニーズや希望について誤った判断を下してしまう。

感情の防衛メカニズムと動機づけられた推論

自分を正当化しようとする防衛メカニズムは、「動機づけられた推論」とも呼ばれる。動機づけられた推論とは思考のバイアスであり、自分に好ましい結論を導き出してその見解を強く支持する。[9] ほかの防衛メカニズムと同様、これも情動制御のひとつだと考えられる。ネガティブの心理状態を最小限に抑え、ポジティブの心理状態を最大限にしようとして、脳が働くのだ。動機づけられた推論が情動制御のひとつだと初めて主張したのは、ウィーンの神経学者で精神分析的精神医学の父と呼ばれるジークムント・フロイトである。フロイトは、人間は自分の思考プロセスを調整し、不安や罪といったネガティブな感情を回避する、と述べた。

カリフォルニア大学アーバイン校のディットー教授は、動機づけられた推論を調べる実験を行った。被験者が偽の医学検査を受ける様子をビデオに撮影した。ある被験者には、試験の結果は良好だったと告げ、別の被験者には好ましくない（ただし、認知できない程度の）診断結果が出た、と告げた。さらに、好ましくない結果だった被験者は、確認のために再テストを受ける必要があると説明した。すると、この検査の精度は低いと信じて、多くの被験者が自発的に再検査を受けた[10]。自身に関するネガティブなフィードバックを過小評価するだけでなく、結果を見せられたあとでもそれを信じようとしなかったのだ——それどころか、結果に反論を述べる人すらいた。

エモリー大学の研究者らは、二〇〇四年の大統領選挙の前に、積極的に政治活動を行っている人を対象にして、動機づけられた推論に関する調査を行った。ジョージ・W・ブッシュとジョン・ケリーの両候補者による矛盾した発言を被験者に示し、被験者を機能的磁気共鳴画像法（fMRI）で観察した。それからしばらくして、矛盾した発言は実験者の間違いだった、と伝えられた。

最初は、支持している候補者の矛盾する意見を示されたとき、被験者には側坐核（ポジティブな感情とモチベーションに関連する報酬系の領域）の活性化が見られた。この活性化は、「支持候補者を嫌悪するような情報に直面したとき、熱烈な支持ゆえに別の（ポジティブな）結論が導き出されたから」だと推測される。側坐核の活性化は、悪いことが起こりそうな情報と、候補者に対するポジティブな考えとの折り合いがついたとき、安心感が生まれたことを示している。つまり、緊張状態が解消したことによってポジティブな反応が生じたのだ。研究者たちによると、側坐核の活性化は、明らかな矛盾に対する弁解を見つけようとする被験者のモチベーションを表しているのだと考えられる[11]。矛盾を解消することは快感であるため、被験者は進んでそれを解消しようとする。

興味深いことに、エモリー大学の研究では、「動機づけられた推論は、これまで『冷静な』推論に結びついていた脳の領域の神経活動には関連しなかった」[12]。動機づけられた推論を行うとき、支持候補者の矛盾する意見を解消することで支持者への共感が満たされ、ネガティブな感情に関連する脳の領域（島皮質および外側眼窩前頭皮質）の働きが沈静化される[13]。これらの結果から、感情の防衛メカニズムは、個人が情報を見つけたり考えを受け入れたりしようとして報酬系を活性化させる（そして、ネガティブな感情を弱める）神経過程である、ということが分かる。

動機づけられた推論を行っている人は、ネガティブな情報に対する防衛反応が弱い人よりも、うまく意思決定を行うことができない。研究者らは、不快な情報について考えることで最も早く解決策を見いだせる、というカード分類実験を行った。ウエイソンの選択課題の実験を二つ行ったところ、自分が早死にする（実験一）、不快な固定観念が正しい（実験二）というネガティブなことを暗示するルールについて考えた被験者は、ポジティブなルールについて考えた人よりも優れた結果を出した。つまり「懐疑的な考えによって、人は、毎日の動機づけのなかで、確証バイアスを避けることができる」のだ[14]。不快な情報を得たほうが、優れた意思決定につながった。

不快でネガティブな感情に直面したとき、勇気はそれを乗り越えるのに欠かせない要素となる。弱気マーケットでは、だれもが景気について悲観的に考える傾向がある。そういった状況では、だれもが見落としている経済のポジティブな側面を見つけることが重要だ。そのためには、バランスのとれた思考、勇気、そしてあらゆる情報を冷静に受け入れる寛容さが必要だ。ジョージ・ソロスも「自分の鋭い洞察力のカギは、自分の投資の推論過程がなぜ間違っているのかを中立的に考える能力にある」と言っている（これは、彼の誤謬性理論である）。

期待、反事実的条件による比較、そして感情の防衛メカニズムが意思決定に及ぼす影響を理解することは、パフォーマンス向上の第一ステップである。次の章では、ミクロレベルの話に戻り、神経系統に影響を及ぼす物質と投資判断の関係について説明する。

第4章 神経化学――脳内麻薬の分泌

「欝病の人にはプロザック、心配性の人にはバリウム、スポーツジム好きにはステロイド、やたらと張り切る人にはアデロール」――ジョシュア・フォア（Slate.com より）[1]

食べ物、ハーブ、薬、そして非合法ドラッグの化学成分が、投資判断に大いに影響するのはご存知だろうか？ アルコールは、投資判断に影響を及ぼすことがよく知られている――だからこそ、カジノではフリードリンクをふるまって、ギャンブラーの自制心を弱めようとしている。ところが食べ物やハーブが行動に及ぼす影響については、医療専門誌以外ではあまり取り上げられていない。

病的な状態（躁鬱、不安神経症、妄想症）、神経学的疾患（パーキンソン病やアルツハイマー病）、衝動抑制障害（窃盗癖、衝動買い、ギャンブル依存症）の多くは、投資判断に影響を及ぼすことが知られている。鬱はリスク回避、躁は自信過剰な投資、不安神経症は「分析麻痺」、そして衝動抑制障害はトレードのしすぎに結びつく。ところが面白いことに、投資に関連するこういった症状は、薬によって弱めることができる。

本章では、化学物質が、リスクに関連する情報をどのように認知し、処理し、判断するかについて検証していく。自分が摂取した化学物質の効果を知ることは、投資家にとって単なる学術的な問題ではない。グローバルマーケットでは毎日数兆ドルもの取引が行われているため、最適な判断を下すことが極めて重要だ。判断能力の精度をほんの少し向上させるだけで、何百万ドルもの利益につながるのだ。

本章で取り上げる化学物質は、神経伝達に影響を及ぼす。「神経伝達」とは、ニューロン（神経細胞）間で信号がどのように伝わるか、という意味である。ドーパミン、セロトニン、ノルエピネフリン（副腎皮質ホルモン）、ストレスホルモンなどの神経伝達物質を健全な水準に保つには、バランスの取れた食生活、良好な対人関係、自然とのふれあい、定期的な運動、祈祷や瞑想などが有効である。ただし、なかには薬物乱用、投薬治療、過度なストレス、遺伝的傾向から化学的不均衡（身体が正常に機能するのを補助する物質が多すぎたり少なすぎたりする状態）が生じる人もいる。こういった不均衡な状態になった場合は、脳内化学物質を微調整することが効果的である。

神経伝達物質とは

神経伝達物質について知ることと投資とは、どのような関係があるのだろうか？　投資利益の変動から受ける影響は、人によってそれぞれ異なる。何を期待するかは人によって違うし、刺激、期待、安全を求めるレベルもまったく異なる。こういった違いは主に、その人固有の生態によって生じる。

神経伝達物質とは、脳内のニューロン（神経細胞）間で通信信号を運ぶ物質のことである。人の神経伝達物質の特徴は、①遺伝、②過去の経験――に基づいている。ここでは、投資家にとって重要な行動・感情と神経伝達物質との関連性について見ていきたい。

神経伝達物質のなかには、脳脊髄液に放出されるものがある。全体量がわずかでも変動すると、神経シグナリングの頻度と強さに大きな変化が生じる。

また、ニューロンの終末から分泌され、下流のニューロンに信号を直接伝える神経伝達物質もある。こういった神経伝達物質は、特定の受容体の反応を引き起こす（図4.1）――これは、カギとカギ穴が一致するのに似ている。神経伝達物質は、二次ニューロンの電気的反応や遺伝的反応のスピードを刺激する（図4.2）。また、ニューロンから放出された神経伝達物質は、シナプス（神経細胞の結合部）に貯蔵されて再利用される。

一つの神経伝達物質が特定の感情や行動を生み出すということはほとんどない。多くの神経

図 4.1　神経伝達の原則――ニューロンAは軸索を通ってニューロンBに信号を送る

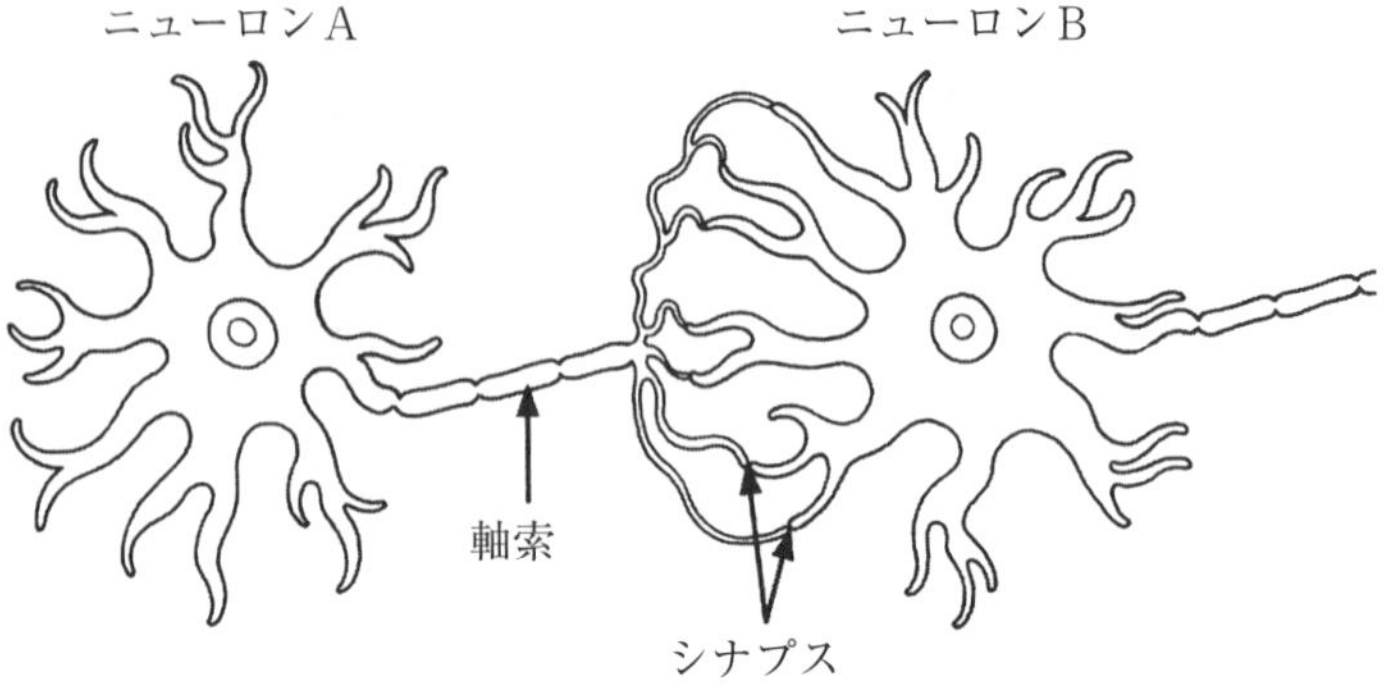

図 4.2　シナプスの構成――ニューロンAはシナプス間隙に神経伝達物質を放出し、ニューロンBの受容体と結びつくとイオンチャネルと遺伝過程が活性化され、それが信号となる

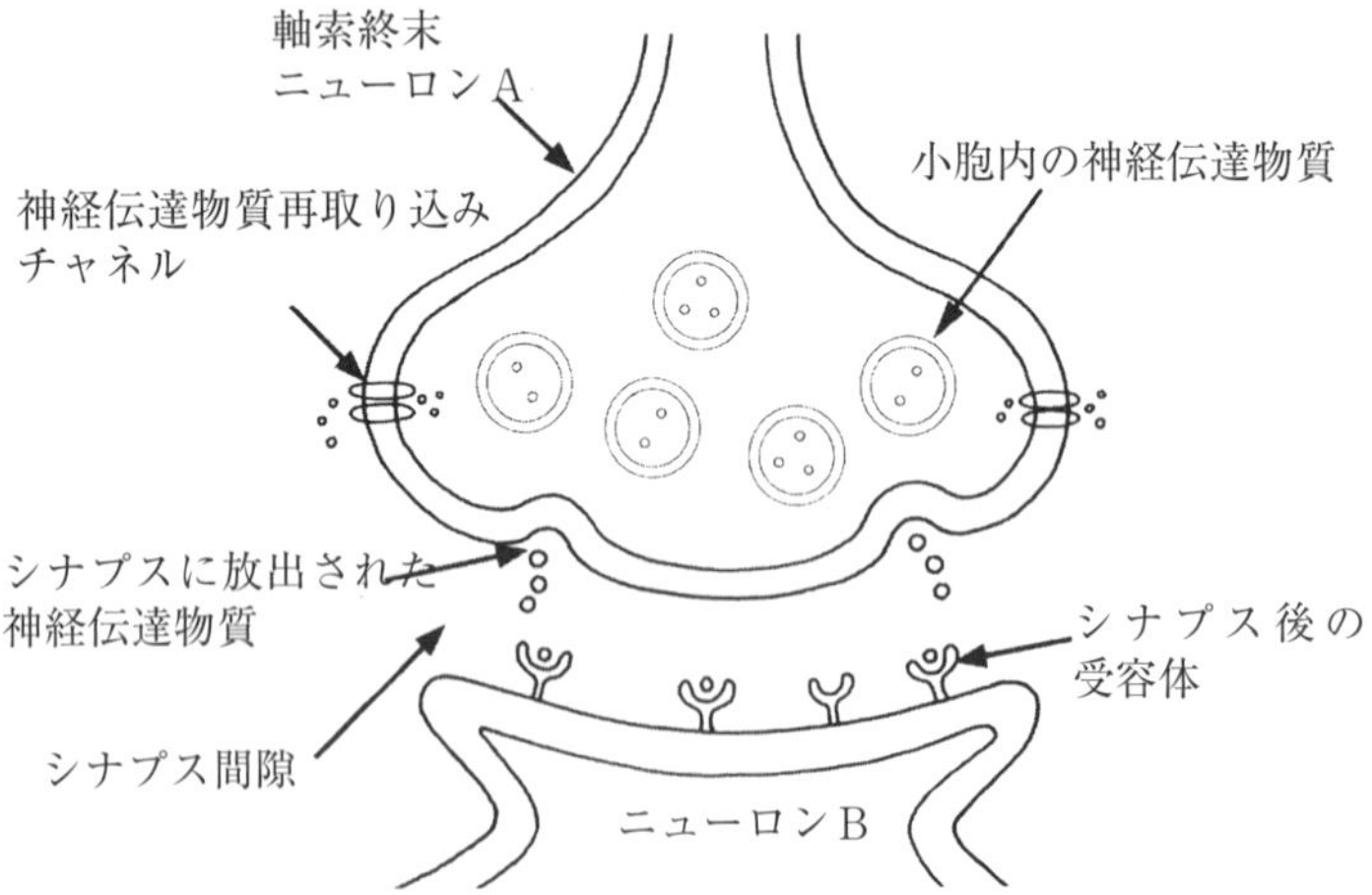

伝達物質を放出するニューロンにはさまざまな種類があり、その多くは互いの活動を刺激したり抑制したりする。さらに、神経伝達物質の多くは複数の受容体サブタイプに作用し（現在、セロトニンには一二、[2]ドーパミンには五つの受容体サブタイプが確認されている）、[3]一〇八種類の神経伝達物質が確認されている。これらのうち、ヒスタミン、セロトニン、ドーパミン、ガンマアミノ酪酸（GABA）、アセチルコリンの五つの神経伝達物質は脳のいたる領域で活動している。本書ではセロトニンとドーパミンについて詳しく説明するが、ヒスタミン、GABA、アセチルコリンについては簡単に触れるにとどめておく。ほかにも、オピエート、ノルエピネフリン、ストレスホルモン、オメガ3系脂肪酸は、行動と意思決定に影響を及ぼす。また、一般的な薬物や違法薬物、食べ物も、判断能力に影響することを覚えておいてほしい。

セロトニン

抗鬱剤のプロザックが発売されて以来、セロトニンという言葉は一般に知られるようになった。二〇〇五年、アメリカでは、セロトニンを増やす薬の処方箋が一億五〇〇〇万以上も発行された。[4]脳内のセロトニンは月経前症候群（PMS）から重い鬱病や自殺にいたるまで、あらゆる疾病に影響すると言われている。セロトニンは神経伝達物質のひとつであり、その濃度や受容体の感受性が変化すると判断力にも影響が及ぶ。

一九七〇年代の研究者たちは、過激な方法で自殺する人は、ほかのことが原因で亡くなる人よりも脳内のセロトニン量が低いということを発見した。そこで科学者たちは、シナプス前ニューロンにおけるセロトニンの再利用を阻害する化学物質を開発した。セロトニン再取り込み阻害薬（ＳＳＲＩ）は、セロトニンがシナプスに放出されたあとで吸収（再取り込み）されるのを阻害する働きがある。主に、感情障害や行動障害の治療に使われており、フルオキセチン（商品名プロザック）もそのひとつである。

プロザックが発売されて以来、パキシル、ゾロフト、セレクサ、レクサプロなどの商品名でいくつものＳＳＲＩが販売されている。ＳＳＲＩによる治療は、鬱病、不安神経症、強迫神経症、心的外傷後ストレス、月経前症候群などの重い症状を和らげるのに有効だと認められている。鬱病や不安神経症の症状を和らげるものとして、ＳＳＲＩは世界中で広く使用されてきた。アメリカでは、抗鬱剤は薬の売り上げ第三位であり、その売上高は年間一一〇億ドルにものぼる。二〇〇三年、抗鬱剤の使用量は前年を一七％も上回っている。さまざまな抗鬱剤が存在するが、ここではＳＳＲＩについてのみ説明することにする。

セロトニントランスポーター遺伝子と患者が感じるネガティブな感情には、弱いが重大な遺伝的関係がある。５―ＨＴＴ（セロトニントランスポーター遺伝子）のＳ型（短いタイプ）コピーを二つ持つ人は、Ｌ型（長いタイプ）を二つ持つ人よりも、わずかに感受性が強く、鬱病になりやすい。[5]さらに、二つのＳ型（ＳＳ）を持つ人は二つのＬ型（ＬＬ）を持つ人よりも、機能的磁気共鳴画像法（ｆＭＲＩ）で脳の活動状態を測った場合に扁桃体の活動（ネガティブな感情の働きをつかさどる）が活発であることが分かる。[6]

実験から、必須アミノ酸（セロトニンの前駆物質）を食事で摂取できないと脳内のセロトニンが減少することが分かっている。ニューロンでは、アミノ酸トリプトファン（Ｔｒｐ）からセロトニンを生成する。そのため、セロトニンを生成するには食生活でＴｒｐを摂取する必要がある。Ｔｒｐは人間の体内で自然に生成することができないため、食品から十分に摂取できないと脳内のセロトニンが少なくなる（睡眠ホルモンであるメラトニン量も減少し、睡眠に支障をきたす）。Ｔｒｐはプロテインの構成要素のひとつであり、チョコレート、オート麦、バナナ、乾燥ナツメヤシ、牛乳やヨーグルト、カッテージチーズ、魚類、七面鳥や鶏肉、ゴマ、ヒヨコマメ、ピーナッツに多く含まれている。遺伝子研究によると、セロトニンとトリプトファンの遺伝子変異はセロトニンの働きを低下させ、感受性が強くなってしまうことが示されている。[7]

ドーパミン

かつてドーパミンは、脳の「快楽」物質であると考えられていた。現在ではより正確に、ドーパミンは欲望や意欲、注意力、学習などさまざまな認識・運動機能にかかわっている、とされている。違法にドラッグを使用するとドーパミンが増えることは、皆さんもご存知だろう。

脳へのドーパミンの放出を求めると、薬物依存症になる――そのため、違法の向精神薬は「ドープ」と呼ばれている。

一九五四年、研究者らはラットの「快楽中枢」を電極で刺激するという有名な実験を行った。ラットは、レバーを押すと快楽中枢が刺激されることを経験すると、衝動的にレバーを押すようになり、多くのラットが極度の疲労で死亡した。ラットは寝食を忘れて電極による刺激を好んだのだ。当初、ラットの依存性の快楽追求行動はドーパミンが原因だと考えられたが、のちの研究によると、電極はドーパミンの放出量を増やしただけではなかったことが明らかになった。実は、オピエート（鎮静作用がある）とエンドルフィン（脳内モルヒネ）も放出させていたのだ。

しかし結局は、ドーパミンは快楽物質として知られるようになった。現在は、ドーパミンは報酬系における、①報酬の追求、②学習、③集中力――の重要な役割を担うものとして認識されている。ドーパミンが放出されると、気分が高揚したり覚醒水準が高くなるといった精神的な影響がある。つまりドーパミンは、人を快適に感じさせ、注意力を高め、やる気を起こさせるのだ。ドーパミンは五つの大きな神経経路に放出されるが、本書では報酬系に絞って話を進めていく（**図4.3**）。

違法ドラッグのなかには、ドーパミンの放出と再取り込みに直接影響を及ぼすものがある。コカインとアンフェタミンは、ドーパミンの再取り込みを阻害する。これらの物質はドーパミ

図 4.3　報酬系は中脳のドーパミンニューロンの神経核となり、その軸索は辺縁系と前頭前皮質に行きわたる

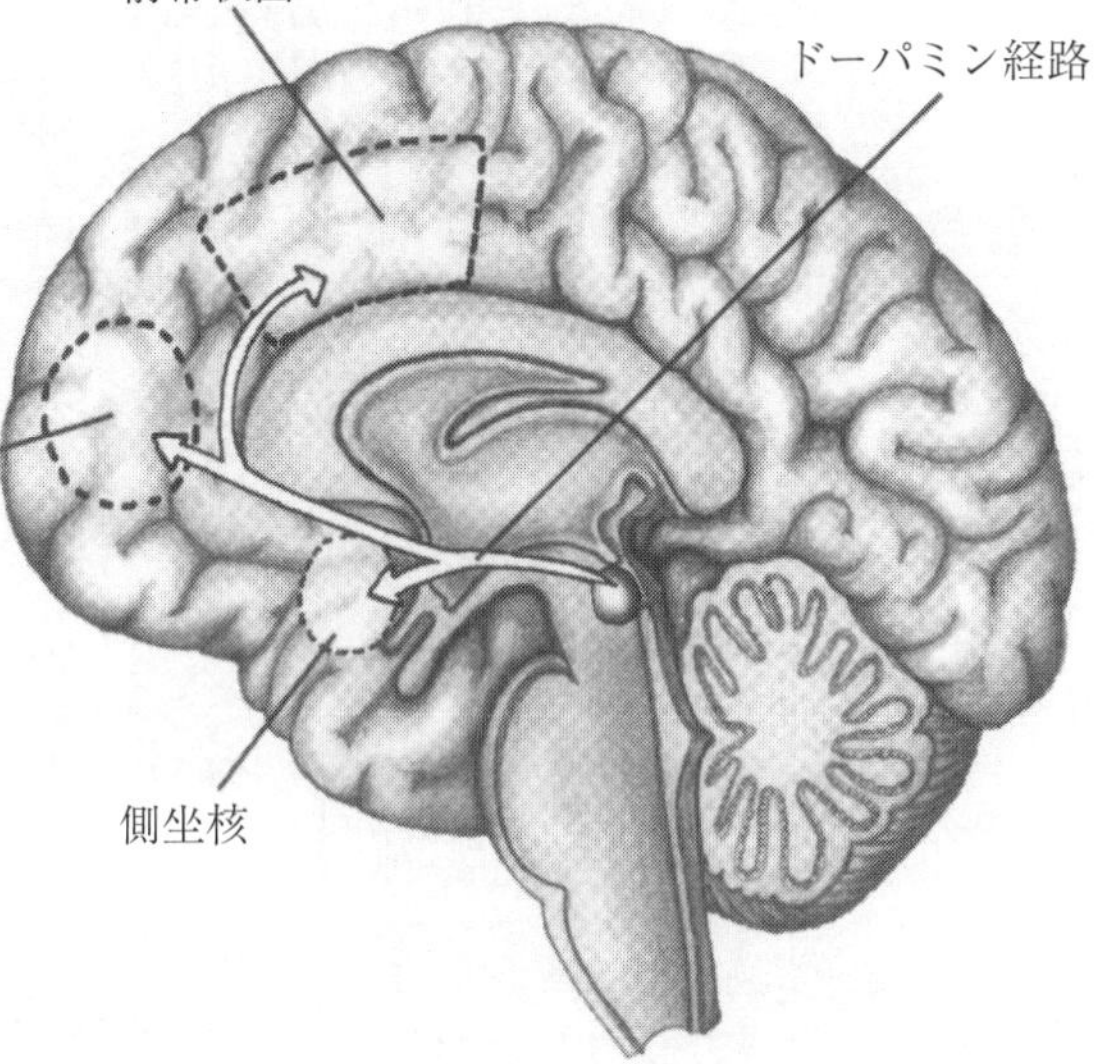

ンの放出を長引かせ、シナプス内のドーパミン濃度を高める。コカインやアンフェタミンを長期間使用すると、ドーパミン受容体の感覚が鈍り、快楽や興奮の働きが弱まる（一方で、気分の落ち込みにつながることが多い）。

　ドーパミン受容体に影響を及ぼす薬物は、通常、ドーパミン信号の伝達を阻害する受容体阻害薬（抗精神病薬など）か、あるいは受容体活性薬のどちらかである。受容体活性薬は、パーキンソン病患者の運動や認

識力を刺激する効果がある。ドーパミンを活性化させる薬物は気分を高揚させ、大量に摂取すると軽躁病を引き起こし（自信過剰になり、リスクを冒したくなる）、しまいにはギャンブル依存症になることがある。実際、ギャンブル依存症は、ドーパミン受容体の活性薬――プラミペキソール（商品名ミラペックス）など――の副作用であると認識されている。ほかにも、ブプロピオン（商品名ザイバン、ウエルブトリン）などのドーパミン再取り込み阻害薬が抗鬱薬として使用され、禁煙にも効果があるとされている。ブプロピオンは、報酬系にはすでに十分なドーパミンが存在するため喫煙によってこれ以上放出する必要はない、と脳に信じ込ませ、ニコチンへの渇望を抑える働きがあると考えられている。

注意欠陥・多動性障害（ＡＤＨＤ）という精神疾患の治療には、ドーパミン量を増やす興奮剤アンフェタミンが投与されることがある。脳内のドーパミン量を増やすことで、ＡＤＨＤ患者は注意力を高めることができる。持続放出型のアンフェタミンやコカの葉の抽出物など、持続性のドーパミン系薬物は即効性の薬物よりも依存性が弱く、これを摂取するとスタミナが増して集中力が高まり、自信が生まれる。

ノルエピネフリン

かつてノルアドレナリンと呼ばれていたノルエピネフリンは、突然のストレスに反応して放出され、ストレスホルモンであるコルチゾールの放出を刺激する。ノルエピネフリンは交感神経を興奮させ、危険に対する闘争・逃走反応を生じさせる。

急なストレスを感じると、集中力持続の低下、過覚醒、融通性の欠如（物事を単純化して考える）、過度な集中といった精神的症状が生じる。身体的な徴候としては、心拍数の上昇、発汗、肌の紅潮、頻呼吸などが見られる。これらの症状の多くは、ノルエピネフリンが体内に放出されたことによる。

青斑核と呼ばれる中脳の領域からノルエピネフリンが急に放出されると、パニックが起こる。パニックになっても破壊的なことを考えたり闘争・逃走行動をとらないようにするには、相当の認知制御が必要となる。

ノルエピネフリンが繰り返し放出されると、高血圧を引き起こす。ウォール街で働く人に高血圧の症状がよく見られるのは、投資家が慢性的に過度のプレッシャーを受けていることが一因だと思われる。高血圧の治療には、プロプラノロールなどのβ受容体遮断薬が使われることが多い。β受容体遮断薬は、ノルエピネフリン受容体のサブタイプ（β1）に作用する。こういった治療は、身体（慢性的なストレスによる高血圧）にも脳機能（急性不安）にも効果的である。

研究者たちによると、プロプラノロールは投資におけるリスクとリターンの認知に影響を及ぼす。「プロプラノロール（β遮断薬）は、被験者の意思決定に選択的変化を引き起こした。

勝ちの確率が低く負けの確率が高いときに、損失の大小を見極める能力が著しく低下した」[8]のだ。つまり、プロプラノロールを摂取した人はリスクが小さいと考えたが、潜在的な報酬の認知には影響を及ぼさなかった。プロプラノロールは、人前であがらないようにするのに効果があり、さまざまなタイプの不安性の治療にも使われている。プロプラノロールを採ると、潜在的な損失を恐れずにリスクをとることができるようになる。

私の知っているある投資家は、高血圧治療のためにβ受容体遮断薬を飲むと、リスクの高い投資判断を下すときに雑念が取り払われる、と言う。「β遮断薬のおかげで冷静になり、しかもリスクを恐れなくなる」らしい。彼はそれを利用して、自分の注意の矛先を変えている。つまり、多くの投資家が潜在的リスクに気をとられている間、彼はほかの投資家を客観的に眺める。「ほかの人がリスクの高い資産を買おうとしているのかどうかがよく分かる」と彼は言う。ほかの投資家を観察すると、逆張り戦略を取ることができる。β遮断薬を飲むのを忘れた日は不安が高まり、リスクに関連するニュースに敏感になってしまう。

オピエート

エンドルフィンという名称でも知られているオピエートは、ポジティブな感情を誘発し、痛みを和らげる働きがある。オピエートは下流ニューロンのいくつかの受容体のサブタイプに作用する。μオピエート受容体に作用するときに、ドーパミンの放出を刺激する。そのため科学者たちは、ヘロインやアヘンなどオピエートを含む違法ドラッグはμ受容体を刺激する（さらにドーパミン量を急増させる）ため依存症になりやすい、と考えている。

投資家のなかには、簡単に利益を上げると興奮し、それが病みつきになる人がいる。ギャンブル依存症はリスクとチャンスのスリルに対する依存症であり、ギャンブルをする直前に辺縁系にオピエートが大量に分泌される。ギャンブルに手を出しやすいタイミングは、一人で家にいるとき、真夜中、あるいはお金のことを考えたときなど、気の重い環境にいるときであり、エンドルフィンの放出がいわゆる「強壮剤」のような働きをする。

ストレスホルモン

投資家にストレスはつきもの。突然の損失に直面するとストレスホルモンが分泌され、心と脳にさまざまな影響を及ぼす。コルチゾールなどのストレスホルモンは突然の脅威に対応する働きがあり、ノルエピネフリンなどのほかのホルモンよりも持続性がある。ストレスホルモンについては第10章で詳しく説明する。

慢性的にストレスを感じると、コルチゾールが長期的に分泌され、気分の落ち込み、疲労、体重増、短期的な記憶障害を引き起こすことがある。慢性的なストレスを持つ人の脳をスキャンすると、海馬と呼ばれる脳の領域（短期的に記憶を保持する）が収縮している。神経症的傾向が強い人は、皮質（灰白質）の量が少ない。このような脳の収縮は、慢性的な緊張感の化学反応が原因だと思われる――ストレスホルモンが慢性的に増加することで、酸化的ニューロン損傷が起こるのだ。

カフェイン

カフェインは、神経学的影響のなかではほかのものとは違った特徴を持つ。カフェイン自体は警戒心を強める働きがあるが、カフェイン摂取者のなかには、緊張や興奮を感じる人も少なからずいる。カフェインは、コーヒー、紅茶や緑茶、栄養ドリンクや炭酸飲料などに含まれている。カフェインは、警戒心を高め、気分を高揚させ、短期的な作業スピードを促進するが、投資判断における役割については十分な研究が行われていないようである。カフェインの過剰摂取と緑茶摂取に関する二つの研究について簡単に紹介したい。

カフェインを摂取すると、ストレスホルモンの分泌量が増える。ロバロ博士（一九九六年）は、コーヒー三杯に相当するカフェインを摂取した人は一時間後にコルチゾール量が三〇％増えていることを発見した。[9] コーヒーに含まれるほかの化学物質も生理的または心理的影響を及ぼすかどうかは明らかではないが、カフェインを摂取しても長期的な悪影響はないことが多くの研究で明らかにされている。カフェインは不安を促す働きがあるため、投資リスクの認知に役立つと考えられるが、これについては研究結果が発表されていない。

また、日本のお年寄り一〇〇〇人以上を対象にした研究によると、緑茶を飲む頻度は、加齢に伴う認識機能障害を五〇％以上減ずることに関連していることが分かった[10]。コーヒー、紅茶やウーロン茶を飲んでもそういった効果は見られなかった。ただし、カフェイン摂取が認識機能に及ぼす影響に関する研究では、特に目立った結果が得られていない。

ＧＡＢＡ、アセチルコリン、オメガ３脂肪酸

ＧＡＢＡはアミノ酸の一種で、脳の至るところに存在し、脳内の電気的活動を低下させる働きがある。てんかんの発作を抑えるのに使用される抗けいれん剤の多くは、脳内のＧＡＢＡレベルを増やして神経の興奮を抑える。このほか、双極性障害（かつて躁鬱病と呼ばれていた）の感情の変化を抑える効果があり、精神安定の治療にも抗けいれん剤が使用されている。

ベンゾジアゼピンやアルコールなどを使用した治療も、脳内のＧＡＢＡレベルを増やす効果がある。ベンゾジアゼピン系の抗不安薬には、バリウム、レストリル、クロノピン、アチバン、ザナックス（かつては最も多く乱用された処方薬）などの商品がある。アルコールもＧＡＢＡ受容体に作用し、中枢神経の信号の流れを抑制する働きがあることが知られている。人によっ

ては、アルコールを摂取すると前頭皮質が麻痺し、辺縁系で生じる衝動をコントロールできなくなることがある。

もちろん、神経科学的にはもっと複雑であるが、GABA受容体には二つのタイプがあり（それぞれにサブタイプがある）、ベンゾジアゼピンもアルコールも同じサブタイプに作用し、依存性を引き起こす。別のサブタイプにのみ作用する薬品は、依存性のない睡眠薬として市販されている。

アセチルコリンは、脳が短期的な記憶を記号化するのに役立つ。ジフェンヒドラミン（商品名ベネドリル＝虫さされ薬）や殺虫剤など市販の抗ヒスタミン剤のように、アセチルコリン量を抑制する薬品は、短期的な記憶の記号化と学習を邪魔する。アルツハイマー病は、記憶の低下と行動障害を伴うものとされている。アルツハイマー病の治療薬の多くは、脳のアセチルコリン量を増やして記憶力を回復させることを目的としている。

研究者らによると、食生活でオメガ3脂肪酸をたくさん摂取している人は、幸福度が高く、衝動的な反応が弱く、健康になる傾向があるという。オメガ3脂肪酸は、脳の脂肪成分の八％を占めている。これが多く含まれる食品は、冷水魚（カタクチイワシやイワシ、ニシン、サバ、サケ）の油、種子（カボチャやヒマワリの種）、ナッツ（アーモンド、ブラジルナッツ、ピーナッツ、松の実、クルミ）、海藻（アラメや海苔）などであり、これらを摂取すると、ニューロン細胞壁の柔軟性が高まり、炎症などからの回復を促進する。

オメガ3脂肪酸は、アラキドン酸経路と呼ばれる生化学的経路でオメガ6脂肪酸と競争的相互作用する。コーン油などからオメガ6脂肪酸を過剰に摂取すると、アラキドン酸経路のオメガ3脂肪酸が不足し、アテローム性動脈硬化（心筋梗塞の原因）や自己免疫疾患を悪化させる炎症性変化を引き起こすことがある。イギリスの刑務所で行ったある研究では、オメガ3脂肪酸とビタミンのサプリメントを与えられた囚人は、規律違反が二〇％減ったと報告されている――これは、衝動を制御する能力が高まったことが原因だと考えられる。[11] またさまざまな研究によると、気分の向上、衝動の制御、免疫機能の強化、感情の安定のために、魚油のサプリメントからオメガ3脂肪酸を摂取するのも有効であることが明らかになっている。つまり投資家も、魚をたくさん食べるかオメガ3脂肪酸のサプリメントを採るとよいだろう。

投資と精神疾患

投資リスクを冒す神経化学的原因を探る方法のひとつとして、「正常でない」投資行動を分析することが有効である。精神衛生専門家向けの診断マニュアル『DSM－Ⅳ－TR　精神疾患の診断・統計マニュアル』（医学書院）で明らかにされているように、精神疾患のなかには、異常な投資判断を引き起こすものもある。例えば、急性躁病は、興奮して（金銭面も含め）高いリスクを冒す傾向がある精神状態になる。そう患者のなかには、突然株式売買を始め、口座の資金がなくなるまで取引を続けてしまう人もいる。あるホームページでは、躁患者のなかには「買い物をしまくったり、食費を削ってまでも宝くじを買ったり、株で大儲けを狙ったりしようとする人がいる」と指摘している。[12] 精神科医のロナルド・フィーブは、『ムードスイング（Moodswing）』という著書のなかで、躁状態で自信過剰な投資家の例を紹介している。[13]

報酬系など、脳内でドーパミン回路とノルエピネフリン回路が過剰活性すると、躁状態になる。対処としては、抗精神病薬を投与してドーパミンの分泌による神経の刺激を抑えるのが効果的だ。ただし、躁状態に伴う幸福感と自信を弱めてしまうとの理由から、この投与を嫌がる患者も多い。

アメリカにおいては、ギャンブル依存症患者の生涯発生率は、三・五％を下回っている。[14] 最近行われた脳機能イメージングの調査では、ギャンブル依存症患者は報酬系の自発運動を抑制していることを証明している。ギャンブル依存症患者は、鈍感になった報酬系を活性化させ、興奮を求めてギャンブルするのだ。

ギャンブル依存症の治療には行動セラピーが有効だが、投薬によってギャンブルの頻度を減らすこともできる。最も効果的なのは、ナルトレキソン（商品名レビア）というμオピエート受容体遮断薬。[15] μオピエート受容体は、報酬系内でドーパミンの放出を活性化させる。[16] ナルトレキソンによってオピエート受容体を遮断すると側坐核のドーパミン放出が少なくなり、自覚的な快楽感が弱まる。[17] ナルトレキソンを摂取したギャンブラーは、ギャンブルを続けて報酬系を刺激する、という行動をやめる。おそらく、ギャンブルから得られる快楽が軽減された気分になるのだろう。

「メランコリー型」鬱病など、鬱病のなかには、報酬経路のドーパミン活動が弱まることで生じるものがある。自発運動が抑制されると、喜びを感じない、やたら眠くなる、慢性的なリスク回避（投資家にとってはこれが最も重要）といった鬱の症状が見られるようになる。「メランコリー型」鬱病の治療には、ブプロピオン（弱い興奮剤）やアンフェタミン（強い興奮剤）などが使用される。

不安も、投資判断に影響を及ぼす。病的な不安は、大げさなリスク認知や高い警戒性を引き起こす。不安が軽度のときはリスクを回避する（適度なストレスによってドーパミン分泌が刺激されるのを認識する）。投資家が神経質になると「市場は不安の壁を上る」などという言葉がメディアに登場する。不安が強いときは、投資家は安心を求めてパニック売りになる。個人投資家のパニックを引き起こす要因には、不安対処戦略、過去の損失、個人の投資スタイル、リスクの感受性などがある。

ここで、二つの強迫神経症について説明しよう。買い物依存症（ＣＳＤ）は、強迫神経症のひとつだとみなされている。ＳＳＲＩ抗鬱剤（シタロプラム）は、買い物依存症の治療に有効である。[18] また、買いだめ行為も強迫神経症であるが、現在の治療法は行動・心理セラピーのみである。[19] 買い物依存症は、買い物をすることによって緊張感が和らぐのだが、買いだめ行為にはこれとは違った問題があり、すでに持っているものなのに何度も買ってしまう。

投資パフォーマンスの神経化学

化学物質を使用してパフォーマンスを向上させるという行為は、賛否両論を呼んでいる。多くのプロのアスリートが、ステロイドを使用してパフォーマンスを向上させたといってメディアから非難されてきた（メジャーリーガーのバリー・ボンズがそうだ）。ランス・アームストロングのチームメートで自転車ロードレース選手のフロイド・ランディスは、人工的なテストステロンが検出されて二〇〇六年ツール・ド・フランスのタイトルを剥奪された。多くのアスリートが、化学物質を使用してパフォーマンスを向上させたために信用を落としている。

身体的なパフォーマンスとは対照的に、意思決定は化学物質では簡単に向上できない。それでも、カフェインやアルコールは、認識作用に影響を及ぼすものとして幅広く使用されている。そこでは、特定の薬品や食品、あるいは不正品によって認識能力を向上させることはできるが「容易な」解決策はない、ということを説明していきたい。

現在、投薬によって精神的なパフォーマンスを向上させることは倫理にもとるとみなされている。こういった方法は「美容精神薬理学」と呼ばれてきた。私は治療で一度もこの方法を採用したことはないが、薬品を使用して認識能力を向上させるという行為はさまざまな場面で見られている。

アメリカ空軍はパイロットに「ゴー・ピルズ」（持続放出型のアンフェタミン）を与え、長距離飛行中のスタミナ向上を図っている。ただし、アンフェタミンにはさまざまな副作用（妄想症や不安症）があるとされており、行動的思考が必要な場面での効果は不明である。アフガニスタンで、一〇時間の任務から戻る途中のアメリカ人パイロットがカナダ軍の基地を爆撃したという誤爆事件があり、ゴー・ピルズの使用が調査された。このパイロットは、地上からの攻撃に遭っていると思い、我慢しきれずに基地内の目標物を爆撃してしまったのだ。

アメリカ国内の大学生を対象にした調査では、学生の二〇％がテストやレポート作成の際にアンフェタミンを使用している、ということが報告されている[20]。こういった薬物の乱用は悲劇を引き起こしかねない。私の精神科医仲間は、リタリンとアデロール（注意欠陥過活動性障害の治療に使われるアンフェタミン系薬品）を過剰摂取して精神科救急室に運ばれてきたスタンフォードの大学生たちを治療したことがある。期末試験を前にしてスタミナをつけたい、という軽い気持ちから手を出したのだ。

アメリカのある有名ポーカープレーヤーは、持続放出型のアンフェタミン系薬品（アデロール）を使用したおかげで、試合で何百万ドルも稼ぐことができた、と告白している。「アデロールを飲むと、僕は情報のスポンジのようになって、次の手を考えている間にほかのプレーヤーのデータを処理することができたんだ」[21]。おそらく、アンフェタミンによって集中力が増し、覚醒状態になり、スタミナが増強されたのだろう。特に、試合が長時間に及ぶときには効果を発揮するに違いない。このアンフェタミンは、投資パフォーマンスの向上にも効果があると考えられる。

モダフィニルと呼ばれる比較的新しい興奮剤は、アンフェタミンよりも副作用が弱く、依存性も低い。私は、モダフィニル（商品名プロビジル）を少量服用してトレード中の集中力を保っているトレーダーを何人か知っているが、その成果のほどは明らかではない。

私の知っているある精神科医は、薬物を調整すればトレーダーのパフォーマンスが向上するだろうと考えている。彼の患者のあるトレーダーは、双極性障害の治療として、通常よりも少量のリチウムを摂取していた。FXトレーダーの患者は、一晩中世界中のマーケットに注目し、情報を処理しなければならない。リチウムを採りすぎたときはスピードも能力も「平均」にすぎず、八時間の睡眠をとった。ところがリチウムを服用しないと、軽い躁状態になり、リスクを冒しすぎた。そこで、本人、上司、そして精神科医は、少量のリチウムを摂取して極端な感情を避ける、という方法を考えついた。多少の適応性を維持しつつ、睡眠時間を減らし、エネルギーの消費を抑え、過剰な自信とリスク追求を弱めたのだ。このFXトレーダーは一日一六～二〇時間働けるようになり、投資パフォーマンスも向上した。

セロトニンとバブルの関係

精神科医のランドルフ・ネシー博士が、二〇〇〇年二月に「マーケットはプロザック（抗鬱剤）を服用しているのか？」というタイトルの論文を発表した。論文では、向精神薬の処方箋発行数は、一九八八年に一億一三〇〇万件だったのが一九九八年には二億三三〇〇万件に増えている、と指摘している。「大口投資家のうち四人に一人が精神安定剤を使用していたと聞いても、私は特に驚かないだろう」と述べている。[22] またネシーは、選択的ＳＳＲＩを投与している患者の何人かは「以前よりも警戒心が弱まり、真の危険が迫ってもほとんど気にならなくなった」と報告している。彼は、当時の投資家の多くがリスクに無関心だったのは、抗鬱剤を常用していたことも一因ではないか、と考えている。

会社の経営者たちの間では、プロザックは「テフロン薬品」と呼ばれている。なぜなら、これを使用すると、過去の恐怖を振り返り、じっくり考えなくても即決を下し、ストレス下にあっても「傷つかない」からだ。ベストセラー『驚異の脳内薬品――鬱に勝つ「超」特効薬』（同朋舎）のなかで、精神科医ピーター・クレイマー博士は、ＳＳＲＩ抗鬱剤の使用は「ビジネスオリンピックのステロイドになる」のではないか、と心配している。[23]

スタンフォード大学のブライアン・ナットソン教授は、正常な被験者に治療薬の抗鬱パロキセチン（ＳＳＲＩ）を投与した。被験者は、脅威の認知能力が低下し、親和的な行動が見られるようになった。[24] 別の研究では、ＳＳＲＩシタロプラム（抗欝剤）を投与された被験者は、ｆＭＲＩを見ると扁桃体（恐怖情動にかかわる）の活動が弱まっていることが分かった。[25] こういった特性――恐怖の認知能力が低下し、社会的な結びつきが強まる――は、過度な楽観主義者や強気な投資家集団に見られる。まるで、バブルに浮かれた投資家が脳の損失回避系の一部を非活性化させてしまったかのようだ。

オックスフォード大学のロバート・ロジャーズ教授は、トリプトファン（必須アミノ酸のひとつ）を枯渇させて脳内のセロトニンを減らすという研究を行った。その結果、トリプトファンが枯渇すると潜在的利益の規模に注目できなくなる、ということが分かった。トリプトファンが枯渇した被験者は、利益の大小の違いに気づきにくくなっていたのだった。投資家は、トリプトファンが枯渇すると（セロトニンが減少し）、潜在的利得の大きさを見極められなくなり、わずかな利益を求めてトレードを何回も行ってしまうことになりかねない。

また別の研究では、トリプトファンが枯渇すると「時間選好率」が大きくなるため、投資家は将来の大きな利益よりも身近な小さな利益を追うようになる、ということが明らかになった。つまり、トリプトファンの枯渇によってセロトニンが減ると、衝動的な報酬追求とトレードをより促すことを刺激する可能性がある、ということを示している。

進化という点で言えば、セロトニンの減少とトレードのしすぎの関係は理にかなっている。深刻な損失を被った投資家は、その窮境から抜け出すためにも自分の環境を変えたいと思うだろう。赤字を埋め合わせるためなら、あらゆる投資に手を出そうとして、わずかな利益を衝動的に追求する。

鬱病の治療を受けていたある患者は、自分の財産をすべて現金にして持っていた。投資リスクを恐れ、米国債にすら投資しようとしなかった。アメリカ政府が国債保有者への支払いを滞るかもしれない、と心配したからだ。アメリカ政府の債務不履行リスクは、ごくごく小さいものである。彼女は、過剰なリスク回避から身がすくみ、さまざまな投資のリスクと利益を現実的に認識することができなかったのだ。こういった認知のゆがみは、鬱病と低セロトニンに関係していた。幸いにも、ＳＳＲＩ抗鬱剤による治療に成功したおかげで気分が上向き、債券と投資信託への投資を少しずつ開始した。

レクリエーションドラッグとアルコール

薬物依存症は、投資判断に大きく影響する。一般的に、ＴＨＣ（テトラヒドロカンナビノール。多幸感に作用する向精神薬の一種）、アルコール、ベンゾジアゼピン（不安や興奮などを抑制する働きを持つ物質）などを摂取するとリスクを冒しやすくなる。マリファナの有効成分であるＴＨＣは、投資判断を偏らせる。確実だが期待利益が低い（〇・〇一ドル）ものと、リターンは高いが可能性がほぼゼロに近いもののどちらかを選択する実験を行ったところ、ＴＨ

Cを投与された被験者は、偽薬を投与された対象者よりも、リスクの高いものを選択する傾向が高かった。リスクの高いものを選んで損失を被ると、THCを投与された被験者はいつまでもそれに固執するが、偽薬を投与された被験者は、期待利益は低いが確実なものに移る傾向が高かった[26]。

これと同じように、アルコールも、不必要なリスクを負うことを促す。前述の実験を行ったところ、アルコールに酔った被験者は、そうでない被験者よりも、リスクの高いものを選択する傾向が高かった[27]。研究者たちは、アルコールの摂取と損失識別能力の低下には関連性があることを発見した。つまり、アルコールに酔うと、人は大きな損失と小さな損失の識別ができなくなる。アルコールはプロプラノロール（アドレナリン作動性効果遮断薬）と同様、ベンゾジアゼピン受容体に作用してリスク認識を低下させる[28]。

ベンゾジアゼピンを摂取すると高い潜在的報酬を求めるようになり、確率が低いときでもリスクをとろうとする。ある実験で、被験者にベンゾジアゼピン系薬バリウムを投与したところ、勝つ確率は低いがリターンが高いときにリスクを冒す傾向が非常に高かった[29]。また、THCとアルコールについて行った前述の実験で、アルプラゾラム（ベンゾジアゼピン系の抗不安剤）を投与された被験者は、リターンは高いが可能性がほぼゼロに近いリスクの高いものを選ぶ傾向が高かった。興味深いことに、薬物の乱用が行動に影響しやすいかどうかは個人差があり、「リスク選好のある性質の人は、薬物を摂取するとリスクをとりやすい」[30]。

アルコール

アルコールは、少量でも脱抑制がある。アルコールを摂取すると不安が弱まり、社交的になったり自信が出てきたりする。多くの投資家が仕事のあとでアルコールを飲み、緊張感を和らげようとする。社交的な意味でもアルコールはプラスの効果があり、化学的に言っても、仕事後の一杯は、刺激された「恐怖回路」からのフィードバックを和らげる。しかし残念なことに、アルコールは長期的な意思決定の問題を引き起こしやすい。

投資家にとって、アルコールは三つの点で問題となる。まず、依存症になりやすく、わずかだが長期的なパフォーマンスの低下に結びつく。また、アルコールを摂取すると、投資不安といった重要な問題に取り組もうとしなくなる。さらに、アルコールの短期的な禁断症状（二日酔い）として、疲労、気分の落ち込み、創造力と生産性の低下などが見られる。二日酔いの投資家は、睡眠障害から学習と衝動制御が十分に機能せず、普段よりも反応が鈍くなる。

コカイン

コカインとアンフェタミンは、昔から、活力剤として使用されてきた。アンデスの南米先住民は高地で肉体労働をする際に、コカの葉をかんだりコカ茶を飲んだりしてエネルギーやスタミナの増強を図った。即効性のあるもの（粉末コカインやクラックコカイン）は、ドーパミン量を急増させ、依存性も高い。

コカイン依存症は、一般的に社会的地位が低い層に多く見られる。社会的地位の高いサルは脳内のドーパミン量が多く、地位の低いサルよりもコカイン依存症になりにくかった[31]。おそらく、地位の高いサルは、体内でドーパミンを十分に生成できたためにドーパミンの補助がなくても十分に満足感や自信があったのだろう[32]。自尊心が低く、自分はほかの投資家のように成功できないと考えている投資家は、コカイン依存症になりやすい。一九八〇年代から九〇年代にかけて、アメリカの主要証券取引所ではコカイン依存症が広まったとうわさになったことがある。おそらく、疲労した報酬系にドーパミンを補充し、自信とモチベーションを高めるために、フロアトレーダーがコカインを使用したのだと思われる。

これらのケースから分かるように、治療目的であっても薬物の乱用であっても、化学物質はリスク判断に深刻な影響を及ぼす。特に、抗鬱剤と精神安定剤（ＳＳＲＩ）は、頻繁に服用すると、恐怖を認知する能力が弱まり、親和的になる。持続放出型のアンフェタミンは覚醒を高め、潜在的な利益に対する報酬系の反応を活性化させる。高血圧の治療に使われる薬（β受容体遮断薬）は、潜在的な損失を回避する能力を弱める。

本章で説明した神経化学の重要なポイントは、一般的に摂取される物質の多くは神経伝達と投資判断に影響を及ぼす、ということである。投資家は、化学物質の摂取のしかたが投資判断にどのように影響するかをきちんと認識する必要がある。
第2部では、投資判断を左右する感情について詳しく説明していく。

第２部

感情と投資

第5章　直感──心の声を聞く

「大砲の音で買い、トランペットの音で売れ」[1]──イギリス人銀行家ネイサン・メイヤー・ロスチャイルド（ナポレオン戦争のときの発言）

私の友人のある投資銀行家にとって、イチかバチかの賭けというのは珍しい話ではないらしい。彼は日々、複数の競合者と何百ドルもの案件について交渉をしている。

二〇〇六年初め、彼は顧客に代わって、ある小さな炭鉱会社の買収について交渉していた。交渉は、顧客にとってかなりの好条件で進み、翌日に契約を結ぼうということになった。顧客は二億二〇〇〇万ドルで、鉱業権付きの巨大な土地の所有、金属鉱山の運営、そして小さな試掘鉱区の管理を手に入れようとしていた。

契約締結の前夜、その友人は一睡もすることができなかった。初めは眠れない理由が分からなかったが、午前三時ごろになるとうすうす感づいた。翌朝早く、彼は交渉相手に電話し、取引を取り消したいと伝えた。

同僚たちは、信じられないといった顔をした。条件面では合意していたのに、なぜ同僚たちに相談もせずに手を引いたのだろうか？

彼は同僚たちに、落ち着いて聞いてほしい、と言った。「虫の知らせがあったんだ、取引相手に電話をしたり、何か言ったりしないでほしい。黙っていてくれ」

その二四時間後、相手の仲介人が一〇％の割引を提示してきた。新しい提案書が作成された（新しい購入価格は一億九八〇〇万ドル）。今回はぐっすり眠ることができ、翌日には契約に署名した。

彼はなぜ、最高の条件が得られていないことに気づいたのだろうか？　彼は私にこう話してくれた。「分からない。交渉のときは何も思わなかったから、それに同意したんだ。ただ、契約署名の前の晩に眠れなかったら契約を取り消さなければならない、ということは分かっていた。相手から返事を聞くまでは、黙って様子を見ていたいと思った。そうしたら相手が折れてくれた――まるで自分がそれを予測していたかのようなことが起こったんだ」

彼は、顧客にとって最高の条件を引き出していない、という虫の知らせを感じた。彼の体が、無意識のうちに何かおかしいと感じ取ったのだ。自分の身体的異変（眠れなかった）に気づいたことで、彼は最適な戦略をとることができた。合理的に説明できない直感的判断が、大きな利益を生み出した。

分析と直感

ノーベル賞経済学賞受賞者のダニエル・カーネマンは、意思決定には「分析」と「直感」という二つの大きな神経系が関係している、と主張している。分析的判断は主に理性に基づいているのに対し、直感的判断は感情に基づいている。

本章では、マーケットのさまざまな条件（リスク、不確実性、パフォーマンスに対する期待、時間の制約など）における最適な直感判断のプロセスについて説明する。心をうまくコントロールできれば、こういった条件は直感的な判断にとって有利に働くだろう。

直感的判断は、「本能の」知識によるところが大きい。本章では、投資家にとって自分の本能を感じ取ることがいかに大きな強みになるか――もちろん、危険もはらんでいるのだが――を例証しよう。

古代ギリシャでは、理性的な思考と評価を阻害しないように感情を厳しくコントロールしなければならない、と考えられていた。現在でも、すべての人が理性的で分析的な思考を持っていれば世の中はもっとよくなる、と考える人もいる。このアイデアから、『スタートレック』のミスター・スポック（バルカン人と地球人のハーフ）が思い浮かぶ。『スタートレック』の製作者であるジーン・ロッデンベリーは、バルカン人を高い知性を持つヒューマノイド（人間の姿をした宇宙人）として描いている。バルカン人は論理のみに基づいて物事を判断しようと悪戦苦闘する。

バルカン人は、強い自制心で感情の影響を抑え、めい想と精神鍛錬によって、感情に基づかない判断を下そうとする。ところが人間と同様、バルカン人は感情の影響を完全に排除することはできないため、精巧な儀式を確立して、感情的で性的なエネルギーを安全に処理している。また、定期的に生理的本能が強まるため、その時期には自分たちの星に戻り、厳重に守られた儀式を行って感情の浄化を図る。『スタートレック』のストーリーは、たいてい、バルカン人の冷静な論理よりも人間の感情のほうが正しいというエンディングになっている[2]。

では、人間は、「まとまりのない」感情と「理論的でない」直感をどのように統合させて理性的な判断を下しているのだろうか？

投資理論と直感

昔からの投資理論では、人は論理的思考と客観的分析によって意思決定を行う、ということを前提にしている。この理論に従うと、投資家は、潜在的な結果について、その可能性と損失を検証し、時間をかけて機械的に判断して理性的かつ分析的な判断を下す、ということになる。投資家は、リスクと報酬を分析するため計算をしてから選択をする。それでも、最終的な結果が不確実で思いもよらないことが起こる世界では、理論どおりに投資するのは難しい。しかし今のところ、投資家が合理的だという仮定に反論する首尾一貫した説明は存在していない。

私がコーチングをしているときに発見したことがある。それは、プロの投資家は、実際に判断を下す直前に直感（本能）を重視したうえで合理性に基づいて判断を下す、ということだ。優秀なポートフォリオマネジャーの多くは、まず、企業の経営陣、顧客、取引相手、従業員、株式アナリストなどから情報を集め、既知の事実と数字を合理的に分析する。ところがこれらの複雑な情報から一つの結論を導くためには、直感が必要になる。「この投資は正しいと思うか？」と自問する。たいていは、直感による虫の知らせに従ってほかの側面についても調べ、最終的に買いか売りかの判断を下す。

幸いにも、投資判断の最初の部分はコントロールが可能だ。多くの投資家は、どのような指標を探すのかをあらかじめ明らかにしておき（「投資哲学」）、定量的な情報が得られたら、事実を厳しく客観的に分析する。初心者はたいてい、プラスまたはマイナスの要因を一、二個注目しただけで判断を下してしまう。ところが、優秀な投資家はさらに一歩進んでいる。投資のさまざまな面について、自分の感情に注目するのだ。例えば、変動的なキャッシュフローや簿外取引を見て不安を覚えると、さらに深く分析するだろう。あるいは、会社の新製品を見て「これはいける！」と思うかもしれない。アナリストの予測が慎重すぎると感じると、好ましい情報を重視して買いの判断を下すかもしれない。直感は投資の世界で幅広く活用されており、この点については多く理論家も負けを認めざるを得ないだろう。

本能から何が分かるのか？

人間は、脳が意識的に認識できる情報の一〇万倍もの量の情報を一秒間に「感じ取って」いる[3]。では、脳はこれらの情報をどのように処理しているのだろうか？　実は、脳は「簡素化」と「近道」という方法によって情報を処理している。

日々の生活での判断は、ほとんどが直感に基づいている。その場で自動的に、しかも無意識のうちに判断している。重大な判断を下すときにも、直感や本能が働くことが多い。直感に基づく意思決定は、経験を積み重ねていくことで無意識のうちに鍛えられており、人間の判断の九〇％以上を占めている。

直感のプロセスを意図的に追跡しようとしても、まずうまくいかないだろう。直感は高い認知レベルからの情報を受け入れるのではなく、無意識のうちにスムーズに簡素化されているのだ。何かを判断しようとすると、意識的にそのプロセスが再現されてしまい、繊細な直感的思考過程の重要な面を打ち消してしまう。直感を意識的に刺激しようとしても、それを訓練していなければうまくいかない。

ビジネスの世界では――特にプロにとって――不確かな状況で判断を下す際に本能に頼るのはよくあることだ。「本能」とは、経験に基づいて現状を直感的に考えることである。虫の知らせは、「良い感触が得られた」という気持ちにつながる。こういった気持ちは無意識の感情プロセスであり、身体的な感覚となって現れる。

ビジネスリーダーのなかには、その成功の要因は自分の直感的な判断スタイルによるものだ、と確信している人がいる。GEの元CEO（最高経営責任者）であるジャック・ウェルチは、自伝『ジャック・ウェルチ　わが経営』（日経ビジネス人文庫）の原題のタイトルを「Jack : Straight from the Gut」（「ジャック――腹の底から語る」）としているほどだ。ビジネスの世界での成功はイチかバチかの部分もあり、本質的に不確実であるため、直感と専門的な判断を融合させるには理想的な環境だといえる。

ジョージ・ソロスなどのベテラン投資家は、身体的な手がかりに直感的に適応している。ソロスは、その長期にわたる並外れたパフォーマンスからウォール街の象徴的な人物とされている。一九六九年に彼が設立したクオンタムファンドに一〇〇〇ドル投資した人は、二〇〇〇年には累積利益率が年間三〇％以上になっている（約四〇〇万ドル）はずだ。

ソロスは戦略を立てる際、直感による身体的な手がかりをよく利用している。ソロスの息子いわく、「背中に痛みを感じると、父はマーケットのポジションを変える。理由なんてない。背中が痙攣するのは、何かの前触れなんだ」[4]。彼は自分の身体的な感覚を観測して投資判断の参考にしている。ほかのプロが本能や虫の知らせに敏感になるのと同じだ。

ソロスは、市場行動に関する自分の知的理論と身体の感覚を融合させて、投資計画を立てている。「ソロス氏によると、彼の理論は判断に関する情報を提供し、彼の身体はサインを送る。

自分の理論に合ったトレンドが見られると、つばが出てくる。ポートフォリオを変える必要が生じると、背中が痛む。彼の体は、行動を起こすべきか、つまり頭で理解する前に状況に注目する必要があるのかを『知っている』[5]。ソロスは、潜在的リスクと機会を知らせるわずかな身体的感覚を知っている。大切なのは、直感だけで行動しているのではなく、自分の身体的感覚を利用して市場価格の動きを分析評価していることである。

トレーダーのコーチとして知られるダグ・ハーシュホーン博士は、多くのポートフォリオマネジャーを対象にして適性を評価するテスト、MBTIを実施した。ポートフォリオマネジャーのうち八〇％、アナリストのうち二五％に直感（N）の特性が見られた。この両者の数字の違いは、必要なスキルの種類の違い表している。つまり、ポートフォリオマネジャーはアナリストよりも、明白なデータではなく直感的な判断プロセスに従う傾向が強いのだ[6]。

直感に従うのはけっして簡単なことではない。ときには、強い感情が本能を圧倒してしまうこともある。直感を上回る感情が生じるのには、いくつかの要因がある。記憶、経験、あるいは大きな損失（または利益）に対する期待から生まれる感情は、直感による判断にとってネガティブなバイアスとなる。時間、対人関係、パフォーマンスなどのプレッシャーのある環境（意見の分かれる投資委員会に参加しているときや、年度末にパフォーマンスを見直しているときなど）では、直感による判断にバイアスがかかりやすい。こういう状況では、冷静に対応することで、複雑な情報を直感的に考慮できるようになる。

考えるな、耳を澄ませ

これから紹介する例からもお分かりいただけるように、記憶、期待、プレッシャーにとらわれなければ、直感的な思考を展開させることができる。ではここで、あるトップヘッジファンドマネジャーが自分の投資判断プロセスについてどのように説明するかを見てみよう。以下は彼と私の会話である。

ピーターソン　何に投資するべきか、どうやって判断しているのですか？

投資家　たくさんの情報を『感じている』だけです。情報を集めてそれを静かに眺めます。そう、情報のスポンジみたいに。情報に対して何か行動を起こすわけではありません。答えを探すのではなく、ただただ眺めているのです。時期が来れば、答えのほうからやってきます。やがて鼻がむずむずして、私に注意を促します。自分が何を見たらよいのかは分からないのですが、注意力を研ぎ澄まします。

ピーターソン　では、それをどうやって行動に移すのですか？

投資家　理由が分からないケースが多いのですが、まず細かい計画から始めます。インドの冷蔵庫メーカーの株式、インドのパイプラインメーカーの株式、あるいはペルーの鉱業権を買うとか、そういったことです。予感がどんな結果につながるのかは、だれにも分からないでしょう？　でも、この方法はうまくいくんです。イライラすることもくよくよすることもないし、方法を説明することもできません。ただ、自分の感情に納得できるまで、神経を集中させるだけです。

ピーターソン　それはなかなかユニークな方法ですね。さまざまな業種があるなか、どうやって知識を身につけるのですか？

投資家　トレーダーやアナリスト、あるいはコンピューターから戦略や金融情報を得ています。私が必要だと感じたときには詳しい情報を調べますが、その方法はほかの人と何ら変わりはありません。

彼自身は、情報のフィルターの役割を果たしている。つまり、自分の直感と経験から、ほかの投資家が見逃しているパターンや手順を見つけることができる。細かい情報について意識的に考えたとしたら、おそらく彼は「神経を集中させる」ことができなくなるだろう。このとき彼が精神的に落ち着いていることに注目してほしい。過去の取引を思い起こしたり、利益や損失の金額について考えたりはしない。ただ、好奇心を広げて自分の「予感」を追跡し、アイデアを展開して機会を見つけるのだ。

投資における直感と感情

「私には考える権利などなかった。なぜなら、私の任務はトレードすることだから。つまり、目の前の事実に従って行動することが私の任務であり、ほかの人がどんな行動をとるかなど考える必要はないのだ」──エドウィン・ルフェーブル[7]

単純な意思決定の場面では、意識的に考えることでより良い結果が導かれることが多いが、複雑な情報が絡み合っている場面では、意識的に選択した結果は感情に基づいて選択した結果を超えられない。感情によって「精神的なショートカット」をとることができ、複雑な状況においても正しいことと間違っていることを即座に判断できる。[8]ポール・スロビック教授の「感情ヒューリスティック」（第3章で簡単に説明している）によると、私たちは普段の生活で、情動的（感情的）な意味を重視して判断を下すことが多い。一人ひとりの心の中のイメージは、すべて情動の度合いによって異なるのだ。「情動のプール」にはさまざまなラベルがあり、それぞれのラベルは意識的にも無意識的にもイメージと結びついている。感情情報はプールのなかからいつでも取り出せるようになっているため、多くの似たような刺激に対してすぐに反応することができる。

感情ヒューリスティックを用いると、感情は情報の機能を果たし、判断の際に役に立つ。つまり、関連するさまざまな情報を整理・統合することができる。また感情は、意思決定の際に目立った特徴に注目するのにも役立ち、さらにはやる気を促し、より確固たる決断を下すことができる。[9,10]

このように、感情は日常生活の判断に欠かせないものであるが、残念なことに、「特別な関心（脳のコンパレーターが生み出す強い感情）」によってバイアスがかかると、投資判断によくない影響を及ぼしかねない。感情があまりに強すぎると（特に、外部のイベントに対する期待、記憶、反応から強い感情が生まれると）、感情は直感よりも強くなり、判断や決定にネガティブなバイアスをかけてしまう。有効な情動（感情）とそうでないものを区別するには、まず、「心の知能指数」の概念について理解するとよいだろう。

心の知能指数

「特別な関心」の影響を弱めて直感のパワーを生かすには、「心の知能指数」と呼ばれる能力を伸ばすとよい。心理学者のダニエル・ゴールマン博士が開発した心の知能指数の研究は、感情コンピテンス（能力）は知能指数よりもビジネスの成功に大きく貢献する、ということを証明している。

ゴールマンによると、心の知能指数とは「自分の感情と他人の感情を認識し、自分の意欲をかきたて、自分の感情と他人との関係をコントロールする能力」[11]のことである。心の知能指数には次の五つの構成要素がある。それは、①自己認識、②自己規制、③自発性、④共感、⑤社交性――である。四〇社の経営陣を対象に調査を行ったところ、心の知能指数が高い人（五三％）は、知能指数が高かったり専門知識が豊富な人（二七％）よりもひときわ目立っていた。[12]ということは、心の知能指数の高さと成功には相関性があると考えられるかもしれない。ただし私は、この結論には科学的根拠はないと考えている。

意識下の感情

心の知能指数を測るうえで欠かせない要素のひとつ、自己認識について考えてみたい。自分の感情に気づかないと、有益な直感とバイアスのある感情を区別することができない。無意識の感情には、投資の機会とリスクに対する考え方に影響を及ぼすという危険性がある。こういった感情を自己認識するには、非常にレベルの高い専門知識を要する。

研究者たちは、あるイベントによって感情が刺激されると、それとは関係のない状況についての考え方にも影響する、ということを発見した。映画を観る、日光浴を楽しむ、難しいテストに挑む、といったイベントによって感情が刺激されると、これらとは関係のないテーマや目的に対する判断に影響を及ぼすことが分かった。[13]例えば、心温まる新聞記事を読んだ被験者は悲しい記事を読んだ被験者よりも、リスクに対して楽観的な判断を下した。[14]

驚くべきことに、人が自分の感情を無意識のうちに認識し、それが判断に影響を及ぼすことを示す科学的証拠がある。カリフォルニア大学サンディエゴ校のウィンキールマン教授とミシガン大学のベリッジ教授はいくつかの実験を行った。被験者に対して笑った顔と怒った顔を、それと気づかないように見せたあと、飲み物を飲んで評価してもらった。「笑った顔を無意識に見せられた被験者は、のどが渇いていてたくさん飲み（実験一）、その飲み物にお金をたくさん支払ってもよいと考えた（実験二）。怒った顔を無意識に見せられた被験者は、これとは逆の行動をとった」。しかし被験者は、自分の感情が笑った顔や怒った顔を見せられたことで変化したことをまったく自覚していなかった。[15]ところが、どちらの顔を見ても感情に変化の自覚がなかった被験者も、投資行動には変化が見られた。

無意識を刺激する

投資リスクの高い場面で判断を下す際に意識下の感情がどのように働くかを調査するため、スタンフォード大学のトルヒーヨ教授とナットソン教授は、感情（恐怖、怒り、喜び）を表した顔写真を被験者に見せ、それがリスクの高い選択肢のなかから判断を下すのにどのように影響するかを実験した。[16]被験者には写真の顔に注目してもらうため、その人物の性別を当てるように伝えた。ただし、顔の表情が判断に影響するということは伝えていない。

研究者たちは三種類の表情を使って実験を行い、被験者はリスクの異なる投資のなかから一つを選択する。興味深いことに（ただし、さほど意外ではないが）、喜びの表情を見た被験者はリスクの最も高い選択肢を好んだが、怒りまたは恐怖の表情を見た被験者は安全な選択肢を好んだ。怒りと恐怖には選択の違いは見られなかったが、怒りの表情を見た被験者は、続けて投資する割合が低かった。

重要なのは、パフォーマンスの結果（いくら儲けるか、いくら損するか）にかかわらず、顔に表された感情が被験者の判断に影響している、ということだ。一般的に、ポジティブな表情（喜び）を見るとより高いリスクをとり、ネガティブな表情（怒りや恐怖）を見るとより低いリスクをとる。また、高いリスクをとっても大した利益が得られない場合でも、幸せな顔は高いリスクをとる傾向がある。これらを踏まえ、研究者たちは、恐怖（扁桃体）、怒り、喜び（側坐核）を処理する脳の領域を無意識のうちに一時的に活性化させることで、大脳皮質がリスクの高い賭けを正しく判断する能力にバイアスがかかる、と推測した。

おそらく投資家は、顔の表情以外にも、無意識の感情の影響を受けるだろう。例えば、職場の雰囲気、ビジネスニュースを読むキャスターの口調、朝刊の内容、家庭の雰囲気なども、リスク判断をする際のバイアスとなり得る。こういった要素の影響が小さくても、リスク選好が一％上がるだけで、それが積み重なると長期的な損得の金額に大きく影響する。

本章では、投資家が判断を下す際の直感の重要性について説明した。考えすぎや強い感情、意識下の感情は、多くの投資家が直感的判断を下す際のバイアスとなっている。優れた投資家は経験（誠実な評価と迅速なフィードバックによって得られる）と心の知能指数（特に、自己認識）を利用して直感のプロセスを強化している。感情によって直感にバイアスがかかると、投資判断ミスにつながりかねない。次の章では、投資判断に感情が及ぼす特殊な影響について詳しく見ていくことにする。

第6章　お金に関する感情——判断力を鈍らせるもの

　社交的な場で、私が自分の職業を「投資心理学者」だと言うと、多くの人が関心を示す。たいがい、マーケットに関する質問（「今後一二カ月で市場はどうなりますか？」）や個人的な質問（「私の妻がお金の管理が下手のはなぜだと思いますか？」）を受ける。

　二〇〇六年初めのある夕食の席でのこと。ジョディが私の職業を知り、身構えるように質問してきた。

「だれかに頼まれていらしたんですか？」

「え？　いいえ」

「本当に？」と、彼女は私を横目で見ながら言った。

「ええ、まぁ」と、私は戸惑いながら答えた。

「ちょっと来てください。お話があるの」と、彼女は私を部屋の隅に呼んだ。

「いいですけど」

軽く話をしたあと、ジョディは打ち明け始めた。橋の下に住んでいる貧しい老人の夢を何度も見るのだと言う。夢のなかの自分自身も貧しい。引退して幸せに暮らしている老人のコマーシャルを見ると、涙があふれてくる。ここ一年ほどこんなことが続き、よくは分からないが何かの暗示ではないかと考えていた。

「暗示とは？」と私は聞いた。

「一九九〇年後半、私は大手投資銀行のブローカーをしていたんです。引退した人に投資を勧めるのが私たちの仕事でした。私がその仕事を始めた一九九八年半ばは、だれもがハイテク株を買いたがっていました。客に電話して、普通の銘柄に加えてＩＰＯ（新規公開株）も推奨していました。客はたいがい、何の疑問も持たずに私たちのアドバイスに従い、いい暮らしをしていました。一九九九年終わりになって、ハイテク企業の投資信託を推奨するようになり、通常の手数料に加え、二％の販売手数料を課しました」

「それはずいぶん高いな」と私はつぶやいた。

「ええ、既存の客の八割の客にファンドを売ることができなかったらクビだ、と上司から言われていました。引退した方たち数十人にハイテクファンドを買うように説得することが私の仕事でした。全財産をそれに投じようとした人もいたので、そういう人には当然売りました」

「で、どうなったんですか？」

「二〇〇一年初めにその仕事を辞めました。多くの投資家から電話があって、なぜ口座の資金が減ってきているのか、と聞いてきたんです。私は、少し待っていれば回復するから……と答えました」。彼女はそこで一息ついた。「今、本当にいやな気分なんです。皆さん私のことを信頼してくれたのに……」。ジョディは手にしていた飲み物を一口飲み、その部屋にいる人たちの顔をじろじろと見た。まるで、だれか話す相手を探しているように。

でも、その話にはまだ続きがありそうだった。「その後どうしたんですか？」と私は続けて聞いた。

「不動産業の免許を取って、今は不動産の仲介業をしています」

「そういうことではなくて、投資家とファンドはどうなったんですか？」

「分かりません。その部署は活動をやめたのだと思います。投資家のなかには、退職金のほとんどを失った人もいたかもしれません。その仕事を辞める直前、ある投資家から、私のアドバイスに従ったばかりにあと一〇年は働かなくてはならなくなった、と言われました」と言いながら、彼女は足元を見つめた。

「この話を今までだれかにしたことがありますか？」

「いいえ。こんな話、できるわけないでしょう？」

「あなたはこの件に深く傷ついているようですね」

彼女はしばらく考え、そして冷静に答えた。「ええ、とてもつらく感じています」

ジョディは罪悪感に悩まされていた。彼女自身はサポートしてあげたいと思っていたのに、投資家のなかには退職時期を延ばさなければならない人もいた。自分の行動を深く後悔し、思いもよらずその気持ちが表面に出始めていた。引退した人をテレビで見ると涙がこぼれ、夢にまで見るようになったのだ。

彼女自身は、二〇〇〇年以降、投資をまったくしていないと言う。自分の退職金をすべて現金化し、まるで罪滅ぼしでもしているかのようだった。罪の意識を感じているのは、バブルがはじけるだろうと最初から思っていたからだった――彼女自身はハイテク株にはいっさい手を出さなかった。そのファンドが投資家の利益を最大限に考えているわけではないことを知っていたのに平然とハイテクファンドを売ったことを、とても後悔していた。

後悔と罪悪感は、人の心に長い間残る。それを避けようとすると、人は関連する記憶を閉じ込める。ところが、後悔の気持ちが無視できないほど大きいと、思いもよらない場面でそれが表面化する。ジョディは自分の過去の行動に納得できず、しかもその気持ちをうまく処理することができなかったため、それを思い出させるような経験をすると強い感情がわき出てしまったのだ。

感情バイアス

本書は、心理学的な見解に基づいて話を進めている。お金に関しては社会的なタブーがあるだけでなく、感情についてオープンに話すことを不快に感じる場面もある。感情というのは意識の下で守られているものであるため、こういったことを話題にするのを快く思わない人が多いのだ。

昔から、感情とは「扱いにくい」ものだと考えられており、判断を下すのに役立つというよりは、むしろ判断の邪魔になるものだとされてきた。それでも研究者たちは、感情は良い判断と悪い判断の中心に位置するものだ、ということを証明してきた。前の章では、直感的な意思決定は主に本能に基づいている、と説明した。ところが一定以上のレベルになると、感情は直感をサポートするどころか直感よりも強くなってしまう。本章では、特定の感情から生じるバイアスについて説明する。

感情は、短期的なもの（数分から数時間しか続かない）もあれば、長期的なもの（数時間から数週間続く）もある。慢性的な感情は「姿勢・態度」となり、常にそういった姿勢や態度をとると、それは「個性」となる。

研究論文などでは、感情が脳の情報処理能力と意思決定能力に影響を及ぼすさまざまな方法が明らかにされている。[1] 感情に基づく意思決定は、相反する根拠を無視して心の状態をサポートする情報と結びつく。[2]短期的な感情と長期的な気分（以降、「感情」と総称する）は、行動を起こしたいという気持ちを刺激する。行動を起こさないと、感情はいつまでも心に残る。意識下の感情が適切に放出されないと、それは判断や意思決定のバイアスとなる[3]（ジョディのケースからもお分かりのように、処理されない感情がいつまでも残り、何らかの事情で表面に出る）。

物事が自分の思いどおりに運ぶ（あるいは思いどおりに運ばない）と感情的に反応してしまうのは、人間の特性である。しかも、感情的な反応を経験するには何も特別なことは必要ない。自分の成功や大損した姿など、考えられる結果を想像するだけで、感情は刺激される。ほぼすべての投資家（特に新米の投資家）が、株価の変動に感情的に反応する。マーケットが低迷するとナーバスになり、強気相場では気持ちが高ぶり、急落すると疑念や恐怖が生まれる。どの感情も、投資家の思考とそれに伴う行動にそれぞれ違った影響を及ぼす。

では、意思決定における感情バイアスの落とし穴にはどのようなものがあるだろうか？　情報の処理や判断に感情が及ぼす影響について、**表6.1**に簡単にまとめている。

ポジティブな感情とネガティブな感情の違い

ポジティブな感情は、順調な人生、目標の達成、十分な資金の証左である。こういった環境

表6.1　感情はどのように意思決定に影響を及ぼすのか？

感情による影響[4]	例
現在の心の状態が判断のスタイルを変える	幸せな人は自分の判断に自信を持っている。気分が落ち込んだ投資家は、細かいことを気にして優柔不断になる
心の底にある性質や個性が認知にバイアスをかける	外向的で楽観的な人は、慢性的に不安を抱える人よりもリスクを軽く見る傾向がある
本能の影響――「それについてどう感じるか？」	ジャック・ウェルチは「Straight from the Gut（腹の底から）」決心し、ジョージ・ソロスは身体的な感覚を観察してトレードする
可能性のある結果を考えることで感情的な反応を刺激する	会社が倒産する可能性を心配すると、その会社への投資を回避する
利益を上げたら、何を期待するか？	多額のロイヤルティーを期待し、見込み買いをする
損失を出したら、何を期待するか？	投資が失敗するという失望を恐れ、より深く詳しく分析しようとする
感情が心に残って放出されない（克服できない）と判断に影響を及ぼす	ジョディのケース。後悔から株式投資を避けるようになり、リタイアした人をテレビで見ると涙があふれ、悪夢を見る
予測バイアス――今と同じ感情を将来も感じるだろうと予測する	「現在の経済状況に満足している」ため、退職後に備えようとしない。一方、不安を抱いた投資家は今後マーケットは低迷するだろうと考える
動機付けられた推論――不合理な主張で自分の信念を正当化し、ネガティブな感情を避ける	2000～01年にナスダックが下落した際、専門家らは「ドルコスト平均法」でハイテク株に投資することを推奨した

にいる人は、「思考と行動のレパートリーが広がる（拡張・形成理論）」。[5]一方、恐れや悲しみといったネガティブな感情は、自分の持っている資源を守って痛手を避けようとして、自己防衛的な態度となって現れる。楽観的な感情も悲観的な感情も、投資判断にそれぞれ独自の影響を及ぼす。

ポジティブな感情を持つと、人は新たな目標の達成を求めようとする。[6]幸福感、充実感、満足感、喜びといった感情は、自信、楽観主義、自己効力感（自分は目標を達成できる、という信念のこと）となって現れる。幸せな人は、マイナスの気分や好ましくない出来事を楽観的に前向きにとらえ、ポジティブに対応する。[7]そしてポジティブな感情は、幸せな気分となって戻ってくる。物事を常にポジティブにとらえる人は免疫力が強く、身体的にも健康である。

研究者たちは、ポジティブな気分が判断にもたらす多くの効果を見つけてきた。例えば、ポジティブな感情を抱いている被験者は、情報の検索プロセスを簡素化することで複雑な意思決定を回避する傾向がある。また、幸福は、ステレオタイプといった認知ヒューリスティック（ショートカット）の活用と大いに関連している。[8]ポジティブな人は関係のない情報を無視し、物事の側面をあまり考えず、情報を何度も見直したりせず、比較的短時間に判断を下す。[9][10]

ポジティブな人とネガティブな人とでは、賭けの方法も異なる。賭け金が高い場合には、ポジティブな人はその精神状態を維持するため、損失を回避しようとする。[11]ところが賭け金が低いと、利益を得るためにさらなるリスクを求める（ただし、今の幸せな状態をリスクにさらすほど多額の賭けはしない)。行動という点では、ポジティブな人は、その精神状態を維持するために大きな損失を避けようとする。[12]そのため、ポジティブな人は、より楽観的な判断を下す一方で、大きな損失の可能性が予測される場合にはリスクを回避しようとする。

ポジティブな感情は視野を広げるが、ネガティブな感情は視野を狭める。[13]ネガティブな気分は、慎重な思考プロセス(考えすぎ)に結びつく。[14]また、ネガティブな感情を持っている人は、リスクや損失に過剰反応する傾向がある。

ポール・スロビック教授とデシジョンリサーチセンターの研究員たちは、被験者の特性が「ポジティブ反応」なのか「ネガティブ反応」なのかを調査した。被験者に、アイオワ・ギャンブリング・タスク(IGT。第2章を参照)の変型版を実施した。その結果、ネガティブ反応が強い被験者は損失の大きなものを選ばないが(おそらく、損失に敏感だからだろう)、ポジティブ反応が強い被験者は利益の大きなものを選ぶ、ということが分かった。最終的には、ポジティブな人が得た利益は少なかった。

表6.2は、ポジティブ感情とネガティブ感情が意思決定、判断、行動に及ぼす影響をまとめたものである。

表6.2　ポジティブ感情とネガティブ感情が思考に及ぼす影響

ポジティブな人	ネガティブな人
意思決定の際に複雑なことを考えない	詳細を気にする
情報の検索プロセスを簡素化する	慎重に幅広く分析する
関係のない情報を無視する	些細なことに注目しすぎる
物事の側面を深く考えない	いろんなことを考えすぎる
情報を何度も見直さない	ダブルチェックをする
選択に時間がかからない	ゆっくり考え、「分析麻痺」に陥ることがある
少額の賭け事でリスクをとる	小さなリスクをできるだけ避ける
多額の賭け事ではあまりリスクをとらない	大きな買い物やリスクの高い賭け事に多額を費やす傾向がある
失敗しても考え込まず、損失からの立ち直りが早い	失敗についてあれこれ考え、失敗からなかなか立ち直れない

自己達成的予言と後悔

後悔は、愉快なものではないが、投資にはつきものである。判断が間違っていて損失を出す、ということは避けられない。「負け」を客観的に受け入れられない人は、後悔することになる。ベテランの投資家であれば、大損の感情的な影響を回避できるだろう。不愉快な後悔は、二つの行動バイアスにつながる。

行動ファイナンスの研究によると、最も一般的な行動バイアスは、勝ち銘柄よりも負け銘柄のほうを長く保有してしまうことだ。つまり、多くの投資家が利の乗った銘柄を早く手放す（早く利食いする）一方で、損を抱えた銘柄をいつまでも保有している。これは「ディスポジション効果」（第14章と第15章で詳しく説明する）と呼ばれるバイアスである。多くの研究者たちは、ディスポジション効果の原因は「後悔への恐れ」にあると信じている。

損切りすることは、自分が間違っていたということを認めるのに等しい。間違っていると感じると、つらい後悔の念が生まれる。後悔を避けるため、投資家は、順行を期待して損を抱えた銘柄を持ち続け、それを買ったことを正当化しようとする。

早く利食いする理由は、それが逆行して含み益を手にできなかったと後悔したくないからである。そのため、株価が上がろうが下がろうが、投資家は後悔を避けるためにバイアスのかかった判断を下してしまう。

カリフォルニア大学バークレー校のバーバラ・メラーズ教授はギャンブルの実験を行い、後悔への恐れが利益を減少させていることを発見した。あるギャンブルを行い、予期しない損を出すと、被験者の多くは、期待価値が高くてもその後のギャンブルを避ける。損失に対する後悔から――たとえそれが、コインの表裏を当てるだけというランダムなものでも――リスクをとることを何としてでも避けようとするのだ[15]。

後悔への恐れは売買判断にも影響を及ぼす。研究者たちは、アメリカ中西部の個人投資家と大学生を対象にした調査を行った。投資家に「過去の投資判断を思い起こすと、早く利食いしたこと、それとも早く損切りしなかったこと、どちらを後悔しているか？」と質問した[16]。その結果、早く損切りしなかったことを後悔している投資家は五九％、早く利食いしたことを後悔している投資家は四一％であった。どちらの感情も刺激されたのだが、早く損切りしなかったことに対する後悔のほうが高かった。

同グループは別の実験も行い、被験者に仮想マーケットで投資判断（買い、売り、または保有）を下す、というゲームに参加してもらった。実験中、仮想のブローカーの推奨に従うということが断続的に行われた[17]。つまり、ある銘柄を買うと、被験者はその株価を見て、さらに別の判断を下す、ということを繰り返す。実験の進行過程で、投資判断の満足度を被験者に質問した。

興味深いことに、被験者は結果にかかわらず、株式を保有していることで満足が得られることが分かった。ブローカーのアドバイスを聞いてそれに従った場合のほうが、自分の判断で買った場合よりも投資結果に対する満足度が低かった。逆に言うと、自分の判断で投資したときのほうが、ブローカーのアドバイスで投資したときよりも満足度が高かった。ところが、損を出すと、自分の判断で買ったことを後悔した。ブローカーの推奨に従ったほうが、損失から受ける感情的な影響が弱かった。ブローカーの推奨はショックを吸収し、利益に対しても損失に対してもその反応が和らげられた。

この結果から、多くの投資家がマネージドファンドや個人投資アドバイザーを利用する理由が説明できるだろう。こういった投資のプロは、投資家とその投資結果の仲介の役割を果たす。投資結果を他人の責任にできれば、感情的にならずにすむというわけだ。

離婚と投資

今年アメリカで結婚したカップルのうち、離婚に至る割合は四〇%程度だと予測される[18]。合意のうえでも、離婚は夫婦の感情に深刻な影響を及ぼす。離婚の精神的影響を和らげるため、女性は友情に癒やしを求める傾向がある。一方、男性は、独身生活に慣れるまでは社会的にも精神的に孤立する傾向がある。

ダグは、投資アドバイスを受けるために私のもとを訪れた。ボラティリティの高いバイオテクノロジー銘柄と鉱業銘柄への投資に失敗したのだと言う。これまではまずまずの利益を上げていたのだが、株価が下落して行き詰まってしまった。下降局面で売り払い、値動きの速い銘柄を上昇局面で買いたい、という気持ちに駆られた。実際、ダグが私のところに来たときには、退職金の五割を失っていた。

最初の面談で、ダグは、二カ月前に離婚の協議に入ったと語った。離婚は合意のうえであり、離婚と投資とは関係ないと思っていた。ところが会話を進めていくうち、ダグが元奥さんとその家族を深く愛していることが明らかになってきた。奥さんの家族や友人をなくしてしまうと、彼には親しい友だちと呼べる人がほとんどいなかった。離婚のつらさを愚痴る相手もいなかった。彼の心の痛みは、判断能力を弱めてしまっていたのだ。

本人が気づかないうちに、その悲しみと苦悩はリスクをとることに影響を及ぼしていた。最近の研究では、悲しみによってリスクをとることがどのように左右されるかが明らかにされている。悲しいと感じると、自分の環境を変えたいという気持ちが生まれる、と心理学者は考えている。悲しみに誘発される株式投資はすぐに利益を上げたいという望みを刺激し、心の痛みを取り除こうとしているのだ。

悲しみと嫌悪感

「相場が低迷する最も一般的な理由は、悲観的な考えを持つことです。市場全体に悲観主義が広がることもあれば、特定の会社や業界のみに見られることもあります。私たちは悲観主義の広がった環境でビジネスを進めたいと考えています。それは、悲観主義が好きだからではなく、悲観主義によって生じる価格が好きだからです。分別のある投資家の敵は、楽観主義なのです」――ウォーレン・バフェット（一九九〇年の株主への手紙より）

すべてのネガティブな感情は、感情価（感情的性格の質と量を表す）は同じであるが、それらが意思決定に及ぼす影響は必ずしも同じではない。研究者たちは、特定のネガティブな感情の影響を探る実験を行った。カーネギーメロン大学のジェニファー・ラーナー教授は、被験者に映画のシーンをいくつか見せて悲しみと嫌悪感を引き出した。その後、仮想マーケットでの買値と売値にどのように影響するかを観察した。自分の持っているアイテム（例えば、蛍光ペンのセット）をいくらなら売ってもよいか、あるいは一定のアイテムをいくらで買いたいか、という質問の回答を書き出してもらった。

その結果、嫌悪感を抱いた被験者は「手放したい」衝動に駆られることが分かった。つまり、自分の持ち物を始末するだけで、新しいものを買おうとはしなかった。嫌悪感は、消費財の売値も買値も引き下げる影響があったのだ。

「授かり効果」とは、自分の持ち物を高く評価してそれを手放したくないと考える認知バイアスである。授かり効果によって、平均的な売り手は、平均的な買い手が妥当だと考えるよりも高い値段で品物を欲しがる。嫌悪感を刺激すると、買い手と売り手の授かり効果を弱めることができる。つまり、嫌悪感を抱いた買い手は安く買おうとし、嫌悪感を抱いた売り手は安く売ろうとするのだ。

また、悲しみの実験から、「悲しみは、自分の環境を変えたいという気持ちを刺激し、買値は高くなるが売値は低くなる」ことが分かった。被験者の悲しみを刺激すると、授かり効果が覆された。[19] つまり、ニュートラルな精神状態にある人と比べると、悲しいシーンを見た人は、自分の持ち物を低く評価し、自分が持っていない物を高く評価した。嫌悪感を抱いた人は、自分の持ち物かどうかにかかわらず品物を低く評価したことと比べると、興味深い結果である。

これらの事実に基づくと、悲しい気分の人は多くの品物を売買したいと考えるはずだ。ラーナー教授は、逆転の発想で「買い物セラピー（気分が落ち込んでいるときに買い物をして気分を高揚させる）」に結びつけて考え、精神疾患のひとつである衝動買いを促進するのではないか、と推測した。実際、衝動買いに最も効果的な治療薬は、抗鬱剤である。ラーナー教授は、衝動買いをする人は鬱になりやすく、買い物をすると落ち込んだ気分が高揚し、抗鬱剤によって衝動買いを弱めることができる、と記している[20]。

ダグの話を思い出してほしい。自分でも気づかないうちに離婚によって悲しい気分になり、それがトレードのしすぎとよりリスクをとるということを引き起こした、と私は推測した。トレードをやめて心理療法を受けるようになると、ダグの症状はよくなった。九カ月後に投資を再開したときには規律を守り、今では投資を成功させているという。

恐怖と怒り

ラーナー教授は別の実験を行い、投資でリスクをとることと恐怖・怒りの関係を調べた。実験の前に一般的な調査を行い、恐怖と怒り、そして将来への希望に対する考え方を調べた。面白いことに、怒りと幸福感のレベルが高くなると、将来を楽観視する傾向が強くなった。怒りのレベルが高いのに将来を楽観視している人は、おそらく自分がコントロールしていると感じているのだろう。恐怖心の強い人は、不安のレベルが上がるにつれて悲観的な考えも強くなった。ここでも、二つのネガティブな感情（恐怖と怒り）は将来に対する期待に違った影響を及ぼしている[21]。

ラーナー教授によると、確実性という特徴を持つ感情（幸せや怒りなど）が生まれると、精神的なショートカットによって意思決定を行う傾向があり、不確実性という特徴を持つ感情（不安や悲しみ）が生まれると、情報を注意深く調べて意思決定を行う傾向がある[22][23]。怒りと恐怖はどちらもネガティブな感情であるが、確実性（つまり、自分がコントロールできるかどうか）と、それに伴う責任に違いがある。怒りを持った人は、違反を見つけると確実な感情を持ち、その結果をコントロールできると感じ、ほかの人も怒りを持つ責任があると考える。一方、恐怖心を持った人は、危険の原因が不確実であるため、それを阻止することを自分でコントロールできず、恐怖に対してだれが責任を持っているのかを特定することができない[24]。危険を特定しようとして、自分の周囲や新しい情報を念入りに調べる。

恐怖心を持った人はリスクを回避するが、怒りを抱えた人はリスクを心地よく感じる（幸せな人と同じ）。リスクをどのくらいとるかの決定的要因は、コントロールの認識である。つまり、恐怖心を持った投資家は不安を抱き、自分の手に負えないと感じる。そのため、マーケットが低迷すると、恐怖心から持分を手放そうとする。一方、怒りを抱えた投資家は敵を突き止め、状況を掌握していると感じる。自分のポジションに確信を持っているため、下降局面でも保有している。

二〇〇一年九月一一日の同時多発テロのあと、投資家の行動に恐怖と怒りの影響が見られた可能性が高い。事件が起こってから二週間、悲しみに打ちひしがれ、恐怖心を持った投資家が売った。その後、テロの危険性がなくなり、アルカイダの犯人の身元が明らかにされると、恐怖は怒りに変わり、タリバン政権への攻撃が成功するとアメリカの株式市場は数カ月間上昇を続けた。

投影バイアス

感情を持つと、人は将来の自分の感情を予測してしまう。現在の心理状態が将来も同じである、と誤った推測をしてしまうのだ。自分の将来の姿を正確に予測できず、現状に感情移入してしまうため、将来の計画を立てる際に「投影」というバイアスがかかる。

例えば、予期しない利益を手にした人は、退職後の蓄えのためにそれを取っておくことができない。いつでも十分なお金があると思うため、退職後の蓄えについて計画しようとしても「こんなにお金がたくさんあるのに、どうして蓄えておかなければならないのか？」と考える。いくつかの研究では、不安[25]、痛み[26]、困惑[27]といった感情を持った人には投影バイアスがあることを明らかにしている。

投影バイアスがあると、予期しない出来事に対する自分の適応力を正しく評価することができなくなる。[28]例えば、国際的な金融危機がアメリカドルを引き下げると予測すると、投資家たちは、アメリカ経済の適応力を過小評価し、アメリカ経済が大きなダメージを受けると推定する。[29,30]そのため、債券の期待リターンが低くても株式の投資を控えるようになる。

投影バイアスによるもう一つの過ちは、注目度の高い出来事があまりに大きく影響してしまうことだ。[31]人は、出来事が話題にのぼる頻度に比例して、出来事の重要性をランク付けする。例えば、投資家は、広く公表されている世界の出来事（中東諸国の抗争など）の重要性を過大評価する傾向がある。その一方で、世界を変える可能性のある大きな出来事（中国経済の成長など）を見逃してしまう。第19章では、この「注意効果」について詳しく検証する。

投影バイアスを防ぐには、マーケットの「状態」を考えるときに常にそれを健全に疑う態度を持つこと。あるいは、自分の現在と将来の心理状態が、投資リスクに対する自分の認識にどのように影響するかを正しく評価することである。

感情を管理する

「感情管理」と「感情コントロール」を混同している投資家が多い。コントロールとは抑圧であり、これは危険を伴う。**表6.1**でも説明しているように、感情を放出できないと、判断を下す際のプレッシャーとなる。残念なことに、感情をコントロールしようとしてもうまくいかないことが多く、交感神経の活性を高める（例えば、血圧が上がる）という予期しない影響がある。[32] 高血圧は、感情が「封じ込められる」と生じることがある。

研究者たちは、被験者が感情の原因となっている環境要因と中立事実を明らかにすることで、心理状態が判断に及ぼす影響が弱まることを発見した。例えば、悲しい物語を読むと、生活の満足度を低く評価する傾向がある。ところが、生活の満足度を評価する前に悲しみの原因を明らかにできると、その影響が弱まる。[33] 言い換えると、自分がなぜ悲しいのか（悲しい物語を読んだから）が分かった人は、生活に満足できるようになるのだ。

しかし残念ながら、心理状態がその人の個性と一致していた場合には、それを管理するのは難しい。神経過敏な人（不安症など）は、不安の原因が明らかになっても、不安から得られた手がかりを将来の意思決定に直接結びつけてしまう。[34]

自分の感情が意思決定に影響するということに気づくと、過補償（弱点を補うために、逆の行動が過度に強くなること）ないしは補償不足を弱めることができる。例えば警戒心と自己認識が強くなると、中程度の感情が意思決定に及ぼす影響を和らげることができる。ということは、自己認識をしておくと感情管理テクニックの効果が高まる。[35] ある特定の心理状態のときは、自分の思考パターンがどのように変わったのかを明らかにすることができない。

感情は、投資判断のバイアスに対する感受性を変えるため、将来の感情を予測する能力があれば大きな強みとなるだろう。例えば、ファイナンシャルプランナーに「X％下落したら、売らないように私に警告してほしい」と依頼する顧客がいたら、その人は、自分の不安が強くなる前に計画を立てられるように第三者にサポートを求めているのだ。

感情と投資の関係

第5章で説明しているように、感情ヒューリスティックをはじめとする意思決定ヒューリスティックの根底には弱い感情が存在する。ヒューリスティックによって、複雑な情報を無意識のうちに素早く整理・統合することができる。感情ヒューリスティックは、意思決定の際に感情の「ラベル」を利用して、複雑な情報を簡素化して意味を持たせる。そして、簡素化された情報が経験というフィルターにかけられてほかの感情のヒントと結びつくと、「本能（あるいは虫の知らせ）」が生じる。

「本能」とは、とらえにくい無意識の感情的判断であり、不確実な状況に反応する。不確実な状況に置かれると、感情の手がかりを経験によって解釈し、本能で適切な判断を下すことができるのだ。

直感的な意思決定は、主に本能による素早い判断に基づいている。そして直感によって、分析的意思決定を向上させることができる。

より正確な分析的判断には本能が役に立つが、やや強い感情は意思決定にバイアスをかけることがある。幸いにも、意思決定プロセスを向上させたいと考えている人は、適切な心理的ツール（「心の知能指数」という内面を磨くスキルなど）によって、感情を見抜いて管理することができる。

本章では、やや強い感情についてのさまざまな技術的な情報について説明してきた。ここで、特定の感情の影響について簡単にまとめておきたい。冒頭で説明したジョディのケースに見られるように、後悔は、現在の資産を守るという保守的な考えを刺激する。また、怒りは、自分の投資選択に対する軽い楽観主義、コントロール感、確実性をもたらす。概して、怒りを抱えた投資家は株式回転率が低い。悲しみ（しかも、強い悲しみ）はよりリスクをとらせ、売買の回数も増える。恐怖心を抱いた投資家は、危険を過大評価し、恐怖に関する情報を信じる傾向がある。一方、幸せを感じた投資家は、リスクを過小評価して、専門家の楽観的な予測を信用する。

第7章から第10章では、客観的な投資を妨げる心理状態、つまり恐怖、ストレス、強欲、そして傲慢について詳しく説明する。

第7章　興奮と強欲――感情におぼれる

「投資が楽しいと感じている人は、おそらく利益を上げることはできないだろう。成功する投資というのはつまらないものなのだ」――ジョージ・ソロス

ジョナサン・レベッドは、一四歳のときに初めてSEC（証券取引委員会）に証人として召喚された。一五歳のときに再び召喚され、株価操作について追及された。非流動的な銘柄や売買頻度の低い銘柄を買い、それが勝ち銘柄であると宣伝し、うまい話に飛びついた人に高値で売ったのだ。報道発表によると、SECは、株価を急騰させて手早く利益を得たという罪でレベッドを告発した。

「一九九九年八月二三日（当時レベッドは一四歳）から二〇〇〇年二月四日まで一一回にわたり、ニュージャージー州シーダーグローブ在住のレベッドは、オンラインの証券口座を利

用して、売買頻度の低い超小型株を大量購入した。購入から数時間のうちにレベッドは、未許諾の虚偽または誇大メール、つまりスパムメールを、主にヤフー！ファイナンスの掲示板に送りつけた。その後、二四時間以内にこれらの株式をすべて売り払い、自分が送ったメッセージがもとで株価が急騰したことで利益を得た」[1]

SECは、レベッドがネット上に記載したりメールで送ったりした株価予想は「根拠のない株価予測であり、虚偽または誇大説明があった」ため、刑事責任を問うことができると主張している。

それでもレベッドは、マーケティングの天才だとあがめられた。『マネー・ボール』（ランダムハウス講談社文庫）や『**ライアーズ・ポーカー**』（パンローリング）などの著者であるマイケル・ルイスによると、レベッドは宣伝メッセージの魅力を磨くことを徐々に学んだのだという。投資家たちからすれば、レベッドの推奨銘柄を買うのは間違っていることは明らかだったはずである。ところが彼は試行錯誤を繰り返し、不安があってもその銘柄を買いたいと思わせることはできないか、と考えたのだ。

マイケル・ルイスによると、SECの召喚状が届く二日前、レベッドはインターネットにファイヤーテクター（FTEC）という会社について、次のような宣伝を二〇〇カ所に載せた。レベッドは、ネット上では自分の正体がばれないことに気づいた。専門家を装って魅力的な

件名：前代未聞の割安株
日時：2000年2月3日　午後3時43分（太平洋標準時刻）
From：LebedTG1

FTECがブレイク直前！　来週の急騰を逃すな。

FTECは現在、わずか2ドル50セントで取引されているが、すぐにでも20ドルを付けるものと予測される。

その理由をお教えしよう。

今年度の収益は控えめに見ても約2000万ドル。業界平均のPSRは3.45。発行済み株式が157万株であることを考えると、FTECの評価は……なんと44ドルになる。

近い将来は44ドルを付けると思われるが、短期的な株価目標は20ドル。

FTECのビジネスは盛況で、多くの大型案件が進行中だと言われている。FTECのニュースが公になれば、さらなる高値も望めるはずだ。

FTECをこんな超格安で買えるのなら、リスクなどないに等しい。

FTECをこの値段で買えば、大儲けできること請け合い!![2]

メッセージを送ることができた。送り主が一五歳の少年だとは、だれも予想だにしなかった。

当時のSEC委員長のアーサー・レビットは、CBS放送の『六〇ミニッツ』の特別番組でレベッドの悪行について「株価操作とは、買う、ウソをつく、そして高く売ることだ」と述べている。[3]

この事件は、法廷に持ち込まれずに示談解決された。レベッドは二八万五〇〇〇ドル（利息を含む）を支払ったが、それでも株価上昇の利益五〇万ドル以上を手元に残すことができた。

二〇〇六年、二二歳になったレベッドは、自分のホームページ（http://www.lebed.biz/）とメールで、小規模企業のリサーチとプロモーション活動を続けている。

SECがレベッドを告発したのはマーケットを操作しようとしていたからだが、株価操作による急騰というのはよくあることだ。なぜ人々は、確実に損を出すような悪徳商法に何度も引っかかってしまうのだろうか？

ステイシー・ズー・バーグは、ザ・ストリート・ドット・コム（アメリカのオンライン金融サービス）で、株価操作は「勝ち銘柄を見つけるのは簡単だ」という投資家の考えを手玉にとっている、と指摘している。バーグによると、株価操作のターゲットは、主に経験不足の投資家である。「マーケットに遅れて参加したため、ほかの人たちが利益を手にしているのを見てそれに追いつこうとする。この強欲と自暴自棄によって、投資家は、自分たちをだまそうとしている人のカモになるのだ」[4]。それでもまだ疑問が残る。投資家に「強欲と自暴自棄」をもたらすものは何だろうか？　そして投機的な熱狂はどのようにして火がつくのだろうか？

本章では、投資家の興奮、希望、強欲の原因を調べていく。また、過度な興奮が投資判断に破壊的な影響をもたらすという最近の研究についても紹介する。そして最後に、投資家の興奮を促進させる「言葉」について深っていく。

「根拠なき熱狂」を引き起こす証券会社

ハイテクバブルの最中に興奮した投資家を食いものにしたのは、レベッドだけではなかった。一九九〇年代の終わり、ネット証券会社はデイトレーダーの潜在意識を刺激するような宣伝文句を考えついた。テレビＣＭでは、オンライン取引は簡単ですぐに利益が出ると宣伝し、ポジティブな感情があふれる映像を流した。

カリフォルニア大学デービス校のブラッド・バーバー教授は、一三の証券会社の五〇〇種類のテレビＣＭの内容分析を行った。その結果、一九九〇年から二〇〇〇年にかけて放映されたＣＭのうち二八％が、視聴者にポジティブな気分を引き起こす映像やメッセージを含んでいることが分かった。しかも、その割合を細かく調べると、一九九〇年～九五年は一二・三九％だったが、一九九六年～二〇〇〇年には三二・九八％に上っていた。バーバー教授は、適度にポジティブな気分になると意思決定に慎重さを欠き、認識バイアスの影響を受けやすく、推測に頼る傾向があるため、証券会社は視聴者にポジティブな感情を植えつけようとしているのではないか、と考えた。[5]

ディスカバー・ブローカレージ・ダイレクトのあるテレビＣＭでは、証券トレードに成功して自分の島を買ったレッカー車運転手と、車をレッカーされた人の会話を面白おかしく描いていた。[6]また、株式トレードをしているティーンエージャーがヘリコプターを所有している、というＣＭもあった。[7]チャールズ・シュワブのＣＭには、テニススターのアナ・クロニコワがトレードの秘訣を語る、というシリーズもあった。ＥトレードのＣＭでは、「オンライン投資は『簡単、楽勝、朝飯前』」と言って視聴者の気を引こうとしていた。[8]

アーサー・レビット元ＳＥＣ委員長は、次のように述べている。「正直に言うと、広告のなかには宝くじのＣＭに極めて近いものもある。オンライン投資で金持ちになれる、と企業が繰り返し伝えると、……多くの投資家は非現実的な幸福感に浸ってしまう」[9]。エリオット・スッピッツァー前ニューヨーク州司法長官は、オンライン証券の広告は「便利でスピーディーで簡単に富が得られ、ネット時代に『後れを取る』リスクを解消する」と語っている[10]。二〇〇一年一月二六日付けのオンライン取引に関する報告のなかで、ＳＥＣは、積極的なオンライン証券の広告のなかには投資のリスクと報酬に関する非現実的な期待を投資家に抱かせる可能性のあるものが見られる、と述べている[11]。

誇大広告の秘密

レベッドの宣伝文句はその根拠を巧みにごまかし、報酬系に直接働きかけることで、うさんくさい投資に手を出したいと思わせる効果があった。彼がうまくいったのは、メッセージのなかに報酬系を活性化させる要素があったからだ。その要素を簡単に紹介するが、報酬系のかく乱要因については、本章後半と以降の章で詳しく説明する。

一．斬新さ　レベッドは、新規分野や出遅れ分野を推奨し、人々の好奇心を刺激した（要求が満たされることで報酬系が活性化される）。

二．多額の利益への期待　利益への期待は、側坐核と呼ばれる報酬系の領域を活性化させる。レベッドは、多額の利益が得られると投資家に推奨している。報酬系にとって大きさというのは重要な要素であり、法外な利益を得られる可能性があると、その見込みを考慮する能力を無効にしてしまう。

三．豊富な情報　レベッドの売り口上には、予測される収益や潜在的マーケットの規模など、数字の情報があふれていた。詳しい数字の情報を見せられると、大切な判断能力の機能を停止してしまう人が多い。レベッドのメッセージを見た人の多くは数字を見てもよく分からないとあきらめ、「自分にとってどんなメリットがあるのか？」と考えて結論を急ごうとした。そこで、頭が混乱した投資家に対して、レベッドは「今買って、一二〇ドルで売る」というシンプルな答えを提供したのだ。

四．掘り出し物　レベッドは、「超格安」の掘り出し物の情報を伝えて投資家の好奇心をあおった。掘り出し物を買えば損はしないはずだ、と投資家は期待する。神経学的にも、お買い得品は脳の報酬系を刺激することが分かっている。

五．専門家　レベッドの言葉から、その銘柄の専門家であるような様子がうかがえる。彼は十分に下調べをしていて、きちんとした裏づけのある財務データを提供した。投資家は、十分な知識と調査に基づく予測を信頼したのだった。レベッドは、得がたい情報を提供することで、自分はその銘柄に詳しいというオーラを発散していた。

六．時間の制約

レベッドは、「すぐにでも」行動しなければチャンスを逃すと伝え、時間に制約があることをアピールした。時間の制約があると十分に分析することができず、辺縁系の活動が前頭前皮質の認識能力を阻害してしまう。

レベッドの宣伝メッセージを読んだ投資家は、「専門家」による大幅な利益の予測に簡単にだまされてしまった。この偽情報は斬新で興味深く、すぐに行動に移すことを促していた。「専門家」によると、下降リスクもほとんどないようだ。投資家が最新の株価を目にしたときには、ほかの熱心な投資家（もちろんレベッド本人も含む）がすでに買い始めており、値を押し上げていた。チャンスを探していた投資家は、それを逃すことに耐えられなくなってしまったのだ。彼らが飛びつくのをレベッドは待ち構えていた。

強欲とは何か？

「物質的な富に関連し、自分が必要とするあるいは自分にふさわしい分量よりも多くを手に入れようとする過度の望み」――アメリカン・ヘリテージ英英辞典

「熱望または切望、利得に対する貪欲さ」――ウェブスターズ英英辞典

「非難されるほど欲しがること。富に対する飽くことのない望み。七つの大罪のひとつ」
――ワールドネット

はるか昔から、欲は金銭的な愚行の原因だとされてきた。聖書では七つの大罪のひとつに挙げられ、「強欲」と呼ばれている。またブッダは、欲は人間のあらゆる失望と苦痛の根源だとしている。強欲の反対にあたる「喜捨」は、イスラムの五つの柱のひとつである。ビクトリア朝時代には、チャールズ・ディケンズはエベニーザ・スクルージ（『クリスマスキャロル』に登場する高利貸し）の強欲を風刺しており、今や「スクルージ」は利益を求めすぎて損をした人の代名詞となっている。

強欲は、ネガティブな特性として描かれることが多い。一九八七年の映画『ウォール街』でマイケル・ダグラスが演じた企業乗っ取り屋のゴードン・ゲッコーは、買収先のテルダー製紙の株主を前にして、人間の本性としての強欲の必要性をぶちまけた。最も印象深いシーンは、テルダー製紙の株主総会でのゲッコーのスピーチだろう。

「要するに、皆さん、強欲というのは良いことなのです。強欲は正しいものなのです。強欲があるからこそ物事はうまくいき、強欲は発展を生み出す精神を明らかにし、余分なものを取り払い、その本質を捕らえることができるのです。どんな形であれ、命、お金、愛情、知識に対する強欲は人間の上昇志向を支えてきました。そして、強欲は――よく聞いてくださいーーテルダー製紙を救うだけでなく、経営難に陥っているアメリカという名の会社を救うことにもなるのです」

ゲッコーが主張する利他的な動機の裏には、実は、利益を得るためにテルダー製紙の社員を解雇し、部門を切り分けて競売にかけるという彼の利己的な望みが潜んでいた。ゲッコーのスピーチは、一九八六年、カリフォルニア大学バークレー校の卒業式でのアイバン・ボウスキーのスピーチに基づいていると言われている。ボウスキーは、「ちなみに、強欲は正しいものなのです。私は皆さんにそれを知っていただきたい。強欲とは健全なものです。皆さんは欲張りになり、自分に自信を持つことができるのです」と述べている。ちなみにアイバン・ボウスキーとはウォール街のアービトラジャーであり、のちに証券取引法違反の罪で逮捕された。一九八六年には、インサイダー取引の罪の示談金として、SECに一億ドルもの罰金を支払った。

アダム・スミスからミルトン・フリードマンに至るまで、経済学者たちは、強欲とは避けられないものであり、資本主義にとってはある意味で好ましい側面も持っている、と指摘してきた。秩序があり均衡のとれた経済では、強欲は経済システムの拡大に役立つ。ただし、社会全体に対する国民の信頼を損ねないように、抑制も必要である。[12]

経済学者のポール・クルーグマンは、ニューヨーク・タイムズで、社会にとって「強欲は正しい」という考えには致命的な欠陥がある、と指摘している。「成功を収めた経営者に惜しみない報酬を与えるという仕組みがあると、部外者に対する情報をコントロールできる立場にある経営者は、成功を捏造したいという衝動に駆られる。なんとしても売り上げを水増しするため、積極的会計や架空取引を行う」[13]

投資家に関して言えば、強欲があると、数多くのトレードを行い、ほかの人の成功を見て投資し、不適切なデューデリジェンスを行うため、損失を生むことになる。自信過剰、コントロールしているという錯覚、あぶく銭効果などの心理バイアスが、生物学的基盤と結びつく。利益が続くと強欲が生まれ、思い上がった態度をとってしまう。大まかに言うと、強欲とは利益を得たいという欲求、チャンスをとらえたいという意欲、リスクの軽視、余剰に対する強い好み、といった要因が集まった結果である。

個人レベルでは、強欲はパフォーマンスに有害な影響をもたらすが、人間の行動には強欲は付き物である。強欲について学べば、マーケットでの利益を増やすことができるだろうか（確かに、これは貪欲なモチベーションである）？　多くの投資家にとって、利益を期待できる銘柄を見つけ、ハイリターンを望むのは投資の刺激的な側面である（そのため、依存症になりやすいが）。投資に付き物の強欲をうまく制御するには、忍耐力が必要だ。

投資家が株価操作の詐欺にだまされ、早い値動きの銘柄を追い、高いリスクを冒してしまうのにはどういった種類の欲が関係しているかを理解するには、脳の内部を明らかにする必要がある。脳機能イメージングによって、強欲が神経回路をどのように刺激するか、どういった種類の情報が強欲をより強めるか、そしてどの治療方法が強欲を抑制するかが分かる。

BIASタスク

スタンフォード大学の研究者たちは、脳内の強欲の発生源と、強欲がもたらす金銭的な結果を明らかにした。まず、利益の見込みがあることを認識して興奮を引き起こし、過度にリスクをとることに結びつく脳の領域を見つけた。さらに、投資家が損失を恐れると、脳の別の領域が活性化されること、そしてその領域は過度にリスクをとることを避けるように作動することが分かった。こういった脳機能イメージングの研究は、あくまでも実験だという制約があるため、投資判断プロセスが簡素化されすぎてしまう傾向がある。それでも脳機能イメージングの研究によって、投資家の評価や選択方法について実に深い事実が明らかにされてきた。

ブライアン・ナットソン教授は一九九〇年から脳機能イメージングの研究を行い、「ポジティブアクティベーション」と呼ばれる精神状態があることを明らかにした。ポジティブアクティベーションとは、好ましい結果を期待して興奮状態になること。ポジティブアクティベーションのなかには、快感や満足などのように覚醒を伴わないものもあれば、興奮や高揚などのようにポジティブな感情と生理的覚醒（活性化）の両方を伴うものもある。実験的にポジティブアクティベーションを引き起こすため、被験者にお金を与えた。

最初の実験でナットソン教授は、ギャンブル的な投資をしているとき、脳の報酬系の領域ごとに活性化されるタイミングが異なることを発見した。特に、利益を期待するときと実際に利益を手にするときとでは、異なる報酬系が活性化された。脳の奥にある側坐核（ＮＡｃｃ）と呼ばれる領域（図7.2）は、報酬を期待すると活性化される。正中部の目の裏にある内側前頭前皮質（ＭＰＦＣ）と呼ばれる領域（図8.1）は、実際に報酬を受け取ったときに活性化される。

ナットソン教授はさらに研究を続け、期待される利益の大きさによっても活性化される領域が異なることも突き止めた。期待される利益が大きくなると側坐核の活性化が強まり、利益を得る見込みが高くなると内側前頭前皮質の活性化が強まることが分かった。二〇〇四年までにナットソン教授は、利益の大きさ、見込み、期待価値が変わるとその利益について人間がどのように期待し、学ぶのかを明らかにした。

二〇〇五年、スタンフォード大学の大学院生（現在はノースウェスタン大学ケロッグ経営大学院の準教授）のカメリア・クーネンはナットソン教授と共同で、投資リスクを冒すかどうかをどのように判断するかを明らかにする実験を行った。クーネンは、報酬系には、過度のリスクを促進する領域とリスク回避を促進する領域がある、との仮説を立てた。クーネンとナットソンはこの実験をさらに改良し、意思決定の瞬間をビジュアル化した。機能的磁気共鳴画像法

（ｆＭＲＩ）を使用し、投資判断の際の脳の活動をビジュアル化したのだ。[14]

ＢＩＡＳ（行動的投資配分戦略）タスクと呼ばれるこの実験では、被験者に三つの選択のなかからどれに投資するかを選んでもらった。二つはリスクの高い株式（株式Ａと株式Ｂ）、もうひとつは債券。被験者にいずれかを選んでもらい、その結果を被験者に知らせた。利益を上げたらそれを口座に入れるが、損を出したら口座から差し引く。これを一〇回繰り返す。

二つの株式のうちの一方は一〇回の投資でプラスの結果となり、もう一方はマイナスとなる。初めのうちは、被験者はどちらが利益を上げてどちらが損を出すかに気がつかないが、試行錯誤の末、それを学んでいく。「良い」株式は、プラス一〇ドル（五〇％の確率）、プラスマイナス〇ドル（二五％の確率）、マイナス一〇ドル（二五％の確率）の結果がランダムに並べられており、一回ごとの期待価値はプラス二・五ドルとなる。一方「悪い」株式は、プラス一〇ドル（二五％の確率）、プラスマイナス〇ドル（二五％の確率）、マイナス一〇ドル（五〇％の確率）の結果がランダムに並べられており、一回ごとの期待価値はマイナス二・五ドルとなる。三つめの選択である債券は、毎回確実に一ドルの利益が得られる。

ＢＩＡＳタスクの選択肢

債券＝一回の投資利益　一ドル
株式Ａ＝平均プラス二・五ドルまたはマイナス二・五ドル

株式Ｂ＝平均プラス二・五ドルまたはマイナス二・五ドル

被験者の目標は、できるだけ多くの利益を稼ぐことであるが、初めはどの選択肢が最も利益が多いかを知らない。投資を数回続けるうちに、「良い」株式を認識するようになる。どの選択肢が良いかを被験者に分からせないようにするため、一〇回の投資が終了したら、株式をランダムに選び、新たに一〇回の投資を始める。

読者の皆さんへ　数字に強い人は、この実験で自分が何を選択するかを考えていただきたい。株式に手を出すだろうか？　何回の投資をしたら、どれが利益率が高い選択肢か分かるだろうか？（続きを読む前に、ご自分で試していただきたい）

数回の投資を続けると、被験者は、利益率の高い選択肢とそうでない選択肢が分かるようになる。期待価値を最大にするには、七〇％ほどの確実性の段階で「良い」株式を選ぶのが好ましい。毎回の投資後、ベイズの定理（条件［情報］が得られたとき、その結果を反映して事後確率を求める方法）から、その株式が「良い」という確率を計算することができる。ベイズの定理を使用しなかった被験者は、判断ミスを犯した。もちろん、時間が限られている状況ではベイズの定理を頭の中で計算することは不可能であるため、全体の印象で判断するしかなかったのだ。

「リスク回避」の過ちを犯した被験者は、七〇％の確実性でどの株式が良いかが分かっているのに、債券を選んだ。ｆＭＲＩでは、前頭皮質と呼ばれる脳の領域（図7.1）が活性化し、リスク回避の過ちが予測された。

ほかの研究者によるｆＭＲＩの実験から、前頭皮質は、痛み、損失、嫌悪感などによって活性化されることが分かっている。クーネンとナットソンは、最も利益の大きい選択肢を選ばなかったと知ったとき、被験者の前頭皮質が活性化されることに気づいた。「反事実的損失」が生じると、債券に飛びつく傾向が見られたのだ（リスク回避の過ち）。また被験者には、「良い」株式のほうが「悪い」株式よりも利益が少ない場合もあることは明らかだったはずだ。それでも被験者は、「反事実的損失」が生じたあとに「良い」株式に手を出すことができなかった。

被験者のなかには、初めのうちは順調に利益を上げていたが、儲けを手放すことを恐れてだんだん保守的になる人がいた。こういったタイプのリスク回避の過ち（早い利食い）については、第14章と第15章で詳しく説明する。反事実的損失（一つめの例）または利益の連続（二つめの例）を予測すると、被験者は安全な債券を選ぶようになり、リスク回避の過ちを犯す。より保守的な選択に切り替える直前に、被験者の前頭皮質は活性化される。

図7.1　島皮質の場所を示したもの。前方の領域が前島皮質。島皮質は進化的に古い部分であり、進化的に新しい部分（新皮質）は旧皮質を包み込むような形で存在している。前島皮質の活動は痛みと関連性があり、リスク回避の過ちが予測される

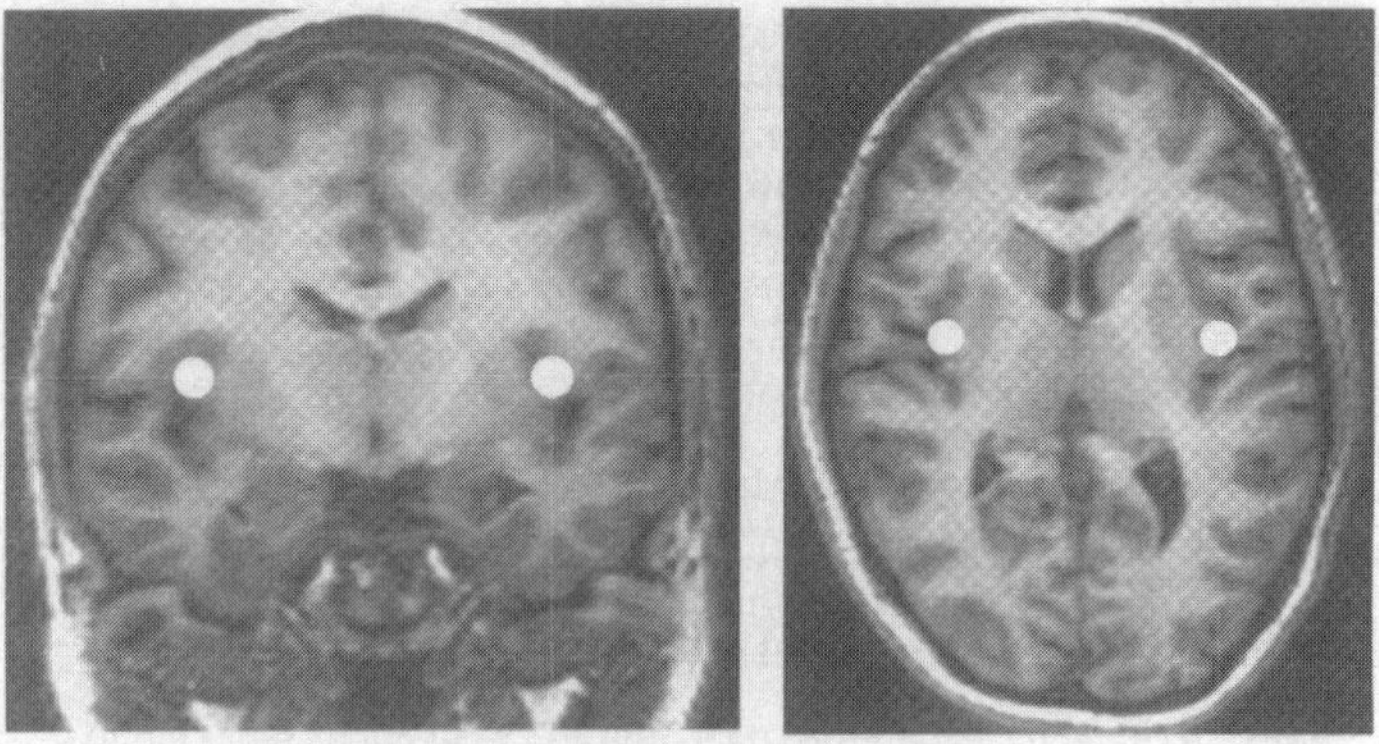

わずかに値が下がっただけで長期保有していた銘柄を手放す投資家は、リスク回避を行っている。また同様に、早めに利食いする投資家もリスク回避を行っているといえる。

側坐核の特徴

BIASタスクでは、七〇％の確実性で「良い」株式だと認識する前に投資をすると、被験者は「リスク選好の過ち」と呼ばれるミスを犯した。クーネンとナットソンは、被験者がリスク選好の過ちを犯す前にそれを予測し、報酬系の側坐核が活性化されることを発見した（図7.2）。

側坐核にはいくつかの興味深い特徴がある。

一．**快楽中枢**　神経外科医たちは、側坐核を電気的に刺激すると強い幸福感が生まれるこ

とを発見した。[16]また最近では、側坐核の活性化はポジティブな感情と関連性があるという研究結果もある。[17]快楽は側坐核の主な機能のひとつであるが、モチベーションや学習という機能にも、神経科学者たちは注目している。

二．ドラッグ依存症　ドラッグ依存症は報酬系のドーパミンニューロンを活性化し、側坐核にはこのドーパミンニューロンの軸索が伸びている。そのため、側坐核はドラッグと強い結びつきのある領域だと考えられている。

三．報酬の期待　ｆＭＲＩで観測すると、利益を期待すると側坐核が活性化される。[18]チョコレート、高級品、ポルノ写真などでも側坐核は活性化される。

側坐核が活性化されても、それだけではリスクをとることとの過ちを予測することにはならないが、過度に活性化されると、投資判断のミスにつながる。プレスリリースに寄せたナットソンの論文によると、「平均すると、被験者が理性的な選択を行ったのは七五％、誤った選択を行ったのは二五％であった。理性的な判断をしたときでも、脳の領域はさほど活性化されなかった」。

ビジネスの場面では、何らかのきっかけや誘因を利用して顧客にリスクをとることを促すことがある。ナットソンのプレスリリースによると、彼の発見は「カジノで、顧客の側坐核を活性化して行動を変えさせるために、フリードリンクやサプライズギフトなどの『きっかけ』を

図7.2　側坐核の活動を示したもの。側坐核の活動はポジティブな興奮と関連性があり、BIASタスクではリスク選好の過ちを犯すことが予測される

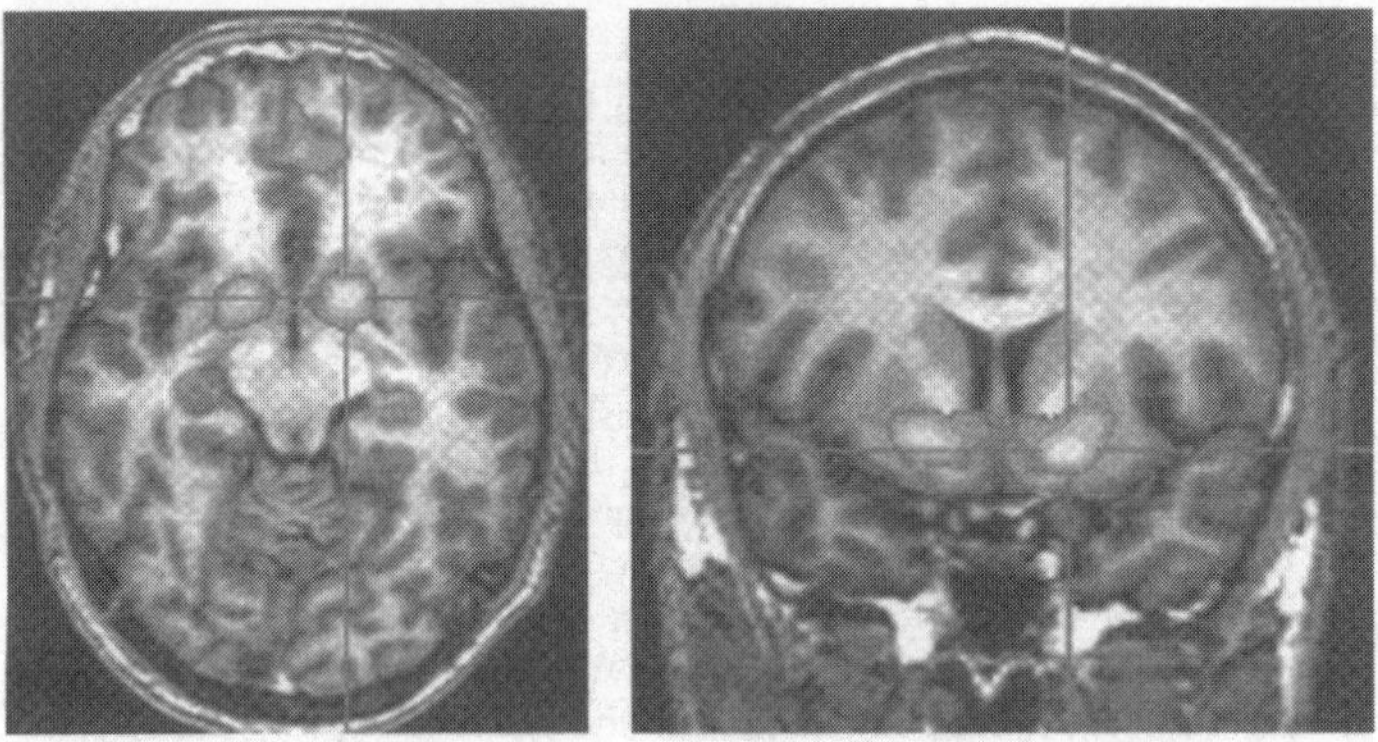

利用して報酬を期待させている理由を説明している。――一方、保険会社はこれとは逆の戦略をとり、前頭皮質を活性化させている」。先に紹介した一九九〇年代後半の証券会社のCMの例からも分かるように、金融業界では、顧客リスクをとらせようとしてこういった手法が幅広く使われてきた。

投資家は、魅力的な銘柄に投資するチャンスに遭遇して興奮すると、側坐核が活性化される。新しい業界や急成長している業界の銘柄、あるいは利益が期待できそうな情報のある銘柄は、側坐核の活性化の誘因となり、利益に対する強い欲が生まれる。

掘り出し物に興奮する

ＢＩＡＳタスクでは、脳の活性化を観察す

ることで、「非理性的」リスクをとることの判断をいかにして予測できるかが明らかになった。その後、研究者たちは「買い」判断のメカニズムに目を向けた。ナットソン教授やカーネギーメロン大学のジョージ・レーベンシュタイン教授らは、脳内に「買いシグナル」が存在するかどうかを調べる実験を行った。具体的には、消費財の購入を促進する脳の領域は存在するか、ということを調べた。

研究者たちは、たくさんの消費財（ゴディバのチョコレート、MP3プレーヤー、映画のDVDなど）を並べ、その値段も提示した。ただし、被験者は定価で買うのは好まないため、定価よりも七割ほど引いてあった。

ナットソンは、脳の三つの領域の活動が購買判断に関係していることを発見した。側坐核の活動は製品の嗜好に関係し、その製品を買うことが予測された。また内側前頭前皮質は、価格が安いときに活性化され、被験者がその製品を買うことが予測された。脳の苦痛中枢である前頭皮質の活動が低下すると、やはり製品を買うことを予測された。つまり、消費財を買うかどうかを予測するには、製品への欲求（側坐核の活性化）、安い製品への欲求（内側前頭前皮質の活性化）、そして認識されるリスクが小さいこと（前頭皮質の非活性化）の三つの要因が関係している。[15]

投資家にも、これらの結果を当てはめることができる。バリュー投資家は、割安銘柄を見つけると内側前頭前皮質が活性化される。ウォーレン・バフェット、デビッド・ドレマン、ビル・

ミラーなどのバリュー投資家は、内側前頭前皮質からの「買い」シグナルに常に注意を傾けている。

興奮するような取引を求めている投資家は、側坐核の活性化に基づいて株式を買っていると考えられる。自分が好きな「良い会社」の株式を買うが、良い会社と良い株式は等しくないことを見落としている。

そして投資リスクを重視しない投資家は、ネガティブな側面を認識せずに株式を買う。損失の可能性を考えないため、リスクを進んで冒す。内側前頭前皮質、側坐核、そして前頭皮質は神経回路の構成要素であり、これによって投資家は判断を下す。興味深いことに、その活性化のパターンも、購買判断の予測に関係している。

バイアスのかかった判断を避けるには

理性的な判断にも非理性的な判断にも、感情が重要な役割を果たす。極端な感情は、行き過ぎた行為に結びつく。クーネンとナットソンの研究からも分かるように、強欲や不安といった強い感情を持っている人は、リスク回避とリスク選好の過ちを犯しやすい。

人は感情によって生じる身体的兆候から、投資判断の際にミスを犯しやすいかどうかを感じとることができる。ただし、感情から予測するには自己認識が必要だ。感情を認識し、感情の影響を受けた最近の意思決定を注意深く観察することで、意思決定のレベルを向上させることが可能だ。感情による判断を中断させるような行動――深呼吸をするといった簡単なことでもよい――ができると、強い感情に基づく判断を避けるのに有効だ。あまりにも当たり前のことだが、「重要な判断を下す場面で興奮してしまったら、一歩下がってもう一度考えてみる」ことが大切だ。

例えば、ある投資家が最近損失を出し、①新しいポジションを持つのをためらう、②さらに損失を重ねることについて慎重になる、③いつもよりも恐怖心を抱く――といった非理性的なリスク回避行動の兆候が見られたら、それは強い不安を感じている証拠だ。そういうときには、不安が判断を邪魔していることを認識し、不安を取り除くか投資規律を強めなければならない。

逆に言えば、大きな利益を得て、①お祝い気分になった、②絶対的な自信を持った、③さらにリスクをとりたい――と感じたときには、一歩下がって考え直さなければならない。慎重なリスクコントロールを無視して、利益にだけ注目してはいないだろうか？　もしそうなら、自分の投資規律を強める必要がある。

マーケットの強欲

「金持ちになる方法をお教えしよう。ほかの人と反対の行動をとること。ほかの人が貪欲なときには恐る恐る進み、ほかの人が恐る恐る進むときには貪欲になることだ」――ウォーレン・バフェット（二一歳のとき、コロンビア大学の学生に対する講義で）

投資家が自分の投資やそのときの市況を説明するとき、強い感情が言葉となって表現される。例えば、投資家がネガティブな表現を使ったときにはリスク回避の傾向がある。一方で、市場センチメントについてポジティブな発言をしたら、リスクを冒す傾向があると考えられる。この仮説を検証するには、メディアに掲載されたネガティブな言葉とポジティブな言葉を数えればよいだろう。

二〇〇五年五月、私はポール・カンガス司会のナイトリー・ビジネスレポートとルー・ドブス司会のCNNのマネーラインのオンライン・トランスクリプトで、これらの表現を数えてみた。マネーラインのトランスクリプトは二〇〇〇年一月三日から二〇〇三年六月一二日まで、ナイトリー・ビジネスレポートについては二〇〇〇年一月三日からこれを書いているときまでのものを入手した。ポジティブな表現とネガティブな表現を集計してみると、ビジネスニュースにおけるこれらの表現について一貫したアイデアが得られるだろう。

私は単回帰直線を描き、ポジティブまたはネガティブな表現とマーケットの動向には相関性があるかどうかを調べた。すると、ポジティブな表現が多いときにはマーケット（S&P五〇〇）は翌週に下がる傾向があり、ネガティブな表現が多いときにはマーケットが上がることが分かった。これは興味深い結果だが、取引コストを考えると、投資利益に直接結びつくものではない。

この「非公式の」調査に基づくと、メディアのセンチメントは平均的な投資家のリスク認識を反映しているといえるだろう。ネガティブなニュースが伝えられると、投資家は概してリスクを回避したくなるが、そういった状況でも買うことができたら大きな利益が期待できる。ポジティブなニュースが広まっているときには、これと逆のことが言える。

これらのことは、ウォーレン・バフェットが二〇〇四年バークシャー・ハサウェイの株主への手紙のなかで、マーケットタイミングを計る投資家について述べている内容にも現れている。「株式投資のタイミングを計ろうとするのなら、ほかの人が貪欲なときに恐る恐る進み、ほかの人が恐る恐る進むときには貪欲になることだ」

次の章では、自信過剰と傲慢が投資家の判断に及ぼす影響について見ていく。

第8章　自信過剰と思い上がり――過ぎたるは及ばざるがごとし

「投資と投機の境界は明確ではなく、最近、多くの市場参加者が市場で利益を上げたのでさらにあいまいになってしまった。利益が簡単に得られると、合理的な行動をとれなくなってしまう。楽しい時期を経験しても、思慮深い人はシンデレラのような行動をとることができる。つまり、賢明な投資家は、高騰のお祭り騒ぎに長居しすぎる――将来のキャッシュフローよりも高く評価されている会社に投機し続ける――と、やがてカボチャとネズミに戻ってしまうことを知っている。ところが、楽しいパーティーで少しでも長く踊っていたいと考える浅はかな参加者は、一二時ぎりぎりまで舞踏会に居続けようとする。ところがここには問題がある。彼らは時計を持たずに舞踏会で踊っているのだ」――ウォーレン・バフェット（二〇〇一年二月二八日、バークシャー・ハサウェイの二〇〇〇年度年次報告書より）

「勝利病」とは、司令官が戦場で次々に勝利を収めてしまうと、やがて誤った判断を下しやすくなる、という意味だ。傲慢や自己満足に浸って敵に対する固定観念を捨てられず、新たな作戦を考えることができないと、勝利の行方は敵のほうに流れてしまう。勝利病の有名な例として、第二次世界大戦が始まったころは日本帝国海軍が勝利を収めたが、その後防衛策をとらなかったこと、またナポレオンがロシア遠征に失敗したことなどが挙げられるだろう。

「ノーベル賞病」とは、ノーベル賞受賞者に見られる知的衰退のこと。経済学者のポール・サミュエルソンは、ノーベル賞受賞者を悩ませる症状について述べている。「賞を受賞して大きな称賛を得ると、自己満足症候群に陥ってしまう。それだけでなく、もったいぶってしゃべり、倫理学や未来学、政治や哲学についてまで説教をたれるようになる」[1]
投資家に関連する例では、あるビジネス誌が、組織のトップに就くと働きが悪くなる症状として「CEO（最高経営責任者）病」という言葉を紹介したことがある。[2] 勝利病、ノーベル賞病、CEO病は、いずれも同じような心理パターンに陥る。本章では、自信過剰と思いあがりのバイアスに潜在する心理学と神経科学について説明する。

思い上がり

「メリウェザーとその仲間たちは、思いあがりの悪い例だ。カウフマンも言っているように『お金を失うのには二種類の人がいる。それは何も知らない人と、すべてを知っている人だ』。二人のノーベル賞受賞者を擁したLTCM（ロングターム・キャピタル・マネジメント）は後者に当てはまる」――R・レンツナー[3]

私は医学部の修士研究として、投資でリスクをとることと資産バブルの心理的要因を調べた。二〇〇〇年一月に始めたこの研究はまさにタイムリーなテーマであり、ハイテクバブルから発想を得た。そのとき、私はデビッド・ドレマンの『**株式投資は心理戦争**』（パンローリング）を読んだ。ドレマンは、「ガンスリンガー」と呼ばれる短期トレーダーがハイリスク・ハイリターンで利益を上げていた一九六〇年代初めの熱狂的な投機を、「オニクス（Onics）」銘柄と名づけた。「コンセプトが難しくなるほど、人々はそれを好むようになる。『オニクス』の付く名の会社は熱烈な歓迎を受けた」。[4] ハイテクバブルのころにこの本を読み、私は「オニクス」とは「ドットコム」のことで、「ガンスリンガー」とは「デイトレーダー」に似ていると感じた。

私は、ハイテク銘柄がバブルを生み出していることに注目したのだが、投資家たちは惜しげもなく資金を注ぎ込んでいた――いいカモが高値で買ってくれるだろうと、高をくっているようだった。まさしく、思い上がりの典型だ。

英語の「hubris（傲慢・思い上がり）」は、ギリシャ語の「hybris（高いプライド）」を語源としており、ギリシャ神話の悲劇の英雄たちは、プライドが高すぎて失墜してしまった。外面的な指標を成功の重要な要素だと考えている成功者たちは、傲慢な態度をとることがある。富、美しさ、身体能力といった外面的な指標に基づいて高い評価を受けた場合、その成功は非常に不安定である。思い上がりは、投資家にとって非常に危険な感情のひとつであり、大きな損失につながることが多い。

思い上がりの第一段階は、利益や称賛を受けることから始まる。その利益が個人の才能やスキル、あるいは知性によるものであれば、やがて自信過剰が生まれる。自信過剰な投資家は、リスクを無視して自信がさらに大きくなる。

自信過剰

「ワシントン・ポストの世論調査によると、アメリカ人の九四％が誠実さに関して自分は『平均以上』だと考え、八九％が常識に関して『平均以上』だと考え、八六％が知性に関して『平均以上』だと考え、七九％が外見に関して『平均以上』だと考えている」――チャック・シェパード（二〇〇六年、ニュース・オブ・ジ・ウィアードより）

アメリカでは、自信を持つという考え方が広く受け入れられている。自信は重要なものであると考えられているため、学校のカリキュラムを設計する際にも子供たちの自尊心を高めようとする。もちろん、自信を持つのはよいことだ。自信がないと、難しい課題に取り組んだり努力したりできないだろう。

自信の問題点は、「自信過剰」になってしまうことにある。ニュース・オブ・ジ・ウィアードの引用からもお分かりのように、大多数の人が自信過剰になっている。また多くの分野で、本人の能力が「自己達成的予言」を生み出すと考えられている。ところが金融分野では、自信過剰はパフォーマンスに大きな影響を及ぼす。トレードの実験を行ったところ、被験者の自信過剰と自己関与の幻想（自分がコントロールすることで良い結果が得られるという錯覚）はパフォーマンスの低下に結びついた。[56]

運転技術、身体能力、投資能力などについて質問してみると、大半の人が自分は平均以上だと答える。ほとんどの人が平均以上になることなどあり得るだろうか？　明らかに、自分の能力を過信している人がいる。

生物学的に自信過剰な人もいれば（例えば、若い男性など）、後天的に自信過剰になる人もいる。ひと口に「自信過剰」と言っても、さまざまなタイプがある。まず、「平均以上効果」と呼ばれるタイプがある。自分の運転技術、身体能力、経営能力などの能力を採点するように被験者に依頼したところ、多くの人が自分は平均以上だと考えていることが分かった。[7]六五〜八〇％の人が、自分の運転技術は平均以上だと過大評価していたのだ。また、一〇人中九人の男性が、自分の男性器は平均よりも大きいと答えている。

別の自信過剰のタイプに「評価の誤り」というものがある。自分の知識の精度を過大評価し、狭い信頼区間を使用してしまうのだ。[8]例えば、ＣＥＯに、会社の純利益はどのくらいの範囲に収まるだろうかと質問して、九〇％の信頼区間（一〇回調査したら九回がこの範囲に入る）を求める。ところが、ＣＥＯによる純利益の見積もりの判断は誤っているために、実際の純利益の信頼区間は予想とかけ離れたものになる。

ＣＦＯ（最高財務責任者）を対象として数年間にわたって行ったある調査では、翌年の株式相場の終値について八〇％の信頼区間で予測してもらった。四三〇〇を超える回答が得られたが、八〇％の信頼区間に入っていたのは三〇・五％しかなかった。[9]ＣＦＯというのは、自分の景況予測に関して比較的正確な考えを持っていることが望ましいのだが。

自信過剰の三つめのタイプは「自己関与の幻想」と呼ばれるもので、偶発的な出来事の結果を自分がコントロールしているという錯覚を持つ。偶発的な出来事を制御し、予測し、影響を及ぼすことができる、という誤った考えを持ってしまう人は多い。自己関与の幻想に関する実験を紹介しよう。

操作されたコイントスの実験で、被験者にその結果を予測してもらう。実験では、各被験者は三〇回のうち一五回を正確に「予測」できるように操作する（五〇％の正解率）[10]。また、被験者の三分の一が最初の五回のうち四回を正しく予測し、三分の一が最初の五回のうち四回の予測をはずし、残りの三分の一についてはランダムに正解できるように操作する。

実験終了後、被験者に、実験を振り返って自分の成績を評価してもらった。最初の五回のうち四回を正解した三分の一の被験者は、ほかの被験者よりも自己評価が高かった。あと一〇〇回コイントスを続けたらどうなるか、と質問したところ、最初が好調だった被験者は、ゲームを続けても相当正しく予測できるだろうと答えた。また、全被験者の四〇％が、回を追うごとに精度が高くなると答えた（コイントスというのは偶発的なものだと分かっているのだが）[11]。実験者は、「初めのうちに成功を重ねると、さらなる成功を期待する」と結論づけた[12]。

つまり、ギャンブルで成功を重ねると、自分にはギャンブルの予測能力があるという自信が生まれる。強気相場では、多くの人が勝利を収める。強気相場で参入したアマチュアの投資家は、自分には銘柄選択の才能がある、と考えてしまう。「強気相場ではだれもが天才」という格言がある。初めのうちに勝ち続けると、自分には才能があると思っているため、市況が悪化しても買い続ける傾向がある。

自信過剰は、人の記憶にも影響を及ぼす。昔の出来事についての記憶というのは、現在の自信がバイアスになることが多い。人には、負けよりも勝ちのほうが優先的に記憶される、という特性が備わっているからだ。そのうえ、多くの人が「間違った記憶を持ち、自分は最初から予測していたのだとあとになって自慢げに話す」[13]。

人には、ネガティブな結果についてはは自分にコントロールできない環境のせいにして、ポジティブな結果は自分の先見性と経験のおかげだ、と考える傾向がある。成功を収めたのは自分の判断力（と予測能力）によるもので、失敗したのは自分の予測を超えた外的な要因によるものだ、と考える[14]。

専門家ほど、自信過剰に陥りやすい。おそらく、知識が豊富でスキルのレベルが高いと思われているというプレッシャーから、専門家は自分の判断能力を高く評価してしまう。自信過剰な判断は、企業家[15]、投資銀行家[16]、管理職、経営者[17]といった金融専門家や専門職によく見られる[18]。ところが、自信過剰が急速に消えることがある。それは、①予測可能性が高い、②判断の精度に関する迅速で的確なフィードバックがある、③任務が繰り返し与えられる――という状況で意思決定をする場合だ[19]。「プロのブリッジプレーヤー、競馬の賭け手、気象学者は、自分の予測を正しく評価することができる」という意見もある。[20]

金融マーケットというのは報酬が不安定で（予測可能性が低い）、取引の頻度も変動的だ（活発に取引することもあれば、静観することもある）。迅速で的確なフィードバックをトレーダーに与えようとしても、それは市況によって変わるため安定的とはいえない。また、投資家はフィードバックを受け取る回数が少ない。そういうわけで、自信過剰は投資家にとって非常に深刻な問題なのだ。一般的に、自信過剰な投資家は多額の利益を得られると信じているため、頻繁にトレードして、それに伴うリスクを過小評価する傾向がある。

自己関与の幻想

では、どういったことがきっかけで投資家は自信過剰になるのだろうか？　前述の実験では、初めのうちに勝利を重ねると自信過剰になることが分かった。これから紹介する実験では、被験者が意思決定の過程をコントロールできると自信過剰になることを明らかにしている。ランダムな番号が書かれた「くじ」が与えられる被験者グループと、自分で番号を選択できる被験者グループがある。くじを受け取ると、被験者はオッズの高いくじに交換できる。自分で番号を選んだ被験者は、ランダムな番号を与えられた被験者よりも、そのくじを交換しない傾向が高かった。また、自分で番号を選んだ被験者は、最初のくじと引き換えに平均して九ドル高いくじを要求したが、番号が与えられた被験者については二ドル高いくじしか要求しなかった。この結果に基づき、実験者は、熟知していることと選択権があることで「自己関与の幻想」が生まれる、と主張した。[21]

また別の研究者たちは、自己関与の幻想とは結果をコントロールできるという錯覚ではなく、予測能力に関する自信過剰だ、と結論づけている。人は自分の予測と銘柄選択を信用し、それを高く評価する。研究者たちは、次の状況で自己関与の幻想が生じやすい、ということを発見した。[22]

- 選択肢が多いとき
- 初めのうちに成功を重ねたとき
- 任務を熟知しているとき
- 情報量が多いとき
- 選択結果について個人的に関係があるとき
- 意思決定の過程に深く関与しているとき

勝利が脳に変化をもたらす

自分が任務を順調に果たしていることが分かると、自信過剰になりやすい。ブライアン・ナットソンは、機能的磁気共鳴画像法（ｆＭＲＩ）で、利益を得ると内側前頭前皮質が活性化されることを発見した。内側前頭前皮質は報酬系のドーパミン経路の末端にあり、ポジティブな感情と報酬学習に関連する。特に、内側前頭前皮質が活性化されると、報酬の追求行動が成功したという合図になる。

内側前頭前皮質の活性化は、好ましい目標に向かっているという合図でもある。行動を進めることによって一貫して利益が得られるようになり、それに満足すると、その認知資源（情報を受け取り、それを認知する過程で必要とする資源）はほかのところへ向かう。そして、危険の可能性を軽視してリスクの高い行動を起こす。

内側前頭前皮質を活性化させる報酬は、金銭的なものだけではない。例えば、好きな製品（自分の好きな銘柄のコーヒー、ビールや炭酸飲料）を見ると、内側前頭前皮質は活性化される。銘柄やブランドによって活性化されるというのは、製品に満足している証拠である。また、他人を信頼すると内側前頭前皮質が活性化されることもある。コカインとアンフェタミンを注入して内側前頭前皮質を活性化させると、これらのドラッグに関してポジティブな感情があることが分かる。ドラッグ依存症の人は、内側前頭前皮質でドラッグの使用に快感を覚えるのだ

図8.1　金銭的な報酬を得た人の内側前頭前皮質を冠状面と矢状面で見たもの

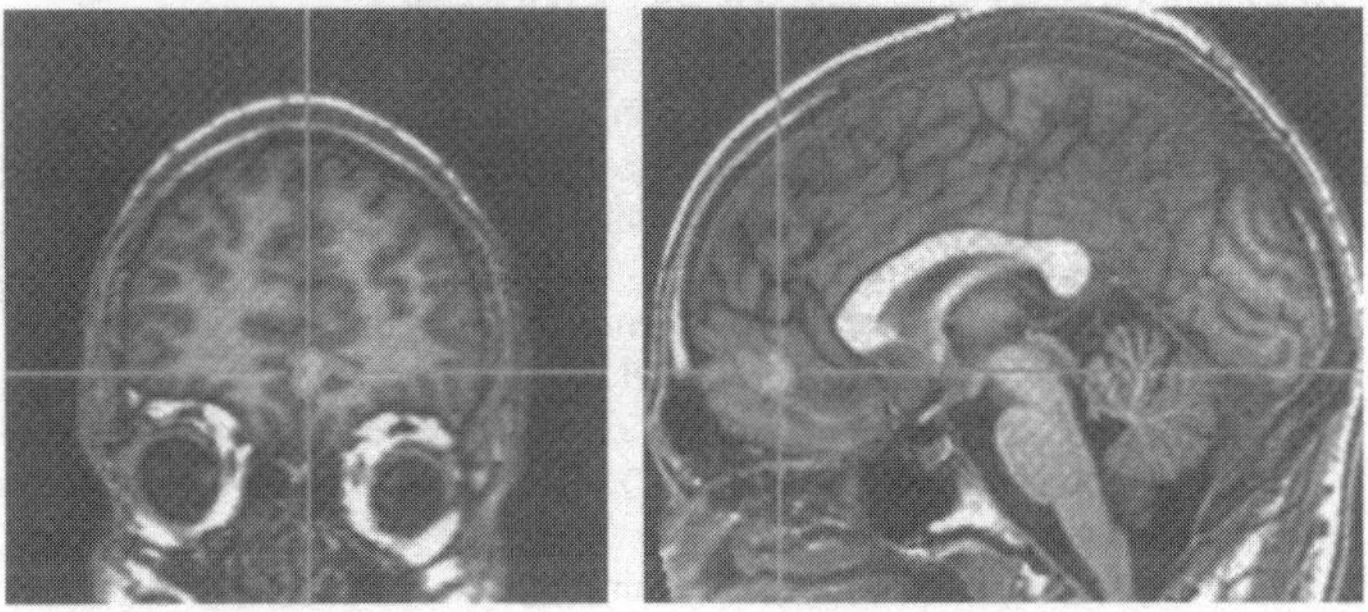

と考えられる。報酬学習についても同じことがいえる。金銭的な利益を得られると、報酬追求の意欲が弱まり、現状に満足する傾向がある。図8.1は、金銭的な報酬を得た人の内側前頭前皮質を映したものである。

多くの人は、内面的な成功の「サーモスタット」を持っている。つまり、投資家が利益目標を達成すると、そのモチベーションは低下する。人には課題や目標が必要であり、何度も勝利を収めると目新しさが弱まり、やがて自己満足に陥る。その結果、リスクを軽視し、損失を出すようになる。

非常に成功しているあるトレーダーは、「利益の上限」を設け、目標を超えてまで成功を収めないように抑制している、と言う。彼は、生活に必要な財産をすでに稼いでいるため慈善活動にも多額の寄付をしている。トレードを続けているのは、自分の年間目標利益を達成するためだけなのだ。

その目標を超えると、意欲がわかなくなる。

意欲の低下は、彼の生活にストレスをもたらした。六月に年間目標を達成してしまったら、残りの月は何をして過ごせばよいのだろうか？　パフォーマンスが悪いときは、年末まで取引を繰り返すこともあった。また義務感からトレードすると、熱中できずに退屈になることもあった――そういうときは、たいがいパフォーマンスが悪い。退屈感に対抗するため、彼は自分の競争心をあおり、目標達成後も努力できるようなベンチマークを新たに設定してこの状況を解決した。

探求行動と神経化学

課題への取り組み方は、個人の神経化学によって異なる。人は、①自分の周囲を探ろうとするか、②チャンスが来るまで待つか――のいずれかの行動をとる。どちらをとるかは、神経系統に影響を及ぼす化学物質のバランスによって異なる。

これまでに紹介したいくつかの例からも分かるように、報酬を見つけると、ドーパミンニューロンによって報酬を生み出そうとする行動が強まる。ドーパミンニューロンは、報酬追求の行動に結びつく信号の強度に変化をもたらす（通常は、内側前頭前皮質へのシグナルが増える）。こうして、ドーパミンは報酬学習に影響を及ぼす。

行動しても報酬がないと、脳内のノルエピネフリン量が増える。ノルエピネフリンは、新しい機会を求める刺激となる。[23] 警戒と注目に関連する主な神経伝達物質であるノルエピネフリンは、自分の周囲を探ってあちこちに注目するように促す。ノルエピネフリンの活動が活発になると（ただし、過度ではない）、警戒心と注意力が高まる。[24] 注意欠陥・多動性障害（ＡＤＨＤ）の治療法のひとつとして、ノルエピネフリン受容体に作用するように投薬するものがある（ノルエピネフリン再取り込み阻害薬のアトモキセチンなど）。

好調な期間が一、二年ほど続くと、投資家は今後もパフォーマンスを維持できると自信を持つようになる。ドーパミンの機能による報酬学習の過程では、収益を得られる行動パターンがコード化される。ところがその後、脳内の化学物質の変化により、利益を上げていた投資家はリスク管理ができなくなる。やがて退屈に感じるようになり、自分の能力の限界を超えてトレードする（刺激を求めてリスクをとる）。すでに利益を得る方法を学習しているため、ドーパミン量が減少してノルエピネフリン量が増大すると、トレードに退屈感を覚え、注意力が散漫になり、新たな機会を求めようとする。

真実を知る者――クリスチャン・シバ・ジョシー

クリスチャン・シバ・ジョシーは、かつてウォール街で名をはせたトレーダーだ。ゴールドマン・サックスのプロップトレードグループの責任者であったが、「彼の取引のやり方、取扱額の大きさ、毎年一貫した利益、プレッシャー下での優雅さはトレーダーたちの間で伝説になっていた」。[25]

ゴールドマン・サックスに在籍中の一九九四年、シバ・ジョシーは前年のパフォーマンスを上回らなければならないというプレッシャーを感じていた。一九九三年は、為替とデリバティブによって一億ドルの利益を上げていた。その前年も好調であったため、「少し勢いに乗って有頂天になっていた」。シバ・ジョシーいわく、「多少思い上がっていた」のだ。一九九四年になり、彼は円の買いを大量に抱えていた。二月初めには、そのポジションは四〇〇〇万ドルになっていた。利益が増えるにつれ、「周りの人たちは『クリスチャンがまたやってくれる』と言うようになった」。[26]

一九九四年二月の最初の週末、ビル・クリントン大統領が日本の貿易政策を非難する発言をした。その結果、円が売られ、シバ・ジョシーのポジションに逆風が吹き始めた。「できるだけ早くポジションを解消すべきだったが、プットを売っていたため、ただ売ったままで静観していた。これは大失敗だった。マーケットというのは、自分の思うようにいかないものだ」[27]

結局、ゴールドマン・サックスは一億～二億ドルの損失を出した。ところがシバ・ジョシーは、精神的なダメージを受けてはいなかった。「この事件から八日目のこと、最大の動きがやってきて一日で約四〇〇〇万ドルを失うと、何事もなかったかのようにその場を去りたい、という強い感情がわいてきた。でも、その場を去らずに深呼吸をして、すべてのポジションを清算した」[28]

拒絶したいという衝動に屈せず、彼は必要な行動をとった。強い感情がわき起こった場合、「認知的防衛」の反応は最大の敵になり得る。強い感情に立ち向かう勇気を身につけるには、訓練と内面の強さが必要だ。

ヘッジファンド・コンサルタントのスティーブン・ドロブニーが、一九九四年の損失から何を学んだかとシバ・ジョシーに質問すると、彼はこう答えた。「自信というのは実に危険だ。今が好調でも、それが続くという意味にはならない。それどころか、好調を経験すると非常に危険な状態になる。自信過剰は致命的だ。今が順調かどうかなんて重要ではない。常に自分の体をつねり、一歩下がって、『うまくいかなくなる要因はあるだろうか？』と自問する。物事がうまくいっているときほど、リスクと影の部分に注目しなければならないのだ」[29]

「良い」自信

「私はいつも、自分は金持ちになると思っていた。一瞬たりともそれを疑ったことはない」

――ウォーレン・バフェット

「マーケットの魔術師たちに見られる最も印象的な資質のひとつに、強い自信を持っていることが挙げられる……ところが、マーケットの魔術師たちにインタビューを続けるうちに、自信というのはトレーダーの成功の要因であるだけでなく、トレーダーに固有の資質なのだ、という考えが深まった……自信を正しく自己評価できるかどうかは、マーケットで成功するうえでの大きな要因なのかもしれない」――ジャック・シュワッガー[30]

『マーケットの魔術師』（パンローリング）シリーズの著者であるジャック・シュワッガーは、

「自分の成功に絶対的な自信を持たないトレーダーは、トレードを始めるのに慎重になるべきだ」と述べている。とは言うものの、自信は現実に根ざしていなければならない。偉大なトレーダーは、ボラティリティや予測不可能な出来事に柔軟に対応できるという自信を持っている。ポジションに反する情報があると、徹底的に調べる。偉大なトレーダーは現実的で順応性があり、用意周到だ。しっかりと資金管理し、損を出す可能性があることも認めている。

自信は、主に経験から学ぶものである。経験を積むと、マーケットのボラティリティにも対応し、さらにはそれを利用できるようになる。偉大な投資家は、損失から回復することで自信をつけ、しかも自信があるとその場で戦略を変更することができる。自信は、確実性と自負心に基づいており、困難を克服したことで身につき、ビジネスでの成功を長続きさせる。

ところが、計画性のないトレーダーにとって、自信は危険なものだ。マーケットのボラティリティと予測不可能性に直面すると、自負心が傷つき、自信を失ってしまう。健全な自信を維持するには、規律と周到な準備が欠かせない。

トレーダーや投資家のコンサルタントである心理学者のバン・Ｋ・タープ博士は、優秀なトレーダーの最も基本的な資質は「始める前からゲームの勝利を確信する」ことだという。ヨーロッパのある研究者が、数百人のＦＸディーラーにアンケートを送ったところ、トレーダーの成功には「取り組み姿勢」が重要な要素となることを発見した。[31] また別の研究では、立合場でもそれ以外の場面でもさまざまなストレス要因に直面した場合、断固たる決意を持つことが欠かせない、と報告している。[32]

強い自信、取り組み姿勢、断固たる決意というこれらの資質はすべて、経験によって養われる。謙虚さを失わず、「ありのままの自分」でいることは、トレーダーにとって大切な要素だ。健全な自信が不健全な自信過剰に変わらないように、健全な自信を維持するにはどうしたらよいだろうか？

適度な自信を持つと、謙虚で現実的な態度をとる。ところが自信過剰になると、自己中心的で自己陶酔的な態度をとるようになる。自信過剰な人は、失敗は環境のせいにし、成功は自分の手柄だと言う。自信過剰と自信の違いを最も的確に表す言葉は、「エゴ（自我）」である。自信過剰な人は自我を前面に出す。

自信過剰を和らげるには

自信過剰になると意思決定を誤りやすい。悪い結果が起こると自分の手に負えない環境のせいにし、良い結果は自分の能力のおかげだと考える。しかも、すぐにフィードバックが得られないと「後知恵バイアス」が生じるため、学習トラブルの原因にもなる。失敗しても、「こうなることは初めから分かっていたんだ。次は大丈夫」と考え、進んで学習しようとしない。すると、フィードバックを曲解し、自分に都合の良い見方をする。

ある研究では、教育セミナーを実施することで自信過剰が行動に及ぼす影響を弱めることができる、と発表している。教育は、さまざまな分野での自信過剰を弱めるのに有効だ。個人投資家の自信過剰を和らげる方法として、自信過剰の特徴とそのマイナスの影響を忠告する、というものがある。[33] また、ベンチャーキャピタリストを対象とした研究では、知識が高まると意思決定の質も改善され、自信過剰の影響を最小限に抑えることができるということを示している。[34][35]

教育のほかに、日誌を付けるのも効果的だ。思考の過程（論理）、それに従った判断（行動）、その成果（結果）を書き出す。自分の日誌を定期的に見直せば、誤った判断を下したときの思考パターンを見いだすことができるだろう。日誌の付け方については、第21章で詳しく説明する。シバ・ジョシーはこう語っている。「トレード日誌を付けることで規律を課した。毎朝、同じプロセスを繰り返した――つまり、ポジションを持ったら、その根拠を問い直し、そして以前と何が変わったかを考えたのだ」

また彼は、トレーダーを採用する際は「情熱と謙虚さ」を持ち合わせる人材を求めた。情熱は強い報酬系から生まれ（主に側坐核）、謙虚さは自信過剰を弱める。さらに、ミスから学び、情熱を持ち続けるには、誠実さも重要だ。「誠実さは、採用で重視する最も重要で唯一の資質だ」。自身のトレードの成功については、「運が良かったことが大きいが、一番大切なのは謙虚さを持ったことだ……もちろん、トレードを楽しまなければならない。利益を得るためにトレードを始める人があまりに多いが、それでは長続きしない」と語っている。[36]

次の章では、自信過剰とは対照的な感情である恐怖心について検証していく。

第9章　不安、恐怖、緊張感――パニックを避けるには

「マーケットのことを年間一四分以上気にしたら、一二分は無駄に過ごしていることになる」――ピーター・リンチ

恐怖とは不快なものだ。恐怖心を持つと、軽はずみな投資判断を下してしまい、しかも間違っていることが多い。恐怖はやがて大きくなり、判断力や忍耐力を上回り、正しい決定を下せなくなる。恐怖心が弱まっても、それは絶え間ない不安となって残る。いずれにしても、恐怖は投資判断に大きな影響を及ぼす。

投資家が強い恐怖心を抱くと、パニック売りに走ってしまう。新米投資家の多くは、オーバーウエートで投資した銘柄が急落するとパニックになる。富が消えていくのを見ているのはとても恐ろしい体験だ。ところが驚いたことに、強い恐怖心を抱くのは経験の浅い投資家だけではない。

元ヘッジファンドマネジャーでザ・ストリート・ドット・コムの創始者、さらにはCNBCの『マッドマネー』のホストを務めるジム・クレイマーは、投資にまつわる感情に詳しい。ザ・ストリート・ドット・コムのホームページのあるコラムで、彼は、「ナショナルギフト」という架空の銘柄のショート・スクイーズで誤った判断を下す場面を、皮肉たっぷりに描いている。「ショート」している銘柄が急騰して、ものすごい勢いで損失が膨らむとまさに「スクイーズされる（締め付けられる）」ような気分になることから、「ショート・スクイーズ」と呼ばれている。


今、あなたの周りで世界が崩壊しようとしている。偶然ではない、これは必然だ。顔がほてってくる。汗がどっと出て、恐怖心に襲われる。もはやパニックなどではない。反応することができない。何もできないのだ。

「ナショナルギフト二〇万株の買い！」。ハンマーで頭をガツンと殴られると、こう叫んでいた。「&＊%$&$銘柄を&＊$&##ドルで買い――」

恐怖心との戦いだ。恐怖心は株価を動かす。トッド・ハリソンのような優秀なトレーダーは、銘柄コードと値段から恐怖心をかぎとる。あなたは自分の恐怖心のにおいを消すことはできない[1]。

このパニックの場面では、投資家が克服するべき二つの大きな感情を描いている。それは、恐怖とパニックだ。恐怖は必ずしも投資家を阻害するわけではなく、勇気を奮い起こせばそれは強みになる。ただしパニックは好ましくない。本章では、恐怖心が投資に及ぼす影響を中心に説明していく。

恐怖とパニックを理解するうえで大切な五つの原則を紹介しよう。


一．恐怖は、身体的な変化を引き起こす（強制呼吸、発汗、頭痛など）。そのため、自分で気づくことができる。

二．恐怖は、悪いニュースに対する対応の仕方に影響する（優柔不断、無気力、プレッシャー、パニックなど）。そのため、誤った判断に結びつきやすい。

三．恐怖はパニックとは異なる。恐怖は予期的な精神状態であり、恐怖心を抱いた人はリスクに注目する。パニックとは反応的なものであり、すぐに行動を起こさなければならないというプレッシャーを感じる。

四．恐怖を感じると、冷静さを保つのに相当の努力を要する。

五．マーケットではほかの投資家が恐怖を抱いていることもあり、価格の大幅変動を観察しているとそれを発見できる。

脅威に直面すると、人は自然な反応としてそこから逃げようとする。しかしプロは冷静に距離を置き、深呼吸し、危険な状況を論理的に分析できる。恐怖やパニック反応を押しのけるのに必要な勇気は、経験や精神的な訓練によって鍛えられる。自分の感情的な反応や投資のあらゆる面を客観的に見るのに必要な内面の強さは、トレードで成功するうえで重要な資質のひとつだ。

不安を自覚するのは難しいことではないが、不安の利点を客観的に見るのは非常に難しい。不安になると、脅威に対する心構えのために認知資源が使われ、とてつもなく不快な思考からなんとか逃れようとする。不安は、社会的に広まりやすいという特徴もある。マーケットで不安がなかなか解消されない理由のひとつに、メディアやほかの投資家にも不安が広がり、マーケット全体の思考と行動が変わってしまうことが考えられる。精神的な訓練を積み、株価に潜む不安材料を見つけるスキルを身につけ、感情に関する指標を取り入れることで投資家の不安を客観的に観察できれば、投資利益を増やすことができるだろう。

不安の壁を登る

「市場は不安の壁を上る」という古くからの表現がある。投資家やメディアが潜在的な危険を心配し始めると株価が上昇するからだ。これを逆にとらえると、不安はチャンスでもあるのだ。一九九七年六月のウォール・ストリート・ジャーナル紙の記事によると、「マーケット指標は切り立った崖の様相を呈していることから、市場専門家と投資家は、市場には一定の不安と恐怖があると見ている」。[2] 株価の上昇傾向が停滞すると投資家は不安になるが、景気回復に対する確信が持てると買う。

強い恐怖と、株価上昇に伴う不安とは異なるものである。近視眼的な投資家は強い恐怖を長く感じるが、実際には強い恐怖というのは長く続かない。生物学的には、強い恐怖を感じるとストレスホルモンが放出され、短期的な思考が刺激される。すると、柔軟な判断が下せなくなる。恐怖につながる出来事が過ぎてストレスホルモンの放出が減ると、かつては危険だと思っていたマーケットを割安に感じるようになる。短期的には、マーケット不安が強い時期は絶好の買いのタイミングになることが多い（例えば、二〇〇三年のイラク侵攻前に生じた恐怖）。

図9.1は、二〇〇一年六月から二〇〇二年二月のS&P五〇〇（SPYインデックス）のチャートと、二つのセンチメント指標を重ね合わせたものである。ひとつめの指標は経済ニュース（「ナイトリー・ビジネス・レポート」）で流れた不安な表現、もうひとつの指標は喜びの表現である。不安のレベルが喜びのレベルを上回ると株価が上がり、喜びのほうが強くなると株価が下がっているのが分かる。

これは、喜びと不安のレベルが株価の傾向と相関性がある、という例をわざわざ選んで取り上げたものである。そのため、統計的には相関性があるものの、だからといって投資利益につ

図 9.1　2001 年9月 11 日、同時多発テロ事件前後の『ナイトリー・ビジネス・レポート』の不安と喜びのレベルと、S&P500 を重ね合わせたチャート。喜びよりも不安が強くなると株価は上昇し、喜びのほうが強くなると株価は下落する。これは、感情の影響を受けやすいマーケットでのみ有効な指標である

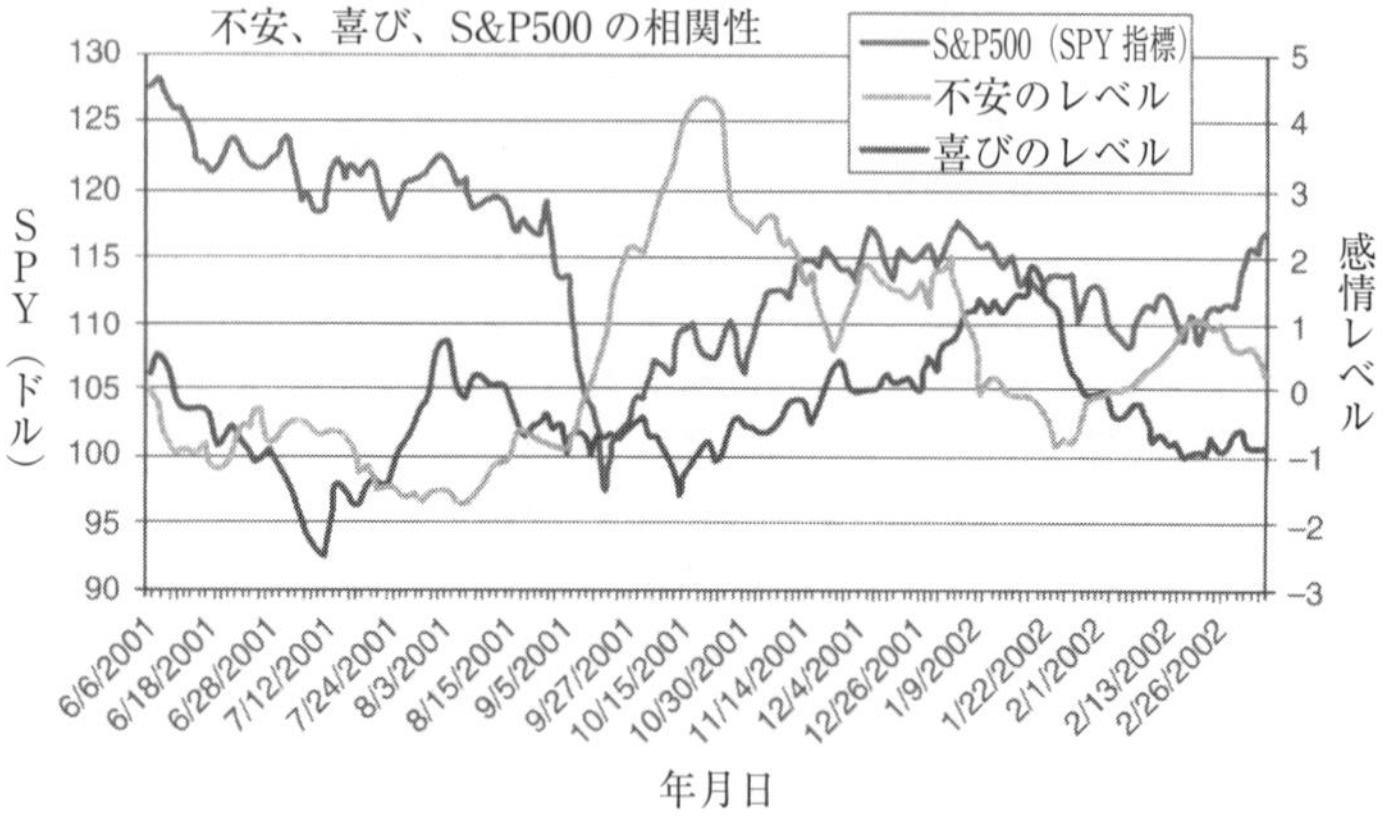

ながるわけではない。

MRIから分かる不安

「株で儲けるコツは、株を怖がらないことだ」――ピーター・リンチ

進化という点で考えると、不安は思考と行動を後押しするといえるだろう。タンザニアのセレンゲティ高原のわれわれの祖先は、危険の兆候に注意を払わないとワニやライオンの餌食になってしまったはずだ。パニック反応を起こさなければ危険から逃れられない。

実際、「広場恐怖症」は遺伝する。

広い平原を歩いていると敵や動物に狙われやすい、という不安を覚えた祖先が、この遺伝子を残し続けてきたのだろう。この強い警戒心のおかげで、危険地帯を逃れて種族を残すことができたのだと考えられる。

不安というのはあまりに不快な感情であるため、不安がすぐに消えるのであれば短期的な痛みもいとわない人が多い。不安に対してエネルギーや注意力を注ぎ込むと、ネガティブな出来事を予期する精神的コストが生じる。

エモリー大学のグレゴリー・バーンズ教授は、電気ショックを待つ被験者の脳神経活動を機能的磁気共鳴画像法（ｆＭＲＩ）で調べた。被験者のなかには、ショックを怖がるあまり、痛みが小さいショックを待つよりは、痛みが大きくてもいいからすぐにでもショックを受けたいと考える人がいた。不安があまりに強くなると、ショックを予期する間、脳の痛覚回路が活性化される。ショックをせかすことのできない実験であっても、強い不安は脳の痛覚系を激しく活性化させる。つまり、ショックを待っている間にショックの痛みを精神的に再現している、と考えられる。[3] 強い不安を感じた被験者は、今の精神的な苦痛を終わらせることができるのなら、短期的に強い痛みを受けるほうがいいと考えたのだ。予期的な痛みというのは実際には「思い込み」でしかないのだが、それを現実のものだととらえてしまう。

出来事が目の前に迫ると、予期不安は大きくなる。出来事の起こる可能性と出来事の強さが変わらなくても、それが近づいてくると予期不安は大きくなる。[4] ある研究で、一定の時点に電気ショックを与える、と被験者に告げると、それが近づくにつれて心拍数が上がり、電気皮膚反応が認められた。[5]

また、予期不安が大きくなると、人はおじけづくようになる。ある研究で、五ドル渡すから翌週クラス全員の前でパントマイムをしてほしい、と学生に依頼した。六七％（九人中六人）の学生が、翌週になっておじけづいてしまった。今週だろうと翌週だろうと、パントマイムをしなければならないというネガティブな可能性は変わらない。リスクに対する客観的な観測は一定でも、リスクに対する判断に変化が生じたのだ。

この実験を少し変えて、翌週クラス全員の前でジョークを言ってほしいと依頼すると、ホラー映画を最近見た学生は、見なかった学生よりも、参加希望者が少なかった。[6]ある分野で恐怖を経験すると、それとは無関係の分野でのリスクをとることにも影響を及ぼすところが分かった。

先天と後天

不安は、損失回避系を形成する脳のさまざまな領域で生じる。不安に基づく記憶は、脳の扁桃体（不安を処理する）と海馬（記憶中枢）に記録される。ストレスが強い（ただし過度ではない）と、不安に関する記憶はより詳細に記録される。

扁桃体を通る不安に関連する経路は二つある。そのうちのひとつは、脅威に対して自動的に反応する速い経路。受身的な脅威にさらされたり、仲間が不安に感じているのを見たりすると、前頭前皮質を介さずに無意識のうちに恐怖が活性化される。

扁桃体の感受性は、過去の経験と本人の遺伝的特徴に関係している。５－ＨＴＴ（セロトニントランスポーター遺伝子）のＳ型（小さいタイプ）は、不安な状況に対する感受性と関連し、不安を強めたり情緒障害を引き起こしたりする。またこの遺伝子がある人は、生活のなかでストレスを感じやすくなり、ダメージから立ち直りにくく、強い脅威にさらされると不安障害に悩まされやすい。

感情的な反応を形成するうえで遺伝と環境の役割を比較するもうひとつの方法としては、親戚に精神疾患の人がどのくらいいるかを調べるやり方がある。同一ＤＮＡを持つ人同士（一卵性双生児）でも、不安障害が同時に発症する確率は三分の一に満たない。不安障害になるかどうかは、「後天（経験や環境）」が「先天（遺伝子）」よりも大きな役割を果たす。パニック障害、全般性不安障害、対人恐怖症など、ほとんどのタイプの不安に関して、「後天」が「先天」を上回っている。

不安には遺伝的な要素があるが、重度の不安障害になるかどうかは、経験と環境が最も大きな影響力を持つ。例えば、株で大損を経験すると、しばらくはマーケットに手を出したくないと思うだろう。こういったタイプの不安は「条件性」のものである。経験や環境を怖がるように条件づけられると、それを正さなければ、不安が消えるのに何年もかかるかもしれない。例えば、大恐慌を経験した人は銀行預金に不安を感じ、景気が回復したあとでも多くの人が「タンス預金」した。自己防衛から生まれた習慣はなかなか消えないものだ。不安と不安の記憶に関連するネットワークを構築・再構築するうえで、生物学的要因（遺伝）と環境は生涯にわたって相互作用するだろう。[7]不安に対する感度の強弱に関係なく、だれでも同じような方法を用いて不安に対処することができる。

思い込みの影響

脳機能イメージングのデータから、不安に対処するには認知的技法が役に立つことが分かる。fMRIで調べてみると、認知的技法によって不安を弱める訓練をすると、扁桃体と辺縁系が小さくなる。恐ろしいもの（クモなど）や恐ろしい出来事（人前でスピーチすること）に直面すると、訓練前よりも、恐怖回路の活動が弱まっている。

プラシーボ効果は、前頭前皮質の機能に関する興味深い例である。自分の信念と期待が経験にどのような影響を及ぼすかがよく分かる。通常、不安のレベルはプラシーボ（偽薬）によって軽減することができる。[8]ある研究で、被験者に電気ショックを与える前に腕にクリームを塗った。ある被験者グループには、このクリームはショックの痛みを和らげる新しい局所麻酔剤だ、と伝える。別の被験者グループには、このクリームは電極ペーストでショックの皮膚伝導を強めるものだ、と伝える。実はどちらも、不活性の同じクリームだった[9]。麻酔薬だと言われた被験者の約三分の一が、痛みが弱かったと報告している。この被験者たちは、脳の島皮質（痛みを処理する）の活性化が大幅に弱まり、前頭前皮質（情動の強さを認知的に弱める）の活性化が強まっていることが分かった。前頭前皮質の活性化が強まると、痛みが和らぐのが予測される。さらに、前頭前皮質が活性化されると、ショックに反応して島皮質の活動が弱まることも分かった。

実験者たちは、前頭前皮質によって痛みの緩和を予測すると、「最も原始的な評価メカニズム、つまり痛みに対する本能的な反応でさえもコントロールできる」と結論づけた[10]。これらの結果から、電気ショックだろうと倒産の可能性だろうと、人が危険をどのように考えるかによって感情経験が大きく異なることが分かる。つまり自分の信念が、身体の経験と感情の経験に大きく影響すると考えられる。

共感ギャップ

少し前に紹介した著名投資家のジム・クレイマーは、投資で損を出したときに感情をコントロールするのがいかに難しいかを説明している。大なり小なり、クレイマーが言うような経験をしたことのある投資家は多いだろう。不安があまりに強くなると、なぜ投資家は過度にトレードして不安を増長させるのだろうか？　なぜプロテクティブストップやプライスアラートなどの防御策を利用しないのだろうか？

「投影バイアス」があると、現在の感情と将来の感情を結びつけてしまう。つまり、現在の感情が将来も同じであると考えてしまうのだ。

大学の体育館で運動をしている学生を対象に、ある実験を行った。体育館に来る人と体育館から去る人全員に、短いストーリーを読んでもらい、ボトルウオーターと交換に質問に答えてもらった。このストーリーというのは、水も食べ物も持たない三人のハイカーが乾燥したコロラドの山中で道に迷った、というものだった。そして、「ハイカーたちにとって空腹とのどの渇きのどちらが苦痛か」「自分がハイカーだったら、空腹とのどの渇きのどちらが苦痛か」と質問した。体育館にやってくる人の六一％、体育館から出て行く人の九二％が、ハイカー（と自分）はのどの渇きのほうが苦痛だ、と答えた。運動を終えて体育館から出て行く人は、自分の感情をハイカーに投影していた[11]。自分の最近の経験と切り離して将来を想像するのがいかに難しいかが分かる。

これらの結果は、マーケットが落ち着いていれば投資家は将来のマーケットも安定していると予測する、ということを示している。強気相場、弱気相場、変動的な相場に関しても、同じことがいえるだろう。不安を抱いた投資家は、それがいつまでも続くと予測し、苦痛に耐えることができない。そして、ポジションが縮小するプレッシャーから逃れるために売ってしまう

――その苦痛には終わりが見えない。

安定したマーケットでは、多くの投資家がボラティリティに対する準備を怠る。自分の感情を正しく予測し、将来に備えて何をするべきかを適切に考えることができない。現在の安心感を将来にも投影するからだ。経験の浅い投資家のなかには、脅威の兆しが見えず、現在の低金利が今後も続くと考え、信用リスクをとりすぎる人もいる。信用収縮が加速したときにリスクにさらされた人を指して、ウォール街では「潮が引いて初めて、だれが裸で泳いでいたかが分かる」と例えている。リスクをとりすぎていた人は、その言い訳が何であれ、信用が底をついたときに危険な状況に陥ってしまう。

現在と将来とではリスクのとらえ方が違う、と頭では理解している人は多いが、将来の感情を現在「感じる」ことができないため、その状況に適切に備えることができない。クラス全員の前でパントマイムをする社会的リスクを予測した学生のケースを思い出してほしい。彼らは、パントマイムをすることに同意したが、その時期が近づくと、頭で考えたリスク評価は変わらないのに、三分の二の学生がおじけづいた。この投影バイアスを弱めるにはいくつかの技法がある。

苦痛を和らげる

恐怖によるバイアスをなくすには、教育、自己認識、勇気を必要とする。これらはすべて、前頭前皮質の機能だ。脅威を合理的に評価し、脅威に対応できるかどうかは、その人の計画能力、衝動を制御する能力、妥当な判断を下す能力にかかっている。扁桃体はパニック反応を引き起こすが、前頭前皮質を活性化させると扁桃体の反応を弱めることができる。

不安を克服するのはとても難しいため、勇気が必要だ。気弱な仮定や考えに対する反例を見つけようとすると、勇気が生じる。プラシーボ効果のセクションでも説明したように、不安は、損失の自己達成予言を生み出す。幸いにも、人には自分の考えを変える能力が備わっており、思考、信念、期待を意識的に操作することで客観的な態度を維持することができる。

認知再構成法を行ったり「よく考える」訓練をすることで、潜在的な脅威に対する考え方を変えることができる。認知行動療法（ＣＢＴ）などの心理療法によって意識的に思考を操作すると、不安を和らげることができる。これらの療法については、第22章で詳しく説明する。

マーケットでは、多くの投資家がセンチメント指標を利用してマーケットの不安度を測っている。面白いことに、他人の不安は自分にとっては大したことではないように思え、他人が悩んでいるさまを客観的に見ることができる。センチメント指標を観察して強い不安が示されると、マーケットは回復する兆しがある。マーケットが不安な時期に売る人は、不安が弱まって自信が回復したときの上昇を逃してしまうだろう。

マーケットの格言

マーケットが回復する前に短期的な損失があることを予測すると、想像力が豊かで「強い不安」を持った投資家は、値洗いがさらに悪化する（苦痛が強くなる）のを避けるためにすぐにでも売りたいという衝動に駆られるだろう。反対に、株主がパニックになって下落している銘柄を買うのは感情的に難しい。

リスクの高い投資を始めようと考えるとき、不安感から、「二の足を踏む」「先を読む」「分析麻痺」「よく考える」「行動を遅らせる」「尻込みする」といったリスク回避行動をとる。実際、買うのに十分な自信を持つ前に価格を「確認」したいと考える投資家は多い。これは投影バイアスの影響であり、逆行銘柄は損を出し順行銘柄は利益につながると考える。

市場は「不安の壁を上る」。不安なときには多くの投資家が投資を避け、不確実性が消えるまで待とうとする。その結果、待ちすぎて上昇に乗り遅れてしまう。しかもあとから参入するため、長期的なパフォーマンスは標準を下回る。人生にも言えることだが、難しいことに取り組む――不安が強いときでも気合を入れて買う――と、長い目で見てより良い成果が得られる。

ところが、市場は「パニックの壁を上る」ことはない。不安が強くなりすぎると、マーケットは急落する。こういうときには「落ちてくるナイフを拾うな」という格言が適している。多くの投資家は、ポートフォリオが悪化するのを見てとても不安な気持ちになる。投資家の痛みが集まって大きくなると、持ち株を売って逃げ出し、緊張を和らげようとする。今の痛みのほうが、マーケットが下がる間ずっと持ち続けるよりましだと考えるからだ。

マーケットがパニックになると、アウト・オブ・ザ・マネーのプレミアムが非常に高くなる。つまり、パニックになった投資家がポートフォリオのリスクをヘッジしようとして大挙してプットを買おうとするのだ。ストレスホルモンの働きによってパニックになった投資家は、マーケットが崩壊する可能性を過大評価する。パニックになった投資家にプットを売った人は、大儲けができるというわけだ。

ハリケーンとリスク認知

二〇〇五年、ハリケーン・カトリーナがメキシコ湾岸を襲い、その数週間後、さらに大型のハリケーン・リタが上陸。カトリーナはニューオーリンズに甚大な被害をもたらした。屋根に上って助けを求める人々や、河川から町に流れ込んだ濁流の映像がテレビなどで流された。アメリカ史上最大の自然災害だった。保険会社は何十億ドルもの損害賠償金を支払い、保険料金は、翌年もその翌年も五〇％以上上昇した。

この地域にはカテゴリー五のハリケーンがもっと頻繁に上陸するだろう、との予測が高まった。ある有名な科学者の研究が二〇〇五年に発表され、大西洋に巨大なハリケーンが発生する確率は非常に高い、と指摘された。また、地球温暖化の問題に取り組んでいるアル・ゴアが出演した映画、『不都合な真実』も公開された。地球温暖化という問題はだれにでも関係するだけでなく、目新しく、注意バイアス（第19章で説明する）もあることから、多くのアメリカ人が地球温暖化を危惧するようになった。

経験豊富な投資家、特に再保険業者は、桁外れに高いリスク認知のなかにチャンスがあることをかぎわけた。ウォーレン・バフェットのバークシャー・ハサウェイと著名投資家のウィルバー・ロスは、メキシコ湾岸の再保険会社に資金を注入した。再保険会社というのは、小規模の保険会社では引き受けられないほど大きな損害を引き受け、保険会社に保険を売る。ウォール・ストリート・ジャーナル紙のインタビューで、ロスは、このような投資のことを「私たちは、認知されたリスクが実際のリスクを超える、ということに賭けている。これが私たちの行動の基本原則だ」と述べている。不安は異常なほどリスク認知を高め、賢明な投資家はそこに機会を見いだして利用するのだ。

不安とリスク

本章をまとめると、不安を抱いた投資家はリスクを避ける。特に、ネガティブな出来事を予測すると不安に感じ、その出来事が近づくと、売りたいという気持ちが強くなる。ネガティブな出来事を予測するのは精神的な痛みを伴うため、痛みを受けるくらいなら損を出してもいいと考える。

不安に対する個人の感度は、主に、環境、経験、遺伝的背景によって異なる。株式投資に失敗すると、多くの投資家が株式相場のボラティリティを怖がるように条件づけられる。ところが、不安が強い時期こそ、割安株を見つけるのに絶好の機会なのだ。

株価が崩れたり弱気相場になったりしたら自分がどのような行動をとるか、予測できない投資家が多い。なぜなら、将来の自分の感情を理解できないからだ。それどころか、現在の感情が将来も同じであると予測し、「リスクなんて気にしない」と高をくくってしまう。

幸いにも、自分の考えを意識的に変えることで、リスクに対する自動的な反応も変えることができる。現在では、投資リスク回避を弱める心理療法が多数存在している。

次の章では、認知のゆがみを起こす不安と、ストレスに対する生理学的な反応について説明する。

第10章 ストレスと燃え尽き症候群――トレーダーはドッグイヤーで年をとる

「私は自分の胸に手を当て、マーケットにストレスを感じていない、と心から言うことができる。……私は強いストレスを感じている人たちを見てきたが、ストレスを感じたらこの仕事なんてできない」――クリスチャン・シバ・ジョシー[1]

ウォール・ストリート・ジャーナル紙は二〇〇六年夏、優秀なポートフォリオマネジャーのジョン・ブローソンの特集を組んだ[2]。彼は二〇〇六年五月、ニューバーガー・バーマンの投資家たちに「ディフェンシブ」銘柄へのシフトを提案した。その直後、株式相場は八％も急落した。ウォール・ストリート・ジャーナル紙によると、「五月半ばに相場が急落すると、彼は得意げに喜んだ。なぜなら、用心していたおかげで強気のライバルたちに先んじることができたからだ」。しかしブローソンはディフェンシブの戦略を取り続け、その年の夏から秋にかけての上昇機会を逃してしまった。

マーケットが上昇するにつれて、ブローソンの不安も増していった。株価行動は彼の予測に反していたため、自分はチャンスを逃したのでは、と心配になった。ダウが高値を更新すると、ブローソンの苦悩はますます深くなった。そこで、CNBCとアナリストたちのから情報収集に没頭した。九月は寝る間も惜しんで仕事をした。CNBCのフロアコメンテーターが市況は「楽観的」だと批評すると、ブローソンは異論を唱えた。「今は売りだ」[3]。ブローソンと同僚たちは、第3四半期の収益は良くないとの見通しを立て、しばらくは値上がりしている銘柄を追わずに一〇月の上昇を待つことにした。

ブローソンのストレスはますますひどくなった。失敗に慣れていなかった彼は、マーケットが自分の予測や信念に矛盾することに違和感を覚えた。そこで外的要因（収益）に判断を委ねることにしたのだが、心理的に身動きがとれない状態になっていた。ファンドのパフォーマンスは、少なくともマーケット平均並みである必要があるために、割安株を買ったあとではどんどん上昇してほしいと思う一方で、かんばしくない収益予想が出るまで待とうという気持ちもあった。このジレンマ――自分の予測とそれに反するマーケットの行動――から、①自分が投資していない分野の銘柄が下がるか、②あきらめて上昇銘柄を買うか――をしないかぎり、気が休まらなくなっていたのだ。

ストレス

「ストレスとは、人と環境の相互作用によって、その人の生物学的・心理学的・社会的システムの要因と、環境が求めている事柄に不一致がある――それが現実でもそうでなくても――と認識したときに生じるものである」――エドワード・P・サラフィーノ[4]

ストレスは、実際の自分と想像する自分とに違いがあったとき、つまり期待と現実に矛盾があったときに生じる。この違いが大きく、しかも不一致の状態が長く続くと、慢性的なストレスとなって身体的にも支障を来し、「燃え尽き症候群」に陥る。不安、対立、疲労、欲求不満、苦悩、失望、過労、恐怖は、どれも一種のストレスである。

短期的な（急性）ストレスは、その強度によってまったく異なる特徴を持つ。低レベルの急性ストレスというのは、実はモチベーションにつながる。行動を起こし、集中力を高め、目標に向かって進む。また高・中レベルのストレスでも、遊園地のジェットコースターなどでは気分が爽快になる。ところが、極度の急性ストレスは、「闘争・逃走」の衝動（パニック）を刺激する。

高度のストレスが長く続くと、身体的にも精神的にも悪影響が及ぶ。慢性ストレスは記憶力と集中力を損ない、強い警戒心を促進する。また、睡眠障害、高血圧、代謝効果の低下につながるケースが多い。慢性ストレスは老化を早め、免疫機能を弱め、気持ちを落ち込ませ、無気力になる。そして最終的に、「燃え尽き症候群」に陥ってしまう。

多くのトレーダーが、職場での慢性的なストレスに悩まされている。トレーダーのストレスが身体に及ぼす様子は、「トレーダーはドッグイヤーで年をとる」と言われている。一年間トレードをしていると七年分も年をとってしまう。本章の後半では、投資に伴うストレス、ストレスの神経化学、ストレスの結果、およびストレスの悪影響を和らげる方法について説明していく。

ジム・クレイマーのストレス対処法

二〇〇〇年三月一一日、ナスダックが高値を更新する数日前のこと、ジム・クレイマーは、妻が書いた「投資の十戒」にちょっと手を加えてザ・ストリート・ドット・コムに掲載した。四つめの戒律は、耐え難い損失を被り、強いストレスにさらされて無気力状態になったときに対処する、というものだった。

「ポジションが損失の波にのみ込まれそうだと思ったら、投資の神様を満足させるため、未勝利の銘柄を手放すこと。……（頭をすっきりさせるには、これが一番。＆＆＊％＊％を持っていてノックアウトされたときにとるべき唯一の方法は、わずかな損失を出すこと。そうすることで力を緩め、考え直すことができる。利益を上げるには頭をすっきりさせなければならない。ポジションに悩まされたら、多少取り崩し、未勝利の銘柄を手放して投資の神様を喜ばせよう。あなたが思うほどバカげた行動ではない。呼吸が安定し、賢明な判断を下せるようになるだろう。そして次のビッグチャンスに目を光らせよう）」[5]

ルピーが「あがる」とどうなる？

ハーバード大学心理学教授のダン・アリエリーは、学生ボランティアを脳パズルでイライラさせ、電気的なショックを与え、冷たい水に凍えさせてストレスを与えた。つまり、ストレスを誘発する実験を行った。被験者はみな、それがダメージとしてずっと残るとは感じていなかったが、心理状態に興味深い影響が見られた。

多額の資金を賭け、強いプレッシャーにさらされると、なぜ多くの人が本来の能力を発揮できずに「あがって」失敗してしまうのだろうか？　アリエリーは、年末のボーナス、大きな取引の成立、株式相場での利益や損失など、金銭的なインセンティブが個人のパフォーマンスに及ぼす影響に関心を持った。普通に考えると、報酬が高いとパフォーマンスが良くなるはずだが、アリエリーは、この仮説が間違っているのではないかと考えた。

「あがり」による失敗を調べる実験の計画中、アリエリーは、先進国地域ではこの調査はうまくいかないということに気づいた。というのも、研究予算は限られているのに、アメリカやヨーロッパの給料はあまりに高かったからだ。そこでインドの大学生のネットワークを頼りに、インドのある村まで飛んだ。その村の平均給料はかなり低く、しかも労働者は月に平均一〇ドルほどしか消費しなかった。

被験者は、いくつかの異なるゲームに参加した。鋭い認知スキルを要するものもあれば、優れた身体能力を要するものもあった。最も成績の良かったプレーヤーには、数週間分の消費に相当する賞金が与えられた。また、すべてのゲームをパーフェクトにクリアできた場合には、六カ月分の消費に相当する賞金が与えられた。被験者にとって、この報酬は相当の価値がある。

アリエリーは、被験者を三つのグループに分けた。一つめのグループは、ゲームの成績が悪ければ〇ルピー、まずまずであれば二ルピー、成績が非常によければ四ルピーが得られる。二つめのグループについてはそれぞれ〇ルピー、二〇ルピー、四〇ルピー、三つめのグループについてはそれぞれ〇ルピー、二〇〇ルピー、四〇〇ルピーが得られる。つまり、三つめのグループは賭け金の高いゲームに参加することになる。

記憶力を競うサイモン、集中力を要するラビリンス、身体能力がものをいうダートボールなど、昔からあるいくつかのゲームに参加してもらった。どの被験者も各ゲームを一〇回ずつ行う。あらかじめ決められた合格ラインを超えれば「非常に良い」と評価される。八七人が参加し、グループ分けはランダムに行った。

すると、グループ一とグループ二の参加者は、ほぼ同じ割合（三〇％）で「非常に良い」成績を上げた。ところがグループ三はほかのグループより成績が悪く、「非常に良い」ラインに達したのは一〇％だけだった。高い賭け金がパフォーマンスに悪影響をもたらしたのだ。[6]

また、被験者が大金を得るという実験は数多く存在するが、累積収益が増えると手を緩めて、やがて利益率も下がっていくのが普通だ。ところがアリエリーは、こういった「累積収益の効果」がないことに気づいた。初めのうちに大金を稼いでいた被験者は、時間がたってもパフォーマンスが低くならなかったのだ。

この実験結果について部外者に予測してもらったところ、賭け金が増えるとパフォーマンスが上がる、という答えが多かった。高い賭け金によるストレスがパフォーマンスに悪影響を及ぼす、ということに気づいていない人が多い。このことを知っていれば、過度のストレスに早く対応することができるだろう。つまり、エクササイズをしてリラックスするか、認知再構成法（ストレスが与えられた場面で何を感じたか、何を考えたかを記録する）を行えばよい。

大きな契約を結ぶ投資銀行家や、イチかバチかの大勝負をする交渉人など、金融マーケットのプロほどあがりやすい。この「あがり」のストレスというのは、単に感じ方の問題である。インドでの実験からも分かるように、賭け金が「高い」かどうかはその人の環境や経験に関係しているのだ。

脳と筋肉、どちらが間違っている？

アリエリーは、賞金の最も高い被験者の間で「あがり」が生じたことを発見した。それでも、ストレスが認知的なパフォーマンスと身体的なパフォーマンスのどちらに影響を及ぼしたのかは分からなかった。例えば、ストレスは思考には影響しないかもしれないが、俊敏性や筋肉の協働を阻害しているかもしれない。実験結果を先進国でも実証し、主に認知と身体のどちらのストレスがパフォーマンスを低下させているのかを明らかにするため、アリエリーは、マサチューセッツ工科大学（ＭＩＴ）の学生を対象に実験を行った。

身体タスクではキーボードにできるだけ速く文字を打ってもらい、認知タスクでは合計が一〇になる小数点二桁の数字（一・二三など）の組み合わせを選んでもらった。どちらのタスクでも、「非常に良い」成績の学生には三〇〇ドルが与えられる。

すると、報酬が高くなるほど身体スキルは向上するが、認知スキルは低下することが分かった。重要なのは、賭け金が高いほど数字の実験の成績が悪い、ということだった[7]。アリエリーによると、ストレス下で認知スキルが低下する原因は、意思決定の方法が変わったことにある。ストレス下では、脳の処理機能と判断機能は「自動」から「マニュアル」に移行する。「マニュアル」制御になると、被験者はタスクについて深く考えすぎてしまう。脳は無意識のうちにマニュアルに調整するため、それを元に戻すのは非常に難しい。第5章で説明したように、意識的に分析することで直感をゆがめてしまうのに似ている。

賭け金が高くなると、投資家は直感による判断を下すのが難しくなる。投資金額が高くなっていることに気づくと、集中力を欠いてしまうのだ。無意識のうちに自動からマニュアルの認知制御に移行し、マーケットの動きに対する反応が鈍くなってしまう。

ＭＩＴでの三つめの実験では、周囲の目がパフォーマンスに及ぼす影響を調べた。被験者には、個室か三人の観察者の前のどちらかで、アナグラム（単語中の文字を入れ替えてほかの意味の単語を作る）を解いてもらった。このタスクでも、成績に応じて報酬が与えられる。個室で解いた被験者は一分当たり一・一六問解いたが、他人の前で解いた被験者は一分当たり〇・六七問だった。周囲の目が認知パフォーマンスに強い影響を及ぼしたのだ[8]。

ファイナンシャルプランナー、アドバイザー、ブローカー、ポートフォリオマネジャーなどは、この「人の目」によるストレスがパフォーマンスに影響を及ぼす。クライアントが利益と損失に注目するなかで投資すると、マネジャーの投資スキルは制限されてしまう。神経質で要求の多いクライアントに対応すると、時間がかかるだけでなく、精神的にもイライラしてしまうからだ。

その点、ロックアップ期間のあるヘッジファンドマネジャーは、社会的なプレッシャーが低い。ただし、四半期ごとに報告する必要があるため、クライアントの注目から逃れることはできないが。

ストレスとトレンドの認知

次に紹介する研究では、ストレスの強度が比例的にパフォーマンスに影響するわけではないことを実証している。実際には、状況の悪化を認識することでストレス反応が生じるケースが多い。つまり「非常に悪い」状況でも「悪い」状況に改善する可能性があれば安心感が生じるが、「まずまず」の状況でも「悪い」状況に悪化する可能性があればストレスが生じる。

研究者たちは、二つのグループに分けたラットに電気ショックを与え、そのストレス反応を調べた。グループ一のラットには一時間に一〇回の電気ショックを与え、グループ二のラットには一時間に五〇回の電気ショックを与えた。二日目の終わりに調べると、グループ一のラット（二日目のほうがショックが大きい）は血圧が上昇しており、グループ二のラット（二日目のほうがショックが小さい）は正常な血圧だった。[9]なぜこのような違いが生じたのだろうか?

ラットは、状況の改善または悪化を認知して反応したのだ。二日目に二五回のショックが与えられると、グループ一のラットは状況が悪化したためストレスを感じ、グループ二のラットは状況の改善によって緊張が和らいだ。

これをマーケットに置き換えて考えると、投資家は悲観的な景況からわずかでも良くなっていると確信すると、安堵感を覚えて買おうとする。一方、中立から少しでも悪くなっていると思うとストレスを感じ、株式を売って経済リスクに備えようとする。将来のストレスを認知し、それを今感じているのだ。

ストレスの神経化学

人間は、不安やストレスを感じると、身体が化学物質を放出して闘争、逃走、実行などの回避行動に備える（プライミング＝以前の刺激が後の刺激処理の効果を高めること）。動物は行動によってストレスを和らげようとするが、人間はストレスホルモンを増やし、ストレス反応を和らげるような行動をとることは少ない。

強いストレス反応は、適応性が生まれるという心理学的影響もある。「危険な場面に遭遇すると、心がかき乱されてあらゆる小さな音が聞こえ、本能的に反応するようになる。……それは、高速道路で割り込まれるのに似ている。ゆっくりと物思いにふけっている場合ではなく、すぐに反応してブレーキを踏もうとする」[10]

ストレスの強い出来事が続き、その状況に対して身体が化学的に「プライミング」しようとすると、慢性的なストレスとなる。やがて、化学的なストレスを受けた体と心は、プライミング物質に順応し、身体的にも精神的にもマイナスの効果が生じる。

人間のストレス反応の化学は、主に二つの脳の経路によるものだと考えられている。まず、

図10.1　視床下部－下垂体－副腎系（HPA）軸――ストレスホルモンは血流に乗り、身体的な反応とホルモンの分泌を化学的に促す

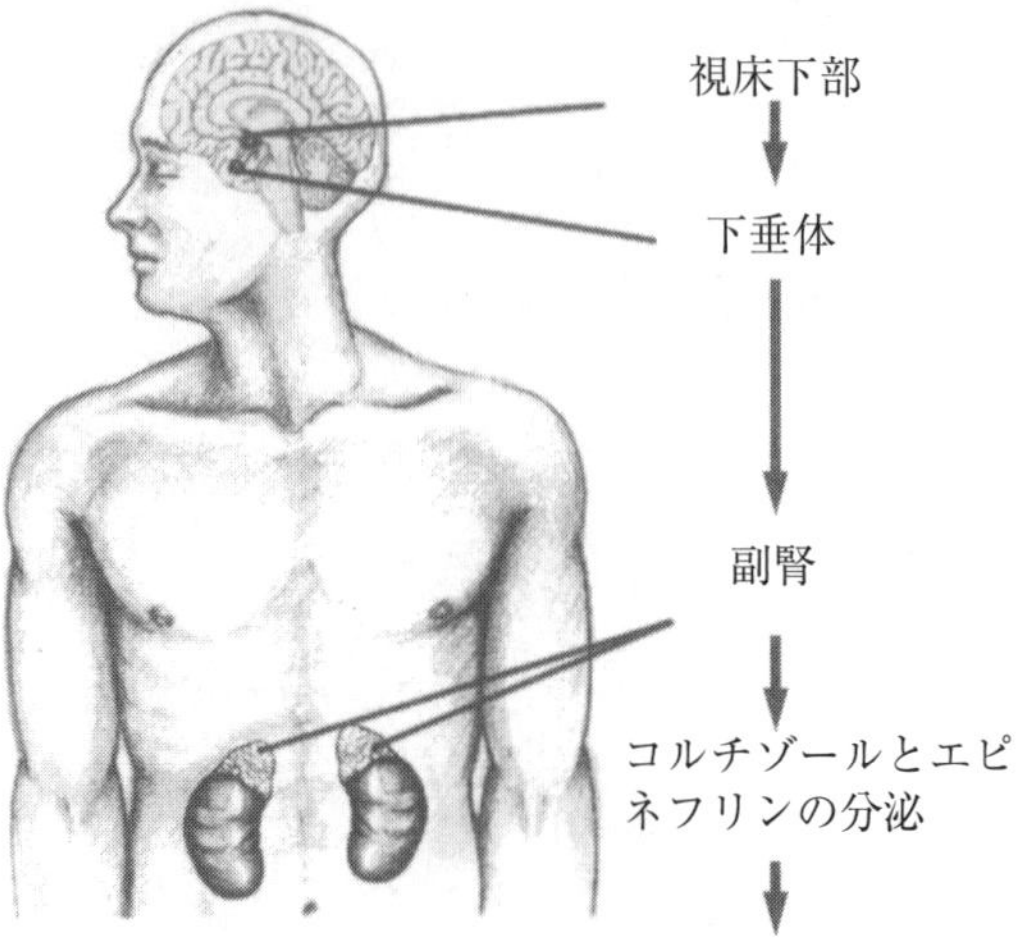

即時にストレス反応を生じさせ、急激な苦痛に身体が対応できるように備える。交感神経系が二秒以内に活性化され、青斑核（図10.1）と呼ばれる脳幹の神経束がノルエピネフリンを放出し、苦痛に対して身体的に準備をする。交感神経系は、大きな骨格筋、心臓、皮膚、横隔膜、そして括約筋などを通る神経線維網である。交感神経系が危険を認識すると、震え、発汗、心拍数の上昇、強制呼吸、瞳孔の拡張などの身体的な徴候が生じる。つまり交感神経系は、強いストレスやパニックに対して身体的に反応するという役割を持つ。

もうひとつの神経系は、数分から数時間にわたってストレス反応を制御する。強いストレスを感じると、脳の視

床下部からシグナル伝達ホルモンが放出され、血流に乗って下垂体に運ばれ、別のホルモン、副腎皮質刺激ホルモン（ACTH）の分泌を促す。この副腎皮質刺激ホルモンは血液中を通って副腎に届き、コルチゾールとエピネフリン（アドレナリン）の分泌を刺激する。視床下部－下垂体－副腎系（HPA）軸は、慢性ストレスの反応の制御構造であり、視床下部、下垂体、副腎間を相互作用させる。

速いストレス反応と遅いストレス反応の相互作用は変動的であり、ストレス要因の特徴、強さ、持続時間によって異なる。短期的なストレス反応と慢性的なストレス反応を見わける最も簡単な方法のひとつに、唾液（口腔粘膜検体採取）または血液（静脈採血）からコルチゾール量を調べる方法がある。コルチゾール量は一日の時間によって異なり、通常、朝四時ごろから増え、目覚めてから三〇～四五分後にピークを迎える。その後ゆっくり減少し、夜一〇時～四時までは急激に減少する。

コルチゾール量は日内変動するほかに、危険を認識したときにも増える。扁桃体（恐怖に関連する）、海馬（記憶中枢）、視床下部（HPA軸の制御中枢）間には解剖学的なつながりがあり、恐怖を認識するとコルチゾールが放出される。

ストレスの生物学的影響

ストレスは、生物学的にさまざまな影響をもたらす。強いストレスによって海馬が委縮すると、集中力を欠き、短期的な記憶障害を起こし、衝動性が高くなり、遅延報酬問題（時間的に離れた報酬の価値を割り引く）が生じる。慢性的なストレスは免疫系の機能を弱め、ウイルスや細菌に感染しやすくなる。[11][12] また、体重増加や高血圧になる可能性もある。

行動の面では、ストレスを経験すると消極的になりやすい。サルにストレスを与えてコルチゾールの濃度を高めたところ、攻撃性が弱まり、衝突を避けるようになった。[13] また、社会的地位が低いと慢性ストレスになりやすい。

ストレス、特に自分でコントロールできないストレスは、タンパク質キナーゼC（PKC）と呼ばれる脳酵素の量を増やす。タンパク質キナーゼCは、抽象的な論理、集中力、短期的な記憶に関する脳の領域に影響を及ぼす。タンパク質キナーゼCの量が増えると、短期的な記憶障害、集中力の欠如、判断力の低下を引き起こす。そのほか、衝動性が高くなり、思考障害（妄想など）になりやすくなる。[14]

あるストレスの専門家によると、制御の喪失を感じると最もストレスを受けるという。「外的要因がなくても、自分でコントロールできないと感じるだけでストレスを受ける。コントロールというのは重要な要素だ。……自分に自信があれば問題など起きない」。[15] ところが残念ながら、投資家はマーケットをコントロールすることができない。そのため、投資に伴うストレスに対処するには、効果的な場面でコントロールを発揮しなければならない。例えば、完璧な資金管理システムを構築する、リサーチに力を入れる、堅実な投資原則を確立する、顧客とのコミュニケーションを強化する、といったことが挙げられるだろう。

アドレナリン依存症

「ストレス＝悪い」「コルチゾール＝悪い」というように、シンプルであればよいのだが、「アドレナリン依存症患者」と「ジェットコースター好き」は、娯楽的なストレスを楽しむ傾向がある。多くの人は、短期的であれば適度なストレスを心地よく感じる。適度なストレスにうまく対応できると、身体的にも精神的にもプラスの効果がある。

適量のコルチゾールは報酬系のドーパミンの分泌を促進する。楽しいストレスは、安全で好ましい環境で起こっており、予測不可能で思いがけない驚きがあり、短期的（数秒や数分）なものだということを認識する。例えば、スロットマシンに興じて感じるストレスや、ジェットコースターに乗ったときのストレスなどがこれに当てはまる。

投資家の多くはトレードの緊張感を楽しんでいる。マーケットというジェットコースターでリスクをとり、そのスリルを満喫する。ファイナンシャルプランナーのなかには、気晴らしのトレード用に資金を少し取り分けておく人が多い。そうすることで、長期的な資金を確保しつつ、わずかな資金でスリルを味わうことができるのだ。

投資ストレスに対応する

一般的に、ストレスの多い出来事というのは予測可能であり、ストレス反応も弱まる。ところがマーケットは予測不可能であり、将来の価格変動を予測しようとするとストレスが生じる。ストレス刺激要因に慣れると（例えば、経験を積んだパラシュート落下部隊は高所を恐怖に感じない）、ストレス反応はほぼゼロになる。トレーダーも経験を積むと、マーケットのボラティリティに対してストレスを感じなくなるが、パフォーマンスが向上するわけではない[16]。

投資情報のなかには、投資家にストレスを与えるものもある。例えば、価格と注文に関する情報を見ると税金が思い浮かぶ。特に、価格のわずかな動きに注目しているトレーダーは、慢性ストレスの影響を受けて燃え尽き症候群になりやすい。価格をチェックすればするほど、ボラティリティが目についてしまう。価格の上昇よりも下落を重視すると、ストレスによって脳の働きがゆっくりと弱まっていく（第14章で説明する）。価格チェックに伴うストレスを回避するには、あらかじめ設定しておいた警戒水準に達しないかぎりポジションを見ないことだ。これは、周囲の雑音を弱めるのに非常に有効であるうえ、マルチタスクに対するプレッシャーも軽減されるはずだ。

トレード中に注意がそれたことで悲惨な目に遭った、というトレーダーの話をよく耳にする。家族からの緊急の電話があり、その後マーケットに目を移すと大損を出していた、ということもあるかもしれない。トレード中の妨害を最小限に抑えることが重要だ。

コントロールできなくなったり状況の悪化に気づいたりすると、ストレスは増える。研究者たちは、イヌを二つのグループに分け、一方には電気ショックを与えるけれども体を動かせばショックを止めることができるようにしておき、もう一方には電気ショックを与えたうえに首輪をかけておくと、前者のほうが潰瘍になる確率が低いことを発見した。[17] 不快な出来事を少しでもコントロールできると認識すると、不安や苦痛を和らげることができるのだ。

トレーダーは、パソコンや電話のみを利用し、一人で作業をすることが多い。社会的なサポートがあればストレス反応も和らぐのだが、家族や友人、同僚と距離を置いているケースが多い。テクニカルアナリスト協会などの専門団体に参加すると、同じ悩みを持っている人とも知り合いになれるうえ、周囲のサポートを見つけるのに大いに役立つ。

優秀な投資家の多くは、家族や友人と離れ、常に情報を監視するとチャンスを見つけやすい、と話す。しかし家族や友人と質の高い時間を過ごすには、仕事後の情報チェックを厳しく制限する必要がある。

投資家は、あらゆる緊急事態に備えなければならない。ポジションが悪化してストレスが増えると、脳の認知機能の順応性が弱まり、解決策を講じることができなくなる。損失を見てパニックに陥るよりほかにとるべき道がなくなってしまう。

ストレスを知る

ストレスは、さまざまな形であらゆるマーケット参加者に影響を及ぼす。厄介なクライアントに応対するファイナンシャルアドバイザーとボラティリティの高いマーケットに直面するプロップトレーダーとでは、ストレス要因はまったく異なるが、ストレスによる反応は同じである。

賭け金の高い取引をすると「あがり」やすくなる。アリエリーがインドで行った実験からも分かるように、高報酬のゲームに参加すると「非常に良い」パフォーマンスを上げる割合が約七割も減る。パフォーマンスの悪化によって意思決定が「自動」制御から「マニュアル」制御に切り替わると、あがりの症状が見られるようになる。また、ストレスを感じた被験者は運動の正確性とスピードが向上する。

短期的なストレスを感じると、人は過度に警戒し、行動に備え、注意力がそれる。また、強いストレスは活動電位（細胞内を流れる情報を伝達する微電流）に異常を生じさせる。活動電位を適正にできないと、慢性的にストレスを感じ、行動障害を引き起こす。適度な運動が健康に良い理由はここにもある——活動電位の適正化を計ることができるからだ。

慢性的なストレスは海馬を収縮させ、記憶、学習、気分、睡眠に支障を来す。さらに、免疫系の機能を弱め、慢性疾患にかかりやすくなる。

適度なストレスは報酬系のドーパミン放出を促し、学習と成長を促進する。ただし、ストレス要因が予測不可能で自分でコントロールできなかったり、ストレス要因が強くなったりすると、マイナスのストレス反応を刺激する。

常にストレスを感じている職業では、「未勝利の銘柄を手放し（ストレスとなっているポジションの一部を売り）」、ストレスを和らげて本能的・直感的な判断能力を取り戻すとよい。またストレスを和らげるには、他人と交流し、エクササイズに励み、マネーマネジメントの規律を持つことは欠かせない。

次の章では、マーケットでギャンブルをしたら悲惨な結果になったというケースを、警告としていくつか紹介する。

第11章　リスクへの愛――トレード？　それともギャンブル？

「たとえ良いことでも、過ぎたるは及ばざるがごとし。……自らの欲に限界を定めなければならない」――ウィリアム・J・ベネット[1]

投資信託業界のある会議に参加していたとき、昼食の休憩の席で、自分は投資心理学者だと隣の席の人に自己紹介した。たぶん、ほかの席の人にも聞こえたのだろう。向かいに座っていたアンドリューは、私の職業に興味を持ったようだった。「ちょっとお話ししませんか？」

「もちろん」と私は答えたが、彼は席を動かず、昼食が終わるまで何もしゃべらなかった。二〇分ほど過ぎたころ、私の隣の席が空いた。アンドリューはその席に腰掛けた。年のころは六〇の彼は背が低く少し太り気味で、存在感とカリスマ性があった。

コネチカット州フェアフィールドでブローカーディーラーをしていたという。フェアフィールドといえば、ニューヨークから少し離れた裕福な地域だ。しばらく雑談をしたあと「リチャード、話があるんですが」と言った。

「いいですよ」と私は応じた。

「トレードについてお話ししたい」その口調は淡々としていたが、声はかすかに震えているようだった。

「承知しました。どんなことでしょうか?」

「ネットフリックスの株についてどう思いますか?」と突然聞いてきた（ネットフリックスは、オンラインDVDレンタル会社だ）。

私は、その会社についてわずかながら知っていることを話した。

「バイドゥについては?」。バイドゥは、中国の検索エンジン会社で、二〇〇五年五月にナスダックに上場した。

私は話の方向を少し変えようとした。なぜ興味があるのか、と聞いたが、彼は私の質問には答えなかった。銘柄に対する私の考えにも耳を傾けず、何か悩んでいるようだった。私をじっと見つめ、本当のことを話し始めた。

「なんだか予感がするんです。この数年間、私の勘はとてもさえているんですよ」

彼は考え込んだような目で私を見て、「ちょっと自分のことをお話ししてもいいですか?」と聞いた。私はうなずいた。

「一月から七〇〇万ドルの損を出しています」と言って一息ついた。

「何があったんですか？」

アンドリューは、この二年間で三回も数百万ドルの損失を出したという。その前の年は、虫の知らせに従って五〇万ドルのローンを組んだ。虫の知らせというのは、ネットフリックスの株価が今後三カ月間に急騰する、というものだった。五〇万ドルをほぼそっくりそのまま使い、ネットフリックスのコールオプションを買った。

幸いにも、彼の予感は最初は正しかった。ネットフリックスは二〇〇五年春に上昇し、四〇〇万ドルの利益を上げた。次に、イーベイが気になった。今度もやはりコールオプションで三七五万ドルを投資した。イーベイの株価は横ばいで、一瞬値下がりしたが、やがて彼の願いが通じたのか、上昇に転じた。ところがオプションの満期を迎える週の月曜日には、彼の資金は六五万ドルになり、金曜日にはオプションの価値がなくなってしまった。当初の五〇万ドルの資金は二五万ドルしか残っていなかった。新しいアイデアが浮かぶまで、口座には手をつけずにいた。

三カ月後の二〇〇五年一〇月、またネットフリックスが気になった。できるだけ多くのコールオプションを買った。その後三カ月間株価が上昇し、一二月までロールオーバーを繰り返した。株価が上がり、口座は七〇〇万ドルにまで膨れた。カンザスに住む親戚のもとで過ごすため冬に休暇をとり、翌年までポジションを持ち越した。

「たぶん、ポジションをそのままにしておくべきではなかったのですが、頭がまともに回らなくなっていたんです」。ジョン・F・ケネディ空港からカンザスに向かう飛行機で、「その日はカンザスに行く人全員分のチケットを買うことだってできるんだ、などと考えていました。私はお金に夢中になり、自分が何をしたらよいか分からなくなっていたんです」

「それで、何をしたんですか？」と私は聞いた。

「何も」

「何も、とは？」。私はぼうぜんとした。彼に何の戦略もなかったことに、そして三週間の休暇中に七〇〇万ドルを失ってしまったことに。

「休暇から戻ると、七〇万ドルほどになっていました。翌二カ月間もロールオーバーして、結局、権利は消滅しました。今は八万一〇〇〇ドルしかありません。バイドゥのコールオプションを買いましたが、アウト・オブ・ザ・マネーで、三週間後に満期を迎えます」。彼の話は切実だった。「最悪なことに、数百万ドルのキャピタルゲイン税を支払わなければならないんです。税金の支払いを工面するのに売るポジションすらありません。お金がないんです。子供たちの学費をどうやって払ったらいいのかも分かりません。住宅ローンもあるんです」

カンザスで過ごしている間、彼の短期トレードの利益は巨額の税金となってはね返ってきた。しかも、税金を支払うお金すら失っていた。国税庁に二七〇万ドルの借りがあるという。

午後のワークショップが終わると、アンドリューは自分のラップトップに保存した取引記録を見せてくれた。過去の取引を月ごとに記録したものだった。あまりにリスクを冒しすぎ、破産が保証されていたも同然だった。彼の「破産リスク」は一〇〇％であった。

　私たちが取引明細を見ているとき、アンドリューは「七〇〇万ドルのときに売るべきだった。そのときに売ってさえいれば――」と何度も繰り返した。

　そしてアンドリューは単刀直入に「私はギャンブラーでしょうか？」と質問した。ブローカーである彼は、仕事柄、向こうみずな投機家を見てきたはずだが、自分の行動についてはよく分かっていないようだった。

　利益のアップダウンが激しいのはマーケットに問題があるからだ、と彼は考えていた。自分のパフォーマンスの責任を避けるため、「〇〇だったら？」と仮説を立てていた。「あのときカンザスに行かなかったら？」「一月に買い増しをしていなかったら？」「マーケットにもっと注目していたら？」

　私には彼を助けることはできなかったが、不思議に感じたことがあった。「アンドリューは過去二年間で三回も一〇倍のリターンを得ている。彼のリスクマネジメントは自滅的だが、彼の予感はどうだろう？　正しい行動をとることができたのではないか？」。人は、短期的で不安定な利益に魅せられやすい。

　投資を始めたばかりのときに大きな利益を上げると、投資スタイルにギャンブルの要素が入りやすい。おそらく、自分の成功は運ではなく自分の才能にあるのだと考えるため、パフォーマンスのピークを繰り返そうとしてトレードを続けることになるのだろう。

その週末、別かれる前に、アンドリューはマーケットサイコ・ドット・コムのホームページで「トレーディングかギャンブルか」のテストを受けることを約束してくれた。会議の数日後、彼から電話があった。「バイドゥは横ばいですが、上がると思いますか？」

「テストは受けたんですか？」と逆に私は尋ねた。

テストを受けたら、「ギャンブルの危険性大」という結果が出たそうだ。自分のトレードスタイルはギャンブルとなんら変わりがなかったことを認めたが、それでもバイドゥのロングのポジションをなんとかしたいと思っていた。

「ギャンブルの問題があることが分かったのに、まだ賭けの戦略を質問するんですか？」

アンドリューは答えた。「でも、税金を払わなければならないし、バイドゥにはなんか予感がするんです」

「その行動も問題ですね。お金を取り戻すためにトレードしようとしている。そんなことをしてもうまくいかないということを学んでください」と私は言った。

「どうしたらいいか分からないんです」

「私には何も言えません。あなたがおっしゃることはすべてギャンブルだし、損切りする必要があるんですよ」

「ええ、分かってます。でもバイドゥが気になるんです」

こんなやり取りが数分続いた。

バイドゥは上昇せず、彼のオプションはイン・ザ・マネーにならなかった。おそらく彼はすべてを失ってしまったのだろう。住宅ローンを返済し、子供たちを大学に行かせることができた――というハッピーエンドを望んでいたのだが、彼からは何の連絡もなかった。

アンドリューのケースは、トレードのぶざまな面をよく物語っている。大成功を収めるトレーダーがいる一方で、とんでもないリスクを冒すトレーダーもいるのだ。ギャンブラーがはまるワナは認知バイアスの極端なタイプであり、多くの投資家がそれに悩まされている。

潮時を知る

マーケットでのギャンブルはカジノでのギャンブルよりも危険だ。なぜなら、マーケットではハイレバレッジで取引することができるからだ。先物やオプションを利用でき、匿名性があり、オンライントレードで取引すれば自分でコントロールできると考えてしまうため、投資家のリスク選好が刺激される。トレーダーのなかには、利益と損失の可能性を正確に把握できるからといって過度なリスクを冒す人がいる。ところが、持続的なリスク管理については何も理解していない。まさにアンドリューがそうだった。

研究者たちは、投資家の大半が「くじ」の要素のある株式（ボラティリティが高い、興味深いストーリーがある、大儲けの可能性が低い）を買っていることを明らかにした。景気の悪い時期にはくじの売り上げが伸びるように、こういったくじタイプの株式も取引がさかんになる。さらに、ロッタリーが合法化されている州と、その州の投資家がくじタイプの株式を買う傾向には、関連性があることが分かった。[2]

投資家のなかには、強気相場でギャンブラーに変わる人もいる。簡単に利益を上げ、ポジションを大きくしていく。すべてがうまくいき、自分は無敵だと感じる。努力をしなくてもお金が入ってくる。しかし、どれほどのリスクにさらされているのかに気づいていない。やがてある日、損失が急にふくらむと、何が起こったのか理解できない。利益を上げ続けてきたため「自己関与の幻想」（第8章）が強まり、これまでと同じ戦略を続けて損失を重ねてしまう。気づいたときには含み益を失っているだけでなく、元本も失っているのだ。

ハイリスクをとることが必ずしもトラブルにはならないケースもある。立ち上げたばかりの会社では、投機的な成功と破壊的な失敗は紙一重だ。成功した企業は、ほかの企業がバカげていると思うようなリスクを冒していることもある。その企業が失敗していたら、「ギャンブラー」や「はみ出し者」などとやゆされていたかもしれない。さらに、娯楽性を求めてリスクの高い株式に手を出す投資家も多い。もちろん、損失のリスクを理性的に理解したうえでのことだ。マーケットで、投資でリスクをとることが単なるギャンブルになる瞬間はいつだろうか？

娯楽性を求めて投資をする人とギャンブルをする人には、いくつかの大きな違いがある。娯楽目的でトレードする投資家は、損失を出しても大丈夫な金額しか賭けない。また、投資の勝ち負けを他人に話すときにウソをついたりしない。しかも「破産リスク」は非常に低い。破産リスクとは、ある人の平均的なポジションの大きさとその価格のボラティリティを見て、その人がすべての資金をマーケットで失ってしまう確率のことである。

いくつかの「厳しい」質問をすることで、自分の投資スタイルにギャンブルの要素があるかどうかを診断することができる。ギャンブル依存症かどうかを判断するＤＳＭ－Ⅳ（『精神疾患の診断・統計マニュアル』）基準に手を入れたものを表11.1に示している。「はい」の項目が二つ以上ある人は、ギャンブルトレードの危険がある。

ギャンブル依存症

「賭け事をする者は賭博場を探し、興奮しながら『幸運が味方するだろうか？』と思い巡らす」──リグ・ベーダ（古代インドの聖典）賛歌一〇・三四

ギャンブルに関するさまざまな研究では、主に、ギャンブル体験の二つの側面に注目している。心理的な調査では、ギャンブル行動を起こす合図（きっかけ）と認知（考え）に関する情報を集め、神経科学の調査では、ギャンブル依存症者の脳とそうでない脳の違いを明らかにし

表11.1　マーケットサイコ・ドット・コムの「トレーディングかギャンブルか」のテスト

トレードではなくギャンブルの疑いがあると思った人は次の質問に「はい」か「いいえ」で答えてください
●トレードのことで頭がいっぱいですか？（過去のトレードを思い出す、次の投機を計画する、トレードでお金を儲ける方法を考える、といったことに夢中になる）
●興奮を求めるため、トレードの資金を増やしたり、ポジションを大きくしたりする必要があると思いますか？
●トレードをコントロールする、ポジションを小さくする、あるいはトレードをやめることに失敗した経験はありますか？
●ポジションを小さくしたり、トレードをやめようとすると、イライラしますか？
●問題から逃げたり憂鬱な気持ち（無力感、罪悪感、不安や心配など）を晴らしたりするためにトレードすることがありますか？
●トレードで損を出したら、それを取り戻すためにトレードを再開する（損を深追いする）ことがよくありますか？
●トレードをしていることを家族や同僚に隠したり、過少に伝えたりしていますか？
●偽造、詐欺、盗み、着服などの違法行為に関係したことがありますか？トレードが原因で、友人、仕事、あるいは教育やキャリアの機会を逃したことがありますか？
●トレードによる悲惨な状況から立ち直るため、他人の資金をあてにしたことはありますか？

注＝DSM－Ⅳ（『精神疾患の診断・統計マニュアル』）の診断基準に手を加えたもの

ようとしている。

ギャンブル依存症は、最も古くに確認された投資関連の症状であり、古代ギリシャの文献やウパニシャッドのリグ・ベーダにも記されている。アメリカの三・六％の女性、六・九％の男性が、問題ギャンブル（ギャンブル依存症よりも症状がやや軽い）に悩まされている。ギャンブル依存症者は人口の〇・五～一・〇％ほどしか報告されていないが、アメリカ人のギャンブル依存症の生涯有病率は、三・五～六・三％だと言われている。[3]

ギャンブル依存症とは、精神科学的に衝動制御障害に分類され、リスクに対する非感受性、衝動性、自制心の欠如、社会的価値観の欠如、快楽を求めるリスク選好などの特徴がある。ギャンブル依存症者は、心配や不安、物質乱用（特にアルコール）などになる確率も高い。

特定の感情や認知がギャンブル依存症のきっかけとなる。研究によると、悩みを抱えたり理不尽な希望を持ったりするとギャンブルを始めるきっかけになる、という結果が得られている。また、夜に一人で過ごしたり、将来の財産のことを考えたりすることもきっかけになる。

ギャンブルに対する考えについて質問したとき、現実的な言葉ではなくポジティブで希望にあふれる言葉を並べて答えた人は、ギャンブルにのめりこみやすい。頭のなかで利益と損失を区別しているギャンブラーは、ギャンブルで得られたリターンは実はマイナスなのだということを認識できず、大損を出してもまだ続けようとする。

ギャンブラーの脳

リスクと潜在的利益は、ギャンブラーにとって大きな魅力だ。マサチューセッツ総合病院の動機・感情神経科学センターの共同センター長であるハンス・ブライター博士によると、「ギャンブルなどの経験によってお金の報酬を得ると、コカイン依存症患者がコカインを注入されたときと同じような脳の活性化が見られる」。[4]

動機システム、報酬追求システム、損失回避システムは、ギャンブラーごとに異なる特徴を持つ。一方、ギャンブラーは報酬反応が弱い。ドーパミン受容体が減少し、新しいことや面白いことに対する反応が弱くなるのだ。このことは、ギャンブル中のギャンブラーの生理学に関する研究から証明される。ギャンブラーは、①損失の可能性に直面すると予期心拍数が増える、②買ったあとでは心拍数が減る。ギャンブラーは、そうでない人よりも損失を恐れず、勝利にも興奮しないということが分かる。[5]

脳機能イメージングでも、ギャンブラーがあまり興奮しないという主張を裏づけている。機能的磁気共鳴画像法（fMRI）を調べると、ギャンブラーは神経報酬系の活性化が弱い。実際、ギャンブル依存症の重さと報酬系の非活性化には相関性があるのだ。[6]

ドーパミン系の感覚が弱まると、ギャンブラーは賭け事に刺激を受け、報酬を予測してそれを受け取るとドーパミン量が一時的に増える。逆説的ではあるが、パーキンソン病患者は脳のドーパミン量が慢性的に欠乏しているため、治療の段階でドーパミン作動薬（ピラミペキソール）を与えるとギャンブル依存症になりやすい（四〇％）。[7]

前にも説明したように、前頭前皮質は、計画策定、論理的思考、衝動制御に重要な役割を果たす。ギャンブラーは、抑制、時間の予測、認知の柔軟性、計画策定などのスキルを要するタスクのパフォーマンスが低い。[8]ギャンブルに関する実験で、最も高いパフォーマンスを示した被験者（ハイリスク・低報酬のオプションを避けることを学んだ被験者）は、fMRIで見ると前頭前皮質が最も活性化していた。[9] ところが、意思決定に関する実験では、神経活性化と衝動制御の欠如に関連性があった。[10] つまり、問題ギャンブルの原因は、リスクの高い判断を下す際の衝動制御の欠如と、脳の主な三つの領域（前頭前皮質、報酬系、損失回避系）の自発運動の抑制にあるのだ。

有名人とギャンブル

カジノ好きの有名人は多い。有名人や政治家のなかには、「お金に余裕があるんだから何が悪い？」と言って過度なギャンブルを正当化する人もいる。

ジョージ・H・W・ブッシュ政権下で薬物取締政策局長だったウィリアム・J・ベネットは、一九九〇年代から二〇〇〇年代初めにかけて、アトランティックシティーやラスベガスなどのカジノへ何度も足を運んだ。彼はカジノの「お得意さま」で、ある情報筋によるとトータルで八〇〇万ドル以上負けていたらしい。[11] ワシントン・マンスリー誌とニューズウィーク誌の記者がギャンブルの習慣について質問すると、彼はこう答えた。「かなりたくさん賭けているよ。もちろん法は守っている。『生活に必要なお金』は使わないし、家族を危険にさらしたりもしない。だれにも何の借りもない」。[12] ベネットは、勝ち負けはトントンだと説明した。「一〇年以上、ほぼ五分五分の結果を出している」

ベネットは、ベストセラーの『魔法の糸――こころが豊かになる世界の寓話・逸話・説話100選』（実務教育出版）の著者でもある。子供や大人たちに信念を持って生きることを説いた本だ。そのなかでこう記している。「世界にはたくさんの不幸せと悩みがある。なぜなら、気持ち、食欲、感情、衝動を抑えることができないからだ」[13]

厳密に言えば、ベネットはギャンブルの問題を抱えていないのかもしれない。お金は十分にあるし、借金もなければ家庭を崩壊させたりもしていない。ただし、夜中（正確には夜中から朝の六時）に高額のスロットマシーンに興じるというのは、多くの問題ギャンブラーの行動と同じだ。勝ち負けはトントンだと主張するということは、認知のゆがみにはまりやすいことを意味している。おそらく、損失を正確に評価することができないのだろう。それができていれば、すぐにギャンブルをやめているはずだからだ（ワシントン・マンスリー誌の記事が出たあとで、やめるつもりはあると言っていたが）。

ギャンブルで大負けをした有名人は、バスケットボール界の伝説的人物チャールズ・バークレー（少なくとも一〇〇〇万ドルは負けている）、プロゴルファーのジョン・デイリー（五〇〇〇～六〇〇〇万ドル負けたと言っている）などがいる。あのマイケル・ジョーダンもギャンブル好きで、カジノでの豪遊ぶりは有名である。アスリートなど、競争心のある人はギャンブルのトラブルに陥りやすい、と推測する専門家もいる。勝利の神は自分たちとは違ったルール

（統計のルール）でプレーをしているのに、その神に勝ちたいと考えるのだ。

ギャンブル行動を弱める

ギャンブル依存症の治療として、薬物療法、心理療法、教育プログラムなどが研究されている。薬物療法では、①前頭前皮質の衝動制御を高める、②扁桃体の損失に対する恐怖反応を強める、③報酬系を強めてギャンブルへの欲を抑える――のいずれかの方法がとられる。心理療法などの心理学的な治療では、ギャンブルによる損失と社会的コストを過小評価する認知のゆがみを修正する。

ある研究では、数学的確率について教えてもギャンブル行動を変えることはできなかった。つまり、ギャンブルをするという判断は、知的なプロセスではなく感情的なプロセスであることを示している。[14] ギャンブルは非理性的な行動だという警告は、ギャンブル行動を抑えるのに有効だ。[15] 面と向かって反論すると、非理性的な考えや期待を変えることができる（心理療法でも同じような成果が得られる）。

ギャンブル依存症の治療として最も広く使われている薬は、ナルトレキソンだ。[16] ナルトレキソンとナルメフェンは、どちらもμオピエート受容体を遮断し、ギャンブル依存症者のギャンブル行動を弱めるのに役立つことが分かっている。[17] μオピエート受容体は、報酬系へのドーパミンの放出を刺激する。[18]ナルトレキソンによってオピエート受容体を遮断すると側坐核のドーパミン放出が減り、快楽感が弱まる。[19]オピエート受容体遮断薬を使用したギャンブラーは、ギャンブルを続けても報酬系の刺激を求めようとしなくなる。おそらく、利益のアップダウンに快楽を感じなくなったからだろう。

ブプロピオン（ウエルブトリンやザイバンなどの商品名で知られる）は報酬系のドーパミン経路を調整する。また、オピエート受容体遮断薬と比べてやや弱い副作用で、ギャンブル行動を和らげることができる。[20]

トレードとギャンブルの違いを理解する

ギャンブル依存症は生涯の病気ではない。通常、症状は一進一退し、規律ある投資家でも突然かかったり、数年間悩まされていたのが急に治ったりすることもある。問題ギャンブルに悩まされている有名人は多い。成功報酬制で働いているトレーダーにとって、高いリスクをとることは理にかなっているが、それはあくまでも自分の利益を考えた場合の話であって、クライアントにとっては大きな損失にもなりかねない。自分が過度にリスクをとることの魅力に屈してしまったと思っている投資家は、マーケットサイコ・ドット・コムの「トレーディングかギャンブルか」のテストを受けると、リスクに対する自分の弱さを評価することができる。

報酬回路が鈍感になると、ギャンブルに喜びを感じる。勝ちを重ねるとドーパミンが放出し、満足感と快楽感が得られ、病みつきになる。問題ギャンブラーは、そうでない人よりも、損失を恐れない傾向がある。さらに、前頭前皮質の衝動制御能力も弱くなる。その結果、ギャンブル依存症者は勝ちから快感を得て、損失の痛みを感じず、ギャンブル志向をコントロールできなくなってしまう。

ギャンブル依存症の治療には、認知のゆがみを修正する心理療法、衝動制御を強める行動療法、報酬系へのドーパミン放出から感じる興奮を遮断する薬物療法がある。ギャンブル依存症の治療は可能だが、必ず治すという強い意思が必要である。逆に言えば、意思が弱いと治療の成功を妨げることにもなる。

第12章　パーソナリティーの役割――偉大な投資家にはどのような資質があるか？

「投資哲学とは、知能に関するものではなく性格に関するものだ。いつの時代も、性格の良さは知能の高さに勝る」――マイケル・モーブッシン[1]

一九八三年公開の映画『大逆転』。エディ・マーフィー（ずる賢いホームレスの詐欺師）とダン・エイクロイド（一流大学出身で会社の後継者候補の投資家）は、ある二人の大富豪の賭けのせいで立場を逆転させられてしまった。何の経験もないエディー・マーフィーは、商品先物で成功を収めることができるだろうか？　ダン・エイクロイドは、知性だけでホームレスからのし上がることができるだろうか？　結局、二人は大富豪の裏をかいて「冷凍オレンジジュース」の先物相場で大儲けし、大富豪を破産に追いやった。ところで、腹黒い二人の富豪の賭けの結果は？　偉大なトレーダーに必要なのは、天性のスキルかそれとも人生の経験だろうか？

ほかの心理学的な問題と同じく、簡単に答えは出ない。投資で成功する第一ステージは、強みを持つことだ。第二ステージは、パフォーマンスがピークになったときのために心の準備をしておくことだ。本章では、マーケットで成功するためのパーソナリティーの根源に迫りたい。どのような特性や資質が、「良い」と「偉大」を分けるのだろうか？

偉大な投資家の特性のなかには、よく知られているものもある。例えば、ウォーレン・バフェットは可能性をかぎ分ける鋭い直感力がある。[2] ジョージ・ソロスは、自分の間違った投資思考プロセスを見つけることに喜びを感じる。偉大な投資家のほとんどは、成功するという強い自信を持っている。[3] ただしこれらは、すべての偉大な投資家に共通の特性というわけではない。別の優れた資質を持つ投資家もいる。投資で成功を収めるカギのひとつは、自分の弱い分野を避けながら強い分野をうまく利用することだ。

成功の要因の多くは本来個人に備わっているものだが、経験を積んで学ぶ特質もある。成功は、四つの心理学的領域に見られる長所から生まれる。それは、①パーソナリティースタイル（本章で取り上げるテーマ）、②認知能力（精神的な強さ、賢明な判断、知性）、③心の知能指数（やる気と情熱、勇気、感情的対処スキル、自己認識）、④心の準備（自分の弱みを改善して強みを伸ばすトレーニング）――がある。具体的に説明すると、①自分が選んだ投資スタイルを支えるパーソナリティー（内面の気質）が必要である、②可能性や期待価値について見通しを立てる能力などを身につけ、賢明な判断を下すことができなければならない、③自信、決断力、損失からの回復力といった心理的資質と心の知能指数が重要である、④トレーニングによって回復力を強化し、マーケットでさまざまな危機を乗り越えて経験をつむ必要がある。

さまざまな特性を持つ投資家について、ひとつの枠にはめて研究するのは非常に難しい。投資家の成功要因に関する例はたくさんあるが、科学的な実証がなければ、理想的な投資家の「プロフィール」を明らかにはできない。さらに、マーケットが多様なことは言うまでもなく、投資で成功するのに必要な特性もマーケットも多様である、という問題がある。つまり、成功するマーケットもタイミングも人もバラバラなのだ。偉大な投資家に当てはまる一般的な資質などあるだろうか？　パーソナリティーについて研究することで、この質問に科学的に答えることができるだろう。

本章では、パーソナリティーの研究によって明らかになった興味深い事実を紹介していく。パーソナリティーとは、特性、行動、気質、感情、精神的な資質が集まって形成されるものである[4]。学術的には、パーソナリティーは五つの特徴（五因子）に分類されている。もちろん五因子はすべてを網羅しているわけではなく、研究者のなかには、パーソナリティーの分類数について異論を唱えている人もいる（一六の資質が必要だという意見もある）[5]。ただ、今のところは五つが最適だとされている。興味深いことに、パーソナリティーは生涯を通して一人の成人のなかで安定している（例外については適宜触れていく）[6]。本章では、主に「五因子」について説明し、偉大な投資家に見られるその他の心理学的資質についても後半で紹介する。

パーソナリティーの「五因子」

一九三六年、アメリカ人心理学者であるゴードン・オルポートとH・S・オドバートは、「最も顕著で社会的に意味のある個性の違いは、結局は言語で表されるだろう。つまり、違いが重要なほど、一つの単語で言い表すことができる」との仮説を立てた[7]。

一九七〇年代、オレゴン大学心理学部教授のルイ・ゴールドバーグは、パーソナリティーを表す一二五〇のフレーズをリストアップした。彼は学生とともにオレゴン州ユージンとスプリングフィールドの七五〇世帯を訪問し、一二五〇のフレーズが自分のことをどれほどよく言い表しているかを評価してもらった。例えば、「パーティーが好き」「ルールに従う」「最悪の事態を恐れる」といったフレーズを見て、回答者はそれぞれについて一～五の評価（「ほとんど当てはまらない」「当てはまらない」「どちらともいえない」「当てはまる」「非常に当てはまる」）を付ける。

一二五〇のフレーズのうち三〇〇を統計的に五つの特徴に分けた。例えば、「パーティーが好き」に当てはまる人は「喜びにあふれている」にも当てはまる傾向があるため、社交的で楽観的な人というパーソナリティー（外向性）にまとめることができる。そして五つのパーソナリティーを、①情緒不安定性、②外向性、③開放性、④協調性、⑤勤勉性――と名づけた[8]（**表12.1**参照）。以降に紹介する説明や項目の多くは、ジョン・A・ジョンソン教授がゴールドバー

表12.1　パーソナリティーの五因子

パーソナリティー	高得点	低得点
情緒不安定性	散漫、優柔不断、悲観的、神経質	感情の安定、のんびり、くつろぐ
開放性	新しいアイデアや経験を試す	伝統的、保守的、変化よりも継続を好む
外向性	社交的、楽観的、社会性	内向き、孤独を好む
勤勉性	規律、自己満足を後回しにする、組織的、規律順守、時間厳守	衝動的、無秩序、方法や規則に従うのが難しい
協調性	協力を重視、他人とうまく付き合う、寛容	自己本位、他人の意図を疑う

グと共同で作成した無料オンラインNEOパーソナリティーのリストから引用したものである。

統計的に、テストの回答は正規分布曲線を描き、四〇％の人が「平均」を付ける。テストを受ける人は、それぞれの資質について「非常に強い」から「非常に弱い」までの範囲で評価する。「外向性」が低い人は内向的、高い人は外向的となる。「高い」「弱い」は、平均からプラスマイナス一標準偏差以上。それぞれの資質には逆の資質があり、例えば外向性に低い評価を付けた人は内向性が高いとみなされる。

これらをまとめると、個人の「スタイル」として、五つのパーソナリティーがバランスをとって存在している。なかには複数の強烈な資質を持つ人もいる。勤勉性と情緒不安定性の両方が強い人は「完璧主義者」といえるだろう。有名人を例に挙げると、映画監督のウディ・アレンは複数の資質を持っている。彼には情緒不安定性があるが、公の場では外交的で寛容で、開放的だ。そこで、自分の情緒不安定性をユーモアたっぷりに映画で表現している。その人のスタイルは一つの資質で決まるわけではなく、自分の強みと弱みを生かし、すべての資質をうまく合わせることで決まるのだ。

資質に偏りがあったからといって、他人よりいい人だとか悪い人だという意味ではない。それぞれの資質は、さまざまな局面（ただし、すべての局面ではない）での物の見方を現している。本章の後半で説明するように、投資の成功と関連性のある資質もあるが、その資質が役立つかどうかは状況によって異なる。ベンチャーキャピタリストの成功にプラスとなる資質は、短期トレーダーのパフォーマンスにはマイナスの影響を及ぼすこともある。

パーソナリティーには遺伝的な側面（遺伝的バイアス）がある（もちろん、遺伝的バイアスは多元的で複雑であるが）。経験や行動によって多少の変異が見られ、極端な変異は精神疾患になることもある。

以降の内容を読むにあたって覚えておいていただきたいのは、これらのパーソナリティーは、NEOテストで似たような質問をした際の極端な回答をもとにしたものである。実際には、回答者の四〇％が「平均」を付けている。つまり、それぞれのパーソナリティーをバランス良く保っている。

外向性と内向性

外向性の評価が高い人は「外向的」、低い人は「内向的」と呼ばれる。外向的な人は、人との付き合いが好きで活力に満ち、ポジティブな感情を持つことが多い。つまり外向性の特徴は、社交的で楽観的だといえる。外向的な人は「人生を楽しむ」という表現に強い同意を示す。また、いろいろなことに夢中になりやすく、わくわくできそうなことを見つけると行動を起こす傾向がある。人と話すのが好きで、ときに断定的で、注目を集めたがる。面白いことに、機能的磁気共鳴画像法（ｆＭＲＩ）を調べると、内向的な人よりも外向的な人のほうが、お金を儲けたときに報酬系がより活性化される[9]。つまり、投資機会があると興奮を感じ、やる気を起こす。

これに対して内向的な人は、一般的に静かで控えめで、慎重に行動し、社交性は低い。一人でいるほうが快適であるが、臆病だとか気分が沈んでいるからではない。単に刺激を好まず、孤独が好きなだけだ。「人混みを避ける」という表現に強い同意を示し、外的な刺激よりも内なる要因によって動機づけられる。つまり、自分の内面でやる気を起こし、興奮を感じる。

情緒不安定性と情緒安定性

情緒不安定性の評価が高い人は、不安、怒り、落ち込みなどのネガティブな感情を持つ。「パニックになりやすい」という表現に共感する。ストレスを感じると感情を抑えられなくなり、思考能力・判断力・対応力などに支障を来すことがある。ｆＭＲＩの検査では、恐怖を感じたときの島皮質の活性化のレベルは、情緒不安定性のレベルと相関性があることを示している[10]。このことから、神経質な人は、情緒が安定している人よりも、危険の兆候に対して敏感であることが分かる。恐怖に対する警戒心があまりに強いと疲労を感じることがあるが、実際に災難が起こったときには十分に準備ができているともいえる。

情緒不安定性の評価が低い人は、冷静で、ネガティブな感情を持たない傾向がある。「プレッシャーに強い」という表現に同意を示す。ただし、ネガティブな感情と無関係ということは、必ずしもポジティブな感情を持つということではない。一般的に、不安がなく、忍耐力があり、ストレスを感じるような状況でもリラックスできる。リラックスしすぎるのも問題であり、危険が突然迫ってきたときに対応できないこともある。情緒不安定の評価の高い人は、神経質で人騒がせな行動をとることが多いが、潜在的なリスクに対して注意を怠っていないという側面もあるのだ。

勤勉性と衝動性

勤勉性とは、自分の衝動をコントロール、管理・指揮することであり、目標達成に向けて計画を立て、そのための規律に従い、衝動的な行動を抑えることができる。勤勉な人は「物事をやり遂げる方法を知っている」という表現に共感できる。

勤勉性の対極にあるのが衝動性であり、衝動的な人は「ぎりぎりに計画を立てる」という表現に同意する傾向がある。仕事ではなくプライベートの場面では、自発的で衝動的な行動は楽しみをもたらすことがある。問題点は、短期的にはプラスでも長期的には好ましくない結果を生む傾向があることだ。そのため、目標の成果が小さく、一貫していないことが多い。

新しい経験への開放性と伝統主義

開放性とは、新しい経験や方法を積極的に受け入れ、広く抽象的に考えるということを意味する。開放的な人は、知的好奇心が旺盛で、芸術を評価し、美意識が高く、「込み入った問題を解決するのが好き」という表現に共感する傾向がある。個人主義で、規格に沿わないやり方で考えたり行動したりすることがある。

一方、伝統主義者は複雑であいまいな事柄よりも、単純明快でストレートな事柄を好む。「昔からのやり方に従う」という表現に同意を示す。伝統的な人と比べて開放的な人は、自分の感情をよく認識している。しかし、場面によってはどちらの考え方も役に立つ。開放的なスタイルは心理学者や大学教授に向いているが、調査によると、警官、販売業、公務員などの職業では伝統的な考え方が効果を発揮している。

協調性と自己本位

協調的な人は、人というのは基本的に誠実で親切で信頼できると考え、協力や調和を重んじる。これに対して自己本位な人は、他人との協力よりも自分の利害を優先する。他人の幸せにはあまり関心がないため、他人に手を差し伸べることが少ない[11]。スペースの関係上、後述のマーケットサイコ・ドット・コムの「インベスター・パーソナリティー」テストでは協調性を省略しているが、「五つの因子」の重要な要素の一つである。

パーソナリティーの遺伝的特徴

経験は、その人となりを形成するのに大きな役割を果たす。成長の過程で、人は保護者やロールモデルから、困難や機会に直面したときに対応する方法を学ぶ。このほかに、人は、遺伝学や生物学に基づく心理的な違いを先天的に持っている。生来の違いというのはパーソナリティーの基礎であり、幼少時から見られる。活発な赤ちゃんは成長してもポジティブな感情を持ち、社交的で、新しいことを好む傾向があるが、内気な反応を示す赤ちゃんは引っ込み思案な

表12.2　リスクをとることとリスク行動に弱い関連性がある遺伝子

遺伝子	異常変異体
セロトニントランスポーター（5-HTT）	不安になったり気分が落ち込みやすい
ドーパミンD4受容体	斬新さや刺激を求める

子供になることが多い（ただし、成人してもこれが続くわけではない）。[12]

情緒不安定性と外向性の評価に、弱い関連性がある遺伝子が二つ存在する（**表12.2**）。

四年間にわたるDNA分析研究の結果、パーソナリティーに関係する二つの遺伝子があることが明らかにされた。セロトニントランスポーター（5－HTT）遺伝子には多型（短いS型）があり、この遺伝子を持っている人は多い。5－HTTタンパク質は再取り込み経路（再取り込み遮断）であり、九八ページの**図4.2**と似たような構造を持つ。S型は、シナプス間隙からセロトニンをゆっくり減少させる。セロトニン分子がシナプス間隙に残ると、シナプス後のセロトニン受容体のダウンレギュレーション（受容体結合数の減少）が起こり、セロトニンの脱感作（感受性が弱まる）によってセロトニン数が減る。[13] 情緒不安定性の評価は、このセロトニントランスポーターS型と相関性があるが、バラツキが見られる。[14] これは興味深い発見であるが決定的なものではなく、この遺伝子を持つ人が神経症になる確率は、持たない人よりもほんのわずかに高いだけである。一般的には、情緒不安定の症状が発生する要因はさまざまであり、複数の遺伝子と経験が相互に関連している。

パーソナリティーに関連するもうひとつの遺伝子はドーパミンD4受容体である。ドーパミンD4受容体は、刺激志向（「斬新さを求める」というパーソナリティーに似ている）を抑える働きがある。刺激志向は外向性の要素でもある。多型のドーパミンD4受容体を持つ人は一対一の恋愛関係を築くのが苦手で、浮気をする傾向があるという研究結果もある。

「刺激を求める」という表現に高い評価をつけた人は、さまざまな分野（金銭、社交、娯楽、健康など）でリスクをとるという特徴がある。刺激志向は、ギャンブル依存やハイリスクの活動への参加など、さまざまな種類のリスクをとることの予測因子でもあるのだ。[15][16]実際、フィンランドで行われたある研究では、刺激志向のパーソナリティーはトレードのしすぎと相関性があることを明らかにしている。[17]

刺激志向が遺伝するかどうかは、個人のD4濃度と大胆なパーソナリティーを結び付ける証拠によって推論することができる。[18]最近のある研究では、D4多型とカテコールOメチルトランスフェラーゼ（COMT。ドーパミンやノルアドレナリンなどのカテコール系化合物を不活性化する酵素）多型の組み合わせは、外向性があり、軽躁病になりやすい、と指摘した。[19]ただし、この関係を立証するにはさらなる研究が必要である。

このように、遺伝子とパーソナリティーの関係は、重要であるが根拠が乏しい。特定の環境的な出来事がきっかけとならないかぎり発現しない遺伝子も多い。さらに、パーソナリティーを決める遺伝子は一つではなく、多因子で構成される。現在のところ、これらの発見からは、神経質になったり刺激志向になったりする人を知ることが「できるかもしれない」という程度である。次に紹介するが、遺伝子研究をしなくても、紙とペンのテストを実施するだけで人のパーソナリティーを分類することができる。

投資とパーソナリティー

「投資で成功するかどうかはＩＱとは関係ない。ＩＱは一二五もあれば十分だ。並みの知性があれば、あとは、本能を制御する特性があればいい。多くの人が、本能を制御できずにトラブルに陥っている」――ウォーレン・バフェット[20]

投資家の五因子の評価は、投資パフォーマンスと関連性があるだろうか？　パフォーマンスとパーソナリティーの関係を探るべく、私は七〇項目のオンラインテストを作成した。ゴールドバーグとジョンソンが作成した最も顕著なパーソナリティーのフレーズから六〇引用し、そして一〇の質問を追加した。テストの作成にあたって、私はパーソナリティーと投資判断の相関性を探した。テストでは、五因子のうち四つ（情緒不安定性、外向性、開放性、勤勉性）について評価する。まずは研究の基本的な方法について説明し、次にその結果を紹介したい。

　本書執筆の時点で、一〇〇〇人がマーケットサイコ・ドット・コムでテストを受けていた。テストを受ける際、「実業家」「トレーダー」「投資家」のいずれかを登録する。データの質を確保するため、極端な回答（例えば、すべて「非常に当てはまる」と回答したケースなど）を削除した。また、二五歳以下と八〇歳以上の回答者、発展途上国の回答者、経験五年未満の回答者の回答も削除した。一～六〇までがパーソナリティーに関する質問である。

　続いて、一〇の質問をして自分自身について正直に答えてもらう。六二と六三はカフェインとアルコールに関する質問であり、十分な結果が得られていない。六八までは「まったく当てはまらない」から「非常に当てはまる」まで評価してもらい、六九と七〇は五つの範囲から選択してもらう。ここで、質問の内容を紹介しよう。

六一．（夢を見る）ベッドに入ってもマーケットやポジションのことを考えたり、夢に見たりする。
六四．（手仕舞い計画）トレードを始めたりポジションを持ったりする前に、あらゆる非常事態について考え、手仕舞いできる計画を立てている。
六五．（損を抱え込む）損を出したポジションを長く持ちすぎる（当初の計画よりも長く持つこともある）
六六．（利食い）価格が大幅アップすると、当初の計画を変えて、早く利食いをすることがあ

る

六七．（イチかバチか）損を出すと、それを埋め合わせるためにさらにリスクを冒すことがある

六八．（利益を逃す）トレードや投資で含み益が出てもすぐに決済せず、含み益が消えてしまうことがある

六九．（投資利益）二〇〇〇年一月から二〇〇四年一二月までの投資の総利益は？

七〇．（最大の損失）二〇〇〇年から二〇〇四年までに、一つのポジションで出した最大の損失の総資産に対する割合は？

行動について質問するとき、「自己申告」バイアスが問題となる。例えば、自分の先入観で答える人もいるかもしれない。神経質な人はネガティブな表現に同意を示すだろう。外向的な人は自信過剰気味になり、投資パフォーマンスを楽観的に答えるだろう。幸いにも、別の調査で個人の実際の投資パフォーマンスを調べ、それをパーソナリティーと比べることができた。まずはオンライン調査の結果をテクニカル用語で報告するが、続いてだれにでも分かる表現で説明する。さらに、ほかのNEOベースの投資家のパーソナリティー調査についてコメントしたい。**表12.3**は、四つのパーソナリティーと質問の答えの相関性を表したものである。九五％の信頼確率が得られた場合、線形回帰で相関関係を示した。実際、一つを除きすべての相関関

表 12.3　パーソナリティーの評価と質問の線形相関（↑は正相関、↓は逆相関）

パーソナリティーテストの結果	外向性	情緒不安定性	勤勉性	開放性
六一. 夢を見る	—	↑	↓	↑
六四. 手仕舞い計画	↑	↓	↑	↑
六五. 損を抱え込む	↓	↑	↓	↓
六六. 利食い	↑	—	—	↑
六七. 一か八か	—	↑	↓	—
六八. 利益を逃す	↓	↑	↓	↓
六九. 投資利益	↑	—	—	↑

係で九九％の信頼確率が得られた（p＜〇・〇一）。まず、表12.3を見ていただきたい。質問七〇（最大の損失）には目立った相関性はなかった。投資家がリスク管理を怠るパーソナリティーは一つではないようである。表だけでは分かりにくいため、言葉で詳しく後述したい。

上向きの矢印は、パーソナリティーと左欄のバイアスに正相関があることを意味している。例えば、外向性の評価が高い人は、質問六四「――手仕舞いできる計画を立てている」に同意する可能性が高い。下向きの矢印は逆相関であるため、その項目とは逆のパーソナリティーと相関性があると考えられる。例えば、情緒不安定性の評価が高い人は、質問六四に同意する可能性は低い。

多少混乱してしまうかもしれないが、それぞれのパーソナリティーと逆のパーソナリティーについても考えてほしい。「情緒安定性」は「情緒不安定性」の逆のパーソナリティーであり、情緒安定性の評価が高い人は質問六四に同意する可能性が高い。また、外向性は投資利益（質問六九）と相関性があるが、それとは逆のパーソナリティー（内向性）は投資利益と逆相関があると考えられる。

神経質な投資家

投資バイアスに関しては、情緒不安定は最も危険な資質だと考えられる。ただし興味深いことに、情緒不安定性が強いからといって投資利益が少なくなるわけではない（質問六九）。神経質な人は、概して、危険に対して強い警戒心を持ち、自己批判的である。こういった特性を強みとして生かすことができる。自分がバイアスを持っていることを認識しており、それを理解したうえでミスを避けようとする。

神経質な人は、儲ける夢を見て（質問六一）、損失を抱え込み（質問六五）、損を埋め合わせるためにさらにリスクを冒し（質問六七）、含み益すら失ってしまう（質問六八）傾向がある。ただし質問六四とは逆相関であるため、神経質な投資家は手仕舞い計画を立てている可能性が低い。

心理学の研究によると、情緒不安定性は、臨床的鬱病と不安症と相関性があることが明らかになっている。どちらの疾患も睡眠障害を引き起こし（質問六一）、ストレスを感じると優柔不断になる（質問六四と六五）。

したがって、情緒不安定性の逆である「情緒安定性」は、投資バイアスとの相関性が最も低いパーソナリティーだといえる。ただし、情緒が安定している人は、不安定な人よりも投資利益が少ない傾向がある。これは、「批判的な自己認知」が弱いからだと考えられる。つまり、自己を認識しないことがバイアスとなっているのだろう。

「トレーダー」として登録した回答者は、「投資家」や「実業家」よりも神経質の傾向がはるかに低い。これは理にかなっている。というのも、短期間でトレードする人は、マーケットの変動に対してそれほど神経質にならず、ストレスにも感じないからだ。いちいちストレスに感じていたら疲れ果ててしまうだろう。

本章後半でも説明するように、投資で成功するには自分のパーソナリティーと投資スタイルを一致させなければならない。神経質な人は、短期的なトレードを避け、自分のバイアスを補う必要がある。そうすることで、情緒が安定した投資家と同等の利益を上げることができる。

外向的、開放的、勤勉な投資家

外向的な人は、あらゆる非常事態を考えて手仕舞い計画を立て、価格が上昇すると売り、内向的な人よりも多くの利益を上げる、と考えられる。外向性は質問六五（損失を抱え込む）と質問六八（利益を逃す）と逆相関である。ということは、内向性はこれらのバイアスと正相関になる。

外交的な人は、損を出した銘柄を持ち続けず、含み益を逃さないため、全体的に見ると内向的な人よりも投資利益が大きくなる傾向がある。これは、確証バイアスがあるためだと考えられる。つまり、外交的な人のスキルとリターンは、リサーチャーの情報と本人の考えが一致したことを示している。ただし、利益の確定が早すぎるという欠点も認識しているため、完璧な自己像を描いたりしない。

開放性は、外向性と似た結果が得られている。付け加えるとすれば、質問六一（夢を見る）との相関性があることだ。開放的な人は夜になってもポジションのことを考える傾向がある。結果的には、外向性と開放性は投資利益との相関性が高い。

開放的で外交的な投資家といえば、ジム・ロジャーズが最も有名だろう。彼は新しい経験を積極的に求め、また、オートバイと自動車で大陸を越えて旅をした記録は『ギネスブック』に認定されている。『冒険投資家ジム・ロジャーズ　世界大発見』『冒険投資家ジム・ロジャーズ 世界バイク紀行』（いずれも日経ビジネス人文庫）などの著書もある。一九九〇年代後半、ほとんどの投資家が注目していなかった時代にコモディティ・インデックスを設立し、ボツワナ、ニカラグア、ボリビアなど多様なマーケットへの投資を推奨した。最近では、家族とともにニューヨークからアジアの中国語圏に移り、新たな時代のビジネスの中心を身近でとらえようとしている。ジョージ・ソロスとともにクオンタムファンドも設立している。ロジャーズの開放性と外向性は、マーケットでの成功と豊かな人生の両方に貢献している。

勤勉性は、質問六四（手仕舞い計画）と相関性がある。逆相関が見られるのは質問六一（夢を見る）、質問六五（損を抱え込む）、質問六七（イチかバチか）、質問六八（利益を逃す）である。つまり、衝動的な投資家と比べ、すぐに勤勉な投資家は、損切りをする、ナンピン買いをしない、利益を深追いしないなどの規律をもって投資判断を下している。また、睡眠を妨げるような投資をしない。勤勉な人の評価から判断すると、高い利益を上げると考えられるが、これを証明するデータはない。

職業に関する調査では、勤勉性はほとんどの職種で成功と相関性がある。ということは、マーケットのパフォーマンスも好ましいと予測されるのだが、利益はけっして多くない。勤勉性とマーケットのパフォーマンスが一致しないのは不思議である。ただし投資は、ルールや規制に縛られた九時～五時の仕事ではない。マーケットは複雑で変動的だ。おそらく、ルールに基づく柔軟性のないマーケット分析は、投資家の適応性を妨害してしまうのだろう。

その他のパーソナリティー研究

ＮＥＯを利用して、ほかの研究者たちもパフォーマンスとパーソナリティーの相関性を見つけている。さまざまな研究結果を考え合わせると、投資家とトレーダーは異なるパーソナリティーによってメリットを得ている、と言えるだろう。私の見解は、オーストラリアで行われたある小規模な調査からも裏づけられる。デュランド、ミューバイ、サンガニの三人の教授は、オーストラリアの一八人の投資家の一年間のパフォーマンスを追った。心理、パーソナリティー、そして投資パフォーマンスに関するデータを集めたところ、外向的な人は内向的な人と比べ、多くの株式を保有し、トレード数が少なく、多くの利益を上げることを発見した。

また彼らは、開放性と情緒不安定性の評価が高い投資家は、高いリスクをとる傾向があることにも気づいた。情緒不安定な人は安定している人よりもトレード数が多く、勤勉な人は衝動的な人よりもリスクをとる傾向が低く、協調性のある人は高いリスクをとることも明らかになった[21]。勤勉な投資家がリスクをとる傾向が低い、というこの調査結果から、勤勉な投資家は衝動的な投資家よりも利益が少ない理由が推測できる。

次に、短期トレーダーの心理テスト結果についていくつか紹介したい。短期トレーダーは、長期トレーダーやポートフォリオマネジャーとは違ったスキルを要する。そのため、私の研究結果とは矛盾する内容もあるだろう。しかし私の研究結果は一〇〇〇人のトレーダー、投資家、実業家を対象にしたものであり、トレーダーの割合は二五％以下だったことを覚えておいていただきたい。

フェントン・オクリービーとその同僚が投資銀行の一一八人のトレーダーを対象に行った調

査は、トレーダーには情緒不安定な人が少ないという点では私の調査結果と一致しているが、そのほかの結果とは異なる見解を示している。成功を収めているトレーダーは精神的に安定し（情緒不安定性の評価が低い）、内向的で（外向性の評価が低い）、新しい経験に対して開放的だとの結論に達したのだ[22]。開放性と成功の関係については私の見解と一致しているが、内向性と成功の関係については、彼らの調査対象は主に短期トレーダーであり、実業家や投資家ではなかったからだと考えられる（私の調査対象は、主に実業家と投資家だった）。

トレードのコーチであるブレット・スティーンバーガー博士は、リンダ・ブラッドフォード・ラシュキのトレードセミナーに参加していた六四人のトレーダーを対象にしてパーソナリティーテストを行った。その結果、勤勉性の評価が高いことはトレードの成功にとって最も重要な要素であることを発見した（この調査も、私の調査対象とは構成が異なる）。反対に、スティーンバーガーは、開放性と情緒不安定性はトレードをするうえで問題だと推測している[23]。開放性とパフォーマンスの低さの相関性を指摘する彼の見解については説明するのが難しいが、おそらく、短期トレーダーには集中力が必要なのだろう。彼はこの結果について「重要なのは、トレードで成功するには一貫性を保ち計画に従う、ということだ」と述べている。

また別のトレードのコーチであるダグ・ヒルシュホルン博士は、心理学博士号の論文作成にあたって、トレーダーを対象にしてＮＥＯパーソナリティーテストを行った。学生時代は野球選手であった彼は、高いレベルで運動競技をすることで精神的に鍛えられ、短期トレードに大いに役立つと考えた。ところが面白いことに、彼が行ったテストでは、スポーツのバックグラウンドがある人はトレードで成功する確率が低かった。また、開放性の低さとトレードの成功に相関性があることが分かった[24]。おそらく、短期トレーダーはトレードの分析に集中してその結果に従う必要があるため、スティーンバーガーもヒルシュホルンも開放性の低さと成功には相関性があるという結論に至ったのだろう。長期投資家というのは、多様な景気動向や抽象的な財務的概念を理解して利益を得る。そういうわけで、デュランドも私も、開放性の高さはパフォーマンスと相関性があるという結論に至ったのだ。

ローとレーピンとスティーンバーガーの三人は、トレードのパターン、パーソナリティーの特徴、日常的な感情反応について、八〇人のトレーダーを対象にして二五日間にわたる実験を行った。ただし実験期間中にマーケットが二〇％下落したため、最後まで実験に参加したのは三三人だけであった。統計的にはこのサンプル数は少なすぎるが、ローたちは、パーソナリティーの資質自体はトレードの成功と相関性がないという結論に達した[25]。

ウィーンにあるウェブスター大学のトーマス・オベルレヒナー博士は、ヨーロッパとイギリスで活動する六〇〇人のFXトレーダーに調査票を送った[26]。回答率は五四％であった。二三の項目のなかから、トレーダーとして成功するのに最も重要だと思う特性にランクを付けてもらった。評価の高かった項目は、①迅速な対応、②規律、③経験、④集中力、⑤ストレス耐性――であった。オベルレヒナーは二三の特性を八つのグループに分けたところ、「規律ある協力」

が最も高い評価を得た。衝動性（規律の逆の特性）が高い被験者は、トレード数は多いがパフォーマンスは低かった。[27]

これらをまとめると、投資家については、外向性と開放性はリスクをとることと利益の両方に相関性があるといえる。一方トレーダーについては、情緒安定性と勤勉性が利益に結びつく。勤勉性は、計画的にトレードを進めるのに役立ち、特にハイリスク・ハイリターンの機会を待つのに忍耐力を要する短期トレーダーにとって重要な要素だ。

もちろん、意思決定に影響を及ぼす重要なパーソナリティーはほかにもたくさんある。しかも、測定や評価ができないものもある。それどころか、意思決定、批判的思考、問題解決、行動などのパターンを観察しなければ分からないものが多い。優れた投資家の認知・感情に関連する重要な資質をいくつか紹介したい。

トレードの心理学

経営者や投資家は、そのパフォーマンスを向上させるために心理や感情に関連するさまざまなツールや方法を利用し、しかもその利用は急速に広がっている。[28]その例として、世界で最も成功を収めたヘッジファンドマネジャーの一人、スティーブ・A・コーエンを紹介したい。ジャック・シュワッガーの著書『**マーケットの魔術師【株式編】増補版――米トップ株式トレー**

ダーが語る儲ける秘訣』（パンローリング）によると、コーエンは「間違いなく世界で最も偉大なトレーダーの一人」である[29]。彼はＳＡＣキャピタルの創始者であり、元オリンピック選手たちのメンタルケアをしていた精神科医のアリ・キエフ博士を「永久雇用」している。コーエンが精神科医を雇用したということは、心理をマネジメントすることがリスクをとることに効果的だということを意味している。

コーエンのトレードを観察したシュワッガーは、「彼の気さくな乗りに強い印象を受けた」。シュワッガーは次のように記している。「彼は、トレード中も常にユーモアのセンスを忘れていなかった」。コーエンのユーモアのセンスと気さくさは、トレードの勝ち負けを「ひどく気に病んでいない」ことを示している。（少なくとも表向きは）彼は感情的にならない。では、一般の投資家はトレードの結果に対してどのようにバランスを保ち、健全な考えを持つことができるのだろうか？

自分の価値観を述べずに意見を明確にし、エゴをなくし、柔軟な期待を抱くことは、投資家にとって非常に重要なことだ。特にプロの投資家は、自分の判断結果ではなく、優れた判断プロセスを習得することにエネルギーを注ぐ必要がある。一定の結果を達成しなければならないというプレッシャーを自らに課した投資家は、プレッシャーが強すぎると「あがって」しまうリスクがある（第10章を参照）。さらに、現在マーケットで起こっていることを常に把握することも大切だ。過去の出来事をいつまでも振り返るのは自己破滅的な行為だ。自らの態度を毎日修正すると、ポジションが新鮮に見えるだろう。

歴史上最も偉大なトレーダーで慈善家の一人であるジョージ・ソロスは、「可謬性（いかなる知識も間違っている可能性がある、という考え）の認識」という表現をよく使っている。「ほかの人にとって、間違いは不名誉なことである。私にとって、自分の間違いを認めることは誇りである。人間とは不完全な理解をするものであるということを認識すると、間違っても恥ずかしいと思わない。自分の過ちを正さないほうがよっぽど不名誉なことだ」[30]。このような信念を持っているソロスは、下降局面にあっても自信を失うことはない。ほかの人が不安や疑念に悩まされ、判断を誤っても、ソロスは冷静さを保ち、知的好奇心を持ち続けることができる。

マーケットで成功を収めるには、柔軟な心を持つことが重要だ。トレーダーのジーン・マニュエル・ロザンが言っていた。「ある日の午後、株式相場についてソロスと意見を交わした。ソロスは弱気相場だと強く主張し、その理由についてじっくり考え抜いた持論を展開した。しかしその考えが間違っていることが分かった。株式相場は急騰したのだ。それから二年後、ロザンはテニスの試合でばったりソロスに会った。『あのときの会話を覚えていますか？』とロザンが聞くと『もちろんよく覚えています』とソロスは答えた。『自分の考えを変えたおかげで、大儲けできたんですから』。彼は自分の考えを変えたのだ！」[31]

多くの人は、間違うことを恐れる。特に、内からも外からもパフォーマンスのプレッシャーがあったり、ベンチマークを満たせない可能性があると、それは不安につながる。「ソロスとほかのトレーダーの違いは、ソロスが可謬性を認めていることである。多くの人は、自分の仮説は正しいと考えるのだが、ソロスは自分の仮説は間違っていると考えて物事に取り組むことができる」[32]。可謬性を認めることで、ソロスは自分のポジションを柔軟に観察している。判断が間違っていた場合でも、否認、落胆、怒りといった感情的な反応を最小限に抑えることができるのだ。それどころか、彼の感情的な反応は逆説的にも見える。ソロスは自分の論理プロセスについて次のように記している。「私は、間違いを見つけることに喜びを見いだしている」[33]と。ソロスの心の柔軟性と勇気は、成功の大きな要因となっている。

第3部では、まず、認知バイアスについて簡単に説明する。次に、見込みや信頼など、分析的な意思決定の基本的な要素について説明し、体系的な認知のゆがみや自制心のゆがみについて検証していく。

第３部

お金について考える

第13章　意思を決定する――見込み、曖昧さ、信頼が意思決定に及ぼす影響

「利益の見込みと利益の金額をかけた数字から、損失の見込みと損失の金額をかけた数字を引く。われわれはまさにこういうことをしようとしている。完全ではないが、つまりはそれが本当の目的なのだ」――ウォーレン・バフェット（バークシャー・ハサウェイの一九八九年度年次総会でのスピーチより）[1]

二〇〇〇年、六月のメキシコ大統領選挙の直前、政治とは何の関係もないある人物が八〇年以上も政権を握ってきた制度的革命党（ＰＲＩ）を倒そうとしていた。彼の名はビセンテ・フォックス。世論調査によれば、国民行動党（ＰＡＮ）の候補者であったフォックスは、現政権ＰＲＩの候補者であるフランシスコ・オチョアの得票数を上回った。ＰＲＩは、有権者の買収、票の水増し、民族主義の扇動、さらには脅迫といった腐敗した制度のなかで権力を維持してきた。ＰＲＩの執行部は、敗北の可能性のあることに怒りをあらわにした。大統領選挙の二週間前、オチョアは、ＰＲＩが勝ったら暴動や騒乱は起こらないだろうとの希望を述べた。

オチョアは悪意の可能性については否定したが、その発言は婉曲的な恐怖としてとらえられ

た。発言の翌週、メキシコの株式市場とメキシコペソは二〇％も下落した。起こらないと思われていた政治的暴力は突然、可能性どころか現実味を帯びてきた。

オチョアの発言の二週間後の日曜日、選挙は平穏無事に行われ、ＰＡＮのフォックスは六％という僅差で勝利を宣言した。公式な選挙結果が発表された直後、フォックスは記者会見を行った。勝利スピーチで、彼はメキシコの市場経済を信じていると述べ、経済および政治改革を進めることを誓った。暴力は起こらなかった。二日後、株式市場とペソは急騰し、二週間前の水準を上回った。

メキシコの投資家たちは、政治的暴力の可能性におびえていたのだ。以降に紹介するように、投資家がリスクの見込みを評価するときには感情のバイアスがかかる。このケースでは、恐怖という感情が評価をゆがめた。リスク認知は極端に低い（特に、利益の直後）か極端に高い（特に、損失の直後）かのどちらかになりがちであるため、観察力の鋭い投資家にとっては絶好の機会となる。

リスク認知の形成には、意思決定を下すときの三つの条件が関連する。①結果が認知される期間（例えば、結果が長期に及ぶ場合はリスクが少ないと認知される）、②シナリオから連想される出来事（破産の不安など）、③特定の感情反応についての生来の準備性（例えば、先天的に神経質か、それとも楽観的か？）[2]。これらの要因はそれぞれ、見込みを判断するときのバイアスとなる。

第3部では、投資家は結果の見込みをどのように「評価するべき」か、そして「実際に」どのように評価しているのかについて見ていきたい。特に、投資家が期待価値の判断を誤り、曖昧さに過剰反応する原因について検証する。

期待価値と期待効用

「投資家は毎日、投資の『機会』を『見込み』に変えなければならない。これは投資家にとって欠かせないスキルだ。そのため投資家は、さまざまな状況のなかで見込みのあるものをどのように見つけだすかを考え、落とし穴が隠されている場所を突き止めなければならない」
――マイケル・モーブッシン[3]

伝統的な経済理論に従うと、宝くじやロッタリーを買うのは「合理的な」行動ではない。ロッタリーの期待価値は一ドルにつき四〇セント。つまり、一ドルの投資で六〇セント損しているというわけだ。

それでも人々はロッタリーを買い、カジノに行き、株式や通貨をデイトレードする――いつも損をするとしても。行動経済学者たちは、期待価値がマイナスのギャンブルに人々が手を出す理由を三〇年にわたって調べてきた。

考えられる結果の大きさや確率が分かっている場合、通常、人は期待価値を計算して判断を下す。こういった計算は、脳の分析的（直感的ではない）意思決定系で行われる。分析的判断では、考えられる利益と損失の大きさ、確率、時間の遅れといった数学的特性を考慮する。

期待価値を計算するとき、どの選択肢が最も高い平均リターンを得られるかをひとつひとつ判断する。まず、そのリターンが得られる確率に、リターンの大きさをかける。次に、各選択肢の答えをまとめて全体の期待リターンを計算する。ただし、未知の大きさの不確実なリターンしか得られないことを考えると、この計算結果を使用する場合は十分に注意しなければならない。

多くの人がギャンブルやトレードをする理由は、マーケットが好きで、仲間と議論を交わすのを喜び、スリルを楽しんでいるからだ。数学的な結果が何であれ、何かを好きになる（満足する）ことを、経済学的に「効用」と呼ぶ。「期待効用」を利用して意思決定をするときは、人が何に「質的な」価値を見いだすのかを考える。マーケットの将来は基本的に不確実であるため、多くの投資家が期待価値ではなく期待効用に基づいて判断を下す。

効用とは抽象的な尺度である。意思決定論者は、効用は、①現在の感情（瞬間効用）、②結果を得たことで期待する感情（予期効用）、③実際の意思決定プロセス（決定効用）、④過去の似たような経験の回想（経験効用）――によって示されると述べている。これらの効用に共通なのは、「感情」だ。つまり効用とは、決定と期待される結果について人がどのように「感じる」

か、ということである。結局、投資家は自分が快適に「感じられる」ことを期待して判断を下すのだ。

株式相場など、意思決定が難しい環境では、多くの人が、結果（リターン）の見込みと大きさの予測を誤ってしまう。こういったミスが起こる原因は、不確かまたは曖昧な情報を分析したことによって感情のバイアスがかかるからだ。おそらく、結果に関するあらゆる情報が分かっているような完璧な環境でも、投資家はバイアスの影響を受けてしまうだろう。本章ではまず、限界のある期待価値（カジノなどでよく見られる）のバイアスについて、そして結果に関する曖昧な情報のバイアスについて説明していく。

大当たりの落とし穴

カジノで最も期待価値の低いゲームといえば、キノだ。〇～五〇のなかから六つの数字を選び、親がランダムに選んだ数字と一致すればプレーヤーの勝ちとなる。一ドルの投資につき、カジノ側が約二九セントをとるため、プレーヤーにとって最も分の悪いゲームだ。それでも、高額に跳ね上がった当選賞金がカジノに表示されるため、多くのギャンブラーがキノに夢中になる。

脳のイメージングを見ると、結果の大きさと見込みが意思決定に及ぼす過度の影響を知ることができる。期待される利益が大きくなると、報酬系が活性化される（特に、側坐核）[4][5]。報酬の見込みが高くなる場合と、期待される報酬が大きくなる場合とでは、後者のほうが感情的な興奮を伴う[6][7]。

私は二〇〇三年に、スタンフォード大学のナットソン教授の研究室で働いたことがある。私たちは、報酬の期待価値が変化したときの神経系の影響を調べる実験を行った。報酬の特性（大きさと見込み）によって脳の反応は根本的に異なった。

そして、さまざまな報酬の大きさと見込みが脳に及ぼす影響をまとめた。初期調査の結果では、五ドルの利益を期待した場合の報酬系の反応は、一ドルの利益を期待した場合よりもはるかに強かった。ところが報酬の大きさを同じにすると、まったく違った結果が得られた。

期待価値が異なる（五ドルの報酬が得られるが、見込みが異なる）ときの脳を観測すると、脳の活性化にはあまり違いが見られなかった。例えば、五ドル得られる確率が八〇％（期待価値は四ドル）のときと二〇％（期待価値は一ドル）のときを比べると、八〇％のときのほうがわずかに活性化したにすぎない。絶対価値として五ドル得られるときは、一ドルのときよりもはるかに強い興奮が見られた。この結果から、被験者が報酬の見込みではなく大きさに注目していることが分かる。

図13.1と**図13.2**では、同じ統計的閾値を使用している。つまり、シャッタースピードと絞り値を一定にして記録したものである。**図13.1**では、大きさ（五ドルと一ドル）が脳の活性化に及ぼす

図 13.1　５ドルの報酬が得られるゲームをしたときと、１ドルの報酬が得られるゲームをしたときの脳の活性化のパターン

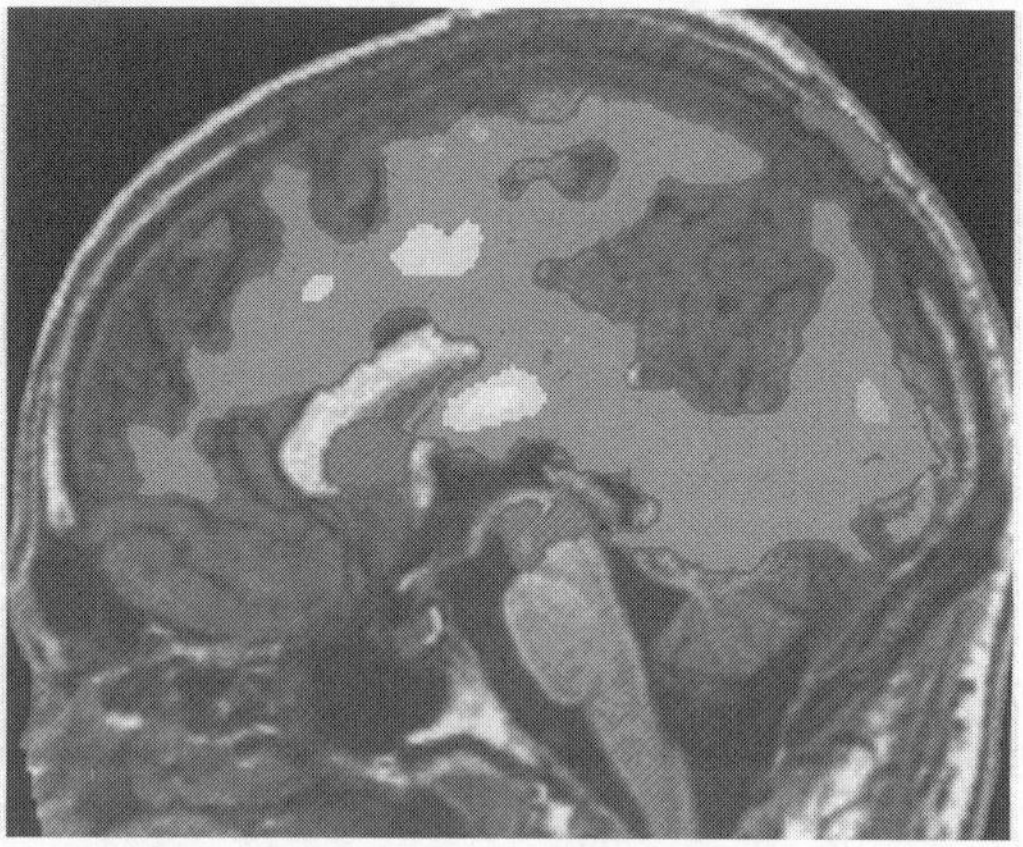

図 13.2　５ドルの報酬が得られる確率が 80%（期待価値は４ドル）のゲームをしたときと、５ドルの報酬が得られる確率が 20%（期待価値は１ドル）のゲームをしたときの脳の活性化のパターン。有効閾値は同じであることから、大きさに対する脳の選択的活性化が分かる

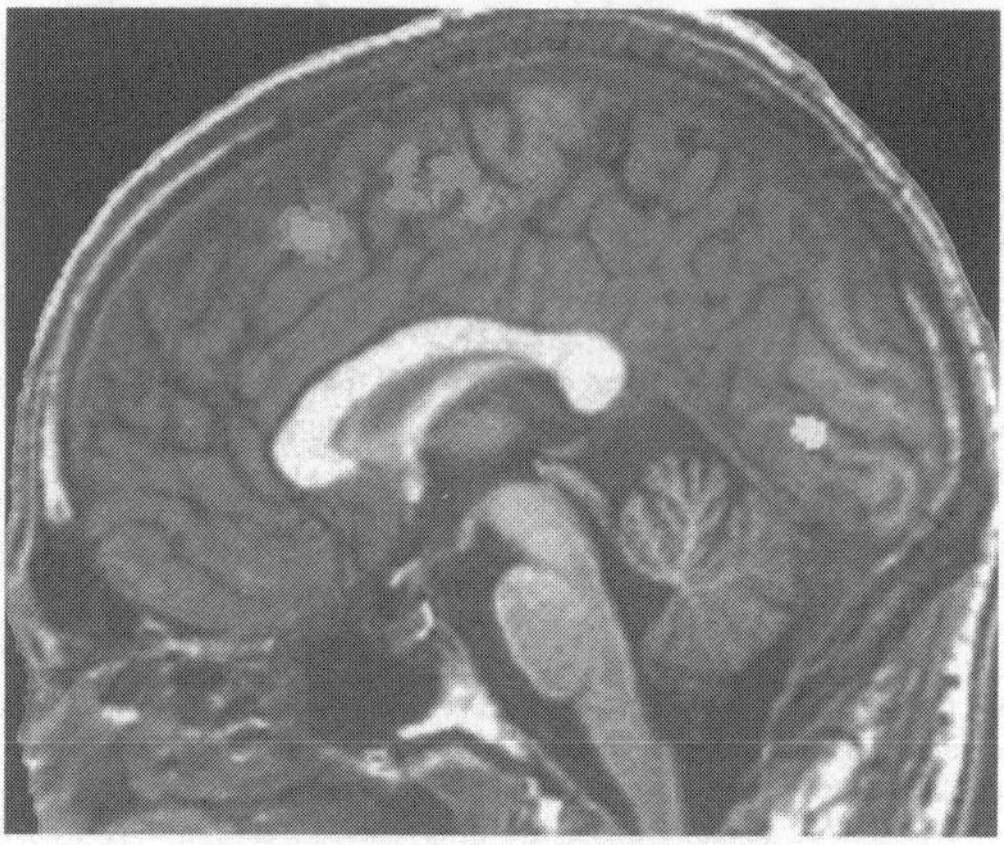

影響は深く広く分布している。図13.2では、大きさは一定（五ドル）だが見込みの違い（八〇％と二〇％）を比較している。絶対的な報酬規模が大きいほうが、活性化も大きい。

この結果は、あくまでも例として理解していただきたい。この調査には見込みの「高さ」と「低さ」に問題があったため、公表はしていない。というのも、ゲームのスキルが高いために、「低い」見込みでも実際には五〇％の確率だった被験者もいたからだ。スキルにかかわらず一定の報酬の確率を維持できるように実験を作り直し、調査結果をジャーナル・オブ・ニューロサイエンスで発表した。ただし、前に紹介した図13.1と図13.2は最初の調査結果から引用したものであり、見込みが異なると二つの脳画像の活性化に変化が生じることが分かるだろう。

大きさに応じて活性化が強くなることは、心理学的効果につながるのだろうか？　実際、前述の調査では、被験者はより大きな報酬を期待するとより「幸せ」（ポジティブな活性化）に感じている。[8]

別の研究では、被験者に仮想の株式市場でトレードをしてもらった。そのマーケットでは、バブルと崩壊が何度も繰り返された。研究者たちは、仮想のマーケットでトレーダーが判断ミスをする可能性があるかどうかを調べた。すると、トレーダーが高価値・低確率の利益を好むのとバブルには相関性があることが分かった。この結論は、直感的に理にかなっていると考えられる。バブル相場の投資家は、低い確率でも高い利益を求めて判断ミスをする。つまり、大きな利益が高い確率で得られる、と考えたのだ。[9]

ポール・スロビック教授は、感情によって見込みの判断がゆがめられることを発見した。ギャンブルの結果が重要な意味を持つとき、「感情ヒューリスティック」に左右されると、人は意思決定をするときに利益（または損失）の大きさを心の中で重視しすぎてしまう。[10] スロビックの見解から、ナットソンと私の実験で、五ドルの利益が期待できるゲームに参加した学生の報酬系が活性化した理由の説明がつくだろう――被験者は、ゲームの結果に興奮してしまったのだ。

見込み（確率）の判断ミス

「運のゲームでは、たくさんの錯覚から望みが生まれ、見込みが低くても望みを持ち続けてしまう」――シモン・ラプラス（フランスの数学者）一七九六年

見込みの判断ミスはだれにでも起こりうる。最近のある実験では、簡単なギャンブルを行うときに人々がどのように見込みを誤るのかを指摘している。一定の結果が生じるかもしれないがその確率が低いとき、人はその結果が起こる確率を過大評価する傾向がある。これに対し、一定の結果が起こりそうなとき、人はその確率を過小評価する傾向がある。[11]

図 13.3　評価されるリスクの確率加重曲線——ギャンブルは利益や損失などが加重されるため、確率関数は曲線のようになる（点線は実際の確率）

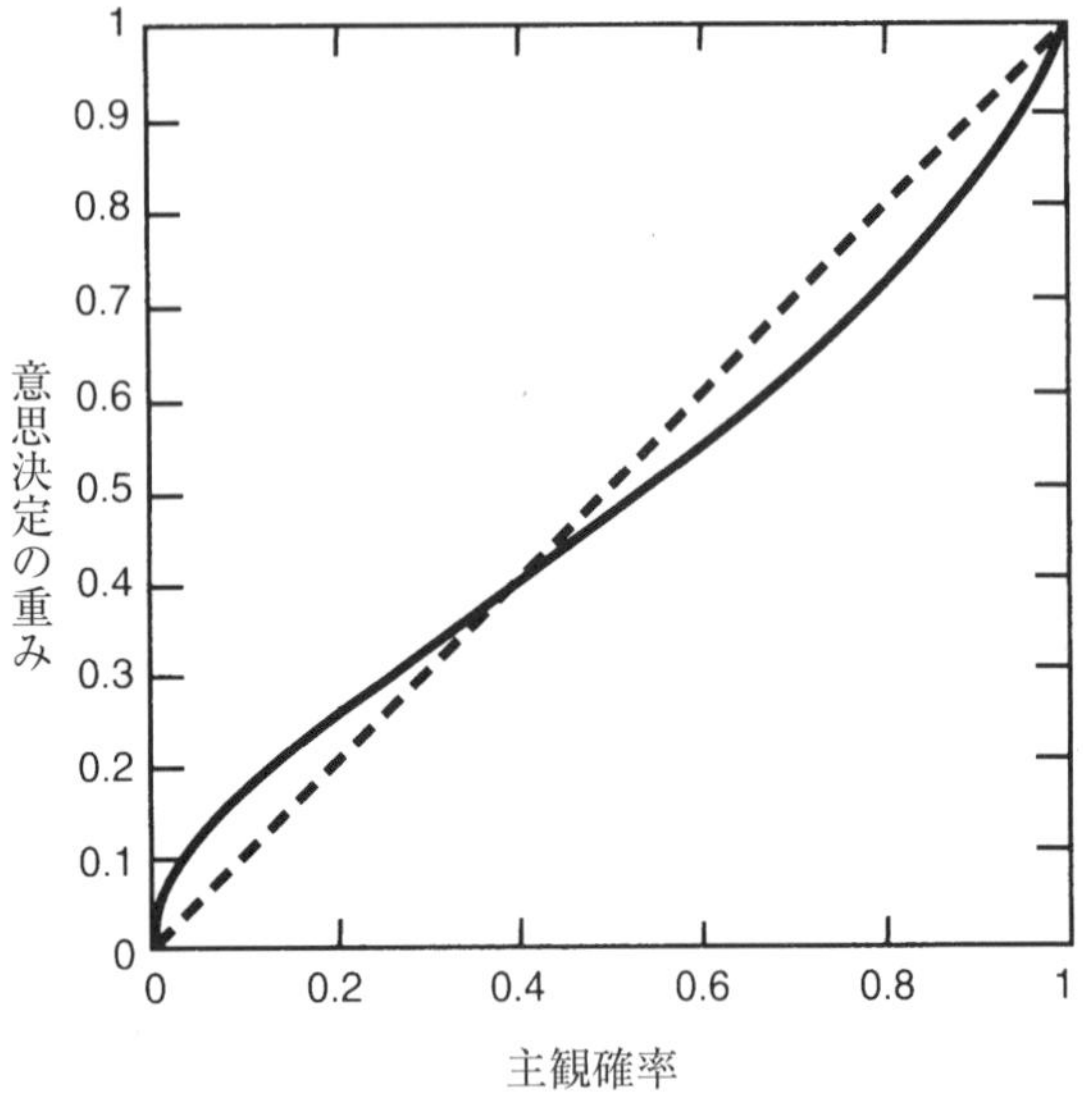

出所 = Prelec, D. 1998. "The Probability Weighting Function." Econometrica 60: 497-528

ある結果が生じる確率が四〇％以下のとき、人はその確率を主観的に重みづけて考え、四〇％以上になるとその重みは低くなる[12]（**図13.3**を参照）。

例えば、パリ・ミュチュエルの賭け（競馬やドッグレース）の大穴はアマチュアのギャンブラーに好まれる傾向がある。アマチュアが大穴に賭けるため、期待される報酬の確率はオッズに基づく本来の勝率よりも低くなる。つまり大穴に賭ける人が多くなるほどオッズは低くなり、買ったとき

図13.4　予測される結果によって感情が生じるときの確率加重曲線——結果に対して感情的なバイアスが加わると人は低い確率を過大評価し、高い確率を過小評価する

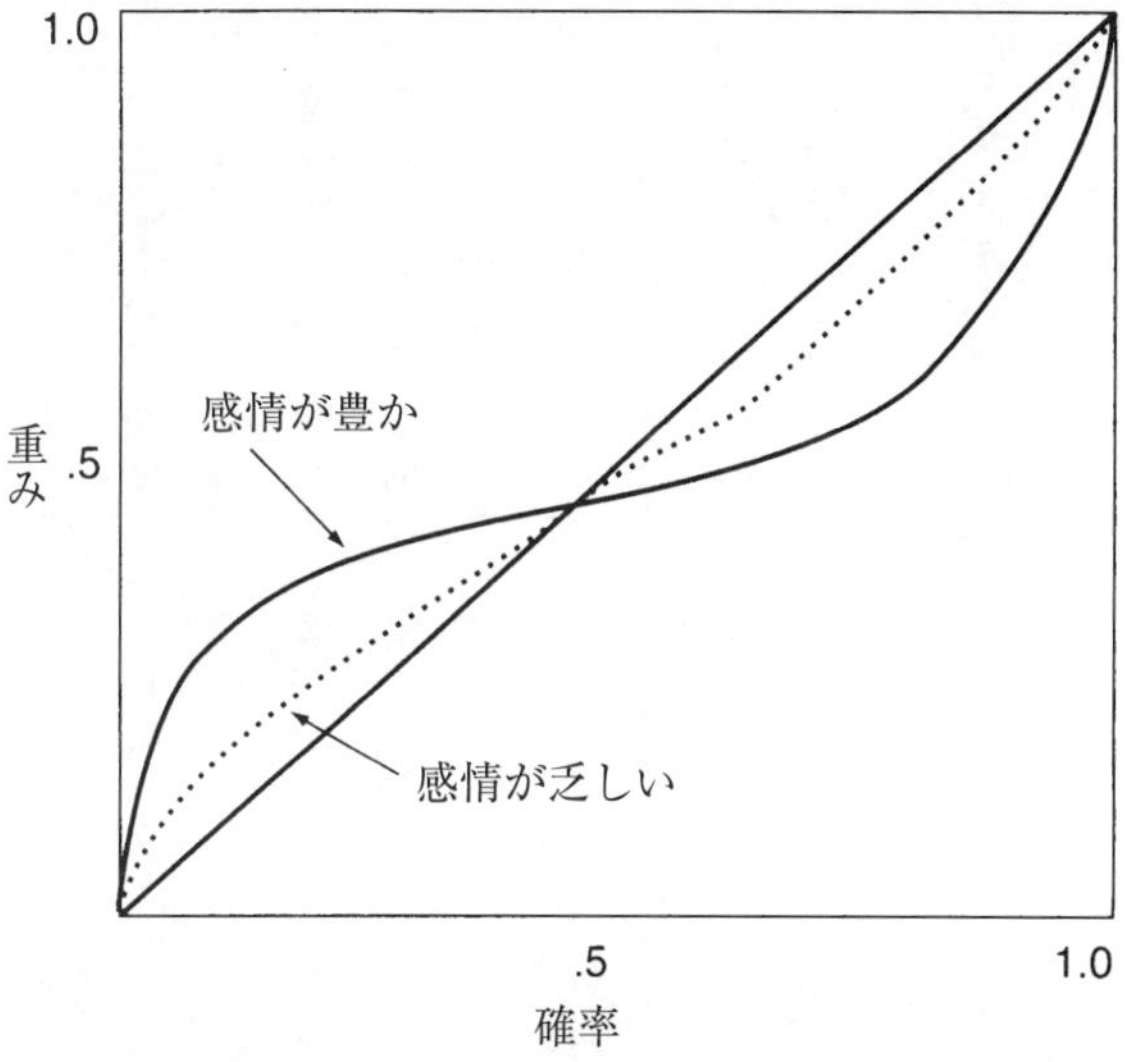

出所＝ Hsee, C. K., and Y. Rottenstreich. 2001. “Money, Kisses, and Electric Shocks : On the Affective Psychology of Risk.” Psychological Science 12: 185-190

の賞金も低くなる。

賭けをする人は、勝つ見込みの高い対象が実際に勝つ確率を過小評価するため、それに賭けるのを避ける。その結果、勝つ見込みの高い対象は、賭けをする人が予想するよりも良い報酬が得られることが多い[13]。

多くの場合、リスクに対する知的な判断と感情的な判断には大きな違いがある。不確実な環境やリスクの高い環境では、感情は、結果の「見込み」よりも「可能性」の影響を受けやすく、非常に低い確率のほうを重視してしまう。[14] 概して、経験不足の投資家は、確率は非常に低いけれども感情的に意味のあるイベント（市場崩壊など）が起こりやすいと考えてしまう。[15] 一方で、見込みが高く、感情的に重要な結果（強気相場など）は起こりにくいと考える。確率加重曲線から、予測される結果が感情的な重みを持つと確率の評価を誤ってしまうことが分かる（図13.4）。

見込みの評価は、イベントの結果に伴う感情だけでなく、個人の精神状態のバイアスも受ける。例えば、普段から幸せな人は楽観的で、ポジティブな出来事が起こる確率を高く評価し、ネガティブな出来事が起こる確率を低く見積もる。[16] ネガティブな感情を持っている人には、これとは逆のパターンが見られる。[17]

見込みの判断ミスは、単発的なイベントで起こる（ただし、競馬やドッグレースには当てはまらない）。つまり、わずかな確率を重視する傾向は、一回の選択のときに見られる。ただし、経験に基づいて判断するとこのパターンは違ってくる。経験豊富な投資家は、アマチュア集団が確率を過大評価または過小評価するタイミングを見逃さない。

鮮やかなイメージと願望

「情報の示し方によって、見込みに対する評価が変わる」――マイケル・モーブッシン[18]

感情的に、予測される結果が鮮やかでイメージしやすいと、投資家は強い反応を示す。メキシコ大統領選挙の前、メキシコシティーで暴動が起こることが予測されると、暴力、無秩序、破滅、流血というイメージが人々のなかに生まれた。これと同じように、破産、貧困、失業、市場パニックといったイメージが浮かぶと、人はリスクのある資産を売りたいと考える。金銭的および物質的な成功の可能性があると、衝動的で経験の浅い投資家は、見込みのある銘柄を買いたいと強く考える。

高リスクや不確実な状況で意思決定をするとき、恐怖や心配という感情は「全か無」の特性を持つ。つまり、ネガティブな結果が起こる「見込みが高いか低いか」ということよりも、ネガティブな結果が起こる「可能性があるかないか」ということに敏感になる。例えば、電気ショックを受けるかもしれないと考えるだけで、被験者は強い恐怖心を示す。電気ショックを受ける確率が変わっても、恐怖の度合いは大して変わらない。予測される報酬や大災害のイメージが鮮やかになればなるほど、その結果が起こる確率を過大評価する。[19]

自分の想像力をコントロールできる人は、イメージに対して生理学的に反応することができる。例えば、好きな食べ物のことを考えると唾液が分泌される人は、想像力を高める訓練をすると性的欲情を催し、イメージを働かせることで心拍数が上がる、という研究結果がある。おそらく、こういった能力を持つ人は結果の確率を過大評価（または過小評価）する傾向も強いと考えられる。そのため、想像力に富んだ人は、富または破産が迫っていると想像することによって動機づけられるのだと推測できる。

曖昧さと不確かさ

「投資の基本的法則は、未来は不確実であるということだ」――ピーター・L・バーンスタイン

不確かさや曖昧さを嫌う人は多いだろう。「曖昧性忌避」に関する実験としては、二つのつぼから赤と黒の球を選ぶ、というのが有名だ。被験者は、黒と赤の球が入った二つのつぼから黒い球を選ばなければならない。ただし、一つのつぼは赤と黒の比率は分からず、もう一つのつぼは五〇対五〇だ。多くの被験者は曖昧さを嫌うため、赤と黒の比率が分かっているつぼを選ぶ傾向がある。[20]

情報が不十分なとき、特に、別の選択肢のほうが情報量が豊富だったり意思決定者の持っている情報量が少なかったりした場合、人は不十分な情報を敬遠する。見込みや予測される結果が分かるほうを好み、見込みが分からないときには投資を避けようとする。ただし経験を積むことで、おおよその見込みを推測できるようになる。

マーケットの曖昧さ

「未来はけっして確実ではない。それなのに、明るい見通しがあると高い株を買ってしまう。長期的な価値を重んじる投資家にとって、不確実性というのはなんとも心強い味方だ」――ウォーレン・バフェット

研究開発費など、将来の株価との関連性が乏しい曖昧な情報をバランスシートに記載した会社への投資結果を見ると、曖昧性忌避の特徴がよく分かる。利益の質が分かりにくい（曖昧な情報が多い）銘柄は、財務の透明性の高い銘柄よりも、長期的な利益が多くなる。[21] 財務報告書の曖昧な項目を避けた結果、投資家はそのような銘柄を誤って避け、長期的な利益を逃してしまうのだ。

財務の曖昧さは、投資家が銘柄を判断するときの感情的なバイアスとなる。銘柄について限られた情報しか持たない投資家は、売買の判断をするときに自分の感情に頼る傾向がある。利益の質が低いと、ネガティブな感情が生じる。ところが、なかには例外もある。

通常は、投資家は曖昧な会計報告をしている銘柄を避けようとするが、楽観的な考えが強いと、投資家は不確実なデータに対して根拠のないポジティブなイメージを抱くことがある。一九九〇年代後半、マイナスのキャッシュフローを出しているインターネット関連企業が新規上

場すると、高い値が付けられた。「一九九九年には、こういった企業を評価するときに利益の役割はまったく意味を持たなかった」と述べた研究者もいる[22]。おそらく、投資家はマイナスのキャッシュフローを将来への投資だと考えたのだろう。確実な収益情報がなかったことは、投資家の楽観的な考えに拍車をかけた。こういった「非合理な熱狂」が起こると、投資家は曖昧さを好む。要するに、投資家は普段は（特に、悲観的な考えを持っているときは）曖昧なことを嫌うが、楽観的になると曖昧さを好むようになるのだ

投資家のセンチメントは、購買行動と株価の両方に影響を及ぼす。バランスシートに曖昧な情報や主観的な情報を載せた企業の株式リターンに市場センチメントが及ぼす影響を調べるため、研究者たちは投資家のセンチメントと投資家のパフォーマンスを比較した。主観性の強い銘柄というのは、小型株、新興銘柄、ボラティリティの高い銘柄、収益性の悪い銘柄、無配当銘柄、急成長銘柄、経営破綻銘柄。投資家が楽観的なときは、曖昧で、不確実で、主観的な情報を持つ企業の株式はその後一年間は低迷する、ということが分かった。一方、投資家が悲観的なときは、これとは逆の結果になる。情報が曖昧で不確実な銘柄については、逆張りの投資がうまくいく[23]。

また別の研究では、銘柄の背景にある「アイデア」や「ストーリー」について投資家がどのように感じるかを調べた。銘柄のコンセプトから生じた感情と想像力は、株価を予測するうえでバイアスとなることが分かった。研究者たちによると、財務状況に関する情報がはっきりし

ないとき、投資家は判断基準として感情と想像力に頼ることがある。[24] 魅力的なストーリーのある企業の銘柄に対して、投資家はハイリターンを予測する傾向があるのだ。

興味深いことに、マーケットがあまりに不確実で、株価が変動的で出来高も多いときは、投資家は、自分になじみのある銘柄をポートフォリオに加える傾向がある。[25] つまり、株価の動向から危険を感じると、投資家はよく知った銘柄を好むのだ。おそらく、確実性や快適性を求めた結果の行動なのだと考えられる。

さらに、不確実性によって投資家の行動バイアスも大きくなる。客観的な会計データから株価を評価するのが難しいとき、投資家は強い「ディスポジション効果（利益になっている銘柄を早く利食いする一方で、損になっている銘柄をいつまでも保有している）」を示す。マーケット全体に不確実性が広まると、投資家は自信過剰になる。[26] 経営者の間でも、企業会計が曖昧だと損失回避や自信過剰といった行動バイアスが生じる。

これに対し、一定の利益よりももっと利益を上げる「必要がある」と感じると、曖昧性忌避とは逆の行動が見られる。あるギャンブルの実験で、被験者が平均的な報酬よりもっと必要だと感じると、曖昧なもの（ボラティリティが高い）を選択することが分かった。[27] ほかの選択肢では希望の報酬が得られないと、リスクを冒す傾向がある。ハイテクバブルの時期、投資家やポートフォリオマネジャーは、ほか人が利益を上げているのを見て慌ててそれに追いつこうとして、利益を得るにはリスクを冒す必要があると切実に感じた。

必要に迫られて曖昧性を追求するという行動は、損失回避とディスポジション効果につながる。つまり、大きな損失を出すと、投資家は、一定の損失を覚悟して損切りするよりも、回復を期待して未知のリスクを冒そうとする。

心理学者たちは、人は、逆の証拠があるにもかかわらず自分のほしいものを手に入れることができると信じる傾向がある、ということを発見した。自分の望む結果に対する欲望が強くなると、その結果が起こる見込みを高く予測してしまうのだ[28]。希望はやがて自信過剰となり、成功を予測するようになる。

別の研究では、自分の望みに一致しない結果を伝えられた被験者は、その情報を重視しない、という結果が得られた。被験者は、自分の望みがかなわないことを明確に伝える情報よりも、自分の望みがかなうことを裏づける情報を覚えていたのだ[29]。利益を上げている銘柄よりも損を出しているハイテク銘柄のほうが重要だと信じていたら、証拠の有無にかかわらず、ハイテク銘柄を重視するだろう。これらの研究から、自分の望みを裏づける情報は受け入れるが望みに反する情報は無視する、という「確認バイアス」があることが分かる。

曖昧さ、リスク、報酬の関係

「マーケットというのは常に不確実で不安定だ。当たり前の事柄には目を向けず、意外な事

柄に賭けると、利益が得られるのだ」――ジョージ・ソロス

カリフォルニア工科大学の研究者たちは、リスクの高い判断（確率が分かっている）と不確実な判断（確率と結果に関する情報はない）を下す脳の領域を明らかにする実験を行った。前述のリスクの高い判断に関する実験から、確率が不明瞭なときよりも確率が分かっているときのほうが被験者がリスクを冒す傾向があることが明らかにされている[30]。

コリン・カメレール教授をはじめとする研究者たちは、曖昧性が高いと扁桃体と眼窩前頭皮質（感情と判断力を統合する）が活性化され、側坐核（報酬に関連する）の活性化が鈍ることを突き止めた。つまり被験者は、曖昧さに恐怖を覚え、未知のリスクと過去の経験を結びつけようとした。曖昧さが側坐核の活性化を阻害するということは、曖昧さは失望感を刺激することを意味する。ところが期待価値の高い判断（曖昧ではない）では、側坐核が活性化される。

眼窩前頭皮質に損傷のある患者（ダマシオ教授の実験によって、リスクを冒すことが分かっている）を対象にしてカリフォルニア工科大学の実験を行ったところ、リスクと曖昧さのレベルに鈍感であることが分かった。つまり、結果の確率が分かっていてもそうでなくても、同じ判断を下したのだ。ということは、眼窩前頭皮質は感情と判断力にかかわっていると考えられる――実際の見込みと報酬の情報と、リスクに対する自分の感情を比較しているのだ。眼窩前頭皮質に損傷があると、意思決定のときに曖昧回避（曖昧さに対する恐怖）を考慮することが

難しくなる。[31]

確率のバイアス

投資家は、蓋然性（確からしさ）の評価において独自のゆがみの影響を受けやすい。特に、目新しい出来事や珍しい出来事の場合には、この特徴が顕著に見られる。マーケットの将来は不確実で、情報は曖昧だ。確率が低い場合には感情が大きく影響する。投資家が低い確率を重視してバイアスをかけてしまう状況をいくつか紹介したい。

- ●結果が容易に想像できるとき
- ●考えられる出来事の結果がほとんど認識されていないとき
- ●その出来事に対する投資家の準備や経験が非常に少ないとき
- ●比較的新しい出来事が起こるとき
- ●結果に対する希望や必要性が生じるとき
- ●結果に対して個人的または感情的な利害があるとき
- ●出来事に対して興奮や恐怖を感じるとき
- ●出来事に関する情報が曖昧なとき

投資家は、こういった状況を認識して判断を下そうとするが、それは非常に難しい。状況は複雑であり、捕らえにくいほど微妙な場合もあるからだ。それでも、ここで私が紹介したリストによって、蓋然性評価において感情がいかに大きな役割を果たしているかを投資家のみなさんが認識できればと願う。次に、信頼の問題について取り上げたい。投資家がマーケットの情報を解釈したり顧客に対応したりするとき、信頼はどのような役割を果たすのだろうか？

信じやすい脳

曖昧な情報や不確かな情報を参考にして即決しなければならないとき、それが信頼できる情報かどうかをどのようにして判断するのだろうか？　信用できる「情報源」の場合、表面上の情報を信じてしまう可能性が高い。

評判の高い企業がＳＥＣ（証券取引委員会）に提出した資料は、最も信用できる企業情報のひとつである。というのも、提出内容に不正があれば経営陣は罰せられるからだ。情報源に信用歴があり、誤った情報に対して厳しい罰が科せられることは、いずれも、提供される情報の信憑性を保証することになる。

株式に関する情報で最も信頼性の低いものは、匿名のファクス、ｅメール、勧誘電話、インターネットの掲示板である。カナダのアルバータ州の小さな金鉱会社の株式に関する販促ファクスを受け取っても、それが信頼できないことは明らかだろう。誤まった情報を流しても何のおとがめもなく、流した人には何の経験もない。

投資情報は、常に疑わしい要素をはらんでいる。それでも、信頼できる情報源の名前が書かれていると、多くの投資家が曖昧な情報を信用してしまう。ドイツのミュンスターの研究者たちは、信頼できる雑誌に書かれていると被験者は曖昧な見出しを信用する可能性が高い、ということを発見した。信用したことで内側前頭前皮質（ＭＰＦＣ）が活性化されたのだ[32]。内側前頭前皮質は、満足できる出来事と報酬を予測すると活性化される。信用によって快感を覚え、自分の根底にある政治的信念とバイアスと情報源が一致すると、その情報源を信用するのだろう。

信頼ゲームと最後通牒ゲーム

「信頼ゲーム」という実験を行うことで、投資に関して信頼できる行動（または信頼できない行動）を導き出すことができる。被験者Ａ（提供者）は実験者からお金をもらい、そのなかからいくらかをもう一人の被験者Ｂ（受領者）に渡す。分けたお金は自動的に三倍にされ、受領者には、①すべてを提供者に返す、②一部を返す、③一銭も返さない――の三つの選択肢がある。仮に、被験者Aが一〇ドルを受け取ったとする。そのうちの一部、例えば五ドルを被験者Bに渡そうと考える。五ドルは三倍の一五ドルとなり、被験者Bはそのなかからいくらかを Aに返す。実験の結果、少ししか返さない者、多少は返す者、大部分を返す者がいるだろう。やりとりする金額には個人差があるうえ、「信頼のシグナル」もその金額に反映される。

このゲームを行ったところ、年齢と性別で大きな差があることが分かった。被験者は、同じ年齢層の相手を信頼する傾向がある。また若い被験者は、高齢の被験者よりも信じやすく、高齢の被験者よりも二四％多くの金額を相手に渡した。性別でも興味深い傾向が見られ、女性は男性よりも相手を信用しやすく、相手からも信用されやすかった[33]。

これと似たようなゲームで「最後通牒ゲーム」というものがある。被験者A（提供者）はお金を受け取り、そのうちのいくらかを被験者B（受領者）と分ける。受領者がその提案額を拒否すると、被験者AもBも一銭も受け取れない。機能的磁気共鳴画像法（ｆＭＲＩ）で観察すると、不公平な提供額を示されて前頭皮質が激しく活性化した被験者Bは、その提供を拒否する傾向があった[34]。受領者は自分の感情（不快感）に従って行動し、保証された利益を拒絶してしまった。マーケットでは、「不公平な」出来事を拒否すると損失につながりやすい。例えば、ある企業の決算報告がネガティブな結果であっても、今後も割安感があると判断すると、投資家はその銘柄を売りたい（その企業を痛めつけたい）という衝動をこらえなければならない。

イギリスで行われたｆＭＲＩの研究で、被験者に顔写真を見せてその「信頼度」を評価してもらった。信頼できない表情を見せられると、両側扁桃体と右島皮質が活性化した。一方、信頼できる表情を見せられると、側頭葉の領域が活性化した。つまり、側頭葉の活性化は信頼しようという認識を意味し、疑念を抱くとネガティブな情動反応が自動的に生じる[35]。

信頼できない人が「正直な表情」を見せると、ネガティブな感情評価を刺激するのを避けることができる。ケン・レイ元エンロンＣＥＯ（最高経営責任者）のように意識して寛大な笑顔を作ると、扁桃体と島皮質のネガティブな反応を和らげることができる。また最近では、ファイナンシャルアドバイザーがクライアントの信頼を得て感情的な誤解を避けるには、外見の見栄えがよく寛大なこと（例えば、割り引きをするなど）が重要である、というひねくれた証拠もある。

信頼ホルモン

南カリフォルニアにあるクレアモント大学院のポール・ザック教授は、経済活動における信頼の文化的役割に強い関心を持った。そこで、オキシトシンと呼ばれるホルモンが、信頼を促進するうえでどのような役割を果たすかを実験した。最初にオキシトシンに興味を持ったのは、ハタネズミとオキシトシンの関係を紹介したサイエンス誌の記事を目にしたことだった。

ハタネズミは北米に生息する齧歯動物。プレーリーハタネズミはグレートプレーンズに生息し、コウザンネズミはロッキー山脈に生息する。これらのネズミはあらゆる点で同じ特徴を持つのだが、唯一、性的行動が異なる。コウザンネズミは雑婚種だが、プレーリーハタネズミはいわゆる一夫一妻だ。研究者たちがハタネズミのホルモンレベルを調べたところ、プレーリーハタネズミは近種のコウザンネズミよりもオキシトシンの量が多いことが分かった[36]。

人間の体内のオキシトシンは、母親と赤ちゃんの結びつきを強める働きをする。授乳すると母親にも赤ちゃんにもオキシトシンが放出される。さらに、オーガズムは女性のオキシトシン量を増やし、相手との結びつきが強まる。ザックは、「信頼ゲーム」を行っているときの信頼行動にオキシトシンが何らかの影響を及ぼすのではないかと考え、それを調べることにした。

その結果、被験者A（提供者）から多額のお金を受け取った被験者B（受領者）はオキシトシン量が増えていた[37]。また、被験者Aに多額のお金を戻した被験者Bは、戻す前にオキシトシン量が増えていた。この結果からザックは、受領者が提供者からの信頼行動を認識するとオキシトシン量が増える、と考えた。信頼関係もなく単にお金を受け渡すだけでは、オキシトシン量は増えなかった[38]。

ザックはスイスの研究者たちと協力し、オキシトシンを投薬（鼻内への注入）した被験者A（提供者）は、実験の初めに多額のお金を渡す傾向があることを発見した[39]。実際、オキシトシンを投薬した提供者の約四五％が全額を渡したのに対し、プラシーボ（偽薬）を投薬した場合は二〇％であった。

これらの実験結果から、「授かり効果」と呼ばれる投資家のバイアス（自分の持っているものを高く評価する）、ファイナンシャルアドバイザーの手数料の割り引きに報いたいという衝動、会社を好きになることとその株式を買うこととの混同、そしてホームバイアス（自国の資産にウエートを置く）に関する生物学的メカニズムを明らかにすることができるだろう。

期待と投資の関係

最適な選択をするにあたって、投資家は、すべての投資の選択肢について期待価値を計算しなければならない。ところが期待価値を判断するにはリスク認知のバイアスがかかる。実際、二〇〇〇年のメキシコ大統領選挙の前に暴動を恐れたことでリスク認知のバイアスが生じ、マーケットは二〇％も暴落した。

将来は不確実でマーケットは変動的であるため、過去を振り返っても将来のことは分からない。曖昧な情報や不確実な情報を評価するとき、投資家は危険の見込みを過大評価する。つまり、予測に際して感情の防衛メカニズムが生じ、恐怖心から曖昧なデータに潜むリスクを過大評価してしまうのだ。

恐怖などの感情が生じると、確率の低い結果が起こる可能性を過大評価し、それを重視してしまう。また、自己中心的に結果を予測すると、このバイアスはさらに強くなる。リスク認知のバイアスをみずから認識することはなかなか難しい。というのも、思考のゆがみというのは無意識の感情から生じるからだ。恐怖によるリスク回避を正当化するため、人は危険の存在を信じ、それを裏づける証拠を探そうとする。

信頼はリスク認知と強い関連性があり、投資家は、情報とその出所が信頼できるときはリスクが低いと考える。よく知らない銘柄やマーケットでは、投資家は疑念を抱き、リスク認知が高くなる。こういったことから、先進国の投資家は、たとえハイリターンが望めたとしても国際投資よりも国内投資を好む理由が説明できるだろう。

オキシトシンは信頼を促進するホルモンである。寛大な態度を示されるとオキシトシン量が増え、またオキシトシンは愛情、投資、代償といった行動と関連性がある。国家的・文化的なレベルで考えると、信頼は市場利益とも関連性がある。ポール・ザック教授の調査では、信頼レベルの高いOECD（経済協力開発機構）諸国では市場利益が高かったことを示している（一九九〇～二〇〇〇年）。

第14章　フレーミング――白黒をはっきりさせる

「好調の会社を売って低調な会社を買うのは、雑草に水をやって花を刈るのと同じことだ」
――ピーター・リンチ（フィデリティのコンサルタント）

J・R・シンプロットは中学二年で学校をやめ、自力で商売を始めて億万長者になった。ジャガイモの加工、主にフライドポテトの生産で財を成したあと、オレゴン州南部にアメリカ最大の牧場であるZX牧場を所有した。その面積は、なんとデラウェア州よりも大きい。巨万の富を築いたにもかかわらず、シンプロットは穏やかな人物だった。『ファストフードが世界を食いつくす』（草思社）の著者のエリック・シュローサーに、自分の富について次のように話している。

成功のカギについて尋ねると、シンプロットはこう答えた。「おいおい、何言ってるんだい。俺はたまたま運が良かっただけの老いぼれ農民だよ。唯一気が利いていたのは――これしか覚えていないんだが――最初に二五〇〇万とか三〇〇〇万とか稼いだとき、九九％の人は事業を売却して引退しようとするんだけど、俺は売らなかったってことかな。ただただじっとやり続けたんだ」[1]

衝動を抑えることができる優れた人たちもいるが、多くの投資家は、利益を上げたらすぐに売ろうとするため、大きな利益のチャンスを逃してしまう。

簡単な実験によって、この「早い利食い」バイアスがあることが分かる。クーネン教授とナットソン教授は、行動的投資配分戦略（ＢＩＡＳ）タスクを行ったところ、株式投資で一〇ドル儲けた被験者は次のトライアルで債券を買う傾向があることを発見した。利益のあとに手堅い戦略をとるという行動には、合理的な理由はなかった。クーネンは、「人は利益を『守りたい』と考える。この行動は損失回避に似ている」と述べている。[2]

専門家によると、早く利食いするのは「プライドを求める」からだと言う。また、せっかく手にした利益を失うかもしれないという恐怖心から早く利食いする、という見方もある。早く利食いする心理的バイアスを、「ディスポジション効果」と呼ぶ。[3]

ディスポジション効果

「利食いは遅く、損切りは早く」という格言がある。これは「損失回避」の認知バイアスに対する警告でもある。損失を現実のものにしたくないという強い願望が、損失回避を引き起こす。人は、お金や物を得る可能性よりも、失う可能性に対するほうが敏感だ。損失回避は「ディスポジション効果」というバイアスの原因となる。「ディスポジション効果」によって投資家は、利が乗ったものを早く利食いする一方で、損になったものを持ち続ける、という行動をとってしまう。

損失回避は、ノーベル賞を受賞した「プロスペクト理論」の代表的な行動だ。「プロスペクト理論」は、意思決定を下すときに人がいかに「フレーミング、参照点、アンカリング」に頼っているかを示した簡単な心理的実験に基づいたものである。人は判断を下すときに、自分のフレーム（枠組み）――損失の可能性があるのか、利益の可能性があるのか――のなかで理解する。フレームと参照点（基準点）を定めると、意思決定のゆがみが生じる原因となる。同じ価値でも損は得の二倍以上のインパクトを持つ、とプロスペクト理論では説明している。この理論の正当性を数ページで説明することはできないが、本章と次の章では、投資家が判断を下すうえでフレーミングと損失回避がどのように影響するかを簡単に説明したい。

損失回避のコンセプトは、そう簡単には理解できない。第9章で、人は「恐怖心」を抱くと損失を被りやすい、というエモリー大学のグレゴリー・バーンズ教授の研究を紹介した。恐怖心を抱いた人は、ショックを少しでも早く受け入れられるように犠牲を払う。一見すると、この結果は、損失を避けるために犠牲を支払うというディスポジション効果と矛盾するようだ。ディスポジション効果の実験では、恐れている損失が実際には起こらない可能性もある。第9章のエモリー大学の実験のように、損失を確信すると、人は「さっさと片づける」ために犠牲を払う。

将来は不確実であることから、マーケットでは、将来をどのように予測するかによって、恐怖心を和らげるために売るかあるいは損失回避のために保有するか、という行動の違いが生じる。つまり、損失を取り戻すチャンスがあると思ったら、それを保有するだろう。ところが、強い感情が生じると、前頭前皮質に働きかけて思考を始める。強い恐怖、そしてストレスホルモンの生理学的な影響から、人は下落や崩壊といった最悪の事態を考えるようになる。投資家がそのポジションに望みを失ったり、損を出したポジションを保有するストレスが強くなったりすると、それを売りたいという衝動に屈してしまう。今後も損失が続くことが予測されたり、あるいは保有していることによる緊張感が頂点に達したりすると、パニック売りになる。

ディスポジション効果は、特に、価格変動に基づいて売買する個人投資家にとって大きな問題となる。投資家は、利益と損失を観察して利益率が非常に高いと、不確実な将来が自分の富に危険な影響を及ぼすだろう（これまでに得た利益が奪われてしまうかもしれない）と考える。

一方で、損を出すと、今後その損を取り返すチャンスがあるかもしれないと考えるのだ。

ある親子の株式投資

だれがディスポジション効果の影響を受けやすいのか、という問題にはさまざまな要因が考えられる。私の知り合いは、一九九〇年代前半からシスコシステムズの役員を務めていた。この仕事に就いたとき、彼は自分の父親にシスコの株式を買うように勧めた。それに従ってシスコを買った父親は、一九九九年終わりまでに七〇〇万ドルの利益を上げていた。息子のほうも一九九九年にストックオプションを行使し、やはり数百万ドルの利益を上げていた。ある日、この親子はとても重要な話をした。

父親が切り出した。「シスコを売ろうと思うんだが。七〇〇万ドルも手にしたら、違った生活が送れるだろうし」

息子は答えた。「でも、持ち続けていたらもっと利益が上げられますよ」

「シリコンバレーで同じような経験をしたよ。下がるのは見たくない。利益を確定したら、早期退職して好きなことをしたい。いいアドバイスをありがとう」

息子は少し怒りつつも不思議に思った。そこで父親に言った。「後悔しますよ。シスコは素晴らしい会社なんですから」

その後のことは周知のとおり。父親は悠々自適に暮らしているが、息子は今でもシスコで働いている。息子はけっしてお金に困っているわけではないが、バブル崩壊時に保有していたことを今でも後悔している。

ディスポジション効果の視点から見ると、父親が早く利食いをしたことは結果的には賢明な判断だったといえるだろう。息子は損切りが遅すぎた。もちろんこれも結果論だ。バイアスのかかった判断と鋭い判断の違いはどこにあるのだろうか？

父親は、ハイテク株はバブルだということに気づいていた。自分の利益について明確なプランを持っており、金銭的な目標を達成していた。シスコが安いときに買い、その後恐ろしいほど値上がりした。彼の目には、上昇で得た利益は「あぶく銭」（つまり、予期していなかったがおいしい利益）に見えた。目標を達成してこれ以上の展開は望めないと判断したときが方針を変えるタイミングだ、ということを父親は理解していた。

一方、投資の経験が少ない息子は、景気の波に気づかず、シスコの適正価値を分かっていなかった。限られた経験に基づき、もう少し保有していれば超大金持ちになれるなどと期待した。株価の変動に一喜一憂してしまったのだ。

自分の富について、それぞれが違う見解を持っていた。父親は、目標を達成して株価が割高だと感じたから、売るタイミングを探した。息子は、今の利益から将来を予測し、株価が下がり始めると、変動的な市況について理性的に考えることができなくなった。株価の下落を受け入れることができず、恐怖で身がすくんでしまった。十分に利益を上げたのにそれを売ることができず、結局、その価値は九〇％も下がり、底を打つまで持ち続けてしまった。

リスク回避とリスク選好

次に、「明らかな損失の回避」の心理的プロセスについて説明したい。「明らかな損失の回避」とは、通常、リスクの高い判断を下すときに生じ、ディスポジション効果を引き起こす要因にもなっている。次の問題について考えてほしい。

●**問題一**　確実に一〇〇〇ドルを受け取るか、それともリスクを冒すか。リスクをとる場合はコイントスで結果が決まる。表が出たら二〇〇〇ドルの勝ち、裏が出たら一銭も手にできない。あなたならどちらを選ぶだろうか？

●**問題二**　一〇〇〇ドル支払ってギャンブルを終了するか、コイントスをしてリスクを冒すか。表が出たら一銭も支払わずに済み、裏が出たら二〇〇〇ドルの負け。あなたならどちらを選ぶだろうか？

どの選択肢も期待価値は同じだ。それでも、多くの人は、問題一で確実な利益を選び、問題二でリスクを冒す傾向がある。ノーベル賞を受賞したダニエル・カーネマンが（アモス・トベルスキーと共同で）同じような実験を行ったところ、問題一では被験者の八四％が確実な利益を選び、問題二では七〇％がリスクを選んだ[4]。

また、私のセミナーでも同じ実験を行ったところ、問題一では受講者の七八％が確実な利益を選び、問題二では七二％がリスクを選んだ。あるプロのトレーダーがこう指摘した。「問題一と問題二では逆の選択をしてしまう。この行動が問題なのでは？」。彼の指摘は正しい。どういった感情から、このように逆の判断をしてしまうのだろうか？

損失のリスクを伴う場面では、恐怖がつきまとう。脳は、利益よりも損失に敏感に反応するため（損は得の二倍以上のインパクトを持つ）、損失を実現させるのを避けるような判断を下す。すでにある利益（「利益」というフレーム）に従って行動すると、含み益を失うという恐怖が生じる。また、損失が進行する危険にさらされると、恐怖心から回避メカニズムが働く。短期的には、含み益があるときの最も自己満足的な行動は、利益を確定することだ。利益を確保することで、すでにある利益を失うという恐怖から開放され、自己満足と自信が生まれる。一方で、含み損を抱えているときの最も自己満足的な行動は、損を抱えているポジションを持ち続けてとんとんになるのを期待することだ。そのため、投資家がリスクにどのように対処するかは、判断の「フレーム」によって異なる。

学術用語で説明すると、投資家のほとんどは「利益に関してはリスクを回避（一定の利益を確定するため早く利食いする）」し、「損失に関してはリスクを選好（一定の損失よりもギャンブルを好む）」する行動をとる。損失を抱える銘柄を持ち続けるという判断に影響するバイアスは、前述の問題二で確実に損失があるくらいならリスクを冒すほうがよいと考えるバイアスと同じだ。リスクの高いギャンブルを好むという行動は、投資家が回復を期待して「損失に関してはリスクを選好」することの裏づけとなる。また、損失回避の投資家は自分の富に「リスク」というフレームを作ってしまい、客観的な行動を妨げるバイアスとなる。前にも述べたように、損失回避はディスポジション効果（早く利食いする一方で、損失は持ち続ける）の心理的なプロセスである。

投資家は、損失を抱えるポジションに資金を注ぎ続けようとすることがある。例えば、「サンクコスト」のバイアスがかかると、「すでに十分な資金を投資したのだから、それを取り戻すまで投資を続ける」という考えに陥ってしまう。実際には、この考えは損失回避を示している。多くの自治体がこの考えに陥り、不必要な公共事業などに投資し続けている（ボストンの「高架高速道路の地下化」プロジェクトなど）。サンクコストのバイアスは、失ったものを取り戻したいと願うことから生じるものであり、暗礁に乗り上げている案件を一新することに対して非合理的に反対してしまう。

フレーミングのリスク

潜在的利益について判断を下すときには、脳の報酬系が機能する。一方で、潜在的損失について判断を下すときは、損失回避系が活性化される。判断をどのようにとらえるか（つまり、潜在的機会ととらえるか、潜在的リスクととらえるか）によって、この違いが生じる。このような判断のとらえかたの違いを「フレーミング」と呼ぶ。

ダン・アリエリーは、ハーバード大学で心理学の講義をしているとき、二つのクラスの学生に、自分の詩を読んで聞かせると伝えた。一つのクラスでは、五ドル払って詩の朗読を一〇分間聞くか、あるいはそれに見合う金額を書き出してもらった。もうひとつのクラスでは、五ドルもらって詩の朗読を一〇分間聞くか、あるいはそれに見合う金額を書き出してもらった。その結果、金額の大小を問わず、ひとつめのクラスの学生全員がお金を支払い、もうひとつのクラスの学生全員がお金を受け取った。どちらのクラスでも、逆の金額を書いた（ひとつめのクラスではお金を受け取り、二つめのクラスではお金を支払う）学生は一人もいなかった。学生の期待は、アリエリーが示したフレーミングに固定されてしまっていたのだ。[5]

フレーミングの研究から、投資家がゆがんだ判断を下していることが分かる。「絶好のチャンス」ととらえるか「リスクの高い投機」ととらえるかで、判断に違いが生じる。本来、フレーミングとは損失回避の原因となる「心理プロセス」である。次に、ロンドンの神経科学者たちによる「神経プロセス」の研究について紹介したい。

脳とフレーミング

ロンドンの神経科学者たちは、損失回避の原因となる神経プロセスを調べる実験を行った。ベネデット・デ・マルティーノ博士は、ロンドン大学ユニバーシティーカレッジで、二〇人の男女の脳を三回それぞれ一七分間、機能的磁気共鳴画像法（ｆＭＲＩ）で観察した。毎回の実験で、被験者にはイギリスポンドで九五ドルに相当する金額を与えた。そして、一定の結果（利益か損失）を得るか、それとも賭けに出るかを選んでもらった。所定の金額を賭けた場合の勝率は五分五分である。期待価値はどちらも同じであるため、被験者が一定の結果を受け入れるか賭けを選ぶかの判断基準については、金銭的な根拠はない[6]。

一定の金額を「受け取る」かギャンブルをするかでフレーミングすると、ほとんどの被験者は「受け取る」を選んだ。例えば、ギャンブルをしない場合は当初の金額の四〇％を「受け取る」ことができる（三八ドルを確保できる）と伝えると、大半の被験者は安全策をとり、ギャンブルを行ったのは四三％だけだった。また、ギャンブルをしない場合は当初の金額の六〇％を「失う」（五七ドルを失う）と伝えると、ギャンブルをしてもしなくても期待価値は同じにもかかわらず、六二％の被験者がリスクをとった。興味深いことに、デ・マルティーノの結果は、フレームを誘導する「言葉」によって損失回避が生じることを示している。

被験者は、実験の前に勝率について詳しい説明を受けており、確率はまったく同じであることは理解している。それでも、被験者の判断は言葉によって左右された。「三八ドルを受け取る」は利益をイメージさせ、「五七ドルを失う」は損失をイメージさせた。損失回避の行動をとると、被験者の扁桃体（危険によって刺激を受ける）は大きく活性化する。フレーミング効果に抵抗すると、眼窩前頭皮質（感情と判断力を結び付ける）と前帯状回（競合を処理する）が活性化される。「大なり小なり、だれもが感情バイアスを持っている。だれもそれから逃れることはできない」とデ・マルティーノは述べている。[7] 被験者のうち四人は、確率ではなくフレームに従った自分の判断が矛盾していることを認めており、次のように述べたという。「分かっているんだけど、我慢できなかったんだ」[8]

下等動物は、目の前の恐怖に反応して扁桃体が「闘争・逃走」行動を刺激する。扁桃体が活性化されると、自分自身や自分の財産に対する恐怖を避けるためにあらゆることをする。図14.1と図14.2は、扁桃体の画像である。

損を抱えた銘柄を持ち続ける――「イチかバチか」

「間違ったときに損切りをすぐにすることさえできれば、一〇回のうち三、四回正しいだけ

図 14.1　扁桃体の横方向像

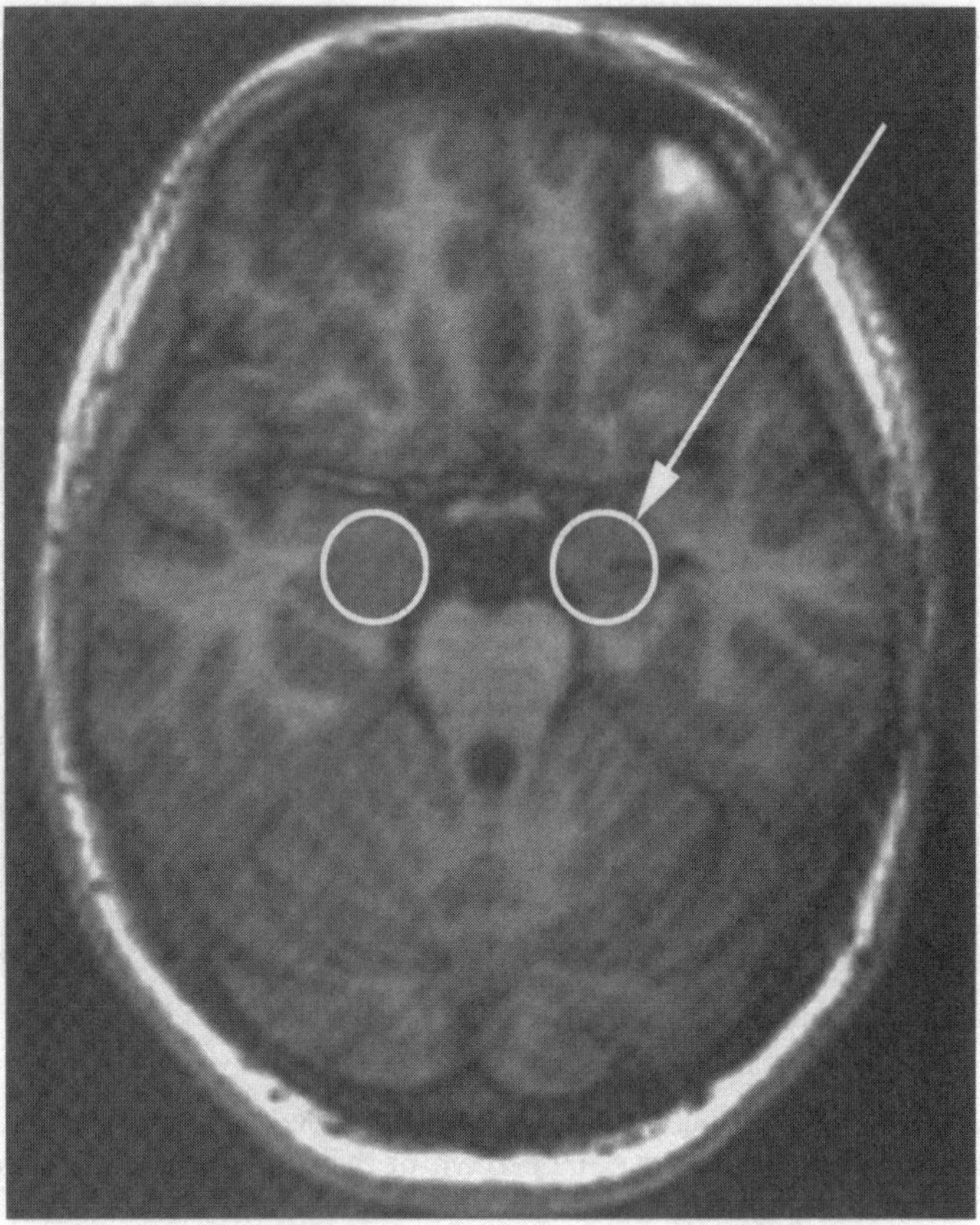

図 14.2　扁桃体の冠状像

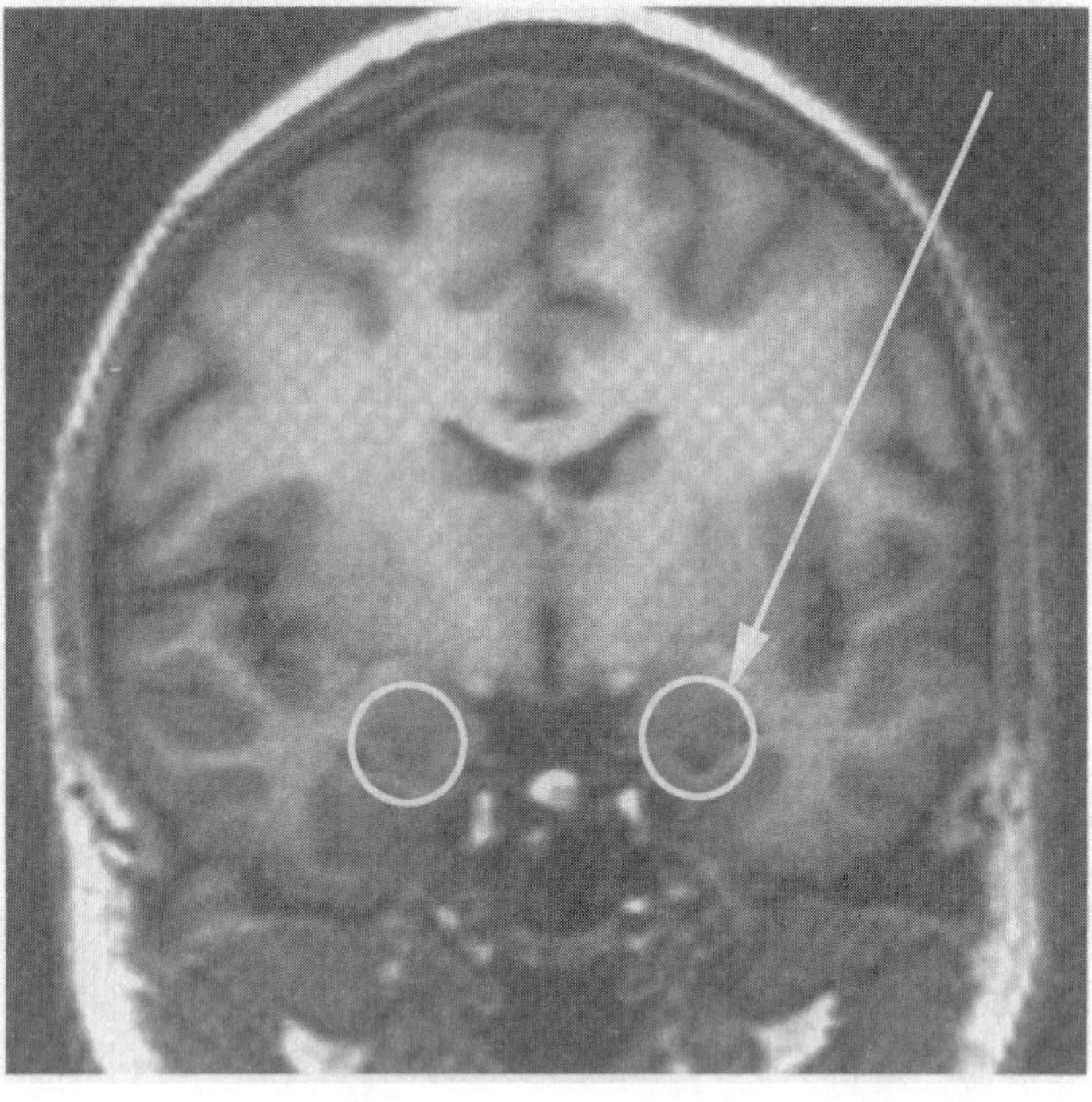

でも富を築くことができる」――バーナード・バルーク（資本家）

損失回避は、株式投資家、不動産投資家、トレーダーなど多くのプロ集団に見られる行動だ。金融のプロはこれから逃れることはできない。二〇〇〇年の論文『ドゥ・プロフェッショナルズ・トレーダーズ・イグジビット・ロス・リアリゼイション・アバージョン？（プロのトレーダーは損失の実現を回避するか？）』のなかで、ルークとマンは、CME（シカゴ・マーカンタイル取引所）のフロアトレーダーのトレードパターンを調査した結果を発表している。最も成功しているトレーダーは損失回避の傾向が低く、「比較的成功しているトレーダーは損を抱えた銘柄を持ち続けることはあまりない」[9]。

一九九八年に個人投資家を対象として行った研究で、オディーンは、個人トレーダーは勝ち銘柄よりも負け銘柄を長く保有する傾向があり、収益性を低くしてしまっていることを発見した[10]。また、二〇〇五年にCBOT（シカゴ商品取引所）のトレーダーを対象にして行った別の研究では、午前中に損を出したトレーダーは午後にはさらに一六％高いリスクを冒し、大きなポジションをとって損失を拡大することが分かった[11]。損を出しているときにさらにリスクをとることは、負け銘柄を売らないという行動と同じ特徴を持つと考えられる。どちらのケースでも早く損切りするべきであって、ポジションを拡大してはならない。

ディスポジション効果の影響を受けるのは、プロのトレーダーや個人投資家だけではない。

投資信託のポートフォリオマネジャーもそうだ[12]。いくつかの研究では、不動産[13]、ストックオプション[14]、先物[15]といったさまざまな資産についても、投資家は損失回避の行動を示すことが明らかにされている。

基本的な事業価値に注目すると、株価というのは、割安・割高の指標としてしか役に立たないことが分かる。ウォーレン・バフェットやデビッド・ドレマンなどの偉大な長期投資家は、株価が基本価値を大きく下回ったときに買い、いったん買うと、よほど値下がりするまでは手放さない。

損失回避の違い

損失回避の程度には個人差があり、また同じ人物でもタイミングによって異なる。すでに説明しているように、リスクの高いギャンブルの機会を与えると、通常、損は利益の二倍のインパクトを持つ。つまり、損失回避率は二対一、平均「ラムダ（損失回避係数）」は二となる（状況によって異なるが、実際には約二・五）。ラムダとは、利益の追求に対して損失回避の価値が過剰に加重されている程度を示す。

性格的に不安を抱えている人は、ラムダが六を超えることもある。損失を恐れるあまり、「ハイラムダ」の人は、潜在的利益の規模が潜在的損失の六倍以上にならなければ、（コイントスのように）勝率が同じであってもギャンブルをしようとしない。

偉大な投資家には、このラムダが低い（一を超える程度）人が多い。リスクが続いても、見込みがあれば長期的な利益に結びつくことを理解している。一方、病的なリスクテイカー（ギャンブル依存者など）はラムダが一より低い。リスクのスリルを歓迎しているのだ。研究によると、ハイラムダの人はミスから学ばない傾向がある――損失回避は自分のパーソナリティー（神経症的傾向）の一部であると考えているのかもしれない。

投資家が損を長く持ちすぎるという行動については、さまざまな形で正当化することができるだろう。例えば、痛みや屈辱、罪や恥といった弊害があると、損失を受け入れることができない。この傾向の最も危険な点は、自分に対する損失すら受け入れようとしない、ということだ。

損失回避の程度（ラムダの値）は、同じ人物でもタイミングによって異なる。損失を経験すると損失回避の傾向が強くなり、まるで扁桃体が刺激を受けたようになる。愛する人の死、病気や事故、仕事での失敗やトレードの失敗など、あらゆる種類の損失にこの影響がある。恐怖の表情が無意識のうちにリスクをとることを弱める効果があるのも、おそらくこういった理由からだろう。損失を経験すると、損失回避の傾向が強くなり、将来の痛みを避けようとして自分が知っていることに固執するようになる。

投資家やトレーダーのディスポジション効果について調べるため、ドイツのマンハイム大学のマーティン・ウエーバー教授とフランク・ウエルフェンス教授は、一九九七年一月から二〇〇一年四月までにドイツのオンライン証券でトレードした個人投資家の売買を分析した。その結果、ほとんどの投資家がディスポジション効果の影響を受けたが、比較的多数（約三分の一）の投資家にディスポジション効果とは逆の現象が見られた。利益確定よりも損切りのほうが早かったのだ。また別の興味深い結果として、利益を早く確定しすぎた投資家と、損になった銘柄を長く持った投資家とは同じ人物ではないことも分かった。[16] さらに、早い利食いは特定の個人に集中しているが、遅い損切りは投資家に広く見られる特徴である、という結果も得られた。[17]

さまざまな研究によって、個人や集団内に損失回避の微妙な差があることが明らかにされた。また、個人の特徴から、損失回避の性向を予測することもできるだろう。収益の多い投資家やプロは収益の低い投資家よりも損切りが早く、積極戦略の投資家はほかの投資家よりも利食いが早い。さらに、経験が豊富なほど損失回避の傾向は弱まる。例えば、頻繁に売買する投資家は利食いが遅く、損切りが早い傾向がある。また、一つの銘柄を長く持ち続ける投資家は、ディスポジション効果の影響を受けにくい。[18]

利食いは遅く

利が乗っている銘柄を手仕舞うという行動を正当化しないように気をつけなければならない。おそらく、自分の判断がゆがんでいることを認識できていないのだろう。ディスポジション効果の特徴がある場合、次のように、それが利益に及ぼす影響を最小限にするステップを踏むことが重要だ。

一．自分の投資計画を前もって書き出す。株式を手仕舞うタイミングと状況を明らかにしておく。計画を外れてはならない。トレードや税の記録に計画を書き出すこと。

二．利の乗ったポジションが逆行する恐れがあっても、それを手仕舞ってはならない。自分の手仕舞う基準を見直すこと。利益目標に達しているだろうか？　今手仕舞わなければならないほど重要な変化があっただろうか？　株価が急騰した場合には手仕舞いするチャンスかもしれないが、計画のなかにそういった動きも盛り込んでおく必要がある。

三．さまざまなバイアスと同じように、早く利食いするのは短期的な感情が理性的な判断よりも大きくなっているからである。ポジションを評価したら、自分の期待ではなく自分の心の状態に注意を払うこと。含み益を失うことを心配しているだろうか？　手仕舞わなかったら後悔すると思っているだろうか？　利益を確定しようとしているのは自己満足のためか、他人に見せびらかしたいのか、それともほかの銘柄を買うためだろうか？　人生経験や最近の財務状況によって、その理由はさまざまだろう。

四．短期的な利益のためには多少の利益をあきらめること。株価の突出した値動きで利食いしたい（あるいはトレーリングストップを置く）かもしれないが、あくまでシステマティックに。大きな値動きがあったあとにはよく反転するものだ。

五．株価をチェックしすぎないこと。特に長期投資家とアマチュアの投資家は、株価を気にしすぎてはならない。一年保有する計画であれば、毎日チェックする必要はない。株価をチェックすると、わずかなボラティリティも気になり、感情的に反応し、トレードのしすぎに陥りやすい。きちんと計画を立てたのだから（右のステップ一を参照）、それに従うこと。

投資とフレーミング

偉大な長期投資家というのは長期間にわたって投資を実行する。わずかに逆行しても売ろうとはせず、それを機会だととらえる。一方で多くの投資家は、売りたいという衝動に駆られてしまい、市況が良好で展望も明るくても早く手仕舞いする。

「早い利食い」を避けるため、プロのバリュー投資家は、基本的価値よりもはるかに安く評価されている銘柄を買う。こうすることで、短期的な株価変動のリスクが抑えられる。基本的価値よりも過大評価されると、その銘柄を売る。

フレーミング効果には、投資の潜在的機会（利益）または潜在的リスク（損失）に注目するという影響がある。どちらのスタンスをとるかによって、選択結果は大きく異なる。一般的に、人は損失を恐怖だと感じる。利益を上げている場合には、利益を失うリスクを冒すよりも利益を確保することを好む。一方、損失を出している場合には、損失を受け入れるよりもギャンブルを好む。潜在的利益が潜在的損失の二倍であっても、損失回避の行動をとる。このような二対一のリスク選好を、ラムダと呼ぶ。ラムダの値にはさまざまな要素が関連しており、最近のイベント（損失や利益など）、フレーミング、パーソナリティー、同じようなギャンブルの経験などによって、ラムダの値に差異が生じる。

損失回避系の基本的脳構造と前頭前皮質が、損失回避に働く。損失をフレーミングすると、これらの脳構造が活性化され、自己防衛的な判断を下す。損失の恐怖に動揺すると、自分の内にある判断バイアスに気づかなくなるケースが多い。

損失回避の影響を弱めるには、いくつかのステップを踏む必要がある。特に、投資計画と目標を立てると、一貫した行動をとるのに役立つ。投資の見解を毎朝見直すと、アンカリングと参照点のバイアス（勝ち負けの感情）の影響を弱めることができる。計画から外れそうなときは、投資に対する自分の恐怖心のレベルを記録するのもよいだろう。次の章では、好ましくないが一般によく見られる行動について詳しく見ていくことにする。

第15章　損失回避——損切りは早く

「損失を恐れてはならない。この業界で成功している人は、お金を失うことをいとわない人だ」——ジャック・シュワッガー[1]

「隣のトレーダーより優れているわけではない。ただ、ミスを認め、次の機会を探すのが人より早いだけだ」——ジョージ・ソロス

投資家のなかには、銘柄やポジションに「恋して」しまう人がいる。これまでハイリターンを提供してくれたからか、会社の考えが気に入ったからか、あるいはその会社で働いた経験があるからか、その理由はさまざまだ。いずれにせよ、ある銘柄に特別な感情を抱くと、売り時になっても理性的な判断ができなくなってしまう。長年乗っていた愛車を手放すときや屋根裏部屋のガラクタを掃除するときのように、特別な感情があると株式を売るのに痛みを伴う——最初はそれほどたくさん買うつもりはなかったのだが。人は自分の持ち物に愛着を持つ傾向があり、こういった傾向を「授かり効果」と呼ぶ。実は、損失回避が原因で授かり効果が起こる。投資家は、自分の保有銘柄をなかなか売ることができない——特に、損を出しているときは。

そこで研究者たちは、投資家の買いと売りの回数について調査を行った。その結果、個人投資家の九〇％が、売りよりも買いの回数のほうが多かった。ところが二〇％が、買いの判断のほうが難しいと回答した。つまり、売りの判断にはあまり時間を費やさないが、売りの判断のほうが難しいと感じていた。[2] なぜ売りの判断は難しいのだろうか？　買うときには客観的な情報を考慮するのが普通だが、売るときには感情が邪魔をするからだ。

　ここで思い出してほしい。授かり効果とは、自分の持ち物を高く評価することである。授かり効果について実証するため、私は、「行動ファイナンス」のセミナー参加者の半数にペンを渡し、このペンの好きなところを書いてほしい、と依頼した。残りの半数の参加者には、ペンの品質について客観的に書いてほしいと依頼した。余談だが、自分の持ち物の好ましい品質について書くときは授かり効果が発揮され、客観的な品質について書くときは授かり効果が弱められていることが、研究によって明らかにされている。

　次に、ペンの持ち主には、非所有者にいくらでペンを売るかを書いてもらった。一方、非所有者には、いくらでペンを買うかを書いてもらった。非所有者の購入希望平均価格は一・五〇ドルだったのに対し、所有者の売却希望平均価格は五・五〇ドルであった。所有者は、非所有者よりもはるかに高く評価していたのだ。ペンの実際の値段は、一・五〇ドルであった。一般に投資家は自分の持ち物を高く評価するため、価格が安すぎるとそれを手放したくないと考える。

授かり効果の興味深い例として、オンラインオークションのことを紹介したい。研究者たちは、イーベイのようなオンラインオークションの最高入札者は、まず、希望の商品を所有することについて具体的に考える。その結果、その商品に特別な感情を抱くようになる――「疑似」授かり効果というバイアスが生じる。まさに、研究者が期待した結果が得られた。オークション期間の一定時期に最高の値を付けた入札者は、ほかの人に負けると、より強くその商品をほしいと思う[3]。株式投資でも同じような効果が見られ、指値注文で約定し損なうと、投資家は値を「追い求める」ようになる。

第6章で紹介したジェニファー・ラーナー教授の実験のように、人の感情の状態は、授かり効果の強さを左右する。例えば、悲しみを抱くと、人はその環境を変えたいと考える。その結果、授かり効果が弱まる（持ち物を売り、持っていないものを買う）[4]。

授かり効果の強さに影響するのは、感情の状態だけではない。ある商品にお金を使いたいという意思（投資家の場合はポートフォリオの銘柄を売りたいという意思）も、授かり効果を弱める。ある銘柄を手放そうと決心すると、所有に対する精神的な支えがなくなる。売るときにはもう感情も弱まっており、再考の余地もない。

授かり効果は収益性の低下の原因となるため、プロが授かり効果に固執するというのは理にかなっていない。実験によると、プロ野球トレーディングカードのトレーダーは、トレード経験を重ねるうちに授かり効果が弱まる（そして消滅する）という結果が得られた[5]。ただし、株式相場の参加者たちについては、経験によって授かり効果が弱まるかどうかはいまだはっきりしたことは分かっていない。

損失回避の神経科学

損失回避が一般的な現象で、投資家の三分の二がその影響を受けているとしたら、生物学的なバイアスが存在すると推測するのは妥当である。第14章で紹介しているように、ロンドンで行った機能的磁気共鳴画像法（ｆＭＲＩ）調査では、扁桃体の活性化（恐怖）は損失回避の原因のひとつだと結論づけている。興味深いことに、損失回避と授かり効果はサルの行動にも見られる。

進取のエコノミストでエール大学のキース・チェン教授は、「通貨」の価値が分かるようにフサオマキザルを訓練した（小さなコインを使用した）。大きさの異なる好物（リンゴ）を選ぶという判断を下すとき、サルが選択行動をとることに気づいた。チェンは、損失回避といったバイアスが社会的・文化的学習によるのか、特定の環境経験によるのか、それとも霊長類が持つ脳処理によるのか、と考えた[6]。

フサオマキザルは南米の熱帯地方に生息している。一匹のボスザルと複数の非支配的オスザルとメスザルが小集団を形成し、オス優位のヒエラルキーのなかで生息する。基本的には簡単に食べられる果実を好むが、硬い種子を砕いたり、木の皮をむいたり、ハチの巣を襲ったり、小さな脊椎動物を殺すこともある。[7]

フサオマキザルに、大きさの異なるスライスしたリンゴを選ばせた。その際、「利益」のフレームと「損失」のフレームを示した。チェンは、フサオマキザルがプロスペクト理論のさまざまな原理に従った行動をとることを発見した。例えば、「利益よりも損失を重視しているようであり、参照依存だけでなく損失回避の行動も見られた」。チェンは、「この結果から、損失回避は、先天的かつ進化の過程で形成されたヒトの選好の特性であり、また、フサオマキザルと人間に共通の祖先が枝分かれする以前に進化した意思決定システムの機能であるといえるだろう」と結論づけた。

損失回避の影響を受けるのは、熱帯のサルだけではない。人間の子供も大学生になっても損失回避の行動を示す（もちろんギャンブルの話ではないが）。[8]

エクイティプレミアム・パズル

エクイティプレミアム・パズルとは、長期的に判断して債券よりも株式のほうがハイリターンだとする考え方のことである。エコノミストたちによると、過去一一〇年間のアメリカ株式市場の実質的な年平均リターン（つまり、インフレ調整後のリターン）は、約七・九％であった。リスクの低い債券の同時期の実質リターンは一・〇%であった。この六・九%の差が、エクイティプレミアムである。[9]利回りが低いのになぜ米国債券が人気があるのかはなぞだ。個人投資家は、このなぞ（パズル）と「合理的な」経済モデルを一致させるため、過去よりも株式のリスクが相当高くなっていることを認識しなければならない。[10]

投資家はボラティリティの影響を受けやすく、株価をチェックすればするほどマーケットにはリスクがあるように見えてしまう。株価を参照する頻度を変えて実験すると、判断のパフォーマンス評価の回数が少ない（つまり、株価チェックの回数が少ない）場合には株式に投資する傾向がある。[11]

シカゴ大学のシュモロ・ベナルツィ教授とリチャード・ターラー教授は、株価参照によって慎重な行動が生じる原因は「近視眼的損失回避」のプロセスにある、と主張した。株価の変動について情報を頻繁に受け取ると、人は短期的にリスク評価をしてしまう。サンプル期間をさらに増やすと、頻繁に株価をチェックする人はマイナスの株価変動を見る確率が高くなり、自分の財産が脅威（リスク）にさらされていると認識する。ターラーは、エクイティプレミアムの大きさ（六%）は投資の年次評価と損失の重み（損は利益の二倍のインパクトがある）に一致している、と主張している。[12]

投資家の近視眼的損失回避は、情報の量と頻度の両方によって強まる。近視眼的損失回避をする投資家には、「投資家は偶然の株価変動にビクビクしてはならない」と指摘し、イスラエル最大の投資信託のハポアリム銀行に、ファンドのレポート回数を毎月から三カ月ごとに変更するように依頼すべきである。[13]

大学生とCBOT（シカゴ商品取引所）のピットトレーダーの行動を比較する実験を行ったところ、トレーダーは学生よりも近視眼的損失回避の傾向が強かった。[14] ピットトレーダーはリスク・リワード評価をすぐに行うスキルを磨いているため、短期的に評価・判断することになるが、必ずしも長期的に見て最適な選択をするというわけではない。

こういった流れのなかで、研究者たちは、プロのトレーダーや投資家は株価を見るときに心理的なバイアスをうまく利用することができない、ということを発見した。エクイティプレミアム・パズルなど、株価のアノマリーの問題は、それを理解した投資家にとっては大きな利益の可能性があるものの、依然として根強く残っている。

では、賢明な投資家はどうしたらよいのか？　長期的な貯蓄を、債券や現金ではなく株式で保有するべきだ。ただし、口で言うほど簡単ではない。だからこそエクイティプレミアム・パズルの論争が生じているのだ。

暗黙のプットオプション

二〇〇六年初め、三二歳の物理学者でカナダのカルガリーで応用数学の学位を取得したブライアン・ハンターは、天然ガス先物のスプレッドの収束（二〇〇七年三月限と四月限）に大金を賭けた。ところが二〇〇六年九月、天然ガスのスプレッドが拡大して損失を出し、さらにリスクをとるようになった。うわさによると、この時期までにアラマンス・キャピタル（ハンターがトレーダーを務めていたファンド）は六〇億ドル以上の損失を出したらしい（総純資産額は九〇億ドル）。その後アラマンス社は破綻し、ポジションを清算し、残りの資産は投資家に戻された[15]。

二〇〇五年、ハリケーンカトリーナの影響で天然ガスが高騰し、ハンターは七五〇〇万ドルを稼いでトレーダーとして輝かしい成績を残した。彼の生涯のトレード収益は見事なものであったが、二〇〇六年、彼の会社の投資家は資本の六六％を失った

ファンド崩壊前の数年間は、ハンターは素晴らしいパフォーマンスを上げていたが、自分のリスク管理能力を過信するようになったのかもしれない。二〇〇六年五月に最初の損失が膨らむと高いリスクをとるようになった。幸いにも、二〇〇六年夏の賭けはうまくいったが、九月にマーケットの流れが逆行してもリスクをとり、損失を逃れることができなかった。同じような損失回避パターンは、ＬＴＣＭ（ロングターム・キャピタル・マネジメント）創始者のジョン・メリーウェザーにも見られた。両者とも、損失を出すとリスクをさらにとった。損失の痛みを受け入れることができなかったため、長期保有したのだ。損失回避の投資家は、損を出しているのは理にかなっていると主張しつつ、二倍の資金を注ぎ込んでしまうことがある。

高いリスクをとるヘッジファンドのトレーダーは、心の中に倫理的なジレンマ「暗黙のプットオプション」がある。つまり、大きなリスクをとることは大変報われる行為だし、破壊的な損失が当該年度を越えて影響することはまずない（自分のファンドに投資しないかぎり）。最悪の事態でも、仕事や収入、そして近い将来の報酬を失うだけだ。ハンターの場合、二〇〇五年に七五〇〇万ドルの利益を上げて三三％の成功報酬を稼ぎ、二〇〇四年と二〇〇五年の数千万ドルのドローダウンから立ち直った[16]。二〇〇六年に六〇億ドルを失った人物からすれば、大したことのない話だった。

ハンターの大成功とその後の崩壊の興味深い点は、その後もほかのトレーダーから尊敬・称賛されていたことだった。「ドイツ銀行の元同僚、ブルーノ・スタンジエールによると、『ハンターはほかのだれよりもマーケットを理解していた』。また別の元同僚は、彼はトレードに戻るべきだと言う。『そうでなければ、偉大な知的財産を無駄にすることになる』」[17]。ＬＴＣＭが崩壊したあと、ジョン・メリーウェザーについても同じようなコメントを聞いたことがある。

ハンターもメリーウェザーも注目に値する人物であることは間違いないが、多くのトレーダーが彼らの失敗から重要なことを学び損ねているのには驚かされる。多額の利益を得ても、マーケットに対して賢明な見解を持っていても、投資家は崩壊のリスクから逃れることはできない。リスク管理が重要であることは分かっているのだが、収益性を制限することにもなる。デススパイラルに陥っている会社は、穴から抜け出すためにさらにリスクをとることが多い。二倍の資金を注ぎ込んで成功すると、「リスク依存症」になってしまうケースもある。

面白いことに、一九九四年にシンガポールで大損を出したベアリングズ銀行のニック・リーソンや、一九九五年に売買損の隠避で逮捕された大和銀行ニューヨーク支店の井口俊英など、「悪徳トレーダー」には損を出すと過度のリスクをとるという特徴もある。ハンターのように、リーソンも井口も会社の花形トレーダーであり、リスク管理の重要性を軽視していた。

損失回避を克服する

「損失を取り戻そうと決心した。春が過ぎると、私は前にも増してトレードに精を出し、多くのリスクをとった。そのまま突き進み、倍増戦略がうまくいくという確信が強くなった。……リスクをさらに倍にしたのだ……。やがてそれは依存症になっていった」――ニック・リーソン[18]

損失を被るのは気分の良いことではないが、避けて通れない道だ。損失回避の行動（損切りを避ける、賭け金を二倍にする、順行を期待する）をとっているトレーダーや投資家にとって役に立つヒントをいくつか紹介したい。賭け金を二倍にすると、ポジションが回復して全体の利益も増える可能性があるのは事実だ。しかし最終的には、回復せずにすべてを失ってしまうことにもなりかねない。

損失回避は、通常、経験によってなくすことができる。あなたが歴史のちりとなって消え行かないように、これらのヒントを生かしてほしい（もちろん本書ではこれらについて繰り返し述べている）。

一．自分のポジションを見直すときは利益を上げている銘柄ではなく、損を出している銘柄を売ることを優先的に考える　「すべての条件が同じとして、今日このポジションをとるだろうか？」と自問する。答えがノーなら、売却リストに加える。

二．負け銘柄を長く持つための言い訳をしていないだろうかと考える　ストップロスルールを破るトレーダーの多くは、「売る前に順行するかどうかを確認したい」と言う。あや戻しを期待しているつもりかもしれないが、自分の資金管理の悪さを正当化しようとしているだけ、痛みを避けようとしているだけなのだ。負けを認めるには勇気が必要。痛みを受け入れなければ、次のステップには進めない。

三．計画に従ってネイキッドオプションを売らずにいると、満期になって価値がなくなってしまうということを認識する　損切りせずに順行を期待して、アウト・オブ・ザ・マネーのオプションまたは長期の低リスクの裁定取引をそのままにしてしまいがちだ。これと似たように、売るときは厳しく（そして現実的な）売り基準に従うこと。

四．どんな形でも大きな負けを経験すると損失回避に陥りやすい、ということを思い出す　人生を過ごす過程では負けや失望もあること、そしてそれが投資にどのように影響するかを認識すること。

五．謙虚な態度を忘れない　優秀なトレーダーや賢明なトレーダーという評判を確立しようとすると、横柄な態度をとりがちだ。自分が間違っていても、評判を落としたくないためにそれを認めることができない。マーケットは自分よりも大きいということを常に覚えておくこと。

六．ストップロスルールを決め、それに従う　明確なマネーマネジメント・システムがなければ、すぐにそれを決めること（前述のヒント一を参照）。

ハウスマネー効果

投資家のほとんどは、負け銘柄を長く持ち続けるという、損失回避タイプの投資ミスを犯しやすい。また、早く利食いしてしまう投資家も多い。研究者たちは、一見して矛盾するミスがあることに注目した。大学教授でマネーマネジャーでもあるリチャード・ターラーは、被験者の多くが利益のあとにリスクを冒す傾向があることに気づいた。彼はこれを「ハウスマネー効果（あぶく銭効果）」と名づけた。ハウスマネーという名称は、カジノでギャンブラーが大勝ちして賭け金を増やすと、「ハウス（胴元）のお金でギャンブルをする」と言われることに由来する。自分のお金だという認識が薄いため、それを失うことを恐れずにリスクをとるのだ。

損失回避による「早い利食い」とハウスマネー効果による「遅い利益確定」の違いは、正直に言うと混乱しやすい。一見して矛盾する二つのバイアスは、過去の利益に対するフレーミングが原因である。大学教授で行動ファイナンスの専門家であるハーシュ・シェフリンによると、「利益を上げてギャンブルを行い、その最大損失がこれまでの利益の絶対的価値よりも小さければ、その人はリスク選考の行動をとる。これに対して、利益はまだ上げていないが潜在的なキャッシュフローは同じであったときには、リスク回避の行動をとっていた」[19][20]。トレード口座をなんとかプラスに維持しようとすると、利益を早く確定する。ところが、余剰資金が手に入ると、リスクなど気にならなくなり、利益をそのままにしておく。

研究者たちは、台湾の先物取引所のマーケットメーカーにハウスマネー効果が見られることに気づいた。二〇〇一年から二〇〇四年にかけて、取引所のすべてのオプション取引について分析したところ[21]、午前に利益を出すと午後によりリスクをとることが分かった。また、個人投資家を対象とした別の研究でも、同じような行動が見られている。つまり、利益を上げると、さらにトレードに集中してリスクをとるのだ[22]。特に、成功を収めた投資家にハウスマネー効果がよく見られる。ということは、成功を収めれば収めるほど利益を増やそうとする傾向があるのだ。ただし、その効果は経験とともに弱まっていくようである。

ハーシュ・シェフリンの発言にもあるように、過去の利益や損失によるフレーミングから、どちらのタイプのバイアスを示すかが分かる。利益を失うことを恐れると過度に損失回避になるが、「失うものはない」と考えると過度にリスクを求めようとする。いずれのケースも、潜在的な利益と損失に対する感情がリスクをとることを刺激している。次に、プロの投資家の例について紹介したい。プロは、利益や損失によって感情的な反応を刺激しないように、どのように対処しているのだろうか？

法王に学ぶ

ニュージャージーを本拠地とするヘッジファンドであるファルコン・マネジメントの創始者であるジム・ライトナーは、グローバルマクロ投資の「法王」と呼ばれている。独自の評価によって、自分と従業員のために二〇億ドルを稼いできた。ライトナーは勤勉で謙虚で、知的好奇心が旺盛で、経験や知識を身につけるためならちょっとした犠牲も惜しまない。一九九七年のファルコン創立以来、彼は年間約三〇％の利益を上げている。作家であり、ヘッジファンドコンサルタントのスティーブン・ドロブニーは、ライトナーにインタビューをしてその投資の秘訣を探った。[23]

株価が常軌を逸していることをどのようにして見分けるのか、と尋ねると、こう答えた。「私には天賦の才能などない。ただ、マーケットに興味を持ち、常にあらゆることに目を配っているだけだ」。好奇心と経験から、ライトナーは「理想的なメンタルデータベース」を開発した。[24] 期待価値を評価し、心の「レーダー画面」との違いを認識する能力を自ら鍛えたのだ。

強い感情ではなく実際のイベントや株価に基づく評価メカニズムに従っているため、ライトナーは自分のトレードを「完全に非感情的」だと述べる。「損失は私には何の影響も及ぼさない。なぜなら、損失とは収益を求める過程で生じるものであり、ときには損失も必要だと考えるからだ。……私の妻は今でも、私のトレードがうまくいっているかそうでないかを知らないだろう」[25]

ライトナーは、パフォーマンスの影響をどのようにして排除しているのだろうか？　結果に対して中立であるため、そこには自我はない。非感情的でいるほかに、「私は自分が無知だと謙虚に受け止めている。大金を稼いでいるのになんと無知なんだろう、と心から思っている」。ライトナーは、お金を稼ぐ能力をひけらかしたことはない。投資を知的ゲームととらえ、そのゲームをこよなく愛している。彼が一番心に残っているトレードは、勘がさえて一夜でスイスフランを一ティック儲けたことだ。「私が夜中に『やった！』と叫びながら飛び回ったことを、妻は今でもよく覚えているらしい。……それは、自制心と創造力がみごとに功を奏した瞬間だった」[26]

インタビューでも、ライトナーには傲慢さや自信過剰さは見られなかった。マーケットに対する強い好奇心、謙虚さ、そして自分の仮定を考え直そうという態度が見られただけだ。一方で、謙虚な気持ちを忘れたときのことを話してくれた。「フィンランドが通貨切り下げを行ったとき、私は自分のためにトレードしてロングのポジションをとっていた。今までそんなことはなかったから、注意散漫で、図に乗っていた。トレードの神様は、私に謙虚さを思い出させようとされたんだ」[27]

向上心のある投資家に対して、ライトナーは、「マーケットでのあらゆる経験」を受け入れ、プロ意識を持ちすぎず、「ストーリーに夢中にならない」こと、と助言する。「ストーリーのバイアス」に対抗するには、「物事を定量的に評価し、信頼できる基準と比べてそれが安い（または高い）理由を理解する必要がある」。だからといって、ストーリーを無視してはならない。「ほかの人はストーリーに魅力を感じ、その魅力は株価に影響するため、ストーリーには注目しなければならない」からだ。[28]

ライトナーは物事の両面を見る練習をしている。特に、参照フレームのバランスを図るように努めている。彼は、心理的なバイアスによって多くの投資家が自分に有利な情報だけを求めようとすることを知っている。「自分の考えに反する証拠を探す練習をしている投資家はほとんどいない。これはとても難しいことだが、私は常に、なぜそれが上昇するかではなく、なぜそれが下がると信じるのか、と自問する練習をしている」[29]

ソロス、チューダー、そしてクレイマーの成功

「お金を失うことを嫌うという点では、私はこの世で最も慎重なトレーダーだと思う」――ポール・チューダー・ジョーンズ[30]

「ルール一、損を出すな。ルール二、ルール一を忘れるな」――ウォーレン・バフェット

損失回避の行動をとる投資家が多いとしたら、ではそれをどのように克服したらよいだろうか？　カリフォルニア大学バークレー校のシーショールズ教授とフェン教授の論文によると、投資家の優れた素養（ポートフォリオの多様性など、トレードの特徴によって評価）と経験は損失回避を弱めるのに効果的である。トレード経験だけでは損失回避をなくすことはできず、優れた素養が必要だ。この論文の注目すべき点は、素養と経験によって、利益を確定する傾向が多少（三七％）弱まるが完全にはなくならない、と主張していることにある。[31]経験豊富なプロの投資家でも、恐怖におびえ、早く損切りしてしまうのだろう。

ジョージ・ソロスは、ハイテクバブルの真っただ中に彼自身の最大のエクイティファンド（クオンタムとクオーター）の撤退を発表した。彼のポートフォリオマネジャーのスタンリー・ドラッケンミラーは、二〇〇〇年四月後半の株式相場は「恐ろしいほど正気でなく、信じがたい

ほど危険だ」とコメントした[32]。株式相場からの撤退について、ソロスは、「最後に入った者として、最初に出る責任があると感じた」と述べている[33]。これは、損切りして自分が理解できないマーケットから撤退したい、というソロスの態度をよく表している。

ポール・チューダー・ジョーンズは、歴史上最も偉大な投資家の一人だ。ジャック・シュワッガーの**『マーケットの魔術師』**（パンローリング）によると、ジョーンズは、プロのトレーダーになったばかりのころに大きな損失を被ったことで彼の人生とトレードがいかに変わったか、と述べている。「今は、自分がハッピーでリラックスできるようにトレードしている。うまくいかなくなるとすぐにそのポジションを手放すし、うまくいけば持ち続ける」[34]。ジョーンズは、感情の影響を弱めることで自分の心を最適な状態に保ち、そのために損切りは早く行っている。

ジョーンズは、参照フレームを日々見直すことで、損失回避につながるフレーミングのバイアスに対応している。「どのタイミングで買ったかを気にしすぎないこと。その日に自分が強気かそれとも弱気かを考えるだけでいいのだ。値洗いの基準は前日の引けに置く、と常に考える」[35]。株価の変動は重要ではない。見通しが変わるような新しい情報（株価の変動以外）はないだろうか、と考えるのだ。

ジョーンズは、過去の損失を埋め合わせようとするな、と指摘している。「ナンピン買いをしてはならない。うまくいかないときはトレードを控える。うまくいっているときにトレード量を増やせばいいのだ」。ポジションに変化がないときに長く持ちすぎるのを避けるには、「価格でのストップを使うのではなく、時間でのストップを使う。マーケットが急転すると思ったのにそうならなかったら、損を出していなくても手仕舞いすること」とアドバイスしている。[36]
二〇〇〇年三月一一日、ナスダックが高値を更新する数日前、元ヘッジファンドマネジャーのザ・ストリート・ドット・コムの創始者で、現在CNBCの「マッドマネー」のホストを務めているジム・J・クレイマーは、彼の妻が書いた「投資の十戒」に少し手を加えてザ・ストリート・ドット・コムに掲載した。戒律の一つめは、負け銘柄を売るときの規律である。

「**規律は信念よりも大切**　妻のトレードを一言でいうと、可謬性だ。自分の信念がくだらないことを知っていた。そこで、厳格なルールを定めた。感情を持ち込むな。くよくよ心配するな。夢中になるな」[37]

規律を持つことはどんな場面でも効果的だ。あらゆる感情バイアスを阻止することができる。前述の記事のなかで、クレイマーは、（二〇〇〇年三月に）投資家はマーケットから撤退するべきだ、とアドバイスし、あとで自分に感謝することになるだろうと述べている。
こういったプロたちは損失回避などの感情バイアスを防ぐために、利益や損失とは距離を置き、逆行したら売るという厳しい規律に従い、謙虚な態度をとっている。次の章では、感情が思考に及ぼす影響、時間選好とすぐに得られる満足について紹介しよう。

第16章　時間選好――なぜデザートを先に食べるのか？

「われわれにとって好ましい保有期間とは、永遠のことだ」――ウォーレン・バフェット（一九八八年の株主への手紙より）

「新年の誓い」を実際に達成できる人はどのくらいいるだろうか？　ダイエットをするとか節約をするとか、あるいは長期的な利益のために短期的な痛みを受け入れるといったさして難しくない誓いのはずなのに、新年の誓いを達成したという人にあまりお目にかかったことはない。つい目先の満足を優先してしまう。楽しいことを先延ばしできないのは、時間選好のせいだ。[1]

時間選好とは、目の前の快楽や満足に屈してしまうことである。将来的には大きな報酬が得られるかもしれないのに、目先の小さな利益に注目してしまう。時間選好の魅力的な点は、現在誤った行動をとると良くない結果になると頭では理解しているのに、辺縁系の快楽追求がこの警告を無視してしまう点にある（前頭前皮質では認識しているのだが）。

さまざまな金銭的実験によって、脳の時間選好機能が明らかにされている。よくある実験を紹介すると、今の一〇ドルと一週間後の一一ドルのどちらがほしいかと聞くと、多くの人は今の一〇ドルを選ぶ。ところが、一年後の一〇ドルと一年一週間後の一一ドルのどちらがほしいかと聞くと、多くの人は一年一週間後の一一ドルを選ぶ。一年一週間後の一一ドルを選び、一年が過ぎたとき、考えを変えてもいいと言うと、大半の人は今の一〇ドルを選ぶ。このパターンから、多くの人は、目の前の報酬を優先する双曲線型の選好を持っているものと考えられる。[2]一般に、長期的な大きい利益と短期的な小さい利益について判断を下すとき、人は性急に行動することが多い。

平均的な人は、一年後の一四〇ドルよりも今の一〇〇ドルを好む。目先の報酬に対する四〇％の「割引率」は、平均的なマーケットリターンよりもはるかに高い。[3]今の一〇〇ドルを選ぶ唯一の合理的な理由は、四〇％を超える年利が期待できるかどうか疑わしい、ということだ。潜在的利益の時間をずらし、一年後の一〇〇ドルと二年後のより多い金額のどちらかを選ぶとすると、一般的な「長期的な割引率」は四・三％になる。[4]これは、短期金利よりわずかに低い。

目先の利益を求めると、投資家は安定した長期計画を放棄してしまう。投資信託の買い（前年に最高の収益を記録した銘柄に殺到する）、短期的な投資判断（特に、長期的投資家にとって）、退職貯蓄計画は、時間選好のバイアスの影響を受けやすい。短期的な利益を求める投資家の多くは、適正価格よりも多くを支払う傾向がある。はやりの銘柄の情報を得た投資家は買い、信用買いをしてまでも株価の急騰に飛び乗ろうとする。オプションの市場では、短期的に考える（時間選好）とオプションのプレミアムは数学的モデルと一致しなくなる。

本章では、主に利益について説明するが、時間選好は潜在的な懲罰に関しても生じる。多くの人は目の前の小さな懲罰を避け、のちの大きな懲罰を選ぼうとする。[5]その結果、先送りという行動をとる。第9章で、強い不安を感じた人は小さな電気ショックを待つよりは短期的に強い痛みを受けるほうがいいと考えた、という実験結果を紹介した。恐怖心がコスト回避を刺激し、その場で懲罰を受けようとしたのだ。恐怖心の影響を調べる実験では、五分以上の時間差は必要ない。普段は先送りをする人でも、締め切りが近づいてプレッシャーが強くなると、仕事に取り掛かって痛みを受け入れるだろう。

時間選好の程度は人によって異なり、高い時間選好率を持つ人（ドラッグ依存症者）から快楽を先送りする人（最も自制心の強い人）まで、その範囲は幅広い。また、条件（環境）によっても割引率は上下する。望んでいた目標が近づいていることに気づくと選好が刺激される一方で、時間の制約も選好を引き起こす。勤勉性のパーソナリティー（規律、組織志向、規則順守）を持つ人は、衝動的な人よりも割引率が低い。ドラッグ依存症患者は、時間選好の程度が衝動性の強さ・ドラッグ依存度の強さと相関がある、という研究結果がある。[6]

クッキーに手を出すな

精神科の研修医だったころ、子供の自制心に関する実験フィルムを見た。四〜五歳の子供たちがひと部屋に集まり、椅子に座っていた。各自のテーブルにはクッキーが一枚ずつ。実験者は「これはあなたのクッキーだからいつでも食べていい。私は五分ほど部屋を離れる。でも、戻ってきたときにクッキーを食べていなかったら、クッキーをもう一枚あげる」と説明した。そして実験者は部屋を出て、子供たちがテーブルのクッキーを目の前にして悩む姿が映し出された。

すぐにクッキーに手を出した子供は、実験者が戻ってきてもう一枚もらえないと分かると、「そんなの不公平だ」と文句を言った。一方、椅子の背にもたれて静かに待ち、クッキーが二枚になるまで我慢する子供もいた。あるいは、待とうとしたが、自分の意思とは裏腹に手がクッキーのほうに伸びてしまう子供もいた。そのなかで一人、ほんとうに苦しんでいる子供がいた。自分の手を尻の下に敷き、体を上下に揺らし、実験者が戻ってくるまで苦しみのあまりキーキー悲鳴を上げていた。

この研究では、同じ子供たちを一〇年間追った。クッキーを待つという能力は、その後の成績やSAT（学力検査）の点数を予測する要素となった。一〇年後、二つのクッキーを手にした子供の親は、早々にクッキーを食べてしまった子供の親よりも、自分の子供は思慮深く、注意力があり、目標志向で、知的レベルが高い、と評価する傾向が強く、また自分の子供は衝動を抑え、フラストレーションを和らげ、ストレスに対応できる、と評価した。

クッキーの与え方も結果に影響する。見えないところにクッキーを置くと、子供たちは長く待つことができる。一方、クッキーの味を想像するように言われると、待ち時間は短くなる。クッキーの客観的特徴（形や色）を想像するように言われると、欲望を抑えて長く待つことができる。実験者は、九～一二歳の子供は考えることによって自制心が芽生え始めることを発見し、快楽を後回しにする能力は知性の重要な要素であると結論づけた。[7]

二〇〇六年のフォローアップの実験では、クッキーから目をそらすことができた子供たちは自己制御の能力が優れていることを報告している。衝動から意図的に目をそらす能力は、のちの成功にとって重要な要素となる。研究者たちは、「（側坐核を含む）線条体」と結びついた前頭皮質が興味・関心をつかさどるため、快楽を後回しにする能力は「この回路（衝動抑制回路）の機能的完全性の個人差を明確にするものである」と推測している。[8]

脳と自制心

目先の快楽は報酬系を刺激する一方で、自制心や長期的な計画については前頭前皮質が機能する。神経科学者のサミュエル・マクルーアは、プリンストン大学にいたころ、時間選好タスクのボランティアを対象にして脳イメージングの実験を行った。被験者には、二つの選択肢からどちらかを選ぶ、という質問がいくつか与えられた。例えば、アマゾンのギフトカードを今日二〇・二八ドル分受け取るかそれとも一カ月後に二三・三二ドル分受け取るか、もっと期間の長い例では、二週間後に三〇ドル分を受け取るか六週間後に四〇ドルを受け取るか、といった質問だ。

マクルーアは、時間選好は二つの神経系の複合的な影響の結果生じる、ということを発見した。辺縁領域は、すぐに手に入る報酬を選択するように刺激する。一方、前頭皮質と頭頂葉皮質はあらゆる選択肢について使用される。これらの二つの神経系は感情と認知のプロセスに別々に関係し、時間選好を伴う判断を下すときに競合すると考えられる。つまり、辺縁系が活性化されると目先の快楽を求める可能性がある。

特にマクルーアは、被験者が後日の大きな報酬を選ぶと、外側皮質や前頭前皮質といった皮質領域の活性化が強まることに注目した[9]。これらの領域は、計画や計算などの高度認知機能に関連する。刑務所の囚人に対して褒美を遅らせると皮質領域の活性化が弱まることからも、マクルーアの考えが裏づけられる。これは、囚人の判断基準がほかの人よりも近視眼的であるからだろう[10]。マクルーアによると、「これらの結果から、時間的接近以外にもさまざまな要素（目標物の外観や、においや感触など）が衝動的行動に関連している理由が説明できる」[11]。辺縁系の活性化によって焦りが生じるとしたら、活性化を引き起こす要因は、時間的接近の影響と似たような影響を引き起こすことになるだろう[12]。マクルーアによると、時間的接近は多くの要因のひとつでしかなく、辺縁系を活性化させることで焦りや衝動的な行動を生じさせる。時間選好は、投資判断以外にもさまざまな場面に影響する[13]。「レイブソン教授はこう述べている。『だからこそ、人はあらゆる自己防衛の行動をとるのだ。感情中枢は、今日タバコをやめるのはつらいが一週間後なら大丈夫だろう、というメッセージを出す。そして一週間後に、たしかにそう言ったがもうちょっと延期したい、と言うのだ』[14]」

自制心を働かせる能力は、富を築くのに欠かせない要素だ——自制心のある人は裕福だという調査結果もあるほどだ。チャンスや成功や利益など、投資には刺激的な面がたくさんあるが、これらは、時間選好の判断を下すときに見られたのと同様、辺縁系を活性化させることがある。辺縁系の活性化によって意思決定をすると、快楽を我慢する能力を妨げてしまう。ただし、前頭前皮質の活性化が強ければ、辺縁系が目先の快楽を追うのを抑えることができる。

時間選好と化学的刺激

化学的な話をすると、アヘン系化学物質（モルヒネなど）は時間選好を刺激し、衝動的な判断を下す。例えばヘロイン依存症患者は、禁断症状になると（ヘロインなどのオピオイド作動薬の使用直前）、そうでないとき（ヘロイン使用直後）よりも時間選好の傾向が強くなる[15]。依存症患者が薬を待ちきれなくなると、報酬処理のほかの領域にも焦りを引き起こす。

衝動的な選択を弱める薬には、オピオイド受容体遮断薬がある。これは、報酬系へのドーパミンの放出を阻止する。ドーパミン分泌量が減ると、目先の快楽に対する関心が弱まる。ギャンブル依存症や窃盗癖などの衝動制御障害の治療には、ナルトレキソン[16]やナルメフェンなどのオピエート受容体遮断薬が使用される。

サルと時間選好

進化的に見ると、種が生き残っていくには時間選好の行動はある意味で理にかなっているのかもしれない。ほとんどの（ただし、すべてではない）貴重な資源が壊れやすかったり損なわれやすかったり、資源を守るのが難しかった時代には、大きな時間選好が必要であった[17]。サルと類人猿は報酬を先延ばしすることがなかなかできなかったことからも、この理論が裏づけられる。

例えば、「リバース・コンティンジェンシー」タスクと呼ばれる実験ゲームでは、小さなお菓子に手を伸ばした被験者には大きな報酬を、大きなお菓子に手を伸ばした被験者には小さな報酬を与える。サルは、大きな報酬（エサ）を得るために小さなお菓子に手を伸ばす、ということを学習できない。この実験に少し手を加え、小さな報酬と大きな報酬を「シンボル化」して見せると、サルはピンとくる。「実際の」報酬を見ると辺縁系が刺激され、前頭前皮質の抑制機能が弱まるのだろう。[18]

ダン・アリエリー・マサチューセッツ工科大学教授は、一カ月後にお金を受け取るか今すぐに魅力的なポルノ写真を見るかを選択するときの被験者の脳をｆＭＲＩで観察した。写真を避けてお金を受け取るには、ボタンを押し続けなければならない。実験を難しくするため、写真を避けたときの金額を増減させた。写真を無視しても少額の報酬しか与えられないと伝えたところ、多くの被験者が少額の報酬を得るよりは写真を見るほうを選んだ。アリエリーは、金額が上がると自制心が強くなることを発見した。機能的磁気共鳴画像法（ｆＭＲＩ）で観察すると、被験者が写真を避けて一カ月後の支払いを選ぶときには、前頭前皮質（抑制に関連する）と頭頂葉皮質（予測される利益の計算に関連する）が活性化された。[19]

現代では、インターネットや銀行口座管理料、クレジットカードなどによって時間選好や衝動性が刺激され、人々が消費する金額は大幅に増えている。また消費財についても、ほしいものがすぐに手に入るうえ、衝動や欲望を刺激するような巧妙な広告もあふれていることも、退職後に備えて十分な資金を貯蓄できない大きな要因となっているのだろう。[20]

オプションで大儲け

マーケットでは、投資家がパニックになっているときに時間選好が重要な意味を持つ。目先の利益を求めると、ポジションの低迷に伴う痛みから解放される。オプションの元スペシャリストでパシフィック証券取引所の会員権を持っていたリチャード・フリーゼンによると、マーケットのボラティリティが高いときには感情的な反応がリスク認知とオプションの価値に大きく影響する。そういうときは、投資家はリスクをとることよりも最近の傷を癒やすことで頭がいっぱいになる。不測の危機から緊迫感が生じる結果、アウト・オブ・ザ・マネーのオプション（特にプットオプション）は大きなプレミアムを得る。これは、オプションの売り手が投資家のリスク認知が高まっているのを利用するのに最適なタイミングのようだが、マーケットの恐怖は伝染することがある。

理想的なプロのオプショントレーダーは、ほかのトレーダーが危機を認識したときに平静を保つのに慣れている。恐怖によってほかのトレーダーの間で時間選好が生じていても、長期的な見解を持ち続けなければならない。フリーゼンによると、マーケットが危機のときには「ボラティリティを売りまくればよい」。

フリーゼンも述べているように、一九八七年一〇月の株式相場崩壊の真っただ中、彼と同僚のオプショントレーダーは、ありえないようなオプションの価値にぼうぜんとした。大切なのは、金融システムが崖に向かっているときにショックに陥らないようにすることだ。

　そして月曜日、取引所には不気味なほどの緊張感が漂い、プットの買いが殺到していたが、どのトレーダーもプットを売ろうとはしなかった。そのときフリーゼンの同僚の一人が静かな取引所にやってきて、多額のオプションの売り注文を出した。破綻した口座を無理にでも清算しろとの命令を受けてパニックになっていた投資家とブローカーは、彼のプットに殺到した。株式相場が五〇％下がらないかぎり、彼の利益は保証されたも同然だった。彼の会社は、感情的になった買い手にプットを売るという合理的な行動に打って出た。フリーゼンによると、「こういうときのトレードはまったく不思議なものだ。合理的な根拠に基づいて行動し、パニックになった集団を相手にトレードする。まるで『幽体離脱』のようだ。何が起こるかを正確に把握していれば、自分がすでに知っている事実にトレーダーたちが気づき始めるとやがて価格が崩壊していく――という様子をじっくり観察できる」。

自制心を磨く

「行動したことに対して支払いを受けるのではなく、正しくあることに対して支払いを受ける。いつまで待てばいいのか？　永久に待ち続けるのだ」――ウォーレン・バフェット（一九九八年の株主への手紙より）

自制心を強めて先送りをやめるには、同僚や配偶者など外部の「規則監視人」に、計画実行の懲罰と報酬を決めてもらうのが最適な方法だ、という研究結果がある。[21]

また、自制心を磨くには、回避という行動戦略をとることもある。ダイエット中であれば、通勤途中にドーナッツ屋があったら別の通勤路を選ぶ。抗し難い欲望を刺激するきっかけ（ドーナッツの甘い香りなど）を避けるのだ。これと同じように、投資家が株価をチェックして下落しているのに気づき、長期のポジションを解消したい衝動に駆られたら、情報を見るのを避けるかプロテクティブ・ストップを置けばよい。

『いじわるな遺伝子』（日本放送出版協会）の共著者であるテリー・バーナムは、一九九〇年代後半にデイトレードに夢中になりすぎたために社会生活に支障を来した、と述べている。一年で二億五〇〇〇万ドルも稼いだ。トレードの手を緩めるのに外部の手段が必要だと感じた彼は、さまざまな方法を試みた。インターネット接続をブロードバンドからダイアルアップに変えたり、ディスカウントブローカーの口座を閉鎖したり（ブローカーに電話をしなければ注文を出せないようにした）、あるいは夜中にマーケットをチェックできないように、インターネットの接続を切断するように友人に頼んだりもした。バーナムが利用した外部の「監視人」は、自制心の「安全装置」の役割を果たす。

行動をコントロールするのも大切だが、自制心に最も効果的なのは認知することである。つまりさまざまな思考や感情、記憶を利用して、自制心の大切さを自分自身に理解させるのだ。

例えば、禁煙した人はほんの一本に思いを焦がすかもしれないが、肺気腫で亡くなった祖父のことを思い出せばよい。タバコと家族の病気を結びつけることで、強い嫌悪感と喫煙を避けるという反射的な衝動を刺激するのだ。

モチベーショナル・スピーカーのアンソニー・ロビンズなど、神経言語プログラミングのプラクティショナーは、有害な習慣を続けたいという欲望の原因を突き止める。そしてメンタルエクササイズによって、ポジティブからネガティブへと感情的つながりを逆行させる。例えば、ついデザートに手を出すという癖があるためにダイエットがうまくいかない人は、欲望を刺激する楽しい思い出を探す。

風邪を引いたとウソをついておばあさんにお菓子をもらった、という子供のころの出来事を思い出す人もいるかもしれない。デザートに関するポジティブで愛情あふれる感情を逆行させるため、デザートに関するネガティブで有害な感情を思い起こす。それには、強いイメージをデザートに繰り返し結びつける。例えば、心臓病で伯父が亡くなったことを思い出し、デザートが及ぼす影響について考える。動脈硬化性プラークの画像を見る（インターネットなどで探せる）。砂糖は加齢を促進し、免疫系を弱め、風邪を引きやすくなる、と想像する。ほかにもいろいろ思いつくだろう。

絶ちたい習慣がある人は、逆の連想をしてみる。そして自分が不愉快な気分になるまで、その習慣がいかに有害かを繰り返し考える。あるいは、株式に愛着を持ってしまう（授かり効果）

という癖を絶ちたくても、その会社についてネガティブな情報や意見を見つけるのは難しいだろう。その会社に魅力を感じてしまったら、気に入っていたほかの会社にがっかりさせられた経験を思い出すとよい。

プロはどう実践しているか

ウォール・ストリート・ジャーナル紙によると、二〇〇五年に最もパフォーマンスの良かったバイオテクノロジー関連アナリストはマーティン・オースターであった[22]。ほかのアナリストとどこが違うのか、とオースターに質問したところ、自分が気になっている銘柄を長期的に見る、という答えが返ってきた。アナリストのほとんどは、六～一二カ月の範囲で臨床試験や製品について調べるが、彼は一二～一八カ月先を見据えている。長期的な視野に立っていると、ほかのアナリストがイベントに注目したときには、彼はすでに自分の推奨にそれを織り込んでいることになる。

自分の弱点や不安定な部分を明らかにすることで、投資家は自制心を強めて時間選好に対抗することができる。多くの投資家は、（ボラティリティの高いマーケットなどで）感情的になったとき、時間選好によって短期的な見解を持ってしまう。「自称」長期投資家は、新製品や収益の発表に刺激され、不用意に株式を買ってしまうことがある。こういった自分の弱点を理解するように心がけるのだ。

また時間選好について理解すると、さまざまな場面で大いに役立つ。プロのアナリストは、ライバルよりも先を見ることで優位に立てる。オプションのトレーダーは、目先の危険にパニックになった投資家が損失を防ごうとするのを見て、それを利用することができる。またポートフォリオマネジャーは、短期的な利益のアノマリーに惑わされないようにしよう、と心がけて行動する。ところが面白いことに、投資家は集団的に時間選好の影響を受けるときがある。すると、皆が型にはまった考えを持ち、集団行動が生まれる。次の章ではこの集団行動について見ていきたい。

第17章　集団行動――ほかの人と張り合う

「ほかの人の意見にけっしてけっして耳を傾けてはならない。マーケットで成功するには、自分自身で判断をすることが大切だ。多くのトレーダーが、他人の意見に耳を傾けたのは最悪の失敗だった、と振り返っている。ウォールトンとミネルヴィニが投資で大損を出したのも、判断を誤ったことが原因だった」――ジャック・シュワッガー[1]

「株式売買の助言」に従ってはならない。これについてはだれもが承知しているだろう。でも、信頼できる友人がアドバイスをしてくれたら？　しかも彼女はちょっとしたインサイダーで、その銘柄が急騰すると確信していたら？

私は長いこと、「助言」に基づいて株を買ったことはない。ほかの人にも、助言に従うなと言ってきた。

学生時代からの信頼できる友人（「F」としておこう）が株式の助言を与えてくれたときも、私はそれを冷ややかに見ていた。Fはロンドンのヘッジファンドで働いていた。バイオテクノロジーのスペシャリストで、ニューロセル（仮名）についてあるウワサを聞きつけていた。ニユーロセルは小さな製薬会社で、アルツハイマー治療の画期的な新薬の認可をFDA（米食品医薬品局）に申請していた。ヨーロッパでは認められており、アメリカでの認可を待つばかりだった。

Fによると、「新薬の研究者から聞いたのだけど、近々FDAの認可が下りる」らしい。薬品を検査している一二カ所の医療センターの神経科医・精神科医の研究者たちを飛び込みで訪問し、だれもがその成分の素晴らしさを称賛したという。

研究者は長期的な副作用のデータを調べず、試験ではこの成分のことを本当には分かっていないのでは、と私が不安を示すと、Fは自信ありげに私の言葉をさえぎった。

「できることなら、あなたの子供の大学資金として、私が買いたいくらい」

うーん、これはかなり信頼できる推奨だ。子供の大学資金をこれに賭けないとは怠慢な親だ、とまで思えた。私はFがこれほど興奮しているのを見たことがなかった。実際彼女は、この会社と製品のことで頭がいっぱいだった。

Fのファンドは大成功を収め、一九九六年から年平均二〇％以上のリターンを上げている。以前このファンドの設立者に会ったことがある。「翌年三〇％上昇する見込みのないものは買わない」と言っていたのを思い出した。

ニューロセルは、優れたパフォーマンスを上げているファンドのお墨付きの会社だ。まさに「ストロングバイ」銘柄だった。「助言に従って買うべきではない」と考えたが、一二カ所も医療センターを訪問した人が保証しているという事実に心が揺らいだ。

そこで、ニューロセルを少し買い、しばらくしてもう少し買い増しした。あとから考えると「少し」ではなかったが。ＦＤＡの通知が届くころになると、興奮はさらに増した。ところがＦＤＡは申請を却下したのだ。なんてことだ。

通知には、投薬によって心拍数が上がるため見合わせると書かれていたが、承認のチャンスはまだ残されている。もっと詳しいデータや情報の提出を求められた。ＦＤＡが申請を却下すると、ニューロセルの株価は一週間で六〇％も下落した。

私は疑いを募らせた。「なぜこんなバカなことをしたんだ？　心臓カテーテルのことなんて何も知らなかったし、六〇％も損してしまった！」

やがて、自分が思っているよりも事態が深刻であることが分かった。

申請却下の一週間後、Ｆは強気にこう言った。「まいったわ、ここのところ忙しくて。ニューロセルはお買い得だからできるだけたくさん買っているの。下落の最初の日にもたくさん買い増ししたし」

「買い増しだって？」。私はあっけにとられた。私なりに多少調べており、予期しないネガティブなニュースのあとで株価が一時的に反発し、そして売りが増える、ということを知っていた。なぜ彼女は下がった日に買い増ししたのだろうか？　私はある格言を思い出した。「だれがカモだか分からないときは、たいてい自分がカモなのだ」。二回もうまい話に乗るところだった。

もちろん、Fは私以外の人にもニューロセルは確実だと話していた。家族や友人にも推薦していた。

Fは少し困った立場に陥っていた。多くの友人が損を出したため、サンクコスト効果（サンクコストがもったいないという理由から計画を進めてしまう）から、ニューロセルを推奨し続けざるを得なかった。彼女は良いニュースを知らせるという社会的プレッシャーを受け、ポジティブに分析するというフレームにしばられていた。客観的な判断ができなくなってしまっていたのだ。

株式の助言を与えたことがある人は、きっとそれを後悔したことだろう。ある銘柄に夢中になって他人に推奨するときには、概して、良いニュースは株価に織り込み済みなのだ。株価はすでに評価されており、ほかの投資家もあなたと同じくらい熱狂している。これは良い兆候とは言えない。しかも、家族や友人を巻き込んでしまったときには、その考えを捨てることがなかなかできない。

それからまもなくして、私はニューロセルを売った。FDAが却下した場合のプランを何も立てていなかった――あまりにずさんだった。ウォール街には「迷ったら手仕舞うこと」という格言がある。ちょっとでも油断していると、ミスターマーケットのカモになる。

株式の助言に従うことは、ある種の集団行動である。金融の世界では、「集団行動」とは投資のアイデアが集団感染することを意味する。大多数の投資家が自分で銘柄を評価せずにリーダーのアドバイスに従ったら、それは集団行動にほかならない。

集団行動とは

「人は集団で考え、集団で熱狂するが、正気を取り戻すのは実にゆっくりで、しかもそのときは集団ではない」――チャールズ・マッケイ[2]

生物学的に言うと、「集団行動」とは、大挙して安全を求める動物に見られる傾向である。脅威を感じたときもチャンスを見つけたときも集団で行動する。また、集団全体で逃走反応することもあれば、一斉に牧草地に突進することもある。

投資家は、集団行動とほかの現象を混同してしまうことがある。例えば「集団思考」とは、同じグループのメンバーが同じ結論に至ること（しかも、間違っていることが多い）である。また「群集行動」とは、グループの一員の突然の行動がほかのメンバーにも広がること（パニックや暴動になることが多い）である。投資委員会では集団思考が生じやすいという問題があり、また群集行動の例として、一九八八年にロシアが債務不履行になりルーブルが切り下げられたとき、預金者が銀行に殺到したことが挙げられる。

集団行動は、そんなに悪いことなのだろうか？　タイミングが悪ければ損失につながるかもしれないが、最初に行動すれば利益を上げることができる。集団が熱狂的に行動するのを目にしたら、ときはすでに遅し。ただしチャンスを見つけたら、最初にそれをつかまえることもできる。群衆がそれに従ったときには、あなたは優位に立っているはずだ。

集団行動にはリーダーの存在が欠かせない。ヒツジはリーダーの雄に従うため、シープドッグはリーダーを見つけておびき出せば、群れを誘導することができる。恐怖心があると、この傾向はより強くなる。

マーケットでは、リーダーを観察すると利益を上げられる。リーダーは何に注目しているだろうか？　リーダーは何を売ろうとしているのか？　株式会社のリーダーは、経営陣や取締役、その他のインサイダーである。こういったインサイダーが売却するときには、やがてトラブルが生じるだろう。もちろん、インサイダーはトラブルの兆候を認めたりしない。鋭い投資家は、情報筋に従うのではなく、情報筋をよく観察するのだ。

二〇〇〇年、私はサンフランシスコのヘッジファンドで興味深い経験をしたことがある。パートナーたちは、割安の鉄道銘柄やエネルギー銘柄を探し回っていた。二〇〇〇年にゴルフ仲間に鉄道銘柄や石炭銘柄を勧めた人がいたら、気でも狂ったのではないかと思われただろう。なにしろ当時は、だれもがハイテクやバイオテクに注目していたからだ。ところがこのファンドの予知能力は鋭かった。二〇〇二年、マーケットのリーダーたちは先陣を切って鉄道銘柄やエネルギー銘柄に参入し、二〇〇六年にはマーケットの寵児になっていた。このヘッジファンドが買った株式の多くは、一〇倍になっていた。

お金の流れやメディアの動きに注目していると、投資家の集団行動を見つけるのは簡単だ。ところが、社会や同僚のプレッシャーが強くなると、次のチャンスを見つけるのは簡単ではない。投資委員会や役員会などの意思決定機関内では、集団行動を防ぐのは難しい。集団思考、権力に対する服従、社会的プレッシャーが集団行動を引き起こす。権威のあるリーダーやカリスマ性を持ったリーダーが存在すると、無意識のうちに反対意見が抑えられてしまう。リーダーに反対意見を言うように促されても、リーダーに逆らうのは社会的に受け入れられないことのように感じてしまうからだ。集団行動が生じるプロセスを突き詰め、個人としても集団としてそれを防ぎ、マーケットで優位に立つことが重要だ。本章ではこのテーマに沿って話を進めてきた。

社会的裏づけ

「天国の門で聖ペテロに会った石油試掘者の話をしよう。彼が自分の職業を告げると、聖ペテロはこう言った。『申し訳ないね。君は天国へのテストをパスしたようだが、大きな問題があるんだよ。あそこのブルペンを見たかい？　天国へ入る石油試掘者はそこで待機しているんだが、あいにく空きがない』。石油試掘者はしばらく考えてから質問した。『彼らに一言話しかけてもいいですか？』『特に問題はないが』。そこで老練な石油試掘者は手を口に当てて叫んだ。『地獄で石油が出た！』すると、石油試掘者たちはブルペンのドアを開けて飛び出し、われ先にと下に降りていった。『うまいことを考えたな』と聖ペテロは言った。『お入りなさい。空きができたようだから』。ところがこの老人は頭をかきながら答えた。『いいえ。差し支えなければ私も彼らと行動をともにしたいと思います。うわさが本当になるかもしれませんから』」――ウォーレン・バフェット（ベンジャミン・グレアムが好んだこの話をバフェットが広めた）

他人を観察していると、不確実な状況で何をしたらよいかが分かる。自分から何かを見つけようとするのではなく、ほかの人が正しい行動方針を「確認する」のを待つ。心理学者のロバート・チャルディーニは、確認を求めることを「社会的裏づけ」と名づけた[3]。社会的裏づけは「精神的近道」になる。問題の解決方法について自分で考えなくても、仲間の行動を観察してそれに従う。あとはそれに便乗するだけでよいのだ。

マーケットでは、集団行動に遅れて従うと敗北を喫する。社会的裏づけに屈して集団行動に従う投資家は、その行動が他人の意思決定に左右される。集団のリーダーが間違っていることが明らかになると、同じように間違いを犯した投資家は不信感を抱いてリーダーのもとを去り始める。ところがなかには、感情の防衛メカニズムが働き、自分の信念やリーダーの考えが間違っていることを受け入れられない人もいる。

二〇〇〇年代の初め、そうした狂信者たちはほかの投資家に対して市場が上げても下げてもネット株を強力に勧めていた。ハイテク株の未来に対する自分の強い信念を変えることができず、二〇〇二年にハイテクバブルを扇動したアナリストが告発されると、大勢の支持者を失ってしまった。

不思議なことに、ニュー「インターネット」エコノミーが幻であったと分かったあとでも、狂信者たちは周囲に改宗を迫った。間違っている考えに共感する人などいるだろうか？　まして、その言葉を広めようとするだろうか？　こういった狂信者が誤りを認めるのは強い痛みを伴うため、いちるの望みをかけて新たな改宗者を集めようとする。この行動は損失回避と似ている。こういった人は、教えを信じてくれる人が多ければ多いほど、自分が正しいと思う傾向が強くなる。

投資家は、株価のトレンドについていきたいという衝動に駆られることが多い。これは一種の「代理」集団行動である。「だれか」がその銘柄を買っているのは分かるのだが、「だれなのか」は分からない。ある銘柄がトレンドを示すと、人々は、株価を動かしている投資家は自分たちよりも知識が豊富だ、と信じてしまう。そこで、さらにトレンドを追うことになるのだ。また、株価を「確認」（好ましいトレンドを見極める）してからマーケットに参入する投資家もいる。

自分の考えが正しいことを確認する（期待どおりに株価が動く）と、安心してポジションをとる。マーケットが急降下して投資家たちが神経質になると、定評のあるリーダーの行動を見て、どのように対応したらよいかを考える――特に、自分と似たリーダーの行動を観察する。ウォール街の人たちよりも自分たちの投資仲間のほうに共感できると、マーケットが不確実なときには、仲間、特に定評のあるリーダーからアドバイスを得ようとする。

社会的比較

「アレクサンダーの伝記を読むと、シーザーはしばらく物思いにふけり、そして突然涙を流した。驚いた友人たちはその訳を尋ねた。『アレクサンダーが私くらいの歳のときには多くの国を征服していたのに、私は記憶に残るようなことをまだ何もしていない。君は泣きたいと思わないのか?』」――プルタルコス（『シーザーの生涯』より）

三〇代半ばにして、シーザーは法律家として成功を収め、キケロに次いで有名であったが、たくさんの負債を抱えていたことでも知られていた。冒頭に紹介したように、悲しい気持ちを友人に伝えると、すぐに軍でさまざまな偉業を成し遂げた。アレクサンダー大王に劣っていることを嘆いたシーザーは借金を返し、スペインに遠征したのだ。

シーザーの対応は「社会的比較」と呼ばれるものである。アレクサンダー大王の生涯から自分の目標を導き出し、自分のロールモデルの功績と自分の功績を比べた。アレクサンダーに劣っていることが分かると、シーザーはただちに信用と軍での評判を回復した。

社会的比較は、その人の富に対する満足度を表すことができる。多くの人は、自分の富に関しては「牛後よりも鶏口となる」になることを好む。一九九五年、ハーバード大学の研究者たちがある実験を行った。平均収入が二万五〇〇〇ドルの地域で五万ドルの収入を得て暮らすのと、平均収入が二〇万ドルの地域で一〇万ドルの収入を得て暮らすのとどちらがよいか、と被験者に質問したところ、一五九人の学生のうち五二％が五万ドルの収入を選んだ。七五人の大学教授や職員にも同じ質問をしたところ、三五％が五万ドルの収入を選んだ。地域の平均収入の二倍が得られるのなら収入が半分でもよい、と考えたのだ。[4]

仲間との比較は、目標の追求を刺激するだけでなく、強い恐怖心を克服するモチベーションにもなる。社会科学研究者のアルバート・バンデューラは、自分が共感している人が恐怖症を克服するのを見るだけで恐怖症を克服できる、という事実を紹介した。ヘビ恐怖症の人は、ヘビを怖がる演技をしている俳優がそれを克服する映像を見るだけで、ヘビ恐怖症が治る。映像では、その俳優は最終的に肩からヘビをかけるほどヘビを好きになっていた。

バンデューラは、イヌを怖がる保育園児を対象にした実験も行った。イヌを怖がる子供たちに、ほかの子供たちがイヌと遊んでいる姿を毎日二〇分見せた。四日後、イヌを怖がっていた子供たちのうち六七％が、自ら進んでイヌに触れようとした。たくさんの子供たちがイヌと遊ぶ映像を見せると、もっと早くイヌ恐怖症を克服できた。多くの人から社会的裏づけを与えられると、その効果がさらに大きくなる。[5]

バンデューラの研究は、投資家のリスク回避を弱めるのにも有効だろう。ほかの人がリスクの高いマーケットで売買をしているのを見ると、リスクの高いマーケットに対する恐怖心は和らぐ。だれのアドバイスもなかったら、私はニューロセルを買わなかったはずだ。友人の話を聞き、共通の友人もニューロセルを買っているのを知ったことで、私のリスク認知が弱められたのだ。自分で適正な評価を行わず、ほかの人の行動だけを見てニューロセルは「買い」だと納得してしまった。利益の保証と共通の経験という誘惑の言葉に負け、普段の警戒心が薄れたのだ。

適応性に関するアッシュの実験

一九五一年、社会心理学者のソロモン・アッシュは、周囲からのプレッシャーが人の考え方に及ぼす影響を調べる実験を考えた。ある被験者を八〜一〇人の被験者グループ（実際にはサクラ）のなかに置いた。被験者たちに図17.1のような絵を見せ、視覚調査を行っていると伝えた。そして、一人ひとりに、左の線と同じ長さの線は右のどれかを声に出して答えてもらった。本

図17.1　ソロモン・アッシュの実験

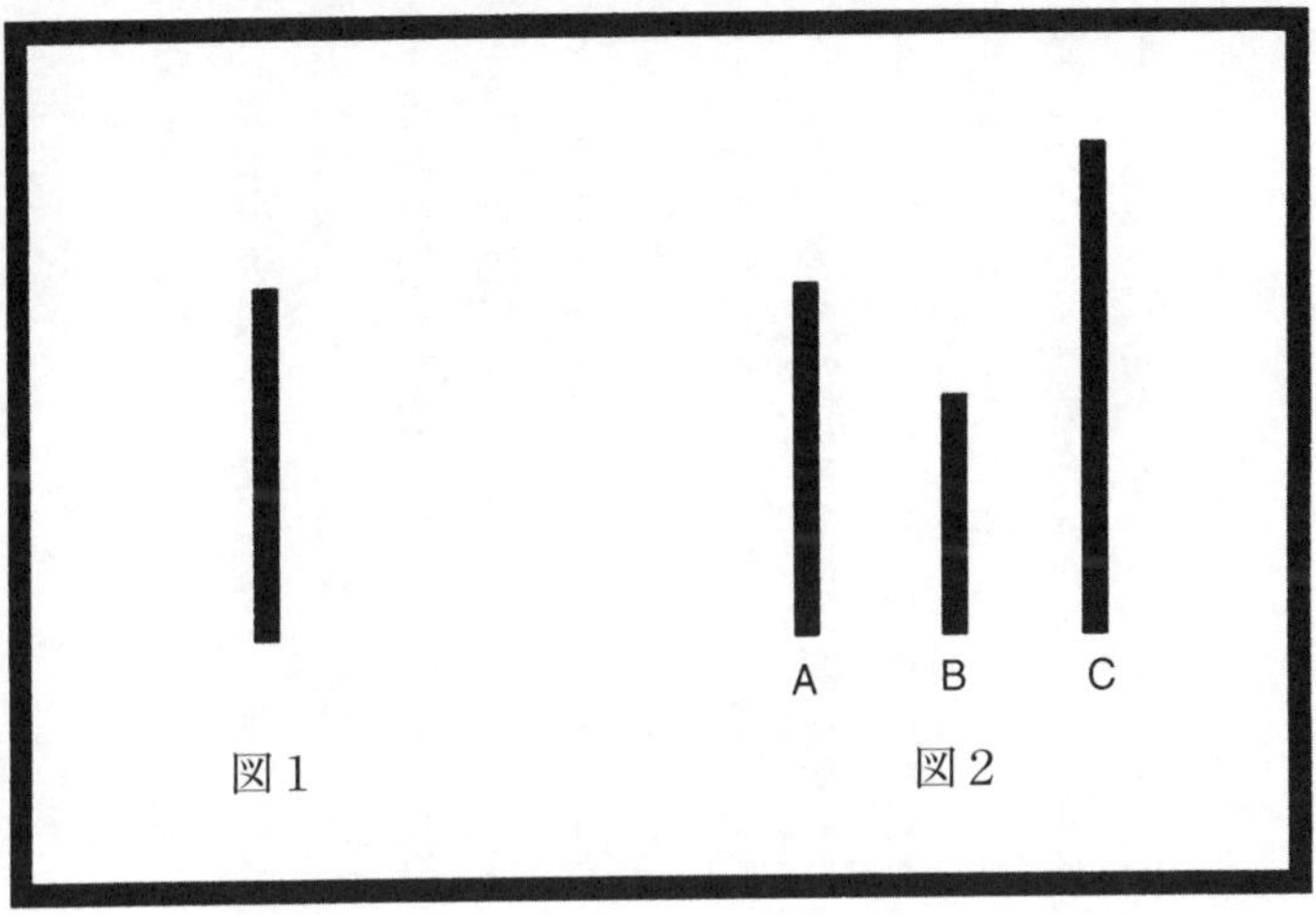

当の被験者が答える順番は最後から二番目だった。

サクラは、一八回のトライアルのうち一二回でBかCと答えるように指示されていた――もちろん正解はAだ。五〇人の被験者のうち三七人が、少なくとも一回は多数意見に従い、被験者を平均すると一八回のうち四回は多数意見に従った。アッシュは、人は二つの理由から多数意見に従うと結論づけた。それは、グループに好かれたいという気持ちが働くことと、自分よりもほかの人のほうが正しい情報を知っていると考えることによる。

情報カスケード

投資家は、たいてい似たような情報源から投資情報を得る。投資データプロバイダー、SEC（証券取引委員会）提出書類、企業の顧客や関連業者、経営陣や従業員、そしてメディアなどが主な情報源となる。情報の処理の仕方は一人ひとり違うが、情報源の種類は限られている。入手可能な情報が限られていると、投資家たちは似たような結論に至ることがある。その結論が実際の行動に移されると、マーケットが動く。投資家のなかには、マーケットの動きからのみヒントを得る者もいる。つまり、情報が豊富な投資家の行動を参考にする。他人の行動を観測している人がその行動をまねることで「情報カスケード」が生じる。

マーケットの動きを見て他人の考えや感情を理解し、情報カスケードが引き起こされる。このほかにも、多くの投資家は気づかないうちに、同僚や、メディアが伝える人物からボディランゲージや感情のヒントを得ている。こういった言葉以外のコミュニケーションは「マーケットの心情」を反映している。

言葉以外のコミュニケーションのマイナス面は、影響し合う人同士が似たような思考・行動パターンに陥る傾向があることだ。[6] 新しい情報から似たような結論を導き出し、似たような反応を示す。グループ内のメンバーの言語と言語以外のヒントを調べると、集団の論理的思考を明らかにすることができる。第1章で紹介したように、バイアスによる集団の論理的思考を理解すれば、マーケットの機会をとらえる能力を身につけられるだろう。

株式のメッセージボードには、株式の見通しについて意見を交換しようとする投資家が集う。株式のメッセージボードでは中傷や喧々囂々たる論議が繰り広げられるが、研究者たちは、参加者が使用する言語から重要な情報が得られることを発見した。

サンタクララ大学のサンジブ・ダス教授たちは、非常に興味深く、技術的にも難しい研究を行った。一万二〇〇〇人の株式メッセージボードのユーザーの投稿を七カ月間にわたって分析した。その結果、投稿数、出来高、そして株価の低迷には相関性があることが分かった。株価が下がると多くのメッセージが書き込まれ、投資家の意見は多様になる（おそらくあまり強気ではない）。議論の内容には損失回避の特徴がはっきりと見られ、投資家は株価の回復を望んでいる。メッセージボード全体のセンチメントは過去の出来高と株価動向を反映している。ダスによると、センチメントを測っても予測力が身につくことはない。[7]

スタンレー・ミルグラムの実験とショックな事実

投資家は、自分がマーケットのプロやオピニオンリーダーの影響をどれほど受けているかをきちんと理解していないことが多い。第二次世界大戦後から数十年にわたり、「権威の効果」に関する研究が行われてきた。エール大学のスタンレー・ミルグラム教授は、権威に対するドイツ人の服従を調査し、ナチスの台頭の原因を解明しようとした[8]。まずはエール大学で試験的に実験を行ったところ、わざわざ海外まで行かなくても従順な被験者を見つけられることに気づいた。

ミルグラムの実験では、たとえ加害的な方法であっても人は権威に従う、ということが明らかにされた。被験者は、ミルグラムの研究室で二人の人物に会う。一人は実験服を着てクリップボードを持っている。もう一人はどこから見ても平均的な人物で、実験のボランティアだと紹介される。このボランティアは、実は被験者のふりをした「サクラ」である。

被験者には、学習と記憶における罰の効果を調べる実験だ、と説明する。サクラは生徒役、被験者は教師役に指名される。生徒役の被験者はサクラなのだが、教師役の被験者は生徒も被験者だと信じている。

生徒は二つの単語を暗記するように指示される。そして生徒だけがガラス張りの別室に入れられる。生徒が座る椅子にはニセの電極がつながれており、電気ショックが与えられるように見える。教師が片方の単語を読み上げると、生徒はもうひとつの単語を答える。答えが間違っていると電気ショックが与えられる。

答えを間違うたびに、教師は生徒に与える電圧を伝え、スイッチを押す。電圧は毎回一五ボルトずつ強くなる。教師には、電気ショックは痛みを伴うが「皮膚に致命的な損傷を負わせるほどではない」と知らせている。最初のうちは実験は順調に進むが、電圧が上がるにつれて生徒が不平を言い始める。
七五、八〇、一〇五ボルトでは、生徒は痛みのあまりうめき声を上げる。一二〇ボルトでは大声で叫び、その声はマイクを通して教師の耳に届く。一五〇ボルトでは「終わりにしてくれ。ここから出してくれ。お願いだ！」と絶叫する。続行するように実験者から指示されるため、教師は実験をやめることはできない。二〇〇～三〇〇ボルトになると、苦悩のあまり金切り声を上げる。さらに強くなると、壁を蹴り、叫び、実験中止を求める。
生徒はサクラであるため実際には電気ショックは与えられていないが、教師はそのことを知らない。この実験の結果、教師の三分の二が実験中止の四五〇ボルトまでショックを与え続けた。三〇〇ボルト以下ではだれもやめなかった。三〇〇ボルトでは、生徒はもう答えられないと叫び、「苦悩のあまり金切り声を上げる」。多くの教師がこの時点で初めて悩み、実験の中止を求めた。ただし実験者は、次の質問に移るように静かに指示し、教師はそれに従った。

ミルグラムたちは、その結果に驚かされた。実験前、エール大学の学生や同僚に、何人の被験者が四五〇ボルトまで電圧を上げるか予測してもらったところ、その予測はせいぜい一～二％であった。また、三九人の精神科医の予測では〇・一％にも満たなかった。[9] ところが実際には、被験者の三分の二が最大電圧まで実験を続行した。人々は、人間は権威の効果の影響など受けない、と誤解していることが分かる。

この実験に少し手を加え、生徒が「心臓がおかしくなった」と訴えても、六五％の教師が最大電圧まで実験を続けた。また別の実験では、二人の実験者が参加し、電気ショックが強くなって生徒が解放を求めると、一方の実験者は続行、もう一方の実験者は中止の指示を出した。教師は両方の実験者を代わる代わる見つめ、どちらに強い権限があるかを確かめようとした。どちらの立場が上なのか分からないと、教師は実験をやめた。

高級品と肩書き

「服が人を作る。裸の人間には何の社会的影響力もない」――マーク・トウェイン

初対面の人に職業を聞くのはけっして珍しいことではない。たいてい、名刺には肩書きが書かれている。企業ホームページの経営陣の略歴には、学校名や学位、職歴、出版物などが記載される。また、家系はその人の権威を示す。

信頼性や権威を示すのに肩書きや家系よりももっと分かりやすいのが、その人が身につけているものだ。テキサスの研究者たちは、人は道を歩いているとき、作業着を着ている歩行者よりも高級スーツを着ている歩行者のほうについていく確率が三・五倍も高いことに気づいた。[10]

服装以外にも、宝飾品や車も視覚的に富を表している。

サンフランシスコで行われたある研究では、高級車と大衆車を運転して青信号で止まったと

ころ、大衆車の後続車のほぼすべてがクラクションを鳴らし、なかにはバンパーを突っつく車もいた。ところが高級車の場合は、後続車の半数が辛抱強く待ち、クラクションを鳴らすことはなかった。

ほとんどの人が、自分は権威に影響されて行動することはない、と信じている。高級車の後ろでじっと我慢したり、専門家のアドバイスにやみくもに従ったりすることはない、と思っている。そこでサンフランシスコの研究チームは、前を走っている高級車と大衆車が青信号で停まったらどうするか、と学生に質問した。男子学生は、大衆車よりも高級車に対してクラクションを鳴らすだろうと予測した。まさに、実際の結果とは逆の予測をしている[11]。

電気ショックの実験で、ミルグラムの同僚たちは、電圧を最大限に上げる被験者の数を相当低く予測していた。自分もそうだとは夢にも思っていない。社会心理学者のロバート・チャルディーニは、権威への服従は「条件反射」のように無意識のうちに起こる、と述べている。権威の指示を受けると、無意識のうちに「思考」ではなく「反応」に基づいて行動してしまう。「権威が発信する情報は、その状況にどのように対応するべきかを判断するうえで近道となるのだ」[12]

ウォール街では、ファイナンシャルアナリストは株式やマーケットの権威である。彼らの意見や推奨によって、何十億ドルもの資金が動く。ミルグラムの実験結果を考えると、投資家たちがアナリストの推奨銘柄に殺到するのも別に驚くことではない。ただし、アナリストに悪意があった場合には大きな問題となる。一九九〇年代後半、ヘンリー・ブロジェット、メアリー・ミーカー、アビー・ジョセフ・コーエンといった花形のハイテクアナリストは、「買い」を推奨して何百万人もの投資家がそれに従った。

協調の神経科学

セロトニンは社会性のある行動を調整する効果があるようだ。セロトニンのアミノ酸前駆物質であるトリプトファン（Ｔｒｐ）の役割については第4章で説明している。食品からトリプトファンを摂取できないと、脳内のセロトニンが少なくなる。「囚人のジレンマ」ゲーム（信頼と協調を試すゲーム。詳しくは巻末の用語集を参照願う）では、トリプトファンが枯渇した被験者は、裏切る率が高く、協調する率が低くなる。セロトニンの量が減少すると、自己の利益を求めて協調性が低くなるようだ。

囚人のジレンマの被験者の脳を機能的磁気共鳴画像法（ｆＭＲＩ）で観察すると、トリプトファンが枯渇した被験者は前帯状回と眼窩前頭皮質の活性化が弱まっている。つまり、セロトニンの不足している人が他人に影響するような社会的・財務的判断を下すとき、社会的強化をあまり求めず、前頭前皮質（衝動を抑制する）をあまり使用しない。

アッシュの実験（図17.1）を多少変更した実験を行ったところ、神経科学者たちは、仲間のプレッシャーに影響されずに正しく回答する人は、扁桃体と尾状核が活性化されていることが分かった。これは、非協力者から過度のプレッシャーを受けていること、そして、明らかに誤った意見に反対する勇気が必要であることを表している。[13]

アナリストの職権乱用

「アナリストだったころ、……私は、自分よりも知識が豊富そうな人の意見に従いすぎた（これは私の過ちであって、彼らの過ちではない）。さらに困ったことに、ほかの人も私に対して同じ行動をとっていた」――ヘンリー・ブロジェット[14]

証券アナリストはプレッシャーの強い環境で働き、ほかの人を出し抜いてでも企業の経営陣と親密な関係を築こうとする。格付け機関は、アナリストが推奨した銘柄のパフォーマンスをチェックしている。成功を収めているアナリストが推奨銘柄を変更したときに新人アナリストが「リーダーに従う」というプレッシャーを感じても、なんら不思議ではない。

イボ・ウエルチ教授は、アナリストがお互いの意見に大きく影響されることに気づいた。一人のアナリストが買いと売りの推奨を変えると、別の二人のアナリストの推奨に影響する。[15]

一九九〇年代後半、ウォール街のハイテク銘柄アナリストたちの多くは高い報酬をもらい、自分ではまったく重視していない銘柄を推奨していた。メリルリンチ、ドイツ銀行、モルガン・スタンレーなど、アナリストの雇用主である投資銀行は、アナリストが宣伝している企業と取引をして儲けを得ようとしていた。そのため、銀行が取引したい企業を「売り」推奨したアナリストは降格されたり解雇されたりした。

モルガン・スタンレーは、プライスラインの株価上昇で何百万ドルもの利益を上げた。モルガンのハイテク専門アナリストであるメアリー・ミーカーは、プライスラインが一三四ドルを付けたときに買い推奨した。その後七八ドルに下落したときも買い推奨し、三ドルになってもまだ買い推奨を変えなかった。[16]

メリルリンチのアナリストであるヘンリー・ブロジェットは、ペッツ・ドット・コムを広く勧めていた。同社の資金調達は主にメリルリンチが行っていた。ブロジェットは一六ドルのときに買い推奨し、七ドルに下がっても買い推奨をした。二ドルになっても一・六九ドルになっても買い推奨をし続け、一・四三ドルを付けたときは「買い増し」に変更した。最終的にペッツ・ドット・コムは上場廃止になった。多くの投資家が損を出したが、二〇〇〇年、ブロジェットもミーカーも一五〇〇万ドルほどの報酬を得た。[17]

テレビの経済チャンネルも、ハイテク株の熱狂を高めるのに一役買っていた。CNBCやCNNfnなどの経済チャンネルは多くのゲストが必要だった。マーク・ハイネスが司会を務めるCNBCの『スクワーク・ボックス』にも、何人かのアナリストが登場した。ゲストがある銘柄を推奨すると、「株価は五～一〇ドルは跳ね上がった」とハイネスは回顧している。何千人もの新人投資家が、銘柄を推奨する目的とアナリストの収入の関係も分からないままゲストの意見に耳を傾けていた。現在CNBCでは、ゲストに対して事前に利害関係を明らかにすることを求めている。[18]

こういった利害関係はウォール街ではよく知られていたが、残念ながらハイテク銘柄に興味を示したアマチュアの投資家はこのことに気づかなかった。二〇〇〇年から二〇〇二年にかけてアナリストの推奨に従って数百万ドルを失った有権者の票を集めるため、政治家の間でアナリストを批判する声が高まった。損を出したのは、自分では買いたくないような銘柄を倫理に反する手段で（法には反しない）宣伝したアナリストの責任なのか？　それとも、強欲に駆られて、プロと目される人のアドバイスに従ってろくでもない銘柄を買った投資家の責任なのか？

集団の習性

「理解しないことで生計を立てている人に、理解させるのは至難の業だ」――アプトン・シンクレア投資信託、なかでも成長株や小型株のファンドにも集団行動が見られる。ファンドにとっては、集団行動は必ずしも非理性的なものではない。それどころか、投資信託の先駆者にとっては、集団行動は利益につながることもある。実際、集団が買う銘柄はその後六カ月間、集団が売る銘柄よりも四％高い傾向がある。[19]

投資信託による集団行動は、ポートフォリオマネジャー間の口コミに関連している。同じ地域のポートフォリオマネジャーは集団行動をとる。アメリカ国内一五の大都市に本拠地を置く一六三五の投資信託を対象にした調査によると、ほかの都市のファンドよりも同じ都市のファンドと同調した行動をとることが多かった。[20]

また別の調査では、アナリストが「自分だけが知っている」と信じている情報をどのように処理するかを明らかにした。調査サンプルとして、三一九五の企業に所属する五三〇六人のアナリストによる予測を、一九八五年から二〇〇一年まで一三〇万件集めた。すると、アナリストは、自分だけが知っていると信じている情報を重視する傾向があった。また、ある企業について自分の予測のほうが世間の予測よりも好ましいときにその情報を重視するが、世間の予測のほうが好ましいときにはその情報を軽視する傾向もあった。つまり、自分だけが知っている情報はその企業のパフォーマンスの好調さを示していると解釈したのだ。研究者たちは、この誤解の原因は認知バイアスにあるのではなく、手数料を多く得たいという気持ちによるものだと結論づけた。[21]

個人投資家は、無意識のバイアスが自分の考えや行動をいかに邪魔しているかを知るとがっかりするかもしれない。このような悪影響を断ち切るにはどうしたらよいか？　それには、逆張りもひとつの方法といえるだろう。

コントラリアンのライフスタイル

「投資家にとって最も大切な資質は、知性ではなく気性である。……必要なのは、集団と同じ考えに満足せず、集団と違う考えでも満足しない、という気性である」――ウォーレン・バフェット

自分のことをコントラリアン（逆張り）だと思う投資家は、トレンドに反する行動をとることができる。特に決まったスタイルはないのだが、逆張り投資家の多くは、一般的な投資手法や排他的集団に対して懐疑的である。筋金入りのある逆張り投資家との会話をご紹介したい。

ジェームズはロンドンのフロアトレーダーであったが、アメリカに移ってヘッジファンドを立ち上げた。ロンドンでのパフォーマンスは良好で、トレーダーとしての評判も高かった。ところが残念ながら、同僚を尊敬していなかった。「やつらは『リーダーに従っている』だけ。あまりに愚かでムカムカする」

また、顧客についても「マーケットのことを何も知らない。肩書きと人脈があるだけなんだ」と軽蔑するような発言もしたため、彼のヘッジファンドはトラブルに陥った。

私は、その態度はあまり友好的ではないね、と指摘した。

するとジェームズは答えた。「アホ集団が嫌いなだけだ」。彼は自分の考えをなかなか曲げない。

「このファンドをどうやって売ろうとしているんだい？」と私は尋ねた。

「僕みたいな人を見つけなければならない。マーケットで何が起こっているのかをちゃんと理解している人をね」

私は、なぜそんなに自信があるのか、と聞いた。「トレンドに従うアホ集団から儲けているんだ。僕には、彼らがいつ態度を変えるかが分かる。これは僕の才能だから。僕はトレンドフォローをしたことは一度だってない。ほかの人はトレンドの一部を形成する。それがトレンドが発生する理由だ。大手の機関投資家や年金ファンドは、僕がほかの人と違った行動をとる理由が分かっていない。気でも狂ったかと思っているんだろうね」

「でも君が彼らに儲けさせることができたら、だれも君のことを変わり者だとは思わないんじゃないかな」

「これは僕のパーソナリティーなんだ。ほかの人と同じことはしない。コントラリアンの人生だから。ある映画にみんなが並んでいたら、僕はほかの映画を見るね。妻と結婚したのも、みんなが予想しなかったからなんだよ」

彼は徹底したコントラリアンだった。マーケットでも、自分のパーソナリティーに合ったニッチを見つけた。おそらく彼は正しかった。ほとんどの投資家は企業が発表する魅力的な内容に夢中になり、冷静に考えることができなくなっていたため、トレンドの天井と底を見極められなかった。

コントラリアンの主な特徴は、バリュー投資と逆張り投資である。コントラリアンには、集団とは別のところに機会を見つける能力が備わっている。多くの人が見落としている業種に投資先を求めることもある。どの業種にも人気の波があるからだ。

一方でコントラリアンは、急に人気の出た銘柄を空売りする傾向があるが、これは非常に危険な行動だ。人気の集まった銘柄や業種を空売りする前に、反転や天井の兆しがないかどうかを確認する必要がある。

逆張り戦略は破壊的な結果を招くこともある。自分のことをコントラリアンだという投資家は、値崩れの危険だけを心配していると強気相場を逃しかねない。過度な不安と健全な批判的思考の違いを理解する必要がある。心配性の投資家とコントラリアンは違うものなのだ。

トレンドフォロワーへのアドバイス

集団行動を好む個人投資家は、独自に調査して投資判断を下すよりも、売買のアドバイス、第一人者の推奨、あるいはうわさに従う傾向がある。ほとんどの投資家がこのグループに属する。

集団やトレンドを見つけたいと思ったら、集団行動の背景を常に正しくとらえておく必要がある。一方、トレンドフォローを好む場合は、自分のパーソナリティーに見合った戦略（モメンタム戦略や成長株戦略など）を取り入れること。トレンドの変化を認識し、手仕舞いのルールを確立していれば、人気の業種に投資してもかまわない。

社交的な人は、それを長所として生かすとよい。新しいトレンドや一時的な流行について学び、それを利用する戦略を立てる。ＣＮＢＣや人気雑誌などのメディアに惑わされないようにすること。「権威の効果」が強まると、ほぼすべての投資家が時流に乗ろうとするため、株価は乱高下する。

投資委員会

投資委員会では、メンバーがお互いに同調したいと思うとその判断は限定的になることが多い。集団のなかで目立つと、特に新人や若手は、決まりの悪い思いをしてしまう。バカげた発言をしたくないという気持ちが強くなると、限定的な意見しか出せなくなる。

ハーシュ・シェフリン教授は、二〇〇六年の著書『ビヘイビアル・コーポレート・ファイナンス（Behavioral Corporate Finance）』のなかで、投資委員会のバイアスを取り除く方法をいくつか紹介している。

一．会議の冒頭で、個人的な好みを述べないようにメンバーに依頼する
二．論議、反論、情報の共有を促す
三．主な議案について、わざと反論を出す人を指名する
四．部外者の専門家をミーティングに招き、体制に従順な態度を批判してもらう[22]

本章では、集団行動の心理的側面について説明した。多くの投資家が、リーダー、専門家、外見の良い人の意見につい従ってしまう。複雑な論議が展開されているときや将来が不確実なときには集団行動が生じやすい。コントラリアンは外部の情報を積極的に利用して、それを自分の強みにしている。投資委員会のメンバーは内部のプレッシャーから従順な態度をとりがちだ。

第18章　チャート作成とデータマイニング――未来を占う

「個々の現象を徹底的に調べ、相互関係を探したら、いくつかの関連性[1]が見つかるだろう。……統計学者はこれを『順境の計数の誤解』と呼ぶ」――カール・セーガン

人間の創意工夫には、ランダムな株式データのなかから予言のヒントを見いだす、という驚くべき能力がある。過去を振り返ってみても、予測をする人は、星の動き、渡り鳥、波などのなかに予言のヒントを求めていた。現在でも、「金融占星」のホームページでは、占星術を使ってマーケットの動向を予知するニュースレターを配信している。

二〇世紀には、悪評を受けたさまざまな景気動向先行指標が存在した。例えば、一九二〇年代には「スカート丈」指数に注目が集まった。女性のスカートの丈が短くなると相場が上がる、と言われた――これは、好況時のリベラルな態度によるものだと考えられた。また、「スーパーボウル」指数なるものもあった。スーパーボウルでＮＦＣ（ナショナル・フットボール・カ

ンファレンス）のチームが勝つと相場が上がると言われ、一九六七年から九七年にかけては、九〇％の精度でその年の市場動向を予測した。ただしスーパーボウル指数もスカート丈指数も、偶然の指標でしかない。

マーケットを予測するクオンツのツールには、ビジュアルで表すことができる「確実性の誘惑」がある。例えば一七世紀、ローソク足という手法が日本の米取引で使われた。二〇世紀前半には、チャールズ・ダウは価格チャートを利用してマーケットを予測した。二〇世紀後半にコンピューターの処理能力が劇的に向上すると、こういったグラフィカルツールはコンピューター化された。

さらに一九八〇年代初め、価格関係を数学的に予測するためにコンピューターによる取引が採用された。一九八〇年代後半、ウォール街の意思決定の将来を担うものとしてＡＩ（人工知能）に期待が集まったが、その期待には応えられなかった。やがて一九九〇年代初めには、カオス理論や複雑系理論はマーケットを予測する革新的な手法だと思われたが、これもマーケット攻略モデルとして一貫した結果を残していない。一九九〇年代半ばになると、過去の価格データの予測パターンを見つける統計的手法として、ニューラルネットワークの人気が高まった。こういった統計データにはもちろん何らかの価値はあるが、信奉者たちが声高に宣言するような大転換は起こらなかった。

コンピューターの能力が向上するにつれて、未知だった領域での予測相関に注目が集まる。

例えばデータマイニング技術によって、リサーチャーはマーケットの予測可能性について多くのデータポイントを調べることができる。ところが残念なことに、コンピューターを使ってデータ分析をすると、自己欺瞞の新しい方法を生み出すことにもなってしまう。

人工ニューラルネットワーク

「このビジネスでうまくいっても、正しいのは一〇回中六回だけ。一〇回中九回も当たることはまずない」――ピーター・リンチ

現在、コンピューターは、クオンツ分析、テクニカル分析、ファンダメンタルズ分析などウォール街のほぼすべての種類の株式分析のプラットフォームとなっている。アナリストのなかには、コンピューターは人間よりも優れた投資判断能力がある、と信じている人もいる。このような信念は、人間は自分の欠点をシステムに組み込まない、ということを前提にしている。

私は、クオンツの予測ツールで手痛い経験をしたことがある。一九九五年と九六年、私はニューラルネットワークと遺伝的学習アルゴリズムを使ってマーケットの価格データのパターンを見つけるソフトウエアを開発した。私が設計した予測ソフトウエアは相当高い精度でマーケットを予測したため、莫大な利益が得られるかもしれないと思った。実際のトレードでも、最

初の六カ月の精度は五九％を記録した。悪くない結果だ。

ところがやがて、ソフトウエアの予測能力が低下し始めた。導入から一年後、一九九六年には精度は五三％に落ちていた。そのため、新しい予測ソフトウエアを開発した。数カ月は順調だったが、またもや精度が落ち始めた。一九九七年になると、新しい定量的ソフトウエアを開発したメリットもすっかりなくなってしまった。一九九〇年代初めから半ばにかけてのパターン認識ツールは、賞味期限が切れていたのだ。

投資家がミスプライスを見つけると、投資家の売買行動によって価格は適正価格になり、やがてその利点が消滅していく。ミスプライスによって多額の資金が動くと、利点は完全になくなってしまう。私のニューラルネットワークがマーケットを予測しなくなったのも、こういった理由からだろう。つまり、あまりに多くの人が同じようなツールを使用して同じ利益機会を見つけ、やがてそのメリットがなくなってしまったのだ。

私の失敗から、ある大切なポイントを皆さんにお教えしたい。データのパターンを見つけても、おそらくほかのだれかがまったく同じパターンを見つけていることだろう。その機会を求めて多額の投資をすると、パターンはすぐに消えてしまう。私はこれを直接体験した。マーケットは常に動いており、数値で表すことができるパターンは最終的にはなくなってしまう。ただし、人間の脳を発生源とする価格パターンは、長続きする可能性が高い。

データマイニングと自己欺瞞

「野球とトレードの両方のフィールドで、人は信念とバイアスによって行動する。これらをなくしてデータによって行動することができれば、それは大きな利点となるだろう」――ジョン・ヘンリー（ヘッジファンドマネジャー、ボストン・レッドソックスのオーナー）[2]

金融データの予測パターンを探すことも一種の「データマイニング」である。データマイニングによって偶然の一致が発見されることがある。「数秘学者」や軽率な統計学者は、簡単にそれにだまされる。コンピューターの壮大なパワーによって統計的な一致が増え、政府による経済統計、過去の金融データや企業データは、株式相場との予測関係を見つける格好の情報源となっている。

ハーバード大学の数学博士号を持つデビッド・ラインウエーバーは、一九九〇年代初め、ファースト・クオドラントやコデックスといった大手金融企業向けのトレーディングテクノロジーの開発に取り組んだ経験がある。そのとき彼は、ウォール街ではあまりに多くの人がコンピューターを使ってデータの誤った相関性を見つけていることに気づいたため、役に立たない不要なデータを無視することにした。そのことを『スチューピッド・データマイニング・トリック（Stupid Data-mining Tricks：Overfitting the S&P 500）』というタイトルの論文に記している。[3]

ラインウエーバーは国連の商品生産データを分析し、これらの統計値とS&P五〇〇との関係に注目した。例えば、バングラデシュのバターの生産量はS&P五〇〇の動きを七五%の確率で予測した（インサンプル）。また、ニュージーランドの羊生産高を彼のモデルに組み入れたところ、予測精度は九〇%にまで上昇した。ランダムなデータのなかに高い予測関係を見つけるのがいかに簡単かということを、彼は実証したのだ。

残念なことに、金融メディアはマーケットデータの関連性についてやたら深刻に伝えようとする傾向がある。二〇〇六年七月一七日、イスラエル軍のレバノン侵攻直後、ウォール・ストリート・ジャーナル紙のマネー&インベストメント欄の「世界的紛争のなかで冷静さを保つ」という記事では、一九六四年以降の五つの中東紛争後のアメリカ株式相場を表にして示した。[4]これまでの五つの紛争のうち、三つについては一週間と一年のリターンがプラスだった。同記事は、「中東の紛争はアメリカの株式相場に長期的なダメージを与えることはない」と結論づけている。私はこの記事の趣旨には賛成するが、五つのサンプルだけではこの結論を導くのに十分とはいえない。

野球のスコアやバングラデシュのバター生産量、あるいはニューラルネットワーク、過去の価格やチャートなどを使った株式相場予測はたくさんあるが、オーバーフィッティング、不十分なサンプル、自己欺瞞といった統計上のミスを避けなければならない。

ノイズのパターンを見つける

「占星術と同じく、筆跡学は『錯覚』の概念に基づいているようだ。つまり人は、ランダムな音声や視覚になんらかのパターンや意義を吹き込もうとする」――スティーブン・ゴールドスタイン[5]

「錯覚」とは、あいまいでランダムな要因を明白なものだと誤って認識してしまう心理的現象のことであり[6]、特に信心深い人によく見られる。一九七八年、トルティーヤを焼いたらイエス・キリストの顔が浮かび上がった、というニューメキシコ州のある女性のもとを八〇〇〇人もの人が巡礼に訪れた。エルビス・プレスリーを目撃した、という誤認もよく聞く。金融の世界では、チャートやテクニカル分析に錯覚が生じる。

チャートのテクニカルなパターンを研究した学者たちは、限定的な（ただし重要な）予測値を見つけてきた。例えば、連邦準備銀行のエコノミストたちは、外国為替のデータからヘッド・アンド・ショルダーズ・パターンを自動的に検出するための数学的アルゴリズムを考案した。サンプルの六つの通貨のうちの二つ、日本円とドイツマルクについて、ヘッド・アンド・ショルダーズ・パターンに基づくトレード戦略が統計的に大きな利益に結びつくことを発見した[7]。アンドリュー・ロー・マサチューセッツ工科大学教授は、八つの価格チャートのテクニカルパターンに基づいてさまざまなルールを定量化した。研究を始めるにあたって、ローは、「視覚的証拠と矛盾する場合に、価格・取引高のチャートの潜在的価値に反論するのは難しい」ことを認めている。さらに、「テクニカル分析は長年にわたって支持されてきた。それはおそらく、視覚は人の認識力に大きく影響すること、およびパターン認識はコンピューターが絶対優位を持たない数少ない反復行動のひとつであることが要因なのだろう」と記している。[8]

ローは、テクニカルアナリストがチャートで求めた視覚的ヒントを数学的アルゴリズムに解釈し直した。一九六二年から一九九六年の株価から、ヘッド・アンド・ショルダーズやダブルボトムなどのパターンの予測能力を検証した。その結果、テクニカルパターンのなかには、日中の株価の動きに「増分情報」を示すものがあることを発見した。テクニカル分析は確実に利益につながるという考えは支持していないものの、ローと同僚たちは「テクニカル分析は投資プロセスの付加価値となりうる」と結論づけた。[9] その後、ローはアルファシンプレックスというヘッジファンドを立ち上げ、クオンツ分析テクニックを取り入れている。

チャートにおけるトレンドと平均回帰のバイアス

「不確実性が高くなればなるほど、人はマーケットトレンドの影響を受けやすい。また、トレンドに従った投機の影響が強くなればなるほど、状況は不確実性を増す」――ジョージ・

ソロス

学界の多くの経済学者が、テクニカル分析などのチャートテクニックの利点について異議を唱えてきた。アンドリュー・ローによると、「テクニカル分析の障害のひとつは、主観性が強すぎることにある――過去の価格チャートの幾何学的な形は見る人によって異なるからだ」。[10]バートン・マルキールは著書『ウォール街のランダム・ウォーカー』（日本経済新聞出版社）のなかで、「科学的調査に基づくと、チャート解釈は錬金術と根拠を同じくする」と説明している。図18.1は、テクニカル分析の視覚的ヒントを記したチャートの例である。

チャートの利用には昔から懐疑的な意見はあるものの、多くの個人投資家がチャートを投資判断に役立てている。ところがチャートに依存しすぎると、パフォーマンスに悪影響が及ぶことがある。

投資家は、チャート上に示される情報によって株式を買うかどうかを判断する傾向がある、ということを心理学者たちは発見した。突出した高値や安値、直近の株価トレンド、長期的な平均株価などの情報は、投資家の判断に影響を及ぼす。長期的な上昇トレンドを描くチャートを見ると、投資家はトレンドから明るい将来を思い描き、その銘柄を買いたくなる。これに対して、長期的な下降トレンドを描いている銘柄を売ろうとする。[11]長期的な平均トレンドを上回ったり、下回る価格で取引される銘柄は、「平均回帰」の可能

図 18.1　1990 年代終わりから 2000 代年初めにかけての金の価格チャート――テクニカルアナリストは支持線や抵抗線などを利用して価格のトレンドを判断する

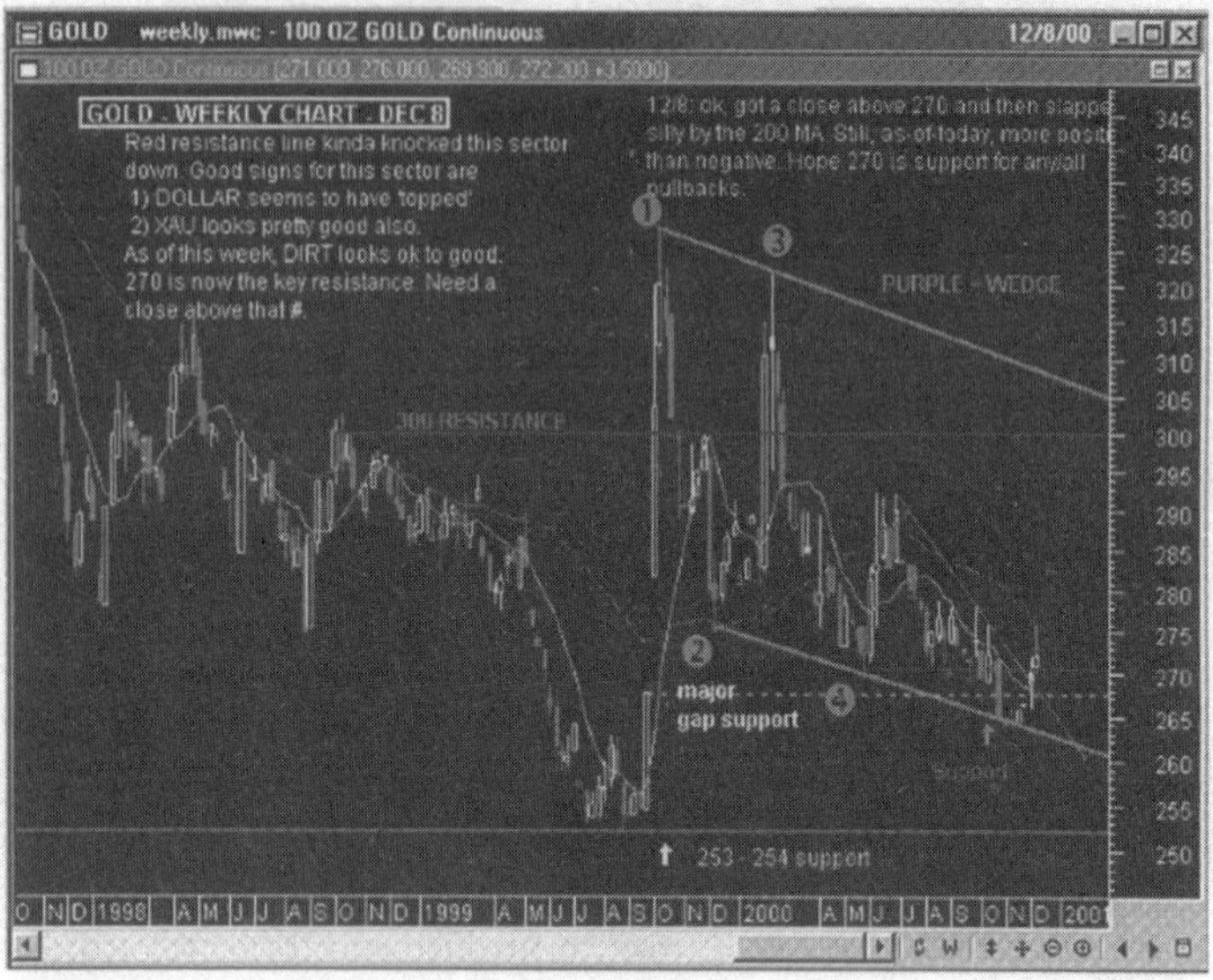

出所＝ Securitytrader.com

性があると考えられる。これは、平均株価からそれた株価はやがて方向転換して平均の水準に戻るだろう、という考えだ。分かりやすく言えば、「上がるものは必ず下がる」ということである。**図18.1**の支持線と抵抗線は、株価が平均回帰すると予測されるポイントを示したものであり、このポイントを突き抜けると「ブレイクアウト」と呼ばれる。

このほか、最近の価格トレンドも投資家の売買選好に影響を及ぼす。一般に、最近の価格トレンドが長期的な平均を上回ると投資家は将来のポジティブなリターンを予測し、下回るとネガティブなリターンを予測する。[12]

例えば、私が行っている行動ファイナンスのワークショップで、図18.2と図18.3のチャートを見せ、どちらの銘柄を買い、どちらの銘柄を売りたいか、と参加者に質問する。どちらの銘柄も、平均回帰と最近のトレンドに矛盾が見られる。大半の投資家（六〇％）が図18.2、四〇％の投資家が図18.3の銘柄を買いたいと考える。基本的に、投資判断の際には最近のトレンドを考慮する傾向が強い。

図18.2の最近の上昇トレンドが短く、平均を下回って終わっていたら、これを買いたいと思う投資家はほとんどいないだろう。チャートを利用する投資家は、たいてい、最近の価格トレンドと平均回帰の両方を考慮して将来の株価動向を判断する。

トレンドの継続を信じるか平均回帰を信じるかは、価格トレンドの長さによって左右される。トレンドが短いと、「ホットハンド」バイアス（偶然によって成功が続いているだけなのに「波に乗っている」と信じる）によってそのトレンドが今後も続くと信じ、トレンドが長いと平均回帰を信じる傾向がある。[13]

ポール・スロビック教授は、長期的な思考と予測をするとき、人は、入手可能な情報から法則を見いだそうとする、と述べている。これに対し、短期的な予測をするときには詳細な情報に従って予測する。[14]予測の種類（短期か長期）に左右される情報処理には、体系的なバイアスが存在する。

図 18.2　最近のトレンドは上昇

図 18.3　最近のトレンドは下降

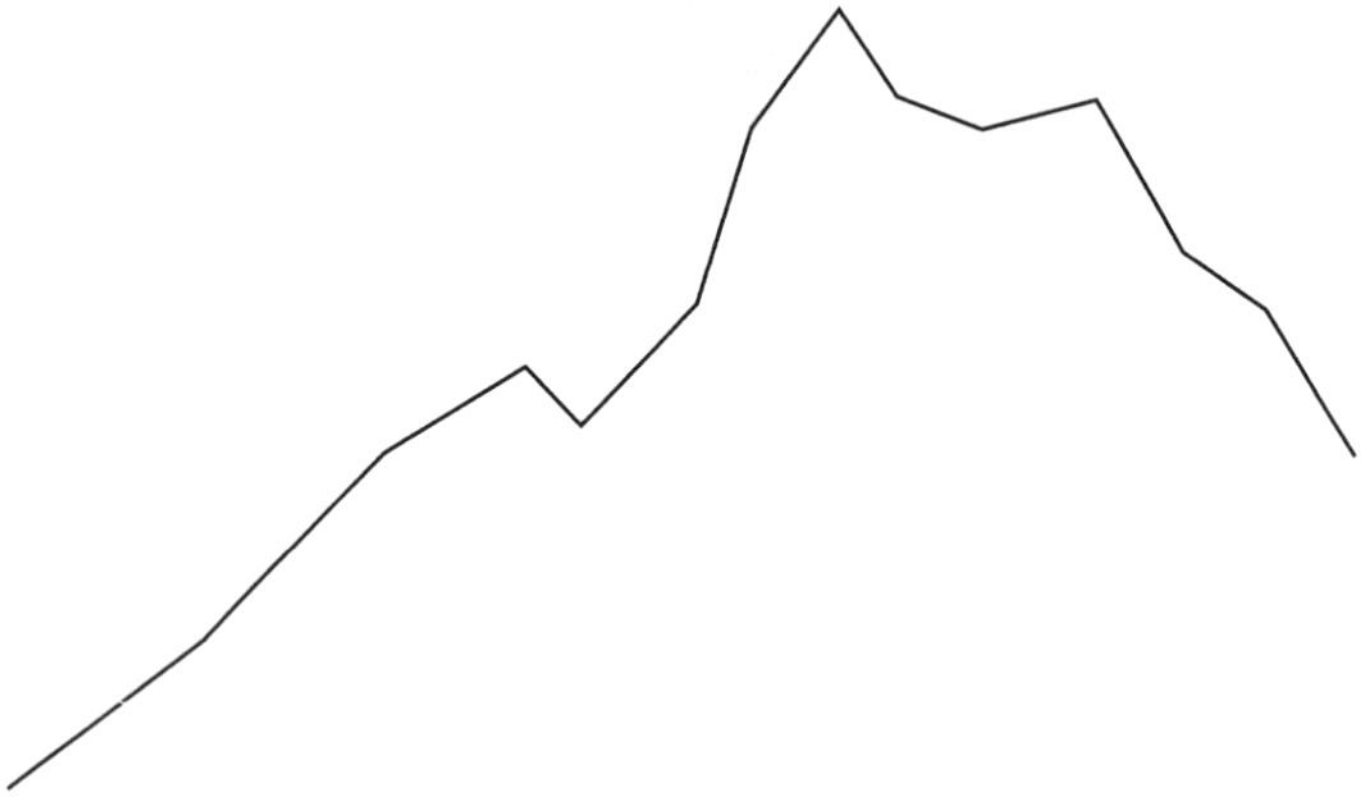

チャートへの過度の依存

株価チャートが突出した高値や安値を描くと、平均回帰のバイアスが働く。ドイツのトーマス・マスワイラー教授とカール・シュネラーは、投資家はチャートの最近の高値・安値と自分の期待を「アンカリング」させる、という仮定を検証する実験を行った。[15] 一二カ月の株価チャートを二種類作成した。図18.4のチャートは、中央のラインから始まり、その後上昇して天井を付け、中央のラインを少し上回るポイントまで下がる。図18.5のチャートは、中央のラインから始まり、その後下降して底を付け、中央のラインを少し上回るポイントまで上がる。どちらのチャートも一二カ月間で二〇％の利益が得られる。

被験者のグループは、個人投資家とプロの投資家の両方で構成されている。被験者には、仮想の企業名、その財務統計値、前年の株価チャートを書いた紙（半ページ分）を渡した。そして、一二カ月の株価目標を予測し、その銘柄を買いたいか売りたいかを判断してもらった。実験ではチャートが投資家に及ぼす影響を調べたかったため、すべての被験者に同じ文字情報を渡したが、チャートについてはそれぞれ異なるものを渡した。

マスワイラーとシュネラーは、その実験計画を「比較効果」と名づけた。株価チャートの安値に注目した投資家は、その安値を説明するネガティブな情報を求め、高値に注目した投資家は高値を正当化するポジティブな情報を求める傾向がある。

図 18.4　突出した高値が見られるチャート

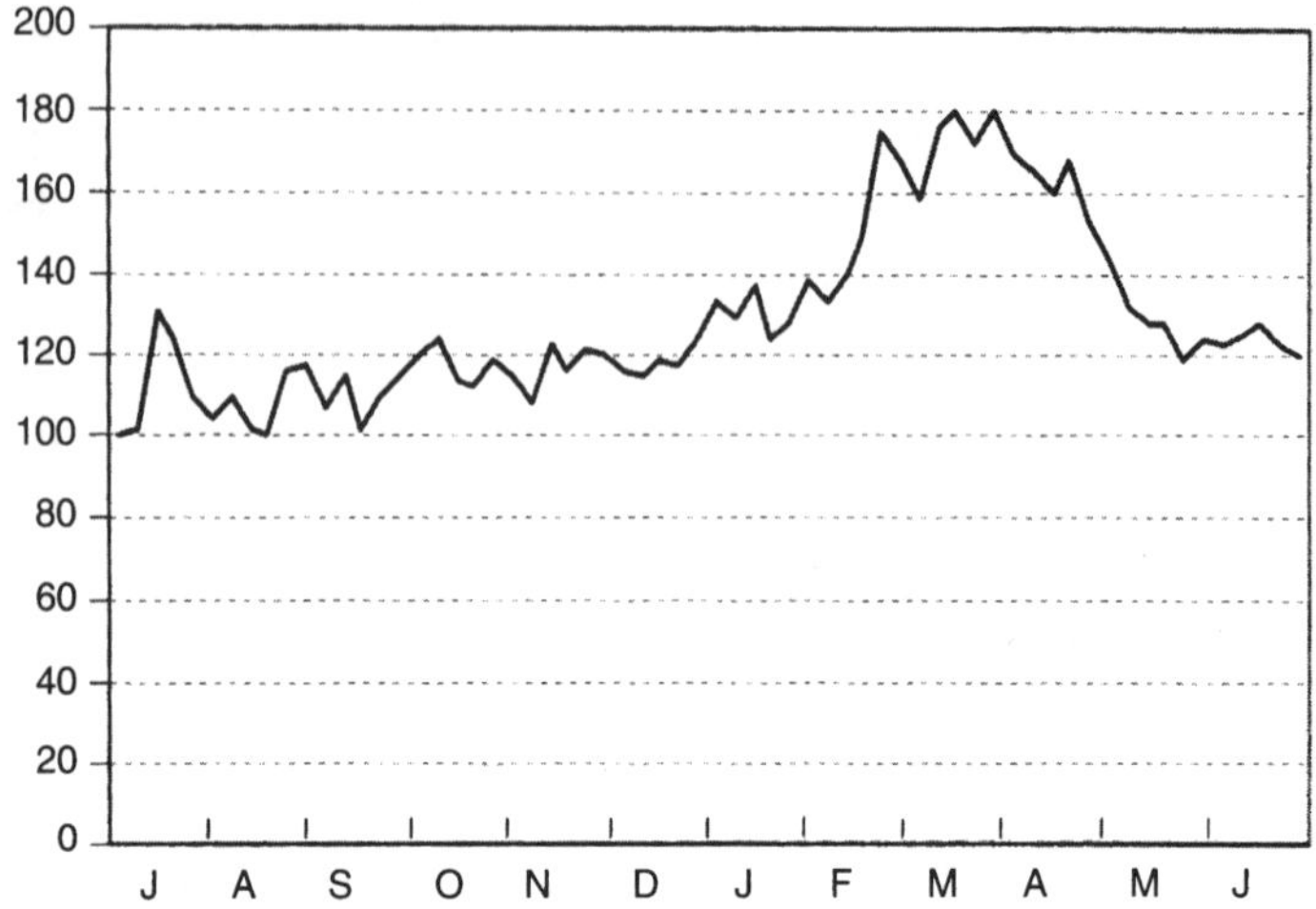

出所＝Lawrence Erlbaum Associates

図 18.5　突出した安値が見られるチャート

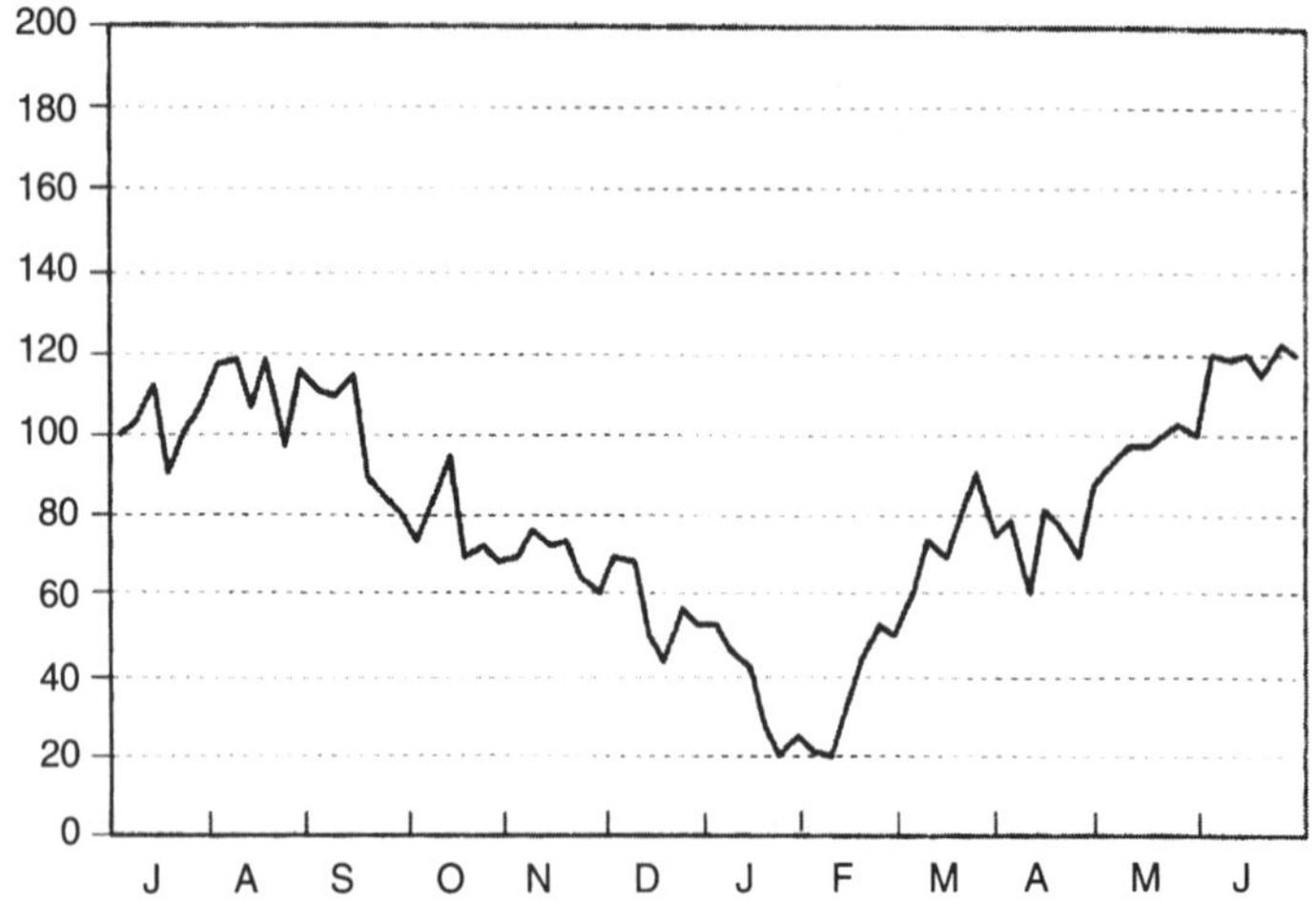

出所＝Lawrence Erlbaum Associates

一二カ月の株式リターンを被験者に予測してもらったところ、底を付けたチャートを受け取った被験者よりも、天井を付けたチャートを受け取った被験者のほうが高い年間株価を予測した。別の投資家グループに同じ実験を行い、買いたい量を質問したところ、天井を付けた銘柄のほうをより多く買いたい（三倍）という結果になった。今度は売りたい量を質問したところ、底を付けた銘柄のほうをより多く売りたい（二倍）との回答が得られた。将来のリターンに対する投資家の期待、買いの選択、売りの計画は、チャートのパターンに左右されたのだ。

興味深いことに、被験者に提供する企業情報の量を増やすと、チャートにより依存する傾向が見られた。証券会社のホームページから、実在するインターネット関連企業に関する情報や統計値（三ページ半）を渡したところ、被験者は（このなかにはプロの投資家もいた）、底を付けたチャートよりも天井を付けたチャートの銘柄をほぼ二倍多く買った。情報量が多すぎると、チャートに依存する傾向が高くなる。

評価実験では、被験者は、底を付けたチャートよりも天井を付けたチャートの銘柄に対してよりポジティブな発言をした。明らかにデータではなくチャートに基づいて銘柄選択しているのに、文字情報のポジティブなコメントを引用して買い判断を正当化した。被験者の考えは過去の株価チャートの形に左右されて変わったのだが、チャートの影響を自覚していなかった。

ギャンブラーの誤謬

「ギャンブラーの誤謬」とは、独立した複数の過去の出来事が将来に影響を及ぼすと信じてしまう論理的なミスのことである。つまりギャンブルで同じ結果が続くと、プレーヤーは、①過去の流れが続く（「ツキがある」）、②過去の結果が平均に近づく――と間違った信念を持ってしまうことがよくある。トレンドが続くという①の例としては、あるバスケットの選手がシュートを続けて決めると、周囲は彼が「ついている」と考える。ファンは、彼は次のシュートも決めるだろうと誤って期待する。平均回帰の②の例では、前年のパフォーマンスと比べたとき、マーケットは来年は逆のパフォーマンスを残すだろうと予測する傾向がある。実際には、トレンドや反転が毎年起こるわけではないのに、こういった勘違いをする投資家は多い。学者やプロの投資家はこの平均回帰のミスの影響を受けやすく、初心者は現在のトレンドが将来も続く（ツキがある）と予測しやすい。

どちらのケースでも、投資家は、マーケットには「記憶」があるため過去の行動が将来に反映されるだろう、と推測する。記憶はある程度は影響するものの（モメンタムや長期的な反転の例については第23章で説明する）、投資家が考えるほど、将来の価格には影響しない。

「根拠なき熱狂」

一九九六年一二月三日、エール大学のロバート・シラー教授とジョン・キャンベル教授は、アラン・グリーンスパンFRB（連邦準備制度理事会）議長と昼食をとった。歴史的に見ると、PER（株価収益率）が高いときはその後一〇年間に株式を保有してもリターンが低い、と彼らは話した。シラーは、当時のマーケットの行動には根拠がない、と主張した[18]。

のちにシラーは『投機バブル　根拠なき熱狂』（ダイヤモンド社）という著書でも同じようなことを指摘している[19]。「アメリカ株式市場の最近の高評価は、正当な理由もなく生じている。……マーケットが高いのは、何百万人もの無関心な態度が絡み合ったからである。株式市場全体の長期的な投資価値についてじっくり調べる必要があると感じている人が極めて少なく、単に自分の感情、その場の興味、世間の常識に刺激されて行動している」と述べている[20]。

グリーンスパンは、シラーとの会食の二日後、一九九六年一二月五日のブラックタイ・ディナーでのスピーチで、「根拠なき熱狂（irrational exuberance）」という表現を使った。原稿一四ページにも及ぶスピーチのなかで、彼は「根拠なき熱狂がいつ資産価値を高騰させたのか、この一〇年にわたって日本がそうであるように、いつから予期しない長期的な下落へと反転するのか、その時期をどのようにして知るのだろうか？」と問いかけた。そしてその問いかけに自ら答えた。「われわれ中央銀行は、金融資産のバブル崩壊が実際の経済、生産性、就業率、価格の安定を脅かさないかどうかを気にかける必要はない」[21]

　グリーンスパンのスピーチはC－SPAN（政治専門のケーブルチャンネル）で生放送された。この発言の直後、日経平均株価は急落し、三％下がって引けた。また香港ハンセン指数も三％下がり、フランクフルトとロンドンの市場も四％下落した。翌朝のアメリカの株式市場は二％の下落から始まった[22]。ところが急落後、マーケットは急反発し、その後三年間にわたって世界の株式市場は市場最大のバブルを迎えることになった。

　過去のPERデータに基づき今後一〇年間のリターンを予測する、というシラーの主張は正しかった。ただし、株式相場の記憶はそんなにシンプルなものではない。PERの過去の平均値は一四・二。一八七二年以降、平均PERは八～二〇の範囲内にあったのだが、一九九六年一二月、PERの平均値は二八に跳ね上がった。そのためシラーとキャンベルは、一九九七年～二〇〇六年の間に株式相場は約四〇％下落し、S&P五〇〇も四五〇ポイント下がるだろうと予測した。実際には、二〇〇六年七月二六日、S&P五〇〇は一二七三、PERは一七・五であった。二人の教授は、情報テクノロジーの導入による企業の生産性と収益の大幅な成長を見逃していたのだ。

　一九九六年、バロンズは、ウォール街の主要投資銀行のストラテジストに一九九七年の株式相場の展望を質問した。ダウ平均株価は、一九九五年に三三・五％、一九九六年に二六％上昇していた。平均回帰に従った七人のストラテジストの平均予測はマイナス〇・二％であった。

ところが一九九七年の実際のダウ平均は二二・六％。二〇〇〇年と二〇〇一年に続けて下落したあと、バロンズから調査を受けたストラテジストたちは、翌年は大きく反発するだろうと予測した。ストラテジストは、二〇〇一年のS＆P五〇〇は一八・七％、二〇〇二年については二一％の上昇を予測したが、実際には、二〇〇一年に一三％、二〇〇二年にはさらに二三・四％下落した[23]。

プロの投資家も一流の学者も、平均回帰に従って予測する傾向がある。それなのになぜ、アマチュアの投資家は平均回帰に左右されないのだろうか？　なぜ平均回帰ではなく「ツキ」の影響を受けやすいのだろうか？　アマチュアの投資家の記憶や経験の期間は短い。経験の浅い投資家は最近のリターンに関心を持ち、それをもとにして将来を予測するのだ。

プロの投資家や学者のように過去のリターンに関する情報が豊富だと、過去の突出した高値（高いPERなど）や安値に注目する。そしてトレンド全体と比較し、その突出した高値または安値をアンカリングとして将来を予測しようとする。現在のマーケットが比較的高いまたは低い場合、過去を振り返って平均回帰を予測する。こういった考え方の問題点は、将来は過去と必ずしも同じではなく、突出した高値や安値というのは結果論でしかない、ということにある。

プロの投資家の多くは、平均回帰に基づく戦略をとる。天井と底のタイミングの見誤りの影響を和らげるため、小規模かつ分散してトレードし、長期保有しようとする。ジム・ライトナーは、「長期になれば平均回帰がうまくいくというのは分かりきったことだ。その利点を生かすには、最低でも一年以上の期間が必要だが、五年が理想的だ」と述べている。ポートフォリオマネジャーの多くは短期でパフォーマンスを上げるというプレッシャーがあるため、長期の投資が効果的だ。「数年を費やして導き出した値に実際に割り当てられる資金は非常に少ないため、大きな非効率性を埋め合わせることはできない」。平均回帰の投資には好機があるが、それを利用する場合はリスクを十分に管理しなければならない。

蘇州ギャンブリングタスク

ギャンブラーの誤謬（「ツキがある」と勘違いする）は、大学生がギャンブルで損を出すときの異常な行動パターンにも見られる。蘇州大学と台湾の国立陽明大学の研究者たちは、「蘇州ギャンブリングタスク」と呼ばれる実験を行い、ギャンブラーに小さな勝ちを繰り返してたまに大きな損失を見せると、一貫して負け戦略を選ぶ傾向があることを発見した。[24][25]この実験は、ダマシオ博士が開発したアイオワ・ギャンブリング・タスク（第2章で紹介している）の変形版である。

蘇州ギャンブリングタスクでは、被験者は四つのカードの山（A、B、C、D）からカードを選び、好きなだけお金を稼ぐことができる。それぞれのカードには、プラスまたはマイナスの金額が書かれている。AとBの山（五枚ずつ）の総期待価値はマイナス二五〇ドル、CとD

表18.1　蘇州ギャンブリング・タスクのオッズと金額（一番右の欄の期待価値に注目）

蘇州ギャンブリング・タスク	5回のうち勝ちカードの平均枚数	プラスの金額	5回のうち負けカードの平均枚数	マイナスの金額	5枚のカードの総期待値
デックA	4	$250	1	−$1,250	−$250
デックB	4	$100	1	−$650	−$250
デックC	1	$1,250	4	−$250	+$250
デックD	1	$650	4	−$100	+$250

の山（五枚ずつ）の期待価値はプラス二五〇ドル。ただし、カードには異なる金額が書かれており、Aは四枚の二五〇ドルと一枚のマイナス一二五〇ドル、Bは四枚の一〇〇ドルと一枚のマイナス六五〇ドル、Cは四枚のマイナス二五〇ドルと一枚の一二五〇ドル、Dが四枚のマイナス一〇〇ドルと一枚の六五〇ドルでそれぞれ構成されている。[26]約六〇〇人がこの実験に参加し、その詳細を**表18.1**にまとめた。

興味深いことに、被験者のほとんどが損をするほうの山を選んだ。二〇〇回を超す実験を行ったところ、六〇％以上がAとBを選んだのだ。このゲームではお金を稼ぐというインセンティブがあったにもかかわらず、それに反する行動をとり、二〇〇回ゲームを行っても学習効果が見られなかった（**図18.6**）。

パフォーマンスが良くなかったため、実験者のチン・ハン・リンとヤオ・チュ・チュイは、ゲームが一〇〇回を過ぎたところで、それぞれの山のオッズと報酬金額を被験者に伝えることにした。[27]それでも被験者は、その後のゲームの半分はAとBの山からカードを選んだ。オッズを知ってからは損を出さなくな

図 18.6　カードの山のオッズと金額を知らされていないときのカードの選択を表したチャート（被験者は期待価値がプラスの山を選ぶことを学習していない）

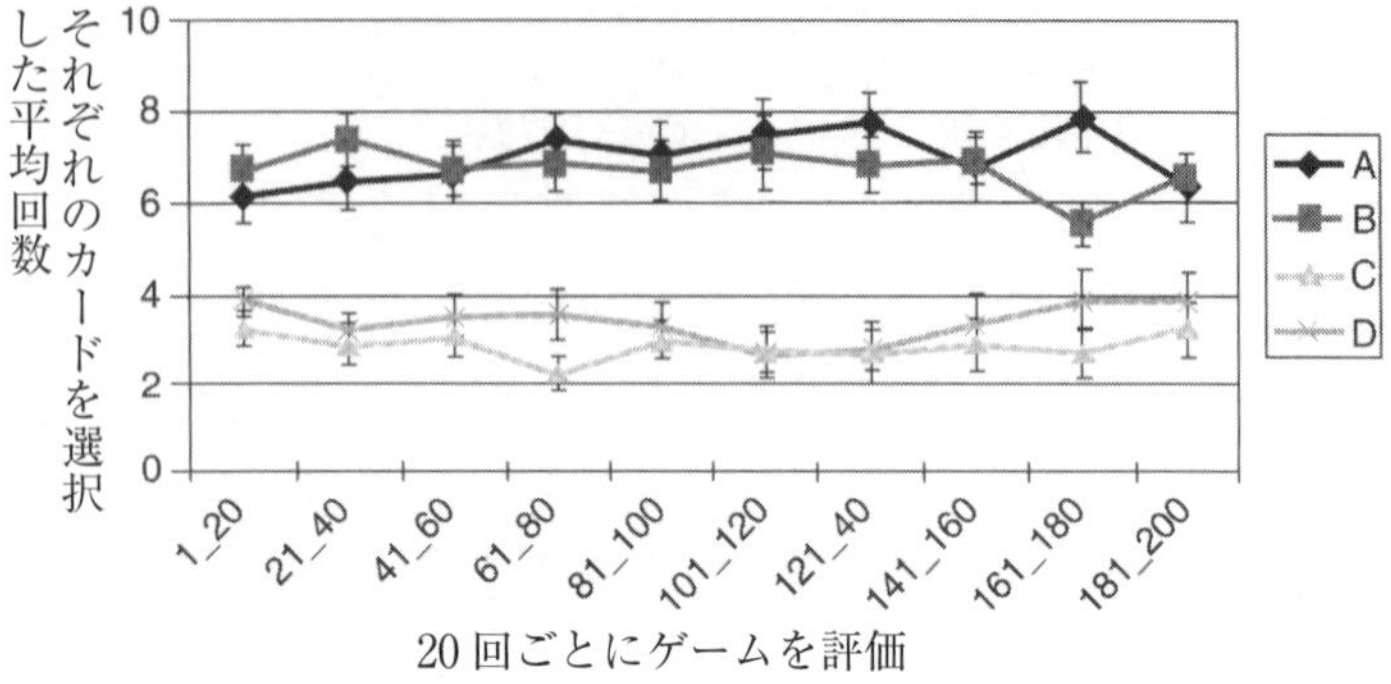

出所＝チン・ハン・リン教授より

図 18.7　カードの山の期待価値を知らされたあとのカードの選択を表したチャート

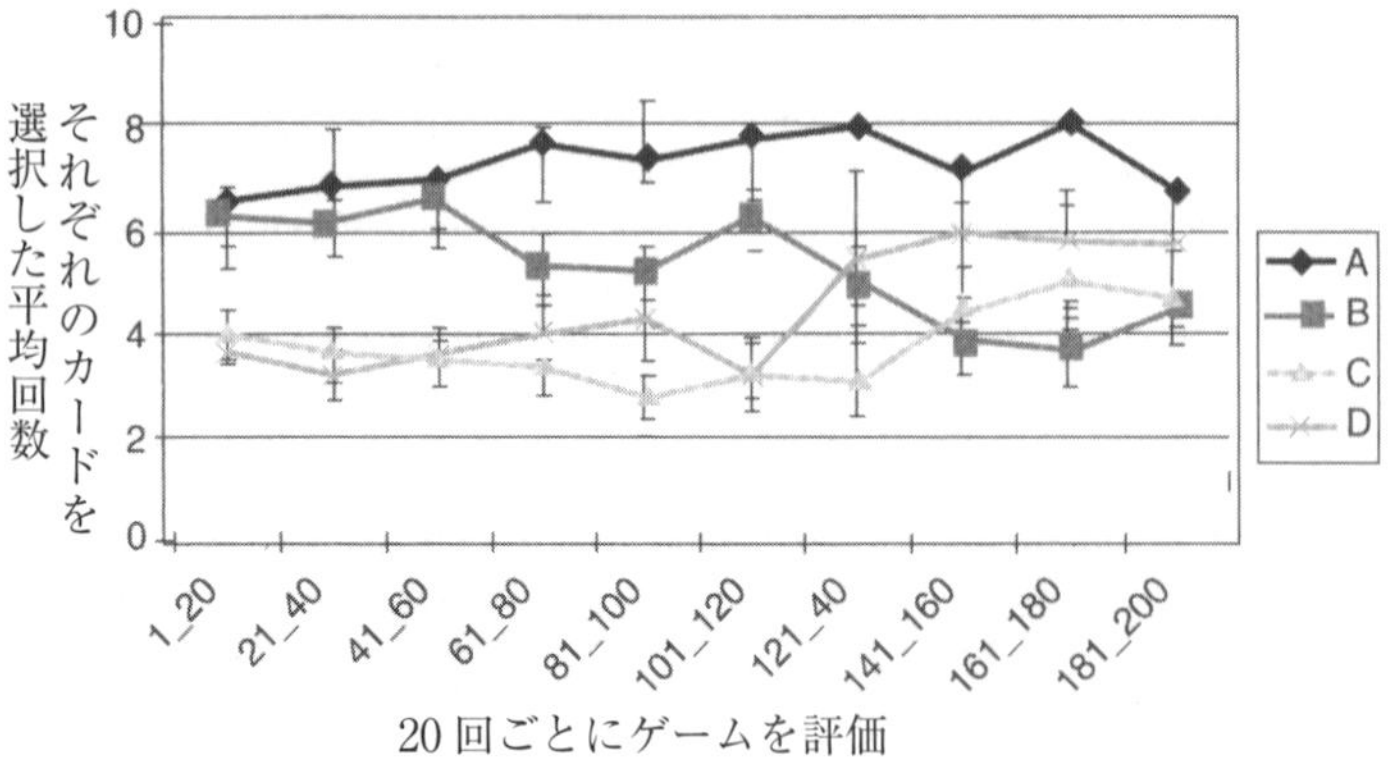

出所＝チン・ハン・リン教授より

ったが、それでも五分五分でしかない。

図18.7を見てほしい。一〇一回目に金額とオッズを知らされたあとでは、AとBの山を選択する頻度がCとDの山を選択する頻度に近づき始めている。二〇〇回では、AとB、CとDの選択回数がほぼ等しくなっている。チン・ハン・リンによると、「ほぼすべての被験者が損を出した。不確実な状況では被験者をサポートする方法を見つけられなかった」[28]。

なぜ被験者は報酬の低い山からカードを選んだのだろうか？　勝ちが続くカードの山は魅力的だ。AとBは、勝ちが四回で負けは一回しかない。連勝は依存症になる。小さな勝ちを重ねて満足感が得られたため、たまに大きな負けがあってもそれを受け入れるというリスクを冒してしまうのだ。

ある意味で、この結果は損失回避の予測に似ている。投資家は、利益を早く確定して損失を抱えているものを長く持つ傾向がある。その結果、大きな損失を喫することがある。一回の損失が一回の利益の二倍の痛みがあるとすると、四回の利益は一回の損失の二倍の喜びがある（利益と損失の大小は問わない）。

プロの投資家は小さな損失を回避したりしない。数字を見ても、プロの投資家の勝率は高くない。全投資のうち八〇％で損を出すかもしれないが、二〇％の利益がとても大きいため、小さな損失を埋め合わせることができる。偉大な投資家というのはCとDの山を選び、小さな負けを受け入れて大きな勝ちを求めるのだ。

優れた投資家は、多少の損を出したからといって自分の投資哲学を曲げることはしない。自分の強みを知っており、低迷期があることを受け入れる。自分の判断と方針に自信があるため、小さな負けを無視することができる。

小さな利益を求める投資家は、配当を見ると安心してしまう。ただし配当の高い銘柄は、リスク回避の投資家が陥りやすい心理的「ワナ」にもなる。株価が低迷していても、四半期ごとに配当を受け取ると満足してしまう。配当の高い銘柄は低い銘柄よりも株価が上昇しない、という調査結果もある。

学習と尾状核

蘇州ギャンブリングタスクでは、連勝すると脳の報酬学習機能が刺激される。尾状核と呼ばれる脳の領域（側坐核の上に弧を描くように位置する）は、報酬を予測する際のヒントやパターンを学習することにかかわっている。

研究者は、カードゲームに参加する被験者が潜在的な損失や利益を予測する（記号などによって）と尾状核が活性化されることを発見した。やがて、どのカードが損を出してどのカードが利益を上げるかを学習する（カードが示す結果を学習する）と、そのカードを見るたびに活性化が弱まる。[29]

投資家についていえば、習慣が確立すると尾状核の活性化が弱まる。投資家は、より良い判断を下すにはどのヒント（企業による決算発表やチャートのパターンなど）に注目すればよいかを学習する。ヒントと利益の関連性を学習すると、警戒心が弱まる一方で「サプライズ」に影響されやすくなる。

投資家が学習した推測（パターン）が予期しない形で壊されたら、当初のサプライズに従い、その状況を再評価しなければならない。企業のプラス（またはマイナス）の業績が続き、投資家がその業績を気に留めなくなると、こういった「学習・サプライズ・再学習」のシナリオが生まれる。

決算発表のパターン

企業が長期的に好調（または低調）な決算を発表すると、投資家はそのパターンが今後も続くものと期待する。ある企業が期待を裏切ってパターンが壊れると、投資家の反応が遅れる。つまり、良いニュースや悪いニュースがすぐに株価に織り込まれるのではなく、時間をかけて株価が反応する。

研究者たちは、一九八三年から一九九九年にかけてアメリカの上場企業の決算サプライズに対する株価の反応について調査した。その結果、投資家は決算発表に対して短期的に過小反応を示し、少し遅れて収益ニュースが株価に織り込まれるが、決算のサプライズに対しては過剰反応を示すことが分かった。つまり、よほど大きな決算サプライズでなければ、通常のプラスまたはマイナスの決算発表については株価はあまり動かない[30]。投資家は収益のトレンドと株価を関連づけることを学習しているため、自分の予測と一致していると十分に反応しない可能性がある。ところがサプライズは、習慣的な行動や思考を形成する尾状核を刺激し、報酬のきっかけを見直して再学習する必要が生じる。その一方で投資家は、自分の期待を見直すため、自己防衛的に過剰反応する。

投資信託は、株価の過剰反応と過小反応を利用することがある。カリフォルニア州サンマテオのフラー・アンド・セイラー・アセットマネジメントのラス・フラー社長は、これはマーケットを上回るリターンを得るための戦略のひとつだ、とコメントしている。このほかにも、決算発表に対する投資家の無関心またはサプライズを利用している「行動」ファンドがある。

まぐれにだまされる

株式相場では、大きなマイナスの株価変動が、「正規分布」で予測されるよりも高い頻度で生じることがある。これは「ファットテイル」またはリターン変動性の「左方向のゆがみ」と呼ばれる。簡単に言うと、大きく下げる日数が予測よりも多い、という現象である。それでも多くの投資家は、大きな下落がしばらく起こっていないと、その可能性を見過ごしてしまう。

前述のとおり、プットオプションは投資にとってある種の保険となる。マーケットが下がるとそのオプション価値が上がる。ところがいつまでもマーケットが下がらないと、オプションはその価値を失ってしまう。アウト・オブ・ザ・マネーの状態で満期を迎えると、価値はゼロになる。

マーケットで大きなネガティブ・イベントがしばらく起こっていないと、プットのプレミアムは比較的安い。一方、株価急落の直後はプットのプレミアムは高い。プットのプレミアムが安いというのは、投資家の記憶力が悪く、将来のリスクを軽視していることを示す。

蘇州ギャンブリングタスクでは、被験者はたまに起こる大きな損失を軽視し、小さな利益に夢中になった。たまに大きな損失があっても小さな利益を好むという投資家の傾向を利用するため、ナシーム・タレブは、「破局の投資」と呼ばれる投資スタイルを主張している。しばらくの間リターンが良かったマーケットに投資する。そのようなマーケットでは投資家は小さな利益に慣れており、オプションのインプライドボラティリティは下がっている（相当低いケースが多い）。そこで、アウト・オブ・ザ・マネーのプットオプションを買い、一定期間内に急落した場合だけ利益が得られる。たいてい、タレブはこのプットで損を出す。

タレブは、この戦略を「ブラックスワン（黒い白鳥）」と名づけた。ブラックスワンを見たことがないという理由だけでは、それが存在しないことを証明できない。この戦略は、予期しないランダムな出来事が起こるとマーケットを席巻する、という仮定に基づいている。「投資家がオプションを買う理由は、自分が根本的に何も知らないから、もっと正確に言うと、他人は自分の知識を過信しているからである」[31]と、タレブは考えている。

タレブの戦略は、数年かかって徐々に損を出す、というものだった。ところが、大きな出来事があると桁はずれの長期的なリターンが得られる。ニューヨーカー誌にマルコム・グラッドウエルが寄稿した『ブローイング・アップ』に、タレブのコメントが引用されている。「『われわれは嵐を巻き起こすことはできない。出血多量で死ぬだけだ』とタレブは言う。日々の損失の痛みを和らげることは、人間の性（さが）である」。タレブは、今は小さな損失を重ねても数年後にはその我慢が報われる日が来る、と信じているファンド投資家の成功を認めている。ただしこういった投資家はほとんどいない。人は損失に対するバイアスを持っている。だからこそ、彼の戦略は今後数十年間にわたって利益を上げることになるだろう。

タレブの戦略はけっして派手なものではない。それどころか臆病な戦略に見える。だれもが予期しない大きなネガティブな出来事が生じることを期待して、少しずつ損失を重ねるのだ。どうしたらこれほど悲観的な考えを持てるのだろうか？　アメリカの起業精神であるリスクをとること、勇敢さ、そして楽観主義に反する考えだ。グラッドウエルによると、「これがタレブの教訓だ。人間の強い欲求に逆らい、予測できないことに備え、痛みを伴うが目的のあるステップを踏むには、本当の勇敢さと大胆さが必要だ」[32]。

第19章　注目と記憶――名前に何の意味があるのか？

二〇〇三年、私はあるプロップファーム（自己売買取引を行う会社）に勤めるコリンというトレーダーに会った。彼は、高いレバレッジを利用してマーケット間の価格のわずかな差をスキャルピングして、利益を上げることを専門としていた。例えば、ロンドンとニューヨーク、あるいはニューヨークと東京の米国預託証券（ＡＤＲ）の買い気配値と売り気配値のわずかな差からサヤ取りする。

コリンが利益を上げるチャンスは、数秒しかないこともある。ということは、買いと売りの注文をほぼ同時に出さなければならない。遅すぎたら取引コストを失う（それ以上の損失を被ることもある）。彼いわく、二分あれば、機会を見つけ、注文を出し、取引を完了することができるのだそうだ。ただし、常に価格データに注目しなければならない。ちょっとでもよそ見をしていたらチャンスを逃してしまう。

マーケットに集中するのは疲れるが、やがてコリンはその状況にも慣れ、長い時間でも価格を観察できるようになった。ところが仕事に集中するようになると、ほかの場面に支障を来し始めた。ガールフレンドの話に耳を傾けない、じっと座って読書をすることができない、すぐにイライラする、さらに、緊張感がないと居心地を悪く感じるようになった。

トレードをしていないときはオンラインポーカーに興じ、夜遅くまで複数の相手とプレーするため、三台のコンピューターを買った。ポーカーでも十分に儲けていた（トレードの利益よりははるかに少なかったが）。

二〇〇三年の終わり、自動トレードシステムの「ロボットトレーダー」の登場によって、マーケットの競争が激しくなった。そのため、さらなる注意力と迅速な行動が求められた。注意力を高めてパフォーマンスを向上させるため、コリンはサプリメントをとった。選択的セロトニン再取り込み阻害薬（ＳＲＲＩ）のひとつ、フルオキセチン（商品名プロザック）を低量摂取すると、興奮性が高まったが注意力が散漫になった。

そこで、モダフィニル（商品名プロビジル）を試したところ、注意力が著しく向上した。ところがやがて、モダフィニルを乱用するようになった。夜中までオンラインポーカーに興じ、ニューヨークのマーケットに合わせて太平洋標準時刻の朝五時には起きた。注意力を維持するため、モダフィニルを毎朝一錠飲んだ。神経系の観点からいうと、コリンの報酬系のドーパミン受容体は感受性が弱まり、慢性的に快楽感が低下し、注意力が散漫になり、ドーパミンの放出を刺激するためにリスクをとったりギャンブルをしたりする（オンラインポーカー）ようになっていた。単に普段の感覚を維持するのにも、リスクを誘発するドーパミン放出を必要とするようになってしまっていたのだ。

睡眠不足も危険な状態だった。一般に、一日四～五時間の睡眠を一週間続けると、〇・一％の血中アルコール濃度（法的には飲酒運転）に等しい認識障害が生じる。一晩寝なかった場合にも同じことが生じる。翌朝は反応が鈍くなり、問題解決能力や判断力に支障を来す。

モダフィニルは過眠治療薬であるため、これを摂取することでコリンの睡眠「欲」は弱まったが、睡眠の「必要性」がなくなったわけではない。モダフィニルの乱用で、一日四時間睡眠の状態が数カ月間続き、複雑な任務（人間関係や計画策定など）の判断力が低下した。

ついにはガールフレンドも彼のもとを離れてしまい、婚約を破棄してアパートの契約もキャンセルした。夜中のポーカーゲームで不健康になり、睡眠不足と人間関係の問題からトレードのパフォーマンスも落ち始めた。アパートの契約をキャンセルしたことも忘れていたため、引っ越しの準備もしていなかった。

ある週末、彼は眠りに陥り、アパートの大家が訪ねて来たときにはこん睡状態だった。数カ月間も寝不足だったため、それを取り戻そうとしていたのだ。テレビの前の床に倒れ、大家が起こそうとしても反応しなかった。救急車が到着したときには支離滅裂な発言をした。救急病棟で一晩過ごしたが、すでに担架の上でいびきをかいていた。

その後コリンは、生活習慣を変えなければならないことを認めた。トレードをやめ、ホテルに引っ越し、長期休暇をとろうと考えた。一年間の世界一周チケットを予約した。

一年半後にサンフランシスコに戻り、コリンと私はディナーに出かけた。昔とはまったく違う人物のようだった（とても幸せそうだった）。インドでビッパサナー（集中力を養う瞑想）のコースに一カ月間参加したおかげで、パーソナリティーを変えることができたと言う。また、アイルランドの家族とも再び連絡をとり、今まで会ったことのなかった親戚にも会った。

彼が世界を旅している間、コンピューター制御のロボットトレーダーが彼のトレード戦略を引き継いでいた。自動のソフトウエアエージェントは、迅速に注文するのはもちろんのこと（ミリ秒単位で注文できる）、人間がするよりもはるかに多くの価格情報を提示することができた。

コリンは、サンフランシスコ近郊にあるヘッジファンドのトレーダーとして働き始めた。ビッパサナーをやめると、不注意な行動が少し現れるようになった。彼はこう言っている。「一日中スクリーンを見ているとおかしなことになる――自分自身まで変わってしまう」。コリンのケースは、トレーダーの注意力が燃え尽きたらどうなるか、ということをよく表している。

スクリーンと集中力

トレードデスクの後ろには、たいてい、液晶ディスプレーとテレビスクリーンがある。モニターを食い入るように見つめていると、気がつかないうちに神経化学が変化する。子供とテレビの関係を調べた研究では、一日にテレビを視聴する時間が長くなると注意力の持続する時間が短くなる、という結果が得られている。アメリカ人の一歳の子供は平均二・二時間、三歳の子供は平均三・六時間テレビを見る。このくらいの年齢の子供のテレビ視聴時間が一時間長くなるごとに、七歳になったときの注意欠陥・多動性障害（ＡＤＨＤ）の発症率が一〇％ずつ高くなる。この結果は、家庭環境との関連性はない。つまり、子供のころにテレビを見すぎると注意力の持続する時間が短くなる。トレーダーにも同じことが当てはまるだろうか？　「イエス」とも言えるが、すべての人に当てはまるわけではない。

テレビのせいで注意力が低くなるとしたら、コンピューターのスクリーンにはどのような影響があるだろうか？　コンピューターの前で長時間過ごす若者は、精神的に落ち込む可能性が高い。テレビやコンピューターが成長中の脳に悪影響を及ぼすという証拠はたくさんあるが、成人のトレーダーが長時間マーケットを見ていても幼児や若者ほど大きな問題はない。それでも臨床実習を行っていたころ、私は、多くのニュースに注目してエネルギーを使い果たしてしまったトレーダーを見てきた。

処理すべき情報が多すぎると、多くの人は状況を把握するまで意思決定を避けたがる。意思決定を遅らせることができない場合は、自分の感情や記憶に頼ろうとする。その結果、情報が多すぎるとバイアスの影響を受けやすくなる。情報の優先順位をつけられない新米投資家は、情報過多に陥りやすい。

代表性ヒューリスティック

投資家の多くは、さまざまな情報を見ながら毎日の出来高リストにも目を通している。経験の浅い投資家は、最近のリターンを見て将来のパフォーマンスを予測しようとする。

将来を予測するときに最近の出来事を重視するというバイアスは「代表性ヒューリスティック」と呼ばれ、第18章で説明した「ツキ」のバイアスと関連性がある。基本的に、代表性ヒューリスティックは短期的な記憶のバイアスであり、単純に直前の情報をヒントにして意思決定を下す。

ダールとクマール両教授は、ディスカウントブローカーを介して四万世帯以上が買った株式を五年間にわたって調査した。投資家が買った株式は、購入する前の週に平均〇・六％上昇していた。そこで調査の範囲を広げたところ、購入の二週間前に一・二％、一カ月前に二・二％、三カ月前に七・三％それぞれ上昇していた。なんと個人投資家は、すでに上昇した株式を買っていたのだ。[1]

学者ですら、株式相場を予測するときに代表性ヒューリスティックの影響を受けやすい。イボ・ウエルチ教授は、今後三〇年間の年間株式リスクプレミアムを教授たちに予測してもらった。株式リスクプレミアムとは、株式が債券を上回るだろうと予測されるリターン率を表したものである。その結果、最近のマーケット動向は今後三〇年の予測を大きく左右することが分かった。

第一回目の調査は、強気相場の一九九七～九九年に行った。[2] 金融専門の教授たちが予測した今後三〇年の年間株式リスクプレミアムは、平均七・二％だった。

次の調査は、弱気相場の二〇〇一年に行った。[3] 前回の調査で平均回帰に従って予測していたとしたら、マーケットの下落後には高い株式リスクプレミアムを予測するだろう。調査結果は五・五％で、強気相場の予測よりも一・七％低かった。好況期に高く予測し、低迷期に低く予測するというこのパターンは、まさに代表性ヒューリスティックの影響を受けている。つまり、教授たちは過去のデータを客観的に考慮するのではなく、マーケットの最近のイベントを考慮して予測を立てているのだ。

ウエルチの調査では、被験者は「平均回帰」のバイアスの影響を受けなかった。ところが第18章では、プロの投資家や学者は平均回帰の影響を受けやすい、と説明した。まったく矛盾する結果となっている。この調査で学者が代表性ヒューリスティックを示した理由はおそらく、

①株式リスクプレミアムの過去のチャートを参照できなかった、②年間予測ではなく三〇年予測を立てた――ことにあるだろう（これが、第18章と違う点である）。
投資家が購入判断をするときには代表性ヒューリスティックが働くため、証券関連当局は、投資信託の広告には「過去の実績は将来の利益を保証するものではない」という免責事項を記載することを規定している。

懐かしい思い出

人は、強い感情に結びついた出来事（良い記憶も、悪い記憶も）を選択的に思い出す傾向がある。そのため、過去を参考にして将来を予測するときにはこういった出来事を重視する。マーケットで印象深い経験（ネガティブも、ポジティブも）をした投資家は、その一度の経験を重視して将来の計画を立てる傾向がある。

一九二九年と一九三〇年の株式相場で貯蓄をすべて失った投資家で、その後相場に戻らなかった人は「株に投資するのは危ない」とずっと思い続けたことだろう。一方、勇気を奮い起こしてもう一度株に挑戦した人は一九四〇年代と五〇年代の好景気で大きな利益を得て、一九二九年の大損の記憶が薄れるだろう。

ナットソン教授が考案した「マネタリー・インセンティブ・ディレイ（MID）」タスク（報

酬および損失が被験者にどのように伝わるかを機能的磁気共鳴画像法［fMRI］で観察する）を使用して、スタンフォード大学の大学院研究生アリソン・アドコックは、報酬に関する記憶形成の強さを調べた。価値の高い報酬の可能性（五ドル得られるかもしれない）を示したあとで背景と対象物の画像を見せると、実験の三週間後でもその画像を鮮明に覚えていた。価値の高い報酬の可能性に結びつく画像を思い出すとき、被験者の側坐核と海馬（顕在記憶の領域）が強く活性化していた。アドコックとナットソンによると、これらの発見は、学習の前に海馬にドーパミンが分泌されると、報酬のモチベーションが記憶の形成を促進するという仮説と一致している。

興味深いことに、記憶のコード化には個人差があり、報酬系の活性化が強い人は記憶力も優れていることが分かった。報酬の可能性に興奮すればするほど（側坐核の活性化）、報酬が生じる状況を強く覚えているのだ（海馬の活性化）。[4] セクシーなモデルとスポーツカーを会社の宣伝に利用すると、投資家はその銘柄の名前をよく覚えている。会社のことを思い出すとき、投資家はそれに対してポジティブな感情を抱くため、その銘柄を買う可能性が高くなる。

海馬に存在する記憶は、将来について考えるときのバイアスとなるようだ。言い換えると、人が将来を予測するときには海馬がかかわっている。[5] これは、将来について考えるときに人は記憶を無視できない、ということを意味している。実際、人が計画を立てるときには、記憶を利用して、可能性のあるシナリオを作っている。このことから、①投資家が代表性ヒューリスティックの影響を受けやすい（新近性効果）理由、②投資家が将来の結果の予測を誤る（自信過剰）理由――が説明できるだろう。プロの投資家も、訓練しなければ自分の記憶の呪縛から逃れることはできない。金融マーケットには記憶など存在せず、過去の心理モデルに縛られた投資家は市況の変化になかなか対応することができない。

後知恵バイアスを克服する

「後知恵バイアス」は、最も厄介な記憶のバイアスのひとつである。これは、「自分には最初から分かっていた」と考えるバイアスである。物事が起きてから、最初からこうなることを予測していたと考えるのだが、実際には予測していない。このバイアスが厄介なのは、ミスから学ぼうとしなくなる点にある。予測を前もって書き出しておかなければ、そのようなことを予測していなかったという証拠が残らない。

ポール・スロビック教授は、後知恵バイアスを克服するには「反事実的条件」について考えるのがよい、と指摘している。つまり、出来事が起こったあとで、被験者に、どうしたらほかの結果が起こっていただろうかと考えてもらう。違った結果を導くにはどのような条件が必要だろうか、と考えることで、被験者は、実際の結果、つまり記憶に縛られなくなり、多面的な推論を受け入れるようになる。

ところがスロビックは、この方法に従ってもまだ後知恵バイアスが（弱まってはいるが）残っていることに気づいた。[6] スロビックの発見は、「記録」が非常に重要であることを裏づけている。例えばある投資家が、アメリカドルは二〇〇二年にピークを迎えることを知っていた、と主張したとする。自分の考えや観察結果を記録しておけば、その記憶を確認することができるし、マクロ経済や通貨制度のリスクや機会を見直すことも可能だ。果たしてその記憶のとおり、ドルが下落すると確実に予測していただろうか？　重要なのは、記録を見直すと、見落としていたリスクや軽視していた機会に気づかされる（記憶だけでは思い起こすことができない）、ということだ。自分の思考プロセスを見直すことで、事実に反する事柄を認識し、将来を適切に推測できるようになる。

次の二つのセクションでは注意バイアスについて検証する。特に、人はどのようにして注意力を高めるのか、何が集中力を妨げるのか、そして神経科学がどのように関係しているのかを見ていきたい。

注意欠陥

「注意」と「覚醒・警戒」はプロセスも種類も異なる。エスプレッソを一〇杯飲むと覚醒が強くなる（ついでにトイレも近くなる）が、集中力は弱くなる。

集中力がある人もいれば、注意散漫な人もいる。注意散漫のせいで職場や普段の生活の対人関係をうまく築けない人もいる。こういった人は、注意欠陥・多動性障害（ＡＤＨＤ）の可能性がある。ＡＤＨＤは神経性の疾患であり、薬物治療で克服することができる（次のセクションで詳しく説明する）。

瞑想や禅の師は集中力が非常に高い。瞑想家は長時間の座禅などで「集中力」を鍛え、注意や集中の能力を高めている。瞑想家の多くは、精神を集中させて生理的過程（心拍数、血圧、体温など）を自己管理することができる。さらに、ｆＭＲＩで観察すると、経験を積んだ瞑想家は、辺縁系の衝動（恐怖に対する驚愕反応など）をうまく抑えることができる。また、優れた集中力には前頭前皮質が関係しているという証拠もある。経験を積んだ瞑想家の脳波を検査したところ、前頭前皮質に強い電気的活性化が見られた。注意力や集中力に関係のある脳の領域は、前頭前皮質だけではない。

報酬系は、新しい事柄や珍しい事柄に関心を示す。脳機能イメージングを観察すると、報酬系は目新しい事柄によって活性化され[7]、好奇心の原動力となる。そのため、任務への集中力を維持するには、報酬系が目新しい事柄を求めようとする衝動を押さえなければならない。

前頭前皮質は、この報酬系の衝動を抑制する。報酬系からのさまざまな合図を受け、任務を続けるべきか注意を移すべきかを判断する。前頭前皮質が薄化すると、報酬系を統制する能力が弱くなる。慢性的なドラッグ依存症患者、高齢者（八〇歳以上）、囚人は、健全な成人と比べて前頭前皮質が薄化している。こういった人たちは一つの任務を長時間続けることができず、報酬系の衝動（ドラッグ、投資詐欺、犯罪）を抑えることがなかなかできない。訓練（瞑想やヨガなど）や投薬によって、前頭前皮質の機能を維持することができる。定期的にヨガを行い、マントラ（真言）を唱えたり正しく呼吸をしたりすると、ＡＤＨＤの症状を弱めることができる、という研究結果がある。また、薬物療法でＡＤＨＤを抑えることによって、この症状の化学的要因を明らかにすることができる。

注意力を高める薬

ＡＤＨＤの治療に最も効果的な薬は、アンフェタミンおよびその化学的誘導体である。アンフェタミンは、ノルエピネフリンとドーパミンの再取り込みを阻害する治療薬であり、シナプス間隙でのその濃度を高める。一九五〇年代から一九六〇年代にかけて、覚醒や集中力を高めるためにアンフェタミンは刺激剤の一種として処方されていた。現在アメリカでは、その処方が厳しく制限されている。ＡＤＨＤの治療薬としては、メチルフェニデート（商品名リタリン）、アデラル、コンサータなどがある。

脳機能イメージングによると、ＡＤＨＤの症状が見られる人は健康な人に比べて前帯状回の活性化が弱い。このことから、通常は前帯状回で刺激を処理するのだが、ＡＤＨＤ患者は葛藤解決の能力が劣ると考えられる。[8] 解剖学的には、前帯状回は前頭前皮質の一部である。

ナットソン教授は、被験者にアンフェタミンを静脈内投与し、「マネタリー・インセンティブ・ディレイ（ＭＩＤ）」の実験を行った。アンフェタミンを投与された被験者は、報酬を期待しても強い活動は収まったが、側坐核が長期的に活性化された。この活性化パターンは、注意の時間的調整の結果だと考えられる。つまり、特定の報酬刺激に対する急激な反応が弱まったのだ。[9]

ナットソンは、ＡＤＨＤの子供は報酬を期待するときに報酬系、特に側坐核の活性化が弱いことに気づいた。[10] このことから、ＡＤＨＤの患者は目標志向を高めることが難しく、記憶と学習の能力が弱まり、欝になりやすいと考えられる。

コリンのケースに話を戻すと、マーケットを熱心に観察しすぎてドーパミン回路が鈍感になると、対人スキルや快楽が徐々に影響を受ける。コリンは、トレード中にチャンスをすぐに見つけられるように前頭前皮質を「オフライン」にすることを学んだ。刺激が何日も続くと、ついには、下流のニューロンがドーパミン受容体を下方制御することになる。このような受容体「脱感作」は、訓練によって回復することが可能だ。コリンは瞑想に一カ月参加したおかげで、報酬系の平衡感覚を取り戻し、前頭前皮質の働きを強化させることができた。

名前に何の意味があるのか？

株式相場で出来高の多い銘柄は投資家の関心を集めやすいが、銘柄の名前もマーケティングに大いに役立つ。投資家は覚えやすく、または魅力的な名前の銘柄に投資する傾向がある、という調査結果がある。ネーミングのバイアスは、神経要因によって引き起こされることが多い。

一九九四年から二〇〇一年にかけて、二九六の投資信託が当時の流行に関連づけて名称を変えたところ、名称変更の翌年、二七％の資金増に結びついた。名前というのは単なる記号であり、投資スタイルや投資戦略には何の変化もなかったのにこのような成果が得られた。

平均すると、名称変更した投資信託に投資した投資家は損を出した。この調査の実施者によると、名称変更によって投資家がより良いパフォーマンスを期待したのだと考えられる[11]。

ハーレーダビッドソンがティッカーシンボルをＨＤＩからＨＯＧ（もともとハーレーのオートバイは「ＨＯＧ」と呼ばれていた）に変えたように、企業はティッカーシンボルをより印象的なものに変えることができる。興味深いことに、シンボルを変えると良いリターンが得られる。サウスウエスト航空（ＬＵＶ——ラブの意）、サザビーズ（ＢＩＤ）、アドバンスト・メディカル・オプティクス（ＥＹＥ）などが良い例である。一九八四年から二〇〇四年にかけて、魅力的なシンボルを付けた銘柄は年平均二三・六％もリターンが上昇した（ＮＹＳＥ［ニューヨーク証券取引所］とナスダックの平均は一二・三％であった）[12]。研究者たちによると、「この結果から、人は簡単に処理できる情報を好む、と解釈できる」[13]。

名前の「不合理な」価値の別な例として、プリンストン大学の心理学者の研究を紹介したい。覚えやすいティッカーシンボルの銘柄は、IPOの初日に一一・二％のリターンを上げるという結果が得られた[14]。「この結果は、簡単で認識可能なアプローチのほうが、人間の行動をモデル化する際、複雑でありきたりなアプローチよりもパフォーマンスが高い場合がある、ということを意味している」[15]。覚えやすいティッカーシンボルと覚えやすい名称は、投資判断に大きく影響を及ぼす。情報を素早く処理でき、ときに魅力的で、注目を集めやすく、しかもすぐに覚えやすい[16]。

投資家の注目を集める要素は、投資信託の名称やティッカーシンボルだけではない。「ニューエコノミー」というコンセプトは、変革している業界・企業というイメージを伴う。ハイテク銘柄に投資した人は、この「ニューエコノミー」の名前が持つ斬新性・潜在性に誘惑されたのだ。

二一世紀に変わるタイミングで、旧ソ連圏、中国、インドといった新興マーケットが開放され、アメリカの企業は何十億という顧客に対してさまざまな商品を輸出した。新興マーケットの中国と、世界を変えるようなアイデアであるインターネットに関連する銘柄は、その名称だけで過剰評価されている。

チャイナ・プロスペリティ・インターネット・ホールディングス

一九九〇年代に多数の企業が中国に進出したとき、その戦略は大きな「陶酔感」を生み出した。中国は一三億人もの消費者を抱えた未開発のマーケットであり、先行者はその優位性を確保できると考えられていた。株式投資家は、このマーケットで好調な企業を見つけようと躍起になっていた。チャイナ・プロスペリティ・インターネット・ホールディングスの株式は、その名前だけで一九九九年後半に狂乱売買された。

一九九九年一一月、私は中国の株式に関するインターネット株式掲示板を見ていた。当時私は、株式掲示板の投稿内容の心理的背景に基づくトレード戦略を設計していた。一九九九年一一月一六日の朝、チャイナ・プロスペリティ・インターネット・ホールディングス（ＣＰＩＨ）に関するメッセージが目にとまった。

そのメッセージには、ＣＰＩＨは大ブームになるだろうと書かれていた。キャッチーな名前だ、と私は思い、その会社を調べることにした。奇妙なことに、ヤフー！ファイナンスやＳＥＣ（証券取引委員会）のホームページや株式掲示板を探しても、この会社のファンダメンタルズに関する確かな情報が見つからなかった。

そこで、株価チャートに目を移した。過去三カ月に取引された株式数はごくわずかで、株価は〇・二五ドルのままだった。ところが一九九九年一一月一六日、株価は〇・二五ドルから一・

〇〇ドルに急騰していた。取引時間はまだ五時間ある。株価を観察しているうちに取引が終了し、なんと一四ドルで引けた。翌日も勢いは止まらず、二〇ドル付近で寄り付き、ＣＮＢＣでも取り上げられた。一時間のうちに八二ドルを付け、その日の高値となった。結局、一一月一七日は三二ドルで引けた。その翌日、株価は徐々に下がり、二〇〇〇年初めには出来高がほとんどなくなり、やがて上場廃止した。

詳しく調べると、ＣＰＩＨに関する情報が明らかになった。ＣＰＩＨの経営陣は、詐欺行為の容疑で香港の当局によって起訴された。自社とバミューダの会社の合併話をでっち上げていたのだ。容疑が発覚する前、一九九九年の春にどうにかしてアメリカの株式市場に上場した。この会社は明らかに詐欺であり、起訴の懸念から株価はずっとパッとしなかった。

ＣＰＩＨが実体のある会社でもないのに、なぜ二日間で三二〇〇〇％も株価が上昇し、ＣＮＢＣでも取り上げられたのか？　会社の名前以外には特に明らかな情報もなく、匿名の投稿でも特に押し売りをするわけではなく「検討の価値あり」と推奨されただけだった。

株価チャートと掲示板の推測以外に情報がなかったため、名前だけにつられてＣＰＩＨの株価が大きく動いたのだろう。デイトレーダーは大きな潜在性のある銘柄を好む。このケースでは「中国」と「インターネット」だ。投資家は、株式の購入に何らかの確信を求めようとする。「プロスペリティ」は安心感を与える単語であり、「ホールディングス」はこの会社が一発屋ではないことを意味している。複雑な会社組織であり（だから具体的な財務情報が得られない）、巨額の資産か複数の収入源があるのだろう（投資家が勝手に興奮しただけだが）、と人々は想像した。そういうわけで、チャイナ・プロスペリティ・インターネット・ホールディングスというのは、短期トレーダーが期待を抱いて熱狂するのに完璧な名前だった。

ＣＰＩＨが一四ドルに上昇したのは、掲示板の意見がウイルスのように広まったからだ。翌日のＣＮＢＣで取り上げられると、さらに上昇を続けた。ファンダメンタルズに関する具体的な情報もないのに、会社のことを聞いたことがある、魅力的な名前だ、株価も上昇している、というだけの理由から投資家たちはＣＰＩＨを買った。情報源はたくさんあるがそれを調べる時間がない場合、投資家は買うべき銘柄をどのようにして見つけたらよいだろうか？

輝くものすべてが金とは限らない

個人投資家はたいてい、自分の目にとまった銘柄を調べる。ただしその情報源は限られている。多くの投資家は、同じ情報源（ＣＮＢＣやブルームバーグなど）が発信した銘柄に関心を持つため、ニュースで取り上げられた銘柄に買いが集まることが多い。ＣＮＢＣの『ミッドデイ・コール』で司会者のマリア・バーティロモが取り上げた銘柄は、その数分後に出来高がほぼ五倍になると言われている。[17] 投資家の購買意欲を刺激するのは、バーティロモの番組だけではない。

　行動ファイナンスの教授、テランス・オディーンは、証券会社の多くの口座を対象として調べ、個人投資家は注目度の高い銘柄（ニュースで取り上げられた銘柄、出来高が異常に高い銘柄、一日のリターンが非常に高い銘柄など）に集まることを発見した。オディーンは、二つの証券会社のデータを分析し、「注目度の高い日（ニュースになった日）」に個人投資家が買った銘柄はその後売られて低迷する傾向があることに気づいた。ニュースになった日には、ほかの日よりもずっと多くの投資家が集まる。「大手ディスカウントブローカーの数字を計算すると、売買の不均衡は、通常の銘柄については二・七〇％であるのに対し、ニュースになった銘柄についてては九・三五％である。大手リテール証券会社では、通常の銘柄は一・八四％であったが、ニュースになった銘柄は一六・一七％にもなった」[18]

　どんなニュースであっても、投資家は世間の注目を集めた株式を買う傾向がある。つまり個人投資家は、出来高の多い日、一日のリターンが非常に高いか低いとき、ニュースリリースなど、注目度の高いイベントがあると買う。決算発表がポジティブだろうがネガティブだろうが、サプライズがあると買いたがるのだ[19]。

　経験の浅い投資家は、注目度の高い銘柄を買うというワナにはまりやすく、そこがプロの投資家と大きく異なる。オディーンは、機関投資家（特にバリュー投資家）は注目度に基づく買い行動を示さないことを発見した。別の研究でも、プロの投資家は大物狙いのアマチュアの裏をかいている、という結果が得られている。

マーク・シーショールズ教授らは上海証券取引所で調査を行い、個人投資家はストップ高近くを付けた銘柄に集まることを発見した。特に、初めて買う人は、ストップ高まで上がった日に買う比率が非常に高い。個人投資家の購入行動の影響は一時的なものであり、一〇日以内にある程度まで値が下がる。シーショールズによると、一部のプロの投資家は株価と需要の一時的な変動を予測することで、個人投資家の犠牲を利用して利益を得ている。[20]

ＮＹＳＥでも上海と同じようなパターンが見られた。[21] 上方に窓を空けての寄り付きは「過剰反応」だと考えられ、株価は徐々に下がり始める。この「過剰反応」パターンは、翌日のニュースが良いときよりも悪いときのほうが強く見られた。[22] また、東京証券取引所で出来高の多い銘柄にもこのパターンが見られた。[23] 投資家は株価に勢いのある銘柄を買い、株価の勢いが収まった翌日に手放すようだ。

ほかの投資家が注目度の高い銘柄に熱狂する勢いを利用して（逆張り）利益を得ることはできるだろうか？　シーショールズは、このような短期的な投資戦略があることを発見した。上海証券取引所で約定した二一〇〇万件の取引のデータを調べたところ、大引けでほぼストップ高付近で買い、翌朝の寄り付きで売るトレーダーは、一取引当たり平均一・一六％の利益を得ていることが分かった。[24] 寄り付きギャップが生じる原因は、夜のテレビニュースが影響しているのではないか、とシーショールズは推測している。ビジネスニュース番組を見た個人投資家が、翌朝、パフォーマンスの良かった銘柄に集まるのだ。

トレーダーは、マーケットの大きな動きに注目している。経験の浅い投資家は、出来高の多い銘柄や大きな値動きのあった銘柄を取引するが、それは後追いにすぎない。単に、上昇後に買い、下落後に売っているのだ。残念ながら、これでは利益は望めない。ほかの投資家の熱狂をうまく利用できるプロの投資家は、注目度の高い銘柄を観察して利益を上げることができる。

第20章　年齢、性別、文化――リスクをとることの違い

　私のセミナーに参加したジムは、ファイナンシャルプランナーだった。ときどき顧客の言動にイライラさせられることがあり、そのことについて私に相談を持ちかけてきた。特に、シャロンという顧客のことを話してくれた。シャロンは、最近亡くなった夫のトムが残した巨額の資産を管理しなければならなくなった。トムはインターナショナル・ペーパー（ＩＰ）社で働いていて、退職基金として大量のＩＰ株を持っていた。正確に言うと、ＩＰ以外の株式を持たず、シャロンとトム夫婦の全資産の七〇％をＩＰ株が占めていた。

　この夫婦は、ほかの株式や債券を買う相談をしたことはなかった。実際、シャロンは投資に関心がなかった。そこでジムに相談に来たのだった。

最初の数回の面談で、ジムはリスク分散とその数学的原理について説明し、ＩＰ株の一部を売ればリスクを減らして利益を得ることができるだろう、と助言した。債券や投資信託をポートフォリオに加えることを勧めたが、そのためにはＩＰ株を手放さなければならない。

シャロンはそのアドバイスを丁重に断った。その後数回の面談で、リスクについてシャロンに正しく伝わっていないと感じたジムは、分散投資の重要性を強く説明した。不測のマーケットリスクから顧客を守ることが自分の任務だと思っていたのだが、シャロンはＩＰ株を手放すことに抵抗した。ジムはシャロンに会うたびに、リスク分散するように強く勧めた。

それから六カ月がたち、シャロンは「もうやめてください」と言った。

ジムは「おっしゃる意味が分かりませんが」と答えた。

「分散投資の話をするのはやめてください」

シャロンは我慢しきれずに「かれこれ何カ月も、ＩＰは売らないとお伝えしてきたんです」

「分かりました。その代わり、理由をお話しいただけますか？」

と言った。

「なぜですか？」

「なぜって、トムのだからです！」

「トムの株だから!?」

シャロンは何も答えずに目をそらした。ジムには、彼女が腹を立てていることが分かった。

何か気に障ることをしたのかもしれないが、トラブルの原因が理解できなかった。亡き夫の持ち物だったから、シャロンはＩＰ株に未練があったのだ。

特別な思い出があるとか、これまで利益を上げてきたから感謝の気持ちを持っているとか、投資家が特定の銘柄に愛着を持つのにはさまざまな理由がある。

概して女性は男性よりも愛着を持ちやすく、感情や思い出のバイアスの影響を受けやすい。そのため、こういった感情が投資判断を左右する。次のセクションでは、感情に基づく投資の男女差に関する研究結果を紹介する。さらに、年齢が投資判断に及ぼす影響、および西洋と東洋の投資家の違いへと説明を広げていきたい。

感情的記憶

ステレオタイプのように聞こえるかもしれないが、心理学や脳機能イメージングの研究では、女性は男性よりも感情的な出来事を強く記憶する傾向があることが示されている。ある実験で、被験者にネガティブな感情を引き起こす写真（外科手術の写真など）または中立的な写真（ドアなど）のいずれかの写真を見せた。実験の三週間後、男性よりも女性のほうがネガティブな写真の印象を強く覚えていた。思い出すとき、女性はネガティブな感情経験を特徴とする脳の領域（左の扁桃体）が活性化したが、男性は事実に基づいて記憶を形成していた（右の扁桃体を使用）。一般に、女性は、感情と出来事が結びつくと男性よりも記憶力が高くなると考えられる。[1]

このことから、投資家について興味深い仮説を立てることができる。マーケットで損を出した女性は投資についてネガティブな記憶を持ちやすいため、弱気相場のあとでは投資を控える傾向にある。これに対して男性は、ネガティブな感情経験があっても立ち直りやすいため、損を出したあとでも強気になってやり直そうとする。自分の行動を理解していないというのは男性にとって不幸なことであり、投資ミスから学習できないことは男性がトレードをしすぎる大きな要因の一つだと思われる。

「男性らしさ」と「女性らしさ」のレベルは人によって異なる。被験者に自分の男性らしさ・女性らしさに評点を付けてもらい、その記憶機能をテストした。非常に女性らしいと自己評価した人は感情的な記憶形成が強く、非常に男性らしいと自己評価した人は事実に基づく記憶再生が強かった。[2]一般に、男性（および、男らしい女性）は事実に基づく投資情報（数字など）を処理する傾向があり、女性（および、女らしい男性）は投資の感情的側面（社会的責任など）を考慮する傾向がある。

女性の脳とエストロゲン

女性の感情記憶には、エストロゲンとプロゲステロンという女性ホルモンが影響している。これらの女性ホルモンによって感情経験と行動が左右され、特に月経直前にエストロゲン濃度が低下すると月経前症候群を引き起こす。一方、妊娠中はエストロゲン濃度が比較的高く、妊娠中期・後期には脳のエストロゲン受容体が飽和状態になるため気分が高揚する。

発情期のラット（エストロゲンが低量）で実験したところ、認知ストレスに耐える能力が弱まっていることが分かった。研究者たちは、このような認知ストレス反応はエストロゲンが前頭前皮質に及ぼす支援効果に関係しており、エストロゲン量が少なくなるとこの支援効果が薄れる、と推測している。[3][4]このことから、女性の投資家、特に月経前症候群（精神的に不快な症状）が強い女性は、エストロゲンが低量のときにはストレス下での投資判断を避けたほうがよい、と考えられる。エストロゲン量が少ない女性は潜在的リスクに敏感であり、ネガティブなイベントに対する反応が強くなる傾向がある。

エコノミストが協調と裏切りの傾向を評価する方法のひとつに、「囚人のジレンマ」（詳しくは用語集を参照願う）と呼ばれるゲームがある。囚人のジレンマに参加している被験者の脳を機能的磁気共鳴画像法（ｆＭＲＩ）で観察したところ、女性の報酬系は、裏切り行動よりも協調行動をとっているときにより強く活性化されることが分かった。[5]また別の研究では、男性の報酬系は復讐行動をとっているときに活性化する傾向があることが分かった[6]。これらの結果は、女性は対立よりも協調を評価し、男性は他人が裏切っていると確信したときには攻撃的になる、という傾向を裏づけるものだと思われる。

私は、投資委員会のメンバーから、委員会でのメンバーの役割と人間関係について聞かれることがよくある。集団の性別を調査すると、興味深いことが分かる。投資委員会では、男性は最適な投資判断を選択することよりも、政治的な点数を稼いだり人を出し抜いたりすることに関心を持つ。逆に言えば、男性の積極性は集団の誤った判断に抵抗するのに貢献する一方で、女性は社会的調和を図ろうとして多数の意見に賛成する傾向がある。男性は、対立について話し合わずに行動する傾向があり、女性は人間関係の衝突を弱めようとして対話を好む。ただし、実際の性別よりも、「男性らしさ」や「女性らしさ」のほうが投資委員会の行動により大きく影響することに注目する必要がある。

離婚とファイナンシャルプランニング

ファイナンシャルプランナーのマークが、男女間の誤解について興味深い話をしてくれた。マークは、有名な投資顧問会社での仕事を辞めて自ら事業を始めたとき、今後も自分の投資顧問会社を利用してほしいと顧客に頼んだ。

顧客のなかには離婚した中年女性が何人かいたが、彼女たちはマークの新しい会社を利用することに気が乗らなかった。彼は新しい事業のメリット（金銭的にも個人的にも）について説明し、移行のコストとメリットを考え直すように促した。「彼女たちは、安い手数料と行き届いたサービスについて理解できなかったのでしょうか？」と、マークは私に質問した。マークは「事実」――コストの節約とハイリターンの可能性を示すデータ――についてクライアントに繰り返し説明した。それでもまだ理解してもらえないことに、マークは戸惑った。

マークは「共感ギャップ」に陥っていたのだ。クライアントの感情を理解していなかったため、そのニーズに応えることができなかった。女性はデータ分析による投資メリット（事実に基づく情報）よりも、プランナーの信頼性（感情的な親密さ）を重視する。さらに、離婚したクライアントたちは、マークが世間に認められた会社を辞めて事業を始めたことを知り、長い結婚生活に終止符を打ったときの痛みがよみがえってきたのだ。そのうえマークは、女性は男性よりもリスク回避の傾向が強いことを理解していなかった。彼女たちは、新しい事業に移行するリスクを快く思っていなかった。

これらのことをマークに説明したところ、彼は少し面食らったようだった。データではなくあいまいな感情や記憶の影響を受けやすい、という女性の性向を理解することができなかった。マークにとってクライアントの感情は重要ではなく、それどころか良くない結果を引き起こすものだと思っていた。彼女たちの価値観を理解できたら、その人の経験に基づく隠れたメッセージの重要性に気づくことができただろう。

自信過剰な男性

女性がリスク回避の傾向があるのに対し、男性、特に若い男性は、自分のリスク管理能力を過信しがちだ。オディーン教授とバーバー教授は、一九九一年二月から一九九七年一月にかけて、ある大手ディスカウントブローカーの顧客三五〇〇〇世帯のトレード記録を分析した。「自信過剰モデルについての予測どおり、男性は女性よりも四五％多くトレードし、リスク調整後の年間収益は女性よりも一・四％少なかった」[7]。独身の場合、自信過剰なトレードのリスクはさらに増大する。「独身男性と独身女性とでは、さらに大きな違いが見られた。独身男性は独身女性よりも六七％多くトレードし、リスク調整後の年間収益は独身女性よりも二・三％少なかった」[8]

一般に、若い男性は若い女性よりも、投資におけるリスク追求の傾向が強く、より多くの株式を取引し、高い金融リスクをとる[9]。生物学的に言うと、こういったリスクをとることは、若い男性は報酬系のドーパミン回路が比較的鈍いことによると考えられる。ギャンブル依存症患者や躁状態の人のように、リスクや斬新さを求めてドーパミン量を増やそうとするのだ。男性がリスクをとることを刺激するのはドーパミンだけではない。若い男性の身体は、リスクをとるようなホルモン状態になっているのだ。[10]

進化生物学者たちは、若い独身男性は社会的・財政的利益を求めようとして、目標達成のためにリスクを冒す、と推測している。そして年を重ねると、新しい機会を求めてリスクをとることよりも、自分が持っている資産を確立・強化させることにエネルギーを注ぐようになる。

年齢の違い

脳は年齢とともに変化をする。このような変化は、投資にプラスになることもあればマイナスになることもある。多くの人は優雅に年を重ね、加齢によるさまざまな制約にうまく対処し、自分の強みを生かそうとする。年齢とともに、人は二つの健全なパーソナリティーに恵まれるようになる。

つまり年をとると、精神的に落ち着き、慎重な行動をとることができるようになるのだ。第12章で、神経質な投資家は精神的に安定した投資家よりも投資ミスを犯しやすいと説明した。平均して、若者よりも年配者のほうが神経症的傾向が弱い（つまり、精神的に安定する）。さらに、年配者は若者よりも慎重な態度をとる（規律があり、計画的に行動する）。

脳のイメージを調査したところ、年配者が精神的に安定するプロセスは辺縁系の活力が弱まるからではなく、前頭前皮質の機能が強化される（辺縁系の衝動を抑える）からだという結果が得られている。[11]精神的な安定は、七〇年の人生でほぼ直線的に向上する。厳密に言うと、精神的な安定と衝動の制御（慎重な行動）は、ネガティブな情報に対して内側前頭前皮質が機能を発揮することによる。[12]

fMRIを観察してみると、報酬を期待すると、若者は年配者よりも側坐核の活性化が強くなる。[13]つまり年配の投資家は、ある銘柄を買う前に十分に調査して戦略を立てる傾向がある。また年配者、特に退職後の年配者は投資リスクをあまりとらなくなる。[14]

一般に、子供から成人になると、人は量よりも質を重視して情報を処理するようになる。専門知識が増えたときも、これと同じような情報処理パターンが見られる。[15]精神的なショートカットによって認知の効率が高くなるため、かつて似たような経験をした場面では意思決定の処理速度が速くなる。

七〇歳ごろになると、前頭前皮質と辺縁系のつながりが弱くなる。つながりが著しく弱まり、前頭前皮質が衝動を抑制したりリスクに関連する情報をまとめたりすることができなくなると、詐欺的投資機会に簡単にだまされてしまう。

ギャンブルの実験では、年配者は概して若者よりもリスク回避の傾向が強い。高齢者（七〇歳以上）になると、複雑な投資判断に混乱してしまうため、認知のスピードが遅くなり、投資を避けるようになる。そして、若い世代に判断を任せたり、判断を拒否したりする。これに対して若者は、リスクをとりすぎるため投資ミスを犯しやすい。[16]

成人の発達に関する長期的研究

一九〇三年以来、心理学者や教師たちは、ワシントン州シアトルにおいて何千という集団を対象に標準心理テストを行っている。この調査の目的は、年齢とともに人の認知能力がどのように変わるかを明らかにすることである。被験者は、七年に一度テストを受ける。そのテストでは、言語スキル、空間適応スキル、論理能力、計算能力といった認知機能について評価する。評価するスキルとその定義について、**表20.1**にまとめている。[17]

この研究では、個人のテストの点が生涯でどのように変化するかを調べた。一定の能力が弱まったり、一定のスキルを身につけたり、あるはその両方が起こったりするのだろうか？　次に、生まれた年代によって、同じ年齢でも違いがあるかどうかを調べた。五〇年前に生まれた人は、現代の成人と同じ能力やスキルを持っているのだろうか？

一九〇三年から七年ごとに追跡すると、知覚の速度と数字に関連するスキルが最も速く衰えを見せ始める（六〇歳）。帰納的推理と空間への適応能力、および言語記憶力は六七歳で衰え始め、言語能力は八一歳でも健全である。[18]厳密には、言語能力は八〇歳までゆっくりと低下し、その後急激に低下する。

これとは別の分析として、同じ年齢の世代間の相違を調べる。例えば、一九〇三年の二〇歳の認知スキルと、二〇〇五年の二〇歳の認知スキルを比較する。一般的に、多くのスキルにつ

表 20.1　認知スキルと年齢による減退

スキル	定義	減退が始まる年齢
言語能力（理解力）	言語で表されたアイデアを理解する能力	81 歳（ただし、最近の若者もこの能力が劣ってきている）
空間への適応	空間的配置を思い描き、それを２次元または３次元で利用し、空間対象物に順応し、空間における対象物の関係を理解する能力	67 歳
帰納的推理	斬新なアイデアや関係を認識・理解する能力（論理的問題を解決して予測・計画する）	68 歳
計算能力	数字の関係を理解し、数字を扱い、簡単な量的問題を迅速・正確に解決する能力	60 歳（ただし、最近の若者もこの能力が劣ってきている）
知覚速度	図表を見てそれを比較し、視覚認識を要する簡単な任務を迅速・正確に遂行する能力	60 歳
言語記憶力	重要な言語を記憶し、思い出す能力	67 歳

いては近年のほうが優れているが、言語と計算能力に関しては祖父母世代のほうが優れている。
遺伝的要因も認知能力に影響することが知られている。特に、アポリポタンパク質Ｅ（ＡｐｏＥ）の遺伝子はアルツハイマー型認知症のリスク要因である。シアトルの研究では、ＡｐｏＥ四型の遺伝子（ｅ４／２とｅ４／４の対立遺伝子）を持つ人については、七年ごとに認知スキルの大きな低下が見られた。[19]

また、加齢とともに「陳述記憶」のわずかな低下が見られる。これは、人の名前や最近の出来事を思い出せない、という症状だ。この能力の低下は、海馬の機能（最近の経験、会話、対人関係を符号化する）の加齢性障害に関係している。ＡｐｏＥ四型の対立遺伝子を持つ人は、タンパク質の蓄積（遺伝子による転写）によって海馬に顕著な障害が見られ、加齢とともに神経伝達が阻害される。幸いにも、事実や数字に関する人の記憶は、年をとっても相対的に無傷のまま残ることが多い。

加齢による脳の大きな変化としては、前頭前皮質の薄化も挙げられる。マルチタスクの遂行、暗算、注意の移行の能力が低下する。

これらの変化から、高齢者が投資詐欺の影響を受けやすいことが説明できる。計算能力が低下していても言語能力が無傷であれば、投資に伴う基本的なリスクを理解できなくてもそのことが表面化しない可能性がある。アメリカの高齢者虐待事件の半数が投資詐欺に関連するものであり、その被害者は五〇万人に上る。[20]また、処理速度が低下することから、自分の責任で時間と努力を費やすよりも、ファイナンシャルアドバイザーの言葉を「額面どおりに」信じやすい。

このような加齢性障害はなぜ起こるのだろうか？　スキルの訓練によって大きな効果が得られることを考えると、能力の低下の原因は、脳を使用しないことによる部分が大きいと考えられる。「使わなければ衰える」のだ。前頭葉を使用すると、学習・計画能力が向上し、加齢による認知能力の低下を抑えることができる[21]。

一九七〇年代、シアトルの研究者たちは、被験者のスキルを持続的に向上させて能力の低下を防げるかどうかを調べるため、トレーニングプログラムを開始した。その結果、高齢者を対象にして簡単なトレーニングプログラムを実施すると、スキルの持続的な向上が見られることが分かった。一方、トレーニングを受けなかった被験者は能力が著しく低下した[22]。

脳が老化すると、前頭前皮質と海馬（記憶中枢）の機能が弱まる。脳のこれらの領域を強化することを目的としたエクササイズの本やソフトウエア製品が多く存在している。サンフランシスコにあるポジット・サイエンス社は、脳の認知機能を一〇歳若返らせるトレーニングソフトウエアを販売している。ただし、まだ脳が若いうちにこういったソフトウエアやパズルを買う前に、簡単な答えが目の前にあることを忘れないでほしい。それは常に新しい事柄を追い求めること。新しいことにチャレンジすると、エクササイズと同じように脳の機能を強化することができる。脳は筋肉と同じで、専用のソフトウエアや本で鍛えることもできるし、新しいことにチャレンジして鍛えることもできるのだ。もちろん両方を組み合わせてもよいだろう。

年をとるのは悪いことばかりではない。年配者は精神的に安定し、慎重に行動し、人間関係や人生の出来事のパターンを認識することができる。似たような状況を過去に経験して「ヒューリスティック（近道）」を確立しているため、習慣的な出来事を素早く判断できる。また、専門知識を積み重ねているため、世界や職場のことに関心を持ち続け、身体的に健康であるかぎり、八〇歳になっても働くことが可能だ。専門知識は豊富なのに、引退すべきだと考えて、早く引退してしまう年配者があまりに多い。

東洋と西洋の文化の違い

私は一九九二年に初めて中国を訪れた。当時の中国は共産主義が依然として色濃く、上海と深圳の証券取引所は設立して二年もたっていなかった。小売商品のほとんどは国営のデパートで売られており、その職員たちは言葉も少なく、人を見下し、敵意に満ちた態度をとることすらあった。証券取引所はまだ新しく規模も小さく、名目上取引されているにすぎない株式がほとんどだった。

その後二〇〇一年と二〇〇四年に再び訪れたときは、中国とその資本市場は大きな変化を遂げていた。主要都市の大通りには証券会社が建ち並んでいた。デイトレーダーと退職者が証券会社に群がり、専用のトレードシステムのモニターや巨大なロビーの株価表示板を食い入るように見つめていた。

人口一三億人の国がほんの十数年間でこれほど大きな経済復興を遂げたということは、投資家と株式相場の行動も相当驚くべき時期を経験したはずだ。残念ながら、金融に関する文化比較の文献は非常に限られている。研究の大半は、西洋（アメリカ、ヨーロッパ）と東洋（中国、日本、台湾）の投資家の態度の文化による違いを調べたものである。南アジア、中東、南米、アフリカの投資家に関する研究はほとんど行われていない。

本章の初めに、男性と女性、年配者と若者の生物学的違いについて説明したが、東洋と西洋の文化による投資行動には大きな違いは見られず、経済発展や金融教育の違いによってこれらを比較することはできない。それでも、異文化の投資行動を比較すると、興味深い結果が得られる。

リスクをとる傾向の強い中国人

投資でリスクをとることとリスク認知に関する研究によると、東洋人のほうが西洋人よりもリスク耐性が強いという結果が得られている。エルケ・ウエーバー教授は、中国人投資家とアメリカ人投資家のリスクをとる行動を調べ、このような結果を導き出した。ウエーバーは、中国人がリスクをとることの要因は主に社会的構造にあり、国民は破壊的な損失から守られている、と主張する。[23]別の研究では、現代の中国人投資家はリスクとリターンの関係について十分な知識を持っていないためリスクをとる傾向がある、と推測し、[24]また別の研究では、競馬に賭ける人に同様の傾向があることを実証している。[25]

中国とアメリカの小説を参考にして意思決定のプロセスを調べたところ、ウエーバーは、中国人の意思決定パターンは合理的な考察と役割ベースの論理に基づいていることを発見した。これに対してアメリカ人は、一般に、最高の結果を求めて費用対効果に基づいて判断を下す。[26]心配なことに、中国の企業役員はリーダーの意見を重視し、費用対効果のことはあまり考慮しないようである。

こういったことから、中国人は、投資リスクをとる一方で確率的結果をあまり重視せず、社会的ネットワークによってリスクをとることが支援されていることを認識している、ということが分かる。中国人投資家は拡張された社会（家族）保険で守られているため、大きな損失の可能性を心配する必要がほとんどない。そのため、リスク回避型のアメリカ人と比べて合理的にリスクをとるのだ。

中国人株式トレーダーのバイアス

中国人の個人投資家も、西洋の投資家と似たような行動バイアスを示す。中国人とアメリカ人の研究者たちは、一九九八年五月二〇日から二〇〇二年九月三〇日まで、中国の五つの主要都市の四万六九六九件の投資口座のトレード記録を調査した。その結果、中国人投資家には自信過剰（少ない情報に基づいてトレードをしすぎる）、ディスポジション効果（早く利食する一方で、損は持ち続ける）、代表性ヒューリスティック（過去の勝ち銘柄を追う）の傾向が見られた。経験豊富な投資家でも、こういった行動バイアスを示した。[27]

中国人投資家は、損を長く持って利益をすぐに手放す傾向があった。一年後、彼らが売った銘柄は買った銘柄よりも二・五％高いリターンを示した。リターンはマイナスであるが、オディーンがアメリカの六万件の証券口座を調査した結果をわずかに上回っていた。

また中国人投資家は、過去の勝ち銘柄を追う傾向がある。投資家が購入する前、それらの銘柄の四カ月の平均リターンは一七％を超えていたが、過去一年間の同じ銘柄のリターンは二・九％であった。つまり、投資家は直近の短期パフォーマンスに注目していることが分かる。中国人投資家はほかの地域の投資家よりも、短期的な結果に注目し、急上昇中の銘柄を追う傾向がある。

分散投資をせず、しかも頻繁にトレードすることから、この研究者たちは中国人投資家の行動を「自信過剰」だとみなした。ただし、頻繁にトレードすることで、そうでないトレーダーよりも高いリターン（月に約〇・五％）が得られていることにも注目しなければならない。[28]

二〇〇二年に深圳証券取引所の投資家を対象に行った調査では、ディスポジション効果の顕著な例が見られた。個人投資家の五四・一％が、株価が一〇％上昇したらその銘柄を売ると答えたのだ。一方、損失を出したらどうするかと質問したところ、ポジションを清算すると答えたのは二七％にすぎなかった。

台湾では、TAIEXインデックスオプション取引のマーケットメーカーは、午前に利益を上げると午後に平均以上のリスクをとった。ということは、午前に利益を上げるマーケットメーカーが多いと、午後の流動性とボラティリティに大きく影響する。[29] このハウスマネー効果（あぶく銭効果）は、シカゴのプロの投資家（同様に、午前に利益を上げると午後にリスクをとる傾向があった）よりもTAIEXのトレーダーに強く見られた。ただし、経験を積むほど、午前に利益を上げて午後にリスクをとる程度が低くなる傾向が見られた。[30]

過去の株価パターンを参考にしているため、中国のマーケットには集団行動が見られ、中国B株式市場は特に流動性が低かった。[31] 中国人投資家にとって、トレードはチームスポーツに近い。研究者たちは、ともに親密に働き、同じ銘柄（たいていは現地に本社があるローカルな会社）を買う傾向がある投資家が多いのは、主に「口コミ」の効果だろう、と考えた。また、同じ銘柄（ほとんどが現地以外に本社がある会社）を売る傾向があることも明らかになった。[32] こういった集団行動は、アメリカの同じ都市の別の投資信託で働くポートフォリオマネジャーたちにも見られた。アイデアの「感染」は世界的に見られるが、特に中国は「チームスポーツ」型の証券会社の構成であるため、この特徴が顕著である。

本章をまとめると、女性と男性ではトレードパターンが異なる。女性は感情的な記憶が強く、リスク回避の傾向があるが、男性はリスクをとるため長期的なリターンが低い。投資リスクに対する態度は年齢によっても異なる。それは、加齢とともに認知力が変わり、リスクを理解するのが困難になるからだと考えられる。また中国の株式トレーダーは西洋のトレーダーよりもリスクをとる傾向があるが、自信過剰やディスポジション効果といった行動バイアスの影響も受けやすい。代表ヒューリスティックも中国人投資家の特徴である。

第４部

儲かる脳とは？

第21章　感情管理――バランスを図る

「常に落ち度を認めよ。権限のある人を油断させ、自ら実行する機会を見つけることができるだろう」――マーク・トウェイン

ジョージ・ソロス、ウォーレン・バフェット、ポール・チューダー・ジョーンズ――彼らは投資の申し子だと考えられている。彼らには天賦の才があるのだろうか？　それは間違いない。どのような心理的特徴があるのだろうか？　順応性、自信、楽観主義、精神的安定といった一定の資質は、優れたパフォーマンスに結びつく。ただし、真に優れた人というのは、ひとつの資質だけでなくいくつもの資質がうまく調和している。

投資で成功するには、まず、学習が重要。つまり、自分がマーケットで何をしているか理解しなければならない。自分の戦略は？　なぜその戦略が優れているのか？　ボラティリティにどのように対処できるか？

次のステップとして、自己評価が必要だ。自分の強みと弱みを把握し、自分の資質を明らかにする。精神的なアキレス腱はどこか？　どうやってそれを守ったらよいか？　自分にはどのような社会的サポートとビジネスネットワークがあるか？　セーフティネットやプランBはあるか？　自己評価をするのはけっして簡単ではない。なぜなら、自己欺瞞やバイアスが邪魔をするからだ。

バイアスがあると投資パフォーマンスを損なう。バイアスのあるポートフォリオマネジャーや個人投資家はトレードをしすぎで、楽観的な気分になり、損を長く持ちすぎる。ファイナンシャルアナリストは、特に集団行動のバイアスの影響を受けやすい。プロのトレーダーは、損を出したあとにリスクをとる傾向がある。こういった行動バイアスの要因は、脳に固有の認知・感情体系にある。バイアスは無意識のうちに働くため、見つけるのが難しく、しかもそれをなかなか正すことができない。

心の充足感、メンタルトレーニング、体の健康が少しでもポジティブに変わると、より良い意思決定を下すことができるようになる。成功の可能性がわずかでも高くなれば、長い目で見て優れた結果を導くことが可能だ。

本章では、バイアスの影響を弱めて投資判断を向上させるため、精神状態を最大限に高めるのに役立つシンプルなステップを説明していく。心理学の基本的概念について見直し、感情の適応度と対処能力を高める簡単なレッスンを紹介し、規律を鍛えるのに必要なステップを説明する。これらの内容は今後大いに役立つと思うが、あなた自身を根本的に変えるものではない。これらの内容をどのように解釈するかはあなた次第なのだ。成功哲学者と言われるジム・ローンはこのように述べている。「だれもあなたのために腕立て伏せをすることはできない」

お金のためではなく、愛のため

投資の目標は「桁外れの」利益を得ること、あるいは「次世代に残せるほどの」富を手にすることだ、と考える投資家がいる。ところが、利益の追求という目標は長続きしない。こういったモチベーションは、意思決定の際にエゴを生じさせ、結果に対して感情的に反応しやすくなる。さらに、富の追求を目標とすると、個人の幸せや自尊心を損ねることにもなりかねない。「投資の成功に対する野心」に価値を見いだす人は、「精神的活力」と「自己実現」のレベルが低く、ほかの人よりも「身体的な苦痛」を強く感じる。一方、自己受容、他人との関係、共同体感情、身体的健康を重視する人は、満足度が高く悩みが少ない[1]。投資と矛盾しているようだが、利益の追求を第一の目標とすることは情緒が健全でない兆候である。

もちろん、金融業にかかわっている人がお金を稼ぐことに興味を持つのは当たり前のことだ。ただし、楽しく仕事をした副産物としてお金を得るのではなく、お金を得ること自体が目的になると、感情の安定性が損なわれやすい。

最高の投資家、銀行家、あるいは実業家というのは、報酬のために良い仕事をするのではなく、その仕事が好きだから良い仕事をするのだ。マネジメントの師といわれるピーター・ドラッカーは、投資に情熱を感じなかったためにその仕事を辞めた。「一九三〇年代半ば、まだ若かった私はロンドンの投資銀行で良い成績を収め、自分の長所をうまく発揮していた。それでも、アセットマネジャーとしてふさわしい貢献をしているかどうか、よく分からなかった。私が価値を感じているのは人であり、金ではない。墓場で一番の金持ちになることに何の価値も見いだせなかった。私にはお金もほかの仕事の見通しもなかったが、大恐慌のさなか、私は仕事を辞めた。これは正しい判断だった」[2]。ドラッカーがキャリアに対する情熱を追うことができたのだから、世の中はなんと素晴らしいのだろう。

金銭的な結果を重視すると、投資判断にバイアスがかかる。トレードに関する本や記事では、短期的な利益や損失に対して「禅（無執着）」トレード法を勧めている[34]。利益や損失に執着すると、自分の期待や目標と短期的な進捗状況を比較するため、感情的に反応しやすくなる。結果に執着せず、投資判断のプロセスに集中すると、ボラティリティのさなかにあっても精神的に安定し、戦略を磨いていけば長期的な利益も期待できる。

お金は人を変える

無意識のうちにお金のことを考えるとそれが行動に大きく影響する、という調査結果がある。一連の実験で、お金に関するヒント（現金を描いたポスター、金融に関する文）を見ると、問題解決の方法や他人との接し方に変化が見られた。被験者は、お金に関するヒントから自律の精神が生まれ、依存関係を解消したいと思うようになったのだ。

お金のヒントを見せられた被験者はそうでない被験者と比べ、困難なタスクに取り組むときに助けを求めるまでの時間が長く（三一四秒対一七三秒）、ほかの人が困っているのを見ても支援する時間が短く（六七秒対一四八秒）、実験室を去るときに「学生基金」に寄付する金額が少なかった（〇・七七ドル対一・三四ドル）。さらに実験を続けると、お金のヒントを見せられた被験者は、一人でゲームに興じ、一人で仕事に取り組み、新たに知り合いになった人と物理的な距離を置く（一一八センチ対八〇センチ）傾向があった。[5] 全体として、お金に刺激された被験者は、自己満足しがちで、オープンさに欠け、他人と距離を置いた。このような「金銭的意識」は無意識のうちに生まれ、対人関係や社会的行動にも大きく影響する。

感情の防衛メカニズム

脳は、ネガティブな感情から生じる不快感を好まず、不安、落胆、怒りなどの感情に対応するのを避けるような戦略をひねり出してきた。拒否、抑圧、合理化といった感情の防衛メカニズムによって不快感を意識しないように努めている。ネガティブな感情は意識下にいつまでも残り、判断や行動に微妙な影響を及ぼす。人が失敗から学ばない、あるいは他人の失敗を観察して学ばない本当の理由は、失敗を認めることができないからだ。過ちを認めることは、だれにとってても苦痛だ。そのため、無意識のネガティブな感情を認識するのが難しいのだ。

本書では、被験者の感情を無意識のうちに操作して判断や行動の変化を調べるいくつかの実験について説明してきた。被験者は、意識下を刺激された前と後では「感情」は同じだと回答した。無意識の感情は意識の「下」に作用するのだが、意思決定にも大きく影響する。無意識の感情をコントロールするには、その感情がどのようにして生じるのかを理解するとよい。無意識の感情の多くは自分の内なる性質によって刺激されるが、感情には、時間や経験によって学習するという側面もある。

感情のバイアスに対して意識を「攻撃的に」利用する――内なる感情を表に出し、それを自分の強みにする――にはいくつかのテクニックがある。これらのテクニックは心理療法や自助療法の部類に入る。詳しくは次の章で説明する。

幸せの追求

世の中には、常に楽観的な考えを持っている人がいる。このポジティブさは遺伝によるところが大きい。一般に、個人の幸せのレベルは両親の幸せのレベルと相関性がある。幸せの遺伝性は高くても八〇％。[6] ただし平均すると五〇％だと言えるだろう。[7] だれにでも幸せのレベルの基準値というのがあり、それは主に遺伝的特徴によって決まる。短期的には幸せのレベルはさまざまだが、長期的に見ると遺伝的基準値にほぼ等しくなる。

遺伝以外にも、人は、成功や失敗、安心や逆境などに対処する方法を学ぶことで幸せのレベルを上げることができる。予期しない利益など、短期的なイベントに脳のコンパレーター（比較器）が反応して無意識の感情が生まれ、それが短期的な感情に影響を及ぼすのだ。ただし短期的な感情であるため長くは続かない。

大きなイベントを経験すると、人の感情は新しい状況に慣れ、やがて基準値に戻る。例えば、予期しない利益を得た人は最初はそれを幸せに感じるが、やがて生活の満足度は基準値近くに戻る。心理学用語ではこれを「快楽的順応」と呼ぶ。[8] 幸福の研究者たちは、最近宝くじに当たった人は外れた人よりも幸せでなく、[9] 最近神経麻痺になった人は一年後にはそうでない人よりもわずかに幸せでないだけだと指摘している。[10] 人は新しい状況にすぐに慣れ、それに応じて期待値を調整するのだ。

心理療法の目的は、思考、感情、そして判断の関係性を認識させ、クライアントの心理的順応性を高めることである。ある研究によると、自分の人生で最悪の出来事を一日一五分三日間続けて声に出して分析し、四週間後に測定すると、人生の満足度が高まり、身体的にも精神的にも健全な状態になっていた。ところが、同じ経験を分析せず、声にも出さず紙にも書かず、ただ頭のなかで考えただけでは、同様の効果が得られなかった[11]。

人は自分の心の底にある感情に気づかないことが多いため、西洋の心理療法でも東洋の瞑想でも、自分の感情を認識するように促す。ただしこういった方法はけっして簡単ではない。自分のニーズに合ったセラピストや瞑想家を見つけるのにも、それをやり通すのにも、時間と労力が必要だ。

神経の可塑性

自分のやり方が間違っていることに気づき、それを正すことに集中し、規律正しく行動すると、脳はゆっくりと配線を直す。神経を再形成することでバイアスを和らげることができる。こういった神経の特徴を「神経の可塑性」と呼ぶ。神経の可塑性とは、新しい環境に順応しようとして神経細胞がその構造や機能を変えることを意味する。例えば、ピアニストは指の素早い動きを神経細胞がコントロールしており、ピアニストでない人の脳よりも神経細胞のネットワークが広く張り巡らされ、それをつかさどる脳の領域が物理的にも大きい。神経細胞のネットワークは、練習や使用によって時間をかけて広がる。つまり、ピアノの練習をしない人は、指の素早い動きに関係する神経細胞の広域ネットワークを持たない。

これと同じように、心の知能指数を伸ばすテクニックを実践すれば、集中力と自己認識を強化し、衝動をコントロールできるようになるだろう。チベット仏教の僧侶は毎日何時間も瞑想している。非公表の研究ではあるが、一万時間以上も瞑想してきた仏教の瞑想家の脳と、新米の瞑想家の脳を機能的磁気共鳴画像法（ｆＭＲＩ）観察した。基本的に、僧侶の脳は新米の瞑想家の脳と比べて、ポジティブな感情に関連する領域（左の前頭前皮質）の活性化が強く、怒りや不安といったネガティブな感情に関連する領域（右の前頭前皮質）の活性化が弱かった[12]。

大脳皮質の脳波を脳電図（ＥＥＧ）で調べたところ、瞑想中の僧侶の脳は新米の瞑想家と比べ、ガンマ波同調性のレベルが非常に高かった。瞑想を実践することで、僧侶は集中力を養い、脳の活動を同調させることを学び、気分を改善できるのだと考えられる。「この研究は、ガンマ帯域脳波活動の同調性を反映する集中と感情のプロセスは、訓練によって変えることができる、という考えに一致している」[13]。ウォール・ストリート・ジャーナル紙の論評によると、「体のほかの部分と同じように脳も意図的に変えることができる、という興味深い可能性が広がった。エアロビクスによって筋肉が形成されるように、精神的なトレーニングによって知力を伸ばすことが可能である。科学者たちはこのことをやっと理解し始めたばかりだ」[14]。

神経の可塑性から学ぶ重要なことは、適切なトレーニングと練習、そして規律によって脳の構造と機能を変えられる、ということである。精神的なエクササイズは身体的なエクササイズに似ている。正しい方向に努力すれば、目標達成に向けて身体と精神を鍛えることができるのだ。精神的な「アスリート」は、意思決定を下すまでその才能を外に見せることはない。新しい情報を得たときの対応、価格のボラティリティや利益・損失への対処、分析スキルやとっさの判断の際に、彼らの優れた能力が垣間見られる。

精神安定剤と投資判断

ダイエット補助薬品やその他の薬剤、違法薬物は、投資判断に大きな影響を及ぼす（これについては第4章で説明している）。脂質、カフェイン、アルコールも意思決定を左右するが、投資家はこれらの物質をあまり問題視していない。トレーダーや投資家が化学物質や日常の食事を重視しない主な理由は、その影響が小さいからだろう。またカフェインは、精神的にプラスになる場合もあれば柔軟性を損ねる場合もあり、人によって異なる影響を及ぼす。

食生活を改善すると柔軟性・適応性のある意思決定を下せるようになるが、あらゆる市況で同じような効果が得られる薬品というのは存在しない。投薬や精神治療を受けると、投資判断が向上したように思えるかもしれない。高血圧や不安症の治療にベータ遮断薬を使用している投資家は、投資判断にもそれが効果があることに気づく。β遮断薬によって集団不安に対応できるようになる。またCEO（最高経営責任者）たちは、選択的セロトニン再取り込み阻害薬（SSRI）を摂取してリーダーとしての不安を解消しようとする。あるトレーダーは、双極性障害の治療にリチウムを摂取していたが、迅速な判断、夜間作業、創造的な思考が必要な場合には自身の判断で薬剤の摂取方法を変えることがあった。個人的に私は、薬品が投資判断の向上に貢献することを認めていない。

アルコール、コカインやアンフェタミンなど、自己治療のために投資家が使用している（違法）物質は、長期的なパフォーマンスを悪化させてしまう。トレーダーが仕事のあとで一杯のビールを飲むという行動は、仕事の不安を化学的に和らげている。ただし、アルコールはレム睡眠を妨げるため、翌日に倦怠感を認めたり判断能力に影響を及ぼしたりする。コカインやアンフェタミンなどの興奮剤を使用しているトレーダーは、ドーパミンの働きが活発になって自信が高まるが、この用法は不適切であり、依存症になったり副作用が生じたりする可能性がある。

あるプロのポーカープレーヤーは、アンフェタミン（アデラル）を摂取すると長時間のゲームでも集中力が高まり、そのおかげで数百万ドルを稼いだ、と告白している。集中力の高まりは、ポーカーやチェスのように神経を疲労させるゲームには効果的だが、投資家へのメリットは限定的である。

規律

「規律は、最も重要な唯一の成功要因である。規律さえあれば、ほかに何もいらない」――ハワード・フライシュマン博士（パフォーマンス・サイコロジスト）

規律という資質は、個人によってその程度はさまざまだ。重要なのは、規律の程度はその人の富の水準と相関性がある、ということだ。概して、目の前の満足感を追い求めると真の成功を逃してしまう。本書で紹介するさまざまな自己啓発の課題を実行するうえで、規律は欠かせない要素だ。自分のパーソナリティーを変えようとする前に、モチベーションを高め、好奇心を持ち、困難な状況でもそれを続ける自制心を鍛えることが大切である。行き詰まったら一から始めればよいのだ。

投資の「ルール」は、規律のない人には何の役にも立たない。それどころか、規律を持たずに戦略的な投資を行ってはならない。では、自制心のない人はどうしたら計画的に行動できるようになるだろうか？

規律の大切な点は、感情を「管理」することである。これは感情を「コントロール」することとは違う。感情管理は感情と対立してそれを抑制するのではなく、感情を認識してその方向を変えることを重視する。好ましくない感情と対立してそれを抑制すると緊張感が生じ、認知資源を奪ってしまう。一九世紀の終わりころ、ジークムント・フロイトは、感情の抑制は精神的障害の原因となる、との理論を立てた。強い感情の方向を変えて生産的な結果を生み出すことは、個人の幸せや他人との協調関係を維持するうえで極めて重要である。

規律といっても、投資戦略を杓子定規に適用するのではなく、投資に対する考え方を整理し、それに集中することが大切だ。マーケットに関する不適切な教育や経験のせいで、自分の限界や柔軟性の大切さを理解できない投資家が多い。

「マーケットの魔術師」と言われるマーク・D・クックをはじめとする優れたトレーダーは、感情の認識と規律が大きな強みになることを学んでいる。クックは史上最も成功した短期トレーダーの一人である。彼は次のように記している「マーケットに恐怖を感じるときはいつでも、強気に出て買え、と感情が後押しする。……恐怖心が強くなるときはいつでも、買いだ、と規律が後押しする。規律は勝利につながるはずだ。規律がなければ失敗する運命にある」[15]。自分の衝動を知ることも重要だが、クックはこの衝動を逆張りの合図だと考えるのだ。彼は勇気を奮い起こし、強い感情に反した行動をとっている。

投資における規律のレベルを高めるテクニックについて、表21.1に簡単にまとめている。

規律と認知の柔軟性のバランスを図り、杓子定規ではなくルールを適用し、パフォーマンスの向上を目指すことが大切である。特に短期の投資家やトレーダーには次のアイデアが役立つが、もちろんアナリストやポートフォリオマネジャーにも効果的である。

表21.1　自己規律の誤りの要因を見つける

規律	誤りを診断する質問
自己認識	「どのような感情が生じると、自分のルールを破りたくなるか？」「これはよくあることなのか？」「それをどのように理由づけるか？」
ものの見方	「規律を身につけることで、何か失うものはあるか？」
勇気	「戦略や規律ある考えを創造するのに、何が邪魔をしているか？」「自分が取り組みたくない課題は何か？」
枠組み	「自分の強みを生かしながら、ほかの重要な要素を採り入れた分析プログラムを設計できるか？」

一．**フレッシュな気分で一日を始めること**　オプションのスペシャリストであるリチャード・フリーゼンは、最近のパフォーマンスがどうであれ、「今日は弾丸が頭に向かってくるかもしれない。どこから来るか、どうやって避けられるかを考えなければならない」と、マーケットにはリスクが常に潜んでいることを毎日自分に言い聞かせた。この呪文を唱えることで自信過剰を弱め、謙虚な気持ちを保ち、覚悟を決めることができる。

二．**快適な金額を投資すること**　自分の手持ち資金やトレードで稼いだ金額に興奮したり恐怖心を抱いたりすると、判断能力が鈍り、物事を明晰に考えられなくなる。損失に耐えられる金額しか投資してはならない。感情が強くなりすぎたときは、「投資の神様を満足させるため、未勝利の銘柄を手放すこと」。

三．**計画と予測を立てること**　後手に回らないこと。マーケットの魔術師であるリンダ・ブラッドフォード・ラシュキは、「マーケットが開く前に自分が何をするべきか知っておくこと」と忠告している[16]。またマーク・クックは、「計画はトレードの基本である。最悪のケースを想定し、そこから始めること。……トレードを始めたら感情が幅を利かせるため、行動を始める前に計画を立てることが大切なのだ」と述べている[17]。

日誌を付ける

自分の過去のミスを認めてミスから学ぶことで、トレーダーはより理性的に行動できるようになる、という意見がある。最も一般的な方法は、日誌を付けることだ。意思決定のきっかけとなった推測とその結果を記録すると、自分の判断の強みと弱み、そしてそのパターンを深く知ることができる。

心理的な判断に関する日誌は**表21.2**のようなフォーマットにするのが好ましいが、各自の判断プロセスに合わせて適宜変更してほしい。精神科医で『**トレーダーの精神分析**』『**悩めるトレーダーのためのメンタルコーチ術**』（いずれもパンローリング）の著者であるブレット・スティーンバーガーによると、投資日誌を付けるのはトレーダーのトレーニング・練習の重要な要素である。アスリートは身体を鍛え、身体的テクニックを磨くが、投資家は精神的ゲームで自

表21.2　投資判断日誌を作るときの質問（このほか、数値も付け加えること）

以下の質問に対する自分の答えを書きとめる	
投資判断前	「この銘柄に投資する『質的』理由は何か？（理由に優先順位をつける）」、「この投資についてどんな感情を抱いているか？」「この判断にどの程度の自信があるか？」「自分の長所は何か？」「ほかの人はなぜこの機会に気づかないのか？」「何が変わると判断も変わるのか？」「売るときの基準は何か？」
投資判断後、投資結果が分かる前	「自分の判断について、疑いを持ったり特別な感情を抱いたりしているか？」
投資結果が分かったあと	「何が正しい判断だったのか？」「判断や決定プロセスに何か欠点があったのか？」「今回の判断と過去の判断に、パターンを見つけることができるか？」「自分の投資哲学から外れていたか？」「この判断の最も良い点はどこか？」

分の短所と長所を知る必要がある。[18]日誌を付けるのは面倒で時間がかかる、と思われるかもしれないが、アスリートが競技に備えて何百時間もトレーニングや練習を積んでいることを考えてほしい。このフォーマットのとおりに日誌を付けるのが難しい場合は、もっとシンプルなものを作ってもよいだろう。

集めたデータを振り返り、自分の判断を見直してほしい。そして、自分の感情と判断のパターンを探してみよう。感情は、情報や結果を適切に評価する能力を妨げるため、自分の感情が判断に影響を及ぼしているかどうかを確かめることが重要だ。

この投資判断日誌は、通常のスプレッドシートのフォーマットに、トレードのスタイル（スイングトレード、デイトレード、長期ポジションなど）、手仕舞いの限度（時間、価格）、目的（価格、ニュース、時間、基本的価値など）を挿入して作成するのが好ましい。そのほか、期待されるリスク・リワードの確率（過去の分析に基づく）、トレードごとに期待される利益・損失、ロングとショートの取引数、負けトレードと勝ちトレードの数、負けトレードと勝ちトレードを保有していた期間、さまざまなマーケットでの収益性といった重要な評価データも加える。[19]日誌からだけでなく、統計データからも自分のバイアスが分かるはずだ。例えば、勝ちポジションと負けポジションの保有期間を比べると、損失回避の傾向がある（負けを長く持ちすぎる）ことが分かるかもしれない。強気または弱気相場で勝ちトレードを持ち続けているとしたら、それは、戦略や判断のプロセスに景気感がバイアスとして影響している可能性がある。どのようなバイアスでも、白日の下にさらさなければ大きなトラブルとなるだろう。

次の章では、損失、恐怖、ストレスに対処するときの精神的管理について、さらに複雑な戦略を紹介したい。

第22章　行動を変える方法――自分を深く知る

「投資の成功は外的統制ではなく内的統制によって導かれる、ということを投資家が理解したとき、収益が生まれる」――バン・K・タープ（トレーディングコーチ、心理学者）

本章では、過度なリスク認知、ストレス、不安を最小限に抑える方法について説明していく。こういった感情は、脳の損失回避系の活性化によって生まれ、投資判断ミスにつながる可能性がある。また、ディスポジション効果、エクイティプレミアム・パズル、低い確率のリスクの過大評価、マーケットパニックなど、投資家個人および投資家集団のミスも促す。つまり損失回避系によって生じた感情は、銘柄の認識や株価評価に影響を及ぼし、精神的に強い投資家にとってはまたとない機会にもなりうる（これについては次の章で説明する）。

理論的には、こういった感情を最小限に抑えるのは比較的簡単なはずである。ところが残念ながら、痛みや損失の可能性があると神経プロセスが自動的に活性化してしまう。これは無意識のうちに機能するため、その影響を避けるのは非常に難しい。ある研究によると、プロのトレーダーや投資家でも損失回避やディスポジション効果（早く利食いする一方で、損失は持ち続ける）の影響を受けるという。経験を積んだだけでは（フィードバックを行ったり金銭的なインセンティブを与えたりしても）、脳の損失回避系から生じるバイアスを完全に取り除くことはできないようだ。

それどころか、損失を出すと損失回避のバイアスはさらに強くなる。例えば、ババ・シブ教授が脳に損傷のある人と損傷のない人を対象にして行ったコイントスの実験（第2章を参照）では、損傷のない人のパフォーマンスは回を追うごとに悪化していった。被験者は損を出すことで非理性的になり、試行を控えて利益が少なくなった。

損失回避の過ちを犯すと利益を上げ損ねることになるのだが、ではこのバイアスをどのように弱めたらよいのだろうか？　多くの投資顧問が私に同じような質問をしてくる。「四半期のパフォーマンスが悪いと顧客は怒ってしまう。それが分かっているのに、どうやってリスクの高い商品を売ったらよいのか？」。顧客の資産が減っていくのを見るのはつらいことだが、顧客は株式の買い増しを好まない。

投資家のバイアスを和らげるには、教育と経験が最も効果的だ。教育は知的側面も持ち合わせており、停滞時の不安を解消する。本章では、より深い心理的手法を紹介する。リスク回避のバイアスがある投資家や顧客に役立つだろう。

顧客が不安を抱えたら

不安のある顧客に対応するトレーニングを受けていないと、実際の場面でイライラしてしまうだろう。マーケットが停滞しているときこそ、不安を抱えてリスクを避けたがる顧客が登場する。自分のリスク耐性について顧客に質問してもその答えは信用できない、と言う投資顧問も多い。顧客はたいてい、自分はボラティリティに対応できると思っているのだが、実際にはパニックになってしまう。不安になった顧客の電話の回数は逆張りの指標になる、と投資顧問たちがジョークを言うほどだ。

では投資顧問は、ストレスに悩む顧客をどのように落ち着かせたらよいのか？　売りたいという顧客の要望に従う、ポジションを取り崩してストレスを和らげるように説明する（「相場の神様を満足させるため、未勝利の銘柄を捧げる」）、損失回避系を鎮めて長期的に物事を見られるように助けるなど、さまざまな方法がある。私はファイナンシャルアドバイザー向けに、不安のある顧客に対応するためのセリフを作成した（表22.1）。頭文字をとって「ＩＤＥＡＳ」と覚えてほしい。自信過剰な顧客に対応する場合にも、多少手を加えればこのセリフが使える。

各自のニーズに合わせてこのセリフを変えてもかまわないが、質問の要点は、ほかの感情的な対人関係にも当てはめることができる。ＩＤＥＡＳはコミュニケーションを促進する。ただしこの前提として、顧客と関係を構築しており、資金計画を立て、長期的なリスクと報酬につ

表 22.1　不安のあるクライアント、自信過剰なクライアントに対するセリフ（IDEAS）

IDEAS	ステップ	不安のある顧客(不)または自信過剰な顧客(自)に対する質問例
Inquire	顧客の行動を調べる	(不)「最近の投資はどんな感じですか？」 (自)「最近、何か特定の銘柄に関心がありますか？」
Describe	顧客の話を繰り返す(「ミラーリング」または「リフレクティング」)	(不)「そうですか、ボラティリティが心配なんですね」 (自)「なるほど、ナノテク株に期待しているのですね」
Empathize	顧客の感情に共感する	(不)「口座資金が変動するのを見るのはつらいですよね。持ち分の一部を売れば不安も少し和らぐかもしれませんね」 (自)「新しい会社や興味深い会社のことを調べるのは楽しいですね」
Add	別の考え方を助言する(「リフレーミング」)	(不)「偉大な投資家はこう言っていました。『ほかの人が悲観的なときに買え』。不安なときこそ最高のチャンスなんです」 (自)「退職後の資金をリスクにさらさずに、変動的な新規事業へ投資する方法はないでしょうか？」
Suggest	解決策を提案する	(不)「私の記憶が正しければ、10年先のことを考えて投資をしているそうですね。マーケットのニュースや株価を細かくチェックするをやめてみたらどうでしょうか？　長期投資には、四半期や毎年の動きはさほど重要ではないのですから」 (自)「損失を許容できる範囲の金額でトレードしてみてはいかがでしょうか？　例えば、資金の５％を上限とするとか？」

いて顧客にすでに説明している必要がある。

ＩＤＥＡＳのセリフは深い心理的問題を変えるものではない。不安な気持ちを変えさせたりストレス反応を弱めたりする認知手法については、以降のセクションで詳しく説明する。さらに、呼吸法、瞑想、ライフスタイルなど、不安とストレスの対処法についても紹介する。

認知行動療法とストレスマネジメント

本章の後半では、主に認知行動療法とストレスマネジメントについて説明する。認知行動療法（CBT）は、スランプ、不安症や欝など、あらゆる状況に適用できる効果的な心理療法である。CBTのセラピストは、顧客が問題対処能力や戦略策定能力を高められるようにサポートする。CBTのセラピストがとる方法として、①自己破滅的な考え方を変える、②ポジティブな自分との会話を指導する、③ネガティブな考えをやめさせる、④脱感作（弱いレベルの不安に触れてリラックスし、強いレベルの不安も段階的に克服する行動療法）または条件づけ（刺激を与え、特定の反応を引き起こすように学習させる）を行う、⑤自分の症状について理解させる、⑥呼吸法などのスキルを指導する――などがある。

ストレスを感じている人の思考や感情にはパターンがある。このストレスを引き起こすパターンを精神的に打ち破ることができたら、ストレス反応を遮断することができる。人は、自分のどのような思考が不適応性やストレスを起こすのかを学ぶ必要がある。次のエクササイズを実行してほしい。ネガティブな思考を抑え、適応性のあるセリフを意図的に思い浮かべる。このエクササイズを毎日続けて、日々の生活に生じた変化を記録すると、何らかの改善が見られ、やがてストレス（出来事、環境、対人関係など）に対する反応が弱まっていくはずだ。

ネガティブな思考パターンをやめるため、次のように自問してほしい。

●この考えが実現する可能性はどのくらいあるか？[1]
●最良の結果、最悪の結果、最も現実的な結果は？
●この考え方を続ける有利さはあるのか？
●この考えが正しいという証拠はあるか？
●別の考え方ができないか？

ストレスを引き起こす出来事について表22.2のように記録し、それが自分に及ぼす影響を明らかにする。

ストレスマネジメント・プログラムでは、自己観測、認知の再構成（認知のゆがみを正す）、リラクゼーション、時間管理、問題解決といったスキルを学習する。自己観察をするには日誌を付けるとよい（表22.2を参考にしてほしい）。日誌の一列目には、その日のストレスを感じた瞬間を書き出す。二列目は、かつてストレスを引き起こした出来事、三列目はそれに対する反応（行動）、そして四列目には行動の結果を書き出す。このような日誌を付けることで、投資家は、自分の無意識な行動パターンを認識し、その前触れを見つけ（最終的にはパターンも見つける）、ストレスに関連するバイアスを和らげることができる。つまり、要因・反応・結果を明らかにして、ストレス反応のパターンを阻害・阻止する。

最も簡単なストレス軽減方法は、毎日のパターンをほかのパターンに置き換えること。例え

表22.2　ストレスを和らげるための日誌

過去の出来事（ストレスを引き起こした出来事と要因）	ストレス度（0～100）	ストレスに対する反応（行動）	結果	理性的な行動（この項目はオプション）
例――多額の投資損失	80	思考――「四半期のパフォーマンスは悲惨だった。大切なクライアントも失ってしまうだろう。すべてがうまくいかない」 感情――フラストレーション、怒り、動揺 生理的反応――注意散漫、緊張性頭痛、アルコールや甘いものがほしくなる、歯を食いしばる、胃や胸の痛み 行動――ささいなミスでアナリストを怒鳴る、会話中によそ見をする、無謀運転	自分のプランが狂ったと気づいたら、すぐに損切った。損を取り戻さなければならないが、少なくともこれ以上損失を広げてはならない。ポジションを手仕舞ったので、今後の計画を立てることができた。そのおかげで、家族や友人との関係も良好だ	理性的な思考――「四半期のパフォーマンスをありのままに受け入れよう。顧客の関係は良好だし、私を信頼してくれている。こんなことが起こったのも初めてだ。マーケットとは不確実なものなのだから、自分としては最適な判断を下したと思う」

ば、目的のない無駄な会話をやめて、支えになる友人と時間を過ごし、エクササイズや瞑想に時間を当てるとよい。ほかにも、宗教行事やヨガなどの活動に参加するのもよいだろう。

ヨガ、瞑想、ライフスタイル

研究によると、エクササイズ、特に心肺機能を強化するエクササイズにはさまざまな効果がある。体を動かすと気分が高揚し、集中力が増し、ストレスが軽減する。ストレス軽減にはチームスポーツも効果的であり、特にチームメートとの団結力はストレスを和らげてくれる。

ヨガなどの個人的なエクササイズは呼吸法や瞑想法を鍛えると同時に、筋肉組織を調整する。研究によると、ヨガは不安、[2]鬱、[3]注意欠陥・多動性障害（ＡＤＨＤ）、[4]依存症、[5]強迫神経症[6]の症状を和らげる。さらに、精神的安定と忍耐力も増す。ヨガを習っている被験者と、水泳やダンスを習っている被験者を比べたところ、ヨガのほうが認知機能が向上することが確認された。

また別の研究では、瞑想は心の健全性を向上させることが分かった。瞑想とは、身体と精神の成長を目指した古来からの技法であり、さまざまなスタイルがある。そのひとつ、自己洞察瞑想法は、ストレス、痛みや病気、日々のトラブルや問題に取り組む方法を身につける[7]ものであり、人生の満足感を高め、免疫機能を強化する。[8]精神面では、気分の高揚、[9]不安の軽減、[10]注意力の強化、[11]連帯感や感謝の気持ちや思いやりの気持ち[12]などの効果が得られるさまざまな瞑想法がある。また、「集中力を高める」瞑想もある。この瞑想を毎日続けると、集中力と衝動コントロールに関連する神経細胞が強化される。

どの医者も、健康を維持するには運動と食事が重要だと言う。全粒粉、野菜、サケ科やサバ科の魚（および、オメガ３脂肪酸をたくさん含む食品）は健康に良い。運動については、散歩でも山登りでもよいからそれを続けると、持久力が徐々に増してくる。続けるのは大変かもしれないが、痛みを伴うわけではない。心肺機能を強化するエクササイズは長生きの秘訣。エクササイズによって成長因子が細胞組織と脳に分泌され、神経細胞の成長と修復を促す。このほかにも、競技スポーツや遊びの要素があるスポーツに取り組むと、特に脳の健全性を維持するのに効果的だ。

精神の安定に最も効果があるとされている要因のひとつに、社会的交流が挙げられる。職場などで好ましい人間関係を築くことができると、長期にわたって精神が安定する。多くの女性はこのことを本能的に認識しているが、男性は、職場での責任を重視するあまり社会的交流を軽視しがちだ。親友（問題のはけ口になってくれる）や家族のサポートは、健康増進の大きな要素である。

簡単なストレス解消法

こういったストレスや不安の管理方法を実践するには規律とやる気が欠かせないが、いつでもどこでも実践できる簡単なストレス解消法がある。最も簡単なリラックス法は、深呼吸。顔の筋肉と皮膚の伝導性を測定するために初めて精神生理学の機器につながれたとき、私は自分がリラックスしているのを感じた。言われたとおりに深呼吸すると、不思議と緊張感から解放された。その深呼吸の効果を意識したことはこれまでなかった。深呼吸法を紹介しよう。まずはゆっくりと息を吸いながら心の中で三秒数える。そして一呼吸置き、ゆっくりと息を吐きながらもう一度心の中で三秒数える。これを数回繰り返す。五～二〇分ほど深呼吸をすると、ストレスが和らいでいるのに気づくはずだ。

このほかにも、物事の将来像や全体像を思い描くとよい。例えば、自分が山の頂上にいる姿を想像する。広い平原やほかの山々、水平線に広がる海の景色を思い描く。あるいは、キャンプファイヤーのパチパチという音を聞きながら夜空を見上げているところを想像する。そして、周囲の世界と自分が一体になった感触を味わう。

逆説的な方法のように思えるが、身体の緊張を和らげるには、緊張した筋肉を意図的に収縮させ、数秒間それを保ってから力を抜くのも良い方法だ。あるいは体全体をリラックスさせるには、体の下から上に向かって筋肉の収縮と解放を繰り返す。例えば、足を引き締め、その緊張感を保ち、ゆっくりと筋肉を解放する。次にふくらはぎを引き締め、緊張感を保ってから力を抜く。腿、尻、腕、手、胸、肩、首、顔、そして頭……と、筋肉の収縮と解放をゆっくり続ける。終わったら静かに座り、目を閉じ、三～五分ほどゆっくりと息をする。

ストレスを感じたときに気持ちをすっきりさせて判断能力を向上させるには、さまざまな方法がある。ラベンダーやジャスミンなどの香りを使用したアロマテラピーは、脳を刺激して心をリラックスさせる。香料やゆったりした音楽にもリラックス効果があることが分かっている。自然のなかを歩いたり、ぬるま湯につかったりするのもよいだろう。エクササイズ、遊び、ダンスなどもストレス解消になる。運動、瞑想や宗教活動、社会的活動などに参加してライフスタイルを変えると、長期的に苦痛が和らげられる。不安やストレス解消の方法について次にまとめておく（長期的な解消法とその場での解消法）。

- 呼吸法
- リラックス法
- 適切な睡眠
- 定期的な運動
- 笑う
- 瞑想
- 時間管理
- 自分の目的や目標を信じる
- カフェインや糖分の摂取を減らす
- アルコールの摂取を減らす
- 認知行動療法などの心理療法
- カモミールティーやラベンダーのアロマテラピーなど、ハーブを利用
- 慢性的な不安症には、選択的セロトニン再取り込み阻害薬、ベンゾジアゼピン、β遮断薬を摂取

スランプから抜け出す

だれにでも、なぜか誤った判断を繰り返してしまう時期がある。たいていの場合、負けが続くのは単についていなかっただけのことなのだが、投資家の多くは、自分の戦略やパーソナリティーに問題があるのではないかと考えてしまう。こういった理由から、自分の戦略を（あらゆることを念頭に置いて）「検証試験」することが重要だ。検証試験しておけば、マーケットが低迷しているときでも自分の戦略に自信を持つことができる。スランプのせいで判断能力が弱まると、悪循環に陥る可能性もある。スランプから抜け出すには、次の認知技法を実行するとよい（主に、トレーディングコーチのダグ・ハーシュホーンとシェーン・マーフィーの『ザ・トレーディング・アスリート』[13]より引用）。

一．だれにでもスランプがあることを認める。

二．スランプとは統計的な結果である。自分の過去のデータを振り返り、パフォーマンスが最悪だった時期の長さと深刻さを調べる。そのときよりも悪くなる可能性は低い。

三．スランプは一時的なものだととらえる。時間はかかるかもしれないが、必ず好転する。例えば、ハイテクバブル期に自分の戦略を堅持したバリュー投資家は三年間ほどは厳しい時期を経験したが、それに耐えた投資家は二〇〇〇年と二〇〇一年に大きな利益を手にすることができた。

四．スランプに逆らわない。忍耐力を身につけ、リサーチ期間に当てること。

五．スランプは、リセットのタイミングだと考える。マーケットが反転したときにもっと強くなっているように、準備しておくこと。

六．スランプは、待ち望んでいた休暇のタイミングだと考える。そう考えると、スランプを前向きにとらえられる。

七．スランプは自分だけの問題ではない。マーケットは個人攻撃をしているわけではないのだから。

八．スランプは避けられないが、それをどう解釈するかは自分次第。自己憐憫に浸る人は、建設的な行動をとるのは難しい。学習の機会だと考える人は、もっと強くなるだろう[14]。

九．負けポジションを持ち続けてさらに気分が落ち込んでしまったら、そのときのテクニカルとファンダメンタルズを考え、「今日だったらこのポジションを買うだろうか？」と自問する。答えがノーなら、それを保有する意味はない。

大きな損失を出しても、わずかな金額でもいいから投資を続け、その経験を克服することが大切だ。マーケットでのトラウマ的な経験の記憶は、マーケットから離れてしまうといつまでも残ってしまう。心理療法では、セラピストは前回のセッションで終わったところからセラピーを始め、潜在意識が毎回同じレベルになるようにしている。マーケットでも同じことが当てはまる。直前の投資経験で生じた精神状態から再び投資を始める。ゲームを続けて常に学習し、不安から自分の成長能力を阻害しないようにすることが大切だ。

トレーディングコーチ

自分の強みを確立しているけれども才能をもっと伸ばしたいと考えているトレーダーにとって、トレーディングコーチの存在はとても役に立つ。投資家やアナリストたちは、思い違いをしているときに率直なフィードバックを必要としている。ただし、マーケットからの価格のフィードバックは、ときに雑音になることがある。それよりも、意思決定のプロセスについて専門家の意見を仰ぐことが重要だ。最適な投資判断を下したいと思ったら、自分の行動をコントロールして雑音を遮断する必要がある。トレーディングコーチは、本当に重要な助言と雑音を振り分けてくれる。

投資のコーチが教える「トレードのコツ」は、アスリートのコーチが教えるコツと多くの共通点がある。アスリートが身体的な能力に秀でているように、投資家も精神的な意思決定能力に秀でている必要がある。投資のコーチの主な役割は、①目標を設定させる、②練習とトレーニングの体制を確立させる、③パフォーマンスを見直す、④（結果のためではなく）判断プロセスのために気分転換させる、⑤自信をサポートする（特に低迷時）、⑥ポジティブなサポートとモチベーションを与える――ことだ。[15] こういったコーチの役割はアスリートのパフォーマンスを伸ばすのと同様、私の経験から言うと、投資判断能力を伸ばすのにも効果がある。

フラビア・シンバリスタ

トレーディングコーチのなかには、判断に関連する感情に直接働きかけてパフォーマンスを伸ばす方法をとる人がいる。ブラジル出身で、ドイツで経済学の博士号を修得したフラビア・シンバリスタは、不確実な状況に置かれた場合に人がどのように判断を下すかという従来の経済理論には大きな穴がある、と考えた。彼女は、投資判断には特有の不確実性があるため、経済やマーケットの行動は合理的になりうるのか、と疑問に思った。

カリフォルニア大学バークレー校で研究員として心理学を勉強し、哲学的心理療法「フォーカシング」に興味を持ったシンバリスタは、「マーケットフォーカシング」と呼ばれる方法を生み出した。マーケットフォーカシングとは、直感と論理を組み合わせてマーケットでの判断能力を向上させるものであり、何年にもわたって彼女は、トレーダーの「身体知（体が覚えている知識）」の信頼性を高めることでトレーダーのパフォーマンス向上をサポートしてきた。つまり、トレーダーの「生物学的ソフトウエア」の開発方法を指導してきた。[16]

シンバリスタはストックス・フューチャーズ・アンド・オプションズという雑誌に、ジョージ・ソロスに関する四本の記事を掲載した。ソロスは、微妙な感情と分析的な判断をうまく組み合わせ、最終的な投資判断を下す。彼は、不確実な状況でも直感的な判断を下せることを証明している。自分の身体的反応を認識することが成功の大きな要因の一つであったのかもしれない。

デニス・シャル

神経心理学者のデニス・シャルは、現代精神分析学を学び、また長期トレードもしている。個人トレーダーとグループのトレーダーを対象に、そのパフォーマンスを伸ばすように支援している。シャルによると、「トレーダーに、自分の感情について考え、それを話してもらうと、私が想像するよりも良い成果を上げることができる」。彼女は、個人的な方法（感情の防衛メカニズムが働いてしまう）ではなく客観的な方法で各自の感情について質問し、トレーダーが自分の感情をうまくイメージできるように助けている。また、多くのトレーダーが、心に強く残る出来事に影響されて同じミスを何度も繰り返している、と指摘している。

シャルによると、日誌を付けているトレーダーは少ない。「日誌を付けると素晴らしい効果が期待できるのに、それをしたがらない人が多い。テープに録音するだけでもいい。私のお気に入りのツールはマイクロソフト・ワンノートだ」[17]。彼女は、どんなツールを使ってもいいから経験を記録することが大切だ、と主張する。自分の投資判断を中立的に分析すると、その後のパフォーマンスが大きく変わる。

他人をまねる

変化に対して抵抗を感じたら、ロールプレイングを試してみるとよいだろう。トレーディングコーチのバン・K・タープは、他人（例えば、偉大な投資家）をまねることを勧めている。偉大な投資家だったらこの状況でどんなことを考えるだろうか、と想像する。つまり、自分が偉大な投資家になったつもりでロールプレイングするのだ。幸福の要因に関する研究で、このロールプレイングの効果が証明されている。

自分がなりたい姿をイメージすると、自分の幸福をさらに高めることができる。四週間にわたる調査で、被験者に二つのメンタルエクササイズを実施してもらった。それは、自分の身に降りかかった恵みについて考える（感謝する）ことと、「最高の自分の姿」を思い描くこと。このエクササイズによって、ポジティブな感情が刺激された[18]。特に、最高の自分の姿を想像するエクササイズは、ポジティブな気分を生み出す効果が高かった[19]。タープが指摘するように、投資だけでなくさまざまな状況にこのアイデアを生かすことができる。

さらなる幸せを求める

だれもがもっと幸せになりたいと願っているはずだ。ところが、幸せの「はぐくみ方」を知っている人は少ない。幸せな気分になるには、先天的な要因（遺伝）と後天的な要因（学習）の両方が関連する。幸せの大きな要因は、①楽観的なパーソナリティー（外向性が強く、神経症的傾向が弱い）、②健全な社会関係（友人に恵まれ、孤独感を抱かない）、③目的意識、④人生に対する満足感――である。[20]

一般に、個人の幸せの水準は主に三つの要素、つまり、遺伝的に定められた水準、生活環境、そして幸せに結びつく活動によって決まる。[21] 幸せの水準をアップさせる最も簡単な方法は、喜びをもたらす活動をすることである。趣味、宗教、娯楽、学習、ボランティアなどの活動は幸せの水準を高める。また、住居や仕事を変えたりして生活環境に変化をもたらすだけでも、幸せ度のアップに大きな効果がある（特に、現状に不快な要素がある場合）。

メンタルエクササイズによって幸せの感情を高めることができる、と主張する心理学者もいる。例えば、ポジティブなイベントをスケジュールに組み込む。美しいものに触れたり鑑賞したりする。また、損失を出したら、ミスの内容を振り返るよりも自分の強みと対処能力に着目するほうが効果的だ。

セラピストの多くは顧客に、自分が感謝する事柄を書きとめて「感謝リスト」を作ることを勧める。一つか二つでもいいから、毎朝リストに追加していく。これを続けると何千ものリストになり、その恵みについて考えると自分の幸運を感じることができるようになる。

ニューロフィードバック

ニューロファイナンスに関する講演をすると、必ず、脳をスキャンして投資能力を高めることができないか、と聞かれる。二〇〇六年のころは、「そんなテクノロジーはないから分からない」と答えていた。ところが機能的磁気共鳴画像法（ｆＭＲＩ）という素晴らしいテクノロジー（特に、「リアルタイム」ｆＭＲＩ）のおかげで、投資家の脳をスキャンできる日も近い。ただしリアルタイムｆＭＲＩでトレード能力を伸ばす前に、乗り越えなければならない壁がいくつかある。

ＭＲＩスキャナーは慎重に扱わなければならない。重さ一トン、二〇〇万ドルもするＭＲＩを設置するには専用のシールドルームが必要である。例えばスタンフォード大学でスキャンする場合、スキャン自体に一時間半かかるが、準備に最低でも一時間を要し、また移動時間も相当かかる。当然コストもかかる。たとえ解熱剤であっても、被験者は精神活性薬を摂取してはならない。また、被験者の三分の一は頭を動かしすぎてしまい、正しいデータがとれない。こういった問題があるため、スタンフォードまで足を運んでくれる投資家を見つけるのは難しい。

脳には投資判断のバイアスに関連する四つの領域（側坐核、内側前頭前野、前島皮質、扁桃体）があることが明らかにされており、被験者と平均とを比較することができる。ところが残念なことに、実験中のこれらの領域の活動は個人差が大きい。そのため、活動の正確な場所をとらえるのは非常に難しい。ｆＭＲＩ画像はノイズが多く不明瞭であり、本書で紹介しているような明瞭な画像を作成するには、結果をグループ化して平均化するしかない。

投資家の脳のスキャンをより現実に近いものにしたのが、リアルタイムｆＭＲＩ（ｒｔｆＭＲＩ）である。この技術によって、脳の「今」の活動をビジュアル化することができる。自分の思考や感情が脳の活性化に及ぼす影響を観察すると、重要な判断を下す前に、特定の出来事に対する感情や思考を意図的に変えることができるようになる。ｒｔｆＭＲＩはバイオフィードバックと似ており、バイオフィードバック法は、思考や感情を意図的に変えることで皮膚の温度を上げたり心拍数を下げたりする。ただしリアルタイムｆＭＲＩはこの方法よりも正確である。リアルタイムｆＭＲＩによって、考え方や感じ方を変える方法を学ぶことができる。

クリストファー・ド・シャームは、かつてスタンフォード大学でｆＭＲＩの研究をしていたが、その後、カリフォルニア州メンローパークにオムニューロン社を設立した。オムニューロン社は、リアルタイムｆＭＲＩの臨床応用を進めている。同社の研究者たちは、治療効果を上げるために、人は脳の特定領域の活動を調整する方法を身につけることができるのだろうか、と考えた。

二〇〇五年の研究でド・シャームは、被験者は吻側前部帯状回（ｒＡＣＣ）の活性化を調整することで熱い金属から感じる痛みをコントロールすることができた、と報告している。吻側前部帯状回とは、痛みの認知と調整に関連すると考えられる脳の領域である。「被験者が意図的に吻側前部帯状回の活性化を調整すると、不快な熱刺激によって生じた痛みの認知に変化が生じた」[22]

慢性的な痛みを感じていた患者は、リアルタイムｆＭＲＩのトレーニングを受けたところ、痛みのレベルが低くなったと報告している。「こういったことから、適切なトレーニングによって脳の特定領域の活性化を自主的にコントロールでき、吻側前部帯状回の活性化を調整すると痛みの認知もコントロールでき、さらには慢性的な強い痛みの緩和に大きな効果をもたらす、ということが分かる」[23]

ニューロフィードバックは、痛みや不安、その他の気分障害の治療のために開発された技術である。気分障害があると神経調節機能にも支障を来す。戦略の策定や投資の判断は複雑であり、リアルタイムｆＭＲＩの技術でそれを最適化するにはまだまだ年数を要する。自信過剰（側坐核に見られる）、リスク回避（前島皮質で生じる）、損失回避、集団行動、注意力や記憶力といった心理バイアスは、リアルタイムのニューロフィードバックによって弱まる可能性がある。この技術によって投資家パフォーマンスの向上が期待できるが、導入にはさまざまな課題があることを考えると、信頼できる結果を得るにはまだしばらくかかりそうだ。

本質的に、ニューロフィードバックはパフォーマンスの向上が期待できる高度なテクニックである。さまざまな心理ツールの実施の枠組みとなり、リアルタイムの脳画像を瞬時に示してくれる。

将来的には、ニューロフィードバックによって治療効果が期待できるが、すぐにでも投資や生活にプラスの変化をもたらすことは可能だ。例えば、ヨガや瞑想といったテクニックは何千年も利用されており、だれでも実践することができる。また、認知行動療法、コーチング、日誌、社会的サポート、ストレス管理、健康なライフスタイル（規則正しい睡眠を心がけ、晩酌をやめる）などを取り入れるのもよいだろう。感謝の気持ちをはぐくみ、自分の最高の姿を思い描き、毎日をポジティブに過ごすことも幸せの向上に大きな効果がある。こういったことを生活に取り入れるには適応能力が必要だが、投資においてもそのほかの生活においてもプラスの成果が期待できるだろう。

「学習目標」を持ち続ける

スタンフォード大学心理学教授のキャロル・デュエックは、成功における精神的態度（心構え）の役割について長年にわたって研究を続けてきた。成功するには楽観的な精神的態度を持つことが重要であるが、自分の成長と学習について常に関心や好奇心を持ち続けることがもっと大きな影響力を持つことが分かった。では、好奇心を持つにはどのようなモチベーションが必要だろうか？

デュエックは、外部の固定的な目標と内部の変動的な目標がパフォーマンスにもたらす効果を調べた。パフォーマンス（成果）を上げることそのものを目標に定めている（および、目標を達成するという信念を持っている）学生と、学習することとそれ自体を目標に定めている学生の脳皮膚活動を脳電図で観察した。デュエックはそれまでの研究から、パフォーマンス志向の学生はミスから学習する能力が低く、難しい課題に対する成績が低いということを発見していた。脳電図では、パフォーマンス志向の学生はネガティブなフィードバックに反応を示し、そのフィードバックから学習する時間が短かった。[24] この結果から、パフォーマンス達成（投資利益を上げるなど）を目指す人のほうが、成功の過程での学習と成長そのものを重視する人よりも、良くない結果を残すことが分かる。

デュエックは、イーストハーレムのライフ・サイエンシズ・セコンダリースクールで調査を行った。同校の生徒の大半は成績が芳しくなかった。八年生を二つのグループに分け、それぞれ八セッションのワークショップを行った。一方のグループの生徒にはスキルを教え、もう一方のグループの生徒にはスキルと、知性は生まれながらの資質ではないということを教えた。また後者には、脳に関するスライドを見せ、困難な課題に取り組むと新しい脳細胞が成長する過程を教えた。

二つめのグループは著しい成果を見せた。学習習慣と成績が大きく改善され、数学の点数もよくなった。「二つのグループの唯一の違いは、教えた内容である。五〇分のセッションで、数学を教えるのではなく、脳は筋肉だというアイデアを教えたのだ。一生懸命努力すれば賢くなれる。そう考えるだけで数学の点数がよくなった」[25]

常に目標を掲げ、前に進まなくてはならない。自分が成長できることを知ると、成績も上がる。パフォーマンス達成だけに注目するとリターンは低くなる。ポジティブなプラシーボ効果を持つことが大切だ。成果を上げるには時間がかかることを理解し、やがて成績がよくなるという希望を持つと、心の筋肉を鍛えて大きな成果を上げることができるだろう。脳の素晴らしい点は、困難な課題に直面すると学習し、適応し、成長できることである。謙虚さ、勇気、好奇心を持ち、そして努力することで、無意識のバイアスをコントロールでき、変動的なマーケットでも利益を上げられるようになるだろう。

第23章　行動ファイナンス投資——プレーヤーを手玉に取る

「株式投機で成功する原則は、人は過去と同じミスを将来も犯すだろうと推測することだ」[1]
——トーマス・F・ウッドロック

本書では主に、「個人の」投資行動にバイアスをかける脳の働きについて説明してきた。ところが一人ひとりが同じバイアスを持つと多様性がなくなり、マーケットは予測可能になる。本章では、集団のバイアスによって生じる価格パターンについて検証していく。

私は、クオンツアナリストとして働いていたとき、行動ファイナンスの分野に興味を持った。そこで一九九五年から九七年にかけて、ニューラルネットワークに基づく株価予想ソフトウエアを設計した。私のソフトウエアはランダム予測よりも若干優れていたが、やがてその優位性も弱まっていった。クオンツの予測システムはだれでも簡単にまねることができ、その収益性が低くなってしまったため、私は、投資家の行動をモデル化することにした。数学的な取引戦略では、生物学的で影響力の強い価格パターンを無視することはできないだろう、と推測した。

行動ファイナンスを研究するうち、心理的な情報に基づく戦略を用いれば投資の収益性を伸ばすことができる、と気づいた。幸いにもこの戦略は定量化することができるため、統計的な検証が可能である。研究を進めていくなかで、私は、良い成果を上げる行動戦略というのは長期的なものであり、ときには大幅な低下も経験することを発見した。行動ファイナンスによって膨大な利益が得られるわけではないが、多くのファンドマネジャーがマーケットで伸び悩むなか、投資家の行動を考えることはベンチマークを上回る重要なカギを握っている。

本章で説明する戦略は万全ではなく、しかもすでに広く知られているため、やがてマーケットから姿を消してしまうかもしれない（もしかしたらすぐに消えてしまうかもしれない）。実際、当初は「行動」に関すると考えられていた多くの投資戦略（バリュー投資やモメンタム投資）が、今ではマーケットの主流になっている。本章ではまず、投資のプロであるジム・ライトナーがほかの投資家のリスク認知バイアスをどのように利用しているかを見ていく。次に、バリュー戦略とグラマー戦略、モメンタム投資、およびその他の心理的な投資戦略の成果について検証する。

リスクプレミアムを得る

恐怖は、金融用語で「リスク認知」と言い換えることができる。リスク認知が高いと、それは「リスクプレミアム」になる。ただしリスク認知は、実際のリスクとはやや外れていることがある。なぜなら、感情（恐怖心を持つと、確率の低い大惨事を過大評価する）、時間選好（目の前の危険に注目する）、集団行動（お互いの行動を参考にする）、不確実性や不信（政府が発表する統計データの信憑性は疑わしい）、フレーミング（損失を機会ではなくリスクだととらえる）といったバイアスが働くからだ。そのため、リスク認知の違いを利用した戦略は非常に効果的だ。

ファルコン・マネジメントの創始者であるジム・ライトナー（第15章で紹介している）は、リスク認知の違いは通貨の金利に反映される、と述べている。平価切下げのリスクにさらされている通貨にはハイイールド債があるのが普通だ。投資家は、①政府が債務の支払いを履行しない、②通貨量を大幅に増やしてインフレを刺激する、③赤字財政支出などの手段によって通貨の平価を切り下げる──と確信したら平価切下げのリスクを認知する。平価切下げのリスク認知が高い通貨建ての債務については、債券の金利が上昇する。リスクプレミアムは、投資家の恐怖と近視眼的考えに大きくかかわっているのだ。

二〇〇二年、ブラジルは債務不履行とレアルの平価切下げの瀬戸際に立たされている、と考えられていた。不履行をかろうじて回避してきたのを見て、投資家は、「代表性ヒューリスティック」からブラジルレアルの平価切下げリスクが高いと認識したのだ。投資家の注目を集めるため、ブラジル国債の金利は高く設定された。

ところが前述のように、リスク認知は必ずしも実際のリスクを反映しているわけではない。財政不安のある国（例えばブラジル）の金利は下がり、財政の安定した国（例えばアメリカ）の金利は上がると考えた投資家は、数年後に金利が収束に向かったら利益を上げられていただろう。

ライトナーは、ハイイールドの通貨とローイールドの通貨のリスクプレミアムの違いを利用してトレードしていた。そのためには何年も保有しなければならない。「うまくいかないこともあるが、何年かすればうまくいく」とライトナーは言う。まさに、ほかの投資家のリスク認知を利用していたのだ。

オプションのプレミアムは、将来のボラティリティの影響を予測する――つまり投資家のリスク認知を考える。ライトナーは、損失に対する投資家の恐怖がオプションの価格評価ミスにつながることに気づいた。「短期オプションには保険的な特徴があるため、短期のボラティリティは高すぎる」。つまり、投資家は短期のパフォーマンスを気にするあまり、「保険」としてのオプションに多くの金額を払いすぎるのだ。オプションのこのような特徴を利用して利益を上げている投資家であるリチャード・フリーゼンについては、第17章で紹介している。

投資家の自信過剰（特に、自己評価ミス）と近視眼的な考えを利用する方法は、ライトナーが述べているように「長期オプションは、先物の先限の日々のボラティリティと比べて価格が高いが、先物の当限の日々の価格変動と比べると安い」[2]と考える。先物市場の価格トレンドの信頼区間を正確に予測できる人は少ない。第8章で述べているように、翌年の株式相場の終値について八〇％の信頼区間で予測できたＣＦＯ（最高財務責任者）は三〇・五％しかいなかった。投資家は持ち分の短期のボラティリティを恐れるため、保険としてのオプションの価格が高くなる。ところが長期では、判断ミスが避けられないため、オプション価格が別の水準に向かう確率を予測することができない。つまり、長期的に見るとき、投資家は将来の価格範囲についての自分の予測能力を過信してしまうのだ。一方、短期でオプションを買う場合は近視眼的に考えて恐怖心を抱いてしまう。

リスクプレミアムと期待

マイケル・モーブッシンとアルフレッド・ラパポート著の『市場の期待を株価で読み解く――エクスペクテーション投資入門』（日本経済新聞社）では、投資家の予測に見られる近視眼的な考えを利用する戦略について紹介している。同書では、企業の長期のキャッシュフローのトレンドと投資家の短期のキャッシュフローの期待の不一致を利用することができる、と主張している。この「プラスアルファ」を生み出すには、他人の予測の変化を適切に予測する必要がある。

エコノミスト誌は、二〇〇二年夏にブラジルが債務不履行に直面したとき、価格の変動を予測することが重要だ、と指摘している。ブラジルは、隣国アルゼンチンの金融崩壊後、リスク認知が広まったせいで金利が上昇した。当時のブラジルの金利は安定していたのだが、その後、金利の急上昇とともにレアルの価値が急落し、債務不履行になる可能性が生じた。このリスクを認識した投機家とリスク回避型の投資家は、債券を売り始めた。この売り圧力が徐々に金利を押し上げた。金利はブラジルの支払い能力を脅かすほどにまで上昇し、債務不履行の可能性が現実味を帯びてきた。

ブラジルが債務不履行になるかどうかは、債券投資家の自信にかかっていた。大勢の投資家が債務不履行を予測したら、債券の売却によって金利が上昇し、政府は債務を果たせなくなるだろう。一方、投資家が政府の支払い能力を信頼したら、金利は下がり、債務不履行を回避できるだろう。つまり債務不履行は、市場参加者のリスク認知と期待に左右されていたのだ。エコノミスト誌は、複雑性理論と期待に関する問題を次のように提起した。

「近年、『複数均衡』理論が支持されるようになり、マーケットの期待を重要な決定要素として、いくつもの結果が考えられるようになった。ブラジルの国債または海外の国債と民間債券が持続可能であるか手に負えなくなるほど大きくなるかは、マーケットの今後の期待にかかっている」[3]

最終的に、ブラジルは債務不履行を免れた。資金力のある世界の銀行からの安堵の声は自信を回復させ、リスク認知を弱めた。

反対に、（企業の公式発表でリスクについて明確に述べている場合でも）投資家がリスクを楽観視するケースもある。ミシガン大学のリー・フェン教授が興味深い研究を行った。三万四〇〇〇を超える企業がＳＥＣ（証券取引委員会）に提出した財務報告書のなかから、「リスク」と「不確実」を含む単語の数を数えた。リスクに関連する単語の頻出回数が年々大幅に増えている企業は、頻出回数が増えていない企業よりも一〇％ほどパフォーマンスが劣っていた。リーは、「年次報告書でリスクを強調すると収益の低下に結びつく。年次報告書のリスク感情から将来の利益が予測できる」と結論づけた。[4] この点に関しては、企業が株式リスクについて明言すると、投資家は弱い反応を示すようである。おそらく投資家は、誤った情報に注目して予測しているのだろう。

バリュー投資とグラマー投資

マーケットで最も目立つアノマリーとして、割高のグラマー銘柄よりも割安のバリュー銘柄のほうが長期的なパフォーマンスが良い、という特徴が挙げられる。バリュー戦略は期間が長く、好成績を収められることから、近年の金融教育にバリュー戦略が取り入れられてきた。バリュー投資といえば、ウォーレン・バフェットの名前が真っ先に思い浮かぶだろう。バリュー銘柄は、物的資産（建物や工場、設備、特許、ブランドやマーケットでの評判）、予測される収益の伸び、潜在的キャッシュフローなどから評価される実際の価値よりも安く売られる。株式の価値を評価するのに広く使われている指標は、①ＰＢＲ（株価純資産倍率）、②ＰＥＲ（株価収益率）、③ＰＣＦＲ（株価キャッシュフロー倍率）――の三つである。

ＰＢＲは、純資産額に対する株価の倍率を測る指標である。ＰＢＲが低いと株価が割安であり、一倍を下回ると会社が保有する純資産よりも株式が安く売られていることを意味する。ＰＥＲも会社の価値を測る指標であり、株価に比べて当期純利益が高いとＰＥＲは低くなり、株価が割安であることを意味する。収益期待が低かったり事業が不調だったりすると、株価が基準以下になることがある。

バリュー戦略は、二〇世紀前半にベンジャミン・グレアムが提唱し、二〇世紀後半にデビッド・ドレマンが広めた。バリュー戦略の研究者たちは、この戦略が非常にうまくいくことに気づいた。一九九二年、ユージン・ファーマとケネス・フレンチ両教授は、一九六三年から一九九〇年までのアメリカの株式リターンを分析した。[5] PBRに基づいて株式を一〇のグループに分けたところ、PBRの最も低いグループ（バリュー銘柄）の月間平均リターンはPBRの最も高いグループ（グラマー銘柄）の月間平均リターンを一・五三％上回っていた。PERでも分析したところ、PERの最も低いグループ（バリュー銘柄）の月間パフォーマンスはPERの最も高いグループ（グラマー銘柄）の月間パフォーマンスを〇・六八％上回っていた。世界中の株式市場でこれと同じような結果が見られる。

二〇〇五年二月、ファクトセット社のソフトウエアを使用して、私はPBRとPERの両方が低いバリュー銘柄を分析した。それぞれの倍率に基づき、時価総額が二億五〇〇〇万ドルを超えるアメリカの株式をランク付けした。そして両方のランキングをまとめて、一〇〇位までの順位を付けたリストを作成した。一五年間（一九九〇年～二〇〇四年）の一〇〇位までの平均リターンは図23.1のとおりである。上位一〇〇位までの割安株（一番左）の年間リターンは、上位一〇〇位までの割高株（一番右）の年間リターンのほぼ二倍だったことが分かる。一番右の棒グラフは上場廃止銘柄である。

図 23.1　相対価値に基づいてランク付けしたアメリカの株式の年平均リターン（左が割安、右が割高）
——PBRとPERのランクに基づいて100分位でランク付け（期間は1990～2004年）

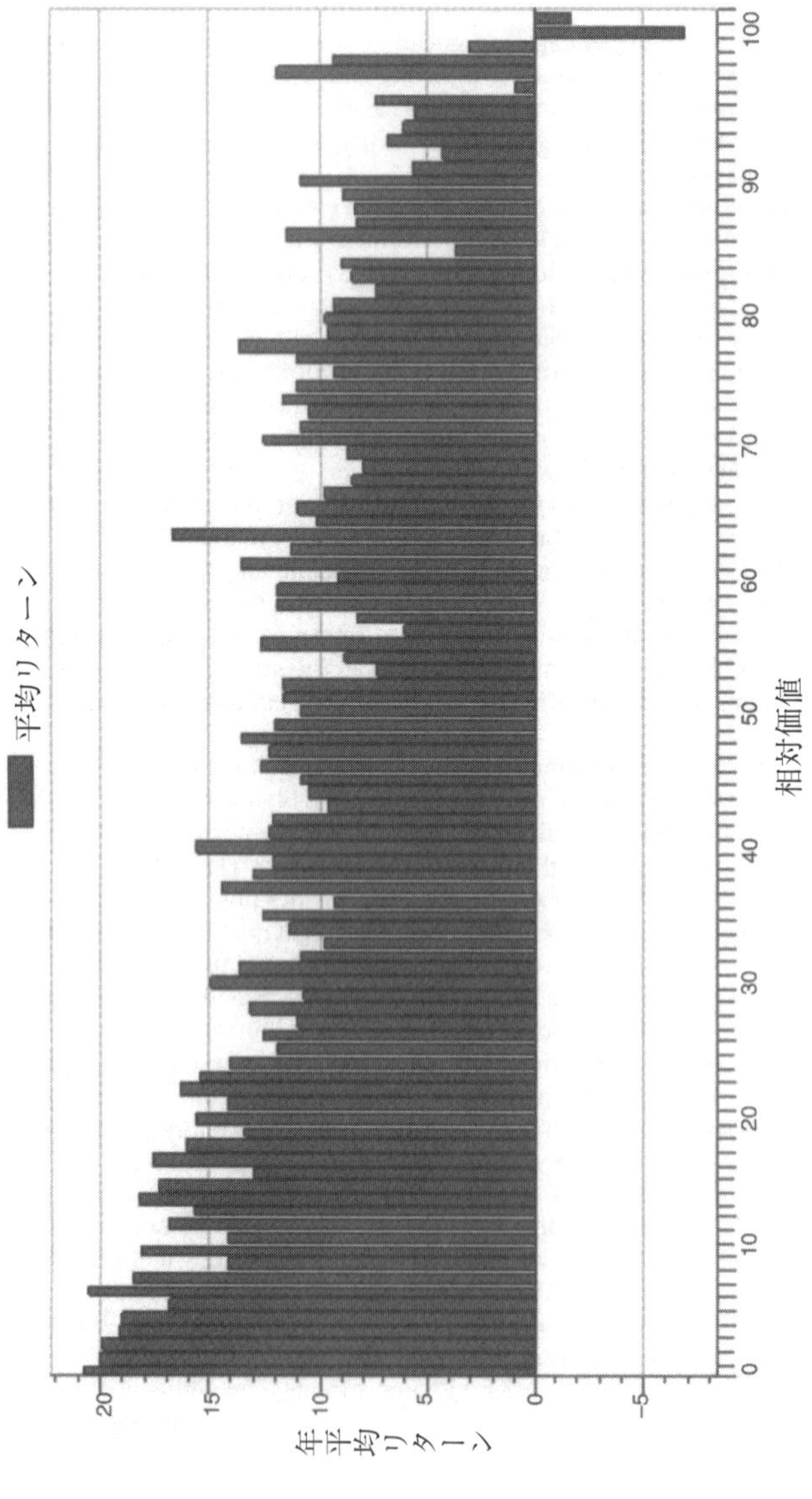

モメンタム、発行済株式数、最適なポートフォリオ

バリュー銘柄は長期的には良いパフォーマンスをもたらす傾向があるが、短期で最高のパフォーマンスを上げる銘柄を見つけるには、これとはまた違った方法をとる必要がある。研究者たちは、過去六カ月に株価が上がった銘柄はその後二年間はマーケットを上回るパフォーマンスを上げる傾向があることを発見した。この「モメンタム」戦略は、上昇中の銘柄はさらに上昇する、という価格のモメンタムを利用する。

ナラシマン・ジャガディーシュとシェリダン・ティットマン両教授は、過去のパフォーマンスに基づいて株式を一〇のグループに分け、モメンタムのアノマリーを見つけた。[6] 一九六三年から一九八九年までのデータを入手できるすべてのアメリカの株式を、六カ月間のリターンに基づいてグループ分けし、以降の六カ月について各グループのリターン平均を算出した。前の六カ月のパフォーマンスが最も高かったグループは、最も低かったグループよりも、年平均一〇％もリターンが高かった。その後の研究により、パフォーマンスの良かったグループは以降三年間は好調を維持することが明らかになっている。[7]

モメンタム戦略に関してはほかにもさまざまな調査・研究が行われている。チャールズ・リーとバスカラン・スワミナサン両教授は、一九九九年の論文「プライス・モメンタム・アンド・トレーディング・ボリューム」で、出来高とモメンタム戦略の関係について発表した。[8]

両教授は、過去の出来高に基づく三つのモメンタム戦略のリターンについて説明している。初期のモメンタム戦略では、出来高の少ない勝ち銘柄を買い、出来高の多い負け銘柄を売る。後期のモメンタム戦略では、出来高の多い勝ち銘柄を買い、出来高の少ない負け銘柄を売る。その結果、一年間はどちらの戦略でも良いパフォーマンスを上げている。初期のモメンタム戦略は、四年間にわたって後期のモメンタム戦略とマーケット平均を上回る（三五％）。後期のモメンタム戦略は一年後にマーケット平均を下回り始める。このことから、出来高の少ない勝ち銘柄は勝ち続ける可能性が高く、出来高の多い負け銘柄は下降する傾向がある、ということが分かる。

短期的には、根拠のないモメンタムはすぐに反転してしまう。良いニュースがないのに価格が急騰するときは、翌月にはたいてい下落し始める[9]。つまり、事実の裏づけのない価格上昇は、モメンタムではない。

モメンタム戦略は理論的には良いパフォーマンスを上げるが、回転率が高くなる（短期保有）ため、必然的に取引コストも高くなる。さらに、モメンタム戦略は二〇〇六年に行き詰まってしまった。このために、ウォール街のある大手銀行が、パフォーマンスの低下から二〇〇六年半ばにモメンタムトレード部門を廃止した。

モメンタム戦略の効果を長期的に見てみると、三～五年間低迷した銘柄は、その後の三～五年間に反転する傾向がある。リチャード・ターラー教授は、一九二六年から一九八二年にかけて、NYSE（ニューヨーク証券取引所）で取引された全銘柄のリターンを三年ごとに調べた。[10]最高のリターンをもたらした三五銘柄で構成される「勝ち」ポートフォリオと、最低のリターンだった三五銘柄で構成される「負け」ポートフォリオを作ったところ、次の三年間は、負けポートフォリオの年平均リターンは勝ちポートフォリオの年平均リターンを約八％上回った。

モメンタムから話はそれるが、小型株は大型株よりも良いパフォーマンスを上げる傾向がある。NYSE、アメリカ証券取引所（AMEX）、ナスダックの上場銘柄を発行済株式数に従って一〇のグループに分け、一九六三年から一九九〇年までの期間で時価総額に対する毎年のリターンを調べた。最も小さい株式のグループは、最も大きい株式のグループよりも平均リターンが毎月〇・七四％高かった。リスクの差はここでは重要ではない。

こういったマーケットのアノマリーを織り込んでポートフォリオを組むことはできないだろうか？　エモリー大学のジェイ・シャンケンとS・P・コタリ両教授は、小型株、バリュー戦略、モメンタム戦略のそれぞれの特徴を生かして最適な資産配分を見つけようと試みた。[11]まず、一九六三年から二〇〇〇年にかけて株式のサンプルを集めた。アノマリーを利用した三つのポートフォリオのアルファ（均衡収益率からの超過収益部分）については、将来の規模は過去ほど大きくない可能性があることを考慮した。将来のポートフォリオのアルファが過去の四分の一だとしても、最適なポートフォリオでは半分以上をバリューに、そして三分の一をモメンタムに投資するだろう、と考えた。この戦略によって、マーケット指標を年間約〇・六％上回るリターンが得られ、リスクを一定に維持できた。アルファが過去の二分の一だと、期待されるリターンが大幅に増える（ほぼ二％）ことも分かった。

第1章で説明したように、活発にトレードする投資家は、個人でも機関投資家でも、利益率が低い。そのため学者たちは、長期の個人投資家はインデックスファンドを買って一〇年以上価格をチェックしないようにすることを勧めている。インデックスファンドはコストが比較的低く、長期的に見ると債券を大幅に上回るパフォーマンスを上げる（エクイティプレミアム・パズルの効果）。リスク管理についても、個別銘柄で構成されるポートフォリオよりも簡単である。また、さまざまなタイプのインデックスファンド（業種、海外株式、通貨、商品など）をバランスよく組み合わせれば、多様化によってリスクを低くすることも可能だ。インデックスファンドを長期保有することは、最も高いリターンが期待できる投資戦略である。ただし、価格を頻繁にチェックすると、価格が下がる危険性を考えて売ってしまう可能性がある。

「うわさで買い、ニュースで売れ」

「うわさで買い、ニュースで売れ」とは、ポジティブな出来事を期待して株価が上がり、その出来事が実際に起こるとすぐに下がる、という現象を指す。この原因は、いくつかのバイアスにあると考えられる。ポジティブな出来事（期待を上回る収益報告、過剰宣伝の新製品の発表、好況のニュースなど）を「期待して」多くのトレーダーが株式を買う。トレーダーが「うわさで買う」のは、良い出来事がまだ起こっていないからである。期待した出来事が起こると、価格は下がり、期待と違った動きになる。

投資家のポジティブな期待は側坐核を刺激する。側坐核には、リスクをとることを促す機能がある。その出来事が近づくと、興奮、時間選好、欲望によって、「期待を上回る」ニュースに対する投資家の期待が高まる。こういった超楽観主義は、投資家が落胆する可能性が高まる、という思わぬ結果も引き起こす。ハイテクバブルの時期に見られた「うわさで買い、ニュースで売る」行動を検証する実験ではこのことを裏づけている。

カリフォルニア大学バークレー校のブレット・トゥルーマン教授らは、「うわさで買い、ニュースで売る」パターンがハイテク株の決算報告の時期に見られることに気づいた。一九九八年一月から二〇〇〇年八月までに発表されたハイテク企業三九三社の一八七五件の四半期決算報告を分析したところ、決算報告発表の五日前にハイテク株を買って発表直後に売った場合、平均四・九％のリターンが得られたことが分かった。また決算報告の発表直後に空売りして五日後の大引けに清算すると、平均六・四％のリターンが得られた[12]。ハイテク株に関して楽観的な考えを持っていた投資家は、その決算報告に興奮を覚えたのだ。

センチメントや行動の指標に注目しすぎると、誤った戦略を立てることになりかねない。さまざまな条件によって「うわさで買い、ニュースで売る」パターンが促進される。このパターンを刺激する心理・神経科学的な要因には次のものが考えられる。

●会計情報が限定的かあいまい
●流動性が高すぎる
●コンセプトがはっきりしている、またはイメージしやすい
●マーケットにほぼ「無限の」潜在性がある
●集団思考・集団行動（未確認のうわさやメディアの報道）
●会社や業種に関する楽観主義
●期待される報酬が大きい
●報酬の期待が高い
●最近の価格動向
●イベントが近づいている
●利益を求めるトレーダーの衝動性が高い[13]

これらの要因を考慮して逆に行動すると、「うわさで買い、ニュースで売る」パターンをうまく利用することができる。[14]

裁定取引の限界

「裁定取引の限界」は、行動による価格のゆがみを利用して利益を上げるのを妨げる効果がある。マーケットのパターンを見つけるのは簡単だが、取引コストや構造的な障壁（空売り規制など）を考慮したうえで利益を上げるパターンを見つけるのは難しい。

裁定取引の限界は、主に、空売り規制、規模の規制、取引コストの三つに分類される。店頭取引や海外市場など、一定のマーケットでは空売りを禁止していることがある。また、マーケットメーカーにのみ空売りが許可されている、あるいはすべての空売りが規制されているマーケットもある。多くの証券会社は、一定金額を下回る価格での株式の空売りが禁止されている。さらに、株式を借りて空売りすることが禁止されているケースも多い。

規模の規制では、裁定機会を成立させずに大きな裁定ポジションを持つことを規制している。最悪のケースでは、大きな裁定ポジションを解消することで以前の価格非効率な状態に戻ってしまう。ＬＴＣＭ（ロングターム・キャピタル・マネジメント）の破綻は、ポジションの規模に問題があった。

取引コストの影響は見落としがちだが、証券取引の手数料やスリッページ、投資信託のアップフロントフィーや償還手数料がこれにあたる。大型株の取引コストは一回の取引につき資金の約〇・一％。小型株ではスプレッドが大きいと一〇％になることもある。先物取引のコストが最も少なく、〇・〇五％程度だ。活発に売買を繰り返すと、取引コストの占める割合が大きくなってしまう。

実行されなかった裁定機会の例として、スリーコム社から独立したパーム社のＩＰＯ（新規株式公開）を紹介したい。二〇〇〇年三月、スリーコムは子会社のパームの五％を株式公開し、残りの九五％を保有しようとした。ＩＰＯ後、スリーコムの株主はパームの一・五株分を間接的に保有することになる（九カ月以内に完全独立する計画）。ＩＰＯの初日、パームの株価は九五ドルで引け、スリーコムの価値は一四二ドルとなった。ところが実際にはスリーコムは八一ドルで取引されており、パーム関連ビジネス以外のスリーコムに対する市場の評価は六〇ドルのマイナスであることを意味する。九カ月で価格が収束する可能性があるため裁定は簡単そうに見えたが、空売り規制があるため実行は事実上不可能であった。つまり多くの投資家は、裁定機会があっても利益を上げることができなかった。

行動ファイナンスのパフォーマンス

行動ファイナンスは投資家の心理状況に注目した理論であり、この戦略を取り入れたファンドは高いパフォーマンスを記録している。なかでも有名なのが、フラー・アンド・セイラー・アセットマネジメント。このファンドは創設以来、ベンチマークをほぼ四％上回る成果を上げている。ところが近年は行動ファイナンス戦略を取り入れたファンドが急増しているため、同ファンドの強みが十分に生かせなくなってきている。

リヒテンシュタインにあるLGTキャピタル・マネジメントでは、テクニカルやファンダメンタルズと行動ファイナンスを組み合わせた戦略を取り入れている。例えば、「不均衡リスク認知と多様な運用期間」を生かした戦略がある。[15] LGTのパンフレットには、「金融マーケットは現実を反映しているのではなく、期待、正確には期待の変化を反映している」と書かれている。[16] LGTはマーケット平均よりもボラティリティが常に低く、高いリターンを実現している。その旗艦ファンドを見ると、一九九八年一二月の創設以来、リターンが六五％も上昇している（モルガン・スタンレー・グローバル・インデックスは四三％）。

シカゴ大学ビジネススクールのファーマ教授とフレンチ教授の教え子二人が創設したディメンショナル・ファンド・アドバイザーズは、（本書執筆時）六九〇億ドルを運用している。ファーマとフレンチは、二〇世紀後半に効果的市場仮説を提唱したが、フレンチは現在、市場平均を上回るリターンを上げるポートフォリオを自分のホームページで紹介している。[17] 両者とも、ディメンショナル・ファンドの顧問を務めている。ディメンショナルでは、三つの原則に従って株式を選ぶ。まず、債券よりも株式に多くの資産を配分する（エクイティリスクプレミアムを利用する）。長期リターンを期待して小型株に多く投資する。そして、成長株よりもバリュー株に多くの資金を注入する。[18]

このほか、デビッド・ドレマンが運用するファンドやLSVアセット・マネジメント（行動ファイナンスのパイオニアたちが創設）も、行動ファイナンスを取り入れた戦略を立てて高いパフォーマンスを上げている。またモルガン・スタンレーやJPモルガンをはじめとする多くの大手投資銀行も、行動ファイナンスの時流に乗った戦略を立てている。

行動ファイナンスの商品

たとえバイアスがあったとしても、個人投資家は自分の感情バイアスに適した投資商品を選べば利益を上げることができる。アメリカ人が退職後のために貯蓄をしないのにはいくつかのバイアスがある。時間選好（貯蓄の痛みを先送りする）、惰性（優柔不断）、リスクへの恐怖（株式への投資を避ける）、自信過剰（あとからでも貯められる、と考える）といったバイアスが考えられる。

シュロモ・ベナルツィ教授とリチャード・セイラー教授は、SMarTプランと呼ばれる退職年金プランを設計した。これは、「貯蓄したいけれども自制心の弱い従業員を助けることを目指した」プランである。SMarTプランのおかげで貯蓄率は大幅にアップし、同プランの加入者の平均貯蓄率は四〇カ月で三・五％から一三・六％にまで上昇した[19]。

SMarTプランについて簡単に説明すると、まず従業員は、昇給のほぼ三カ月前に掛け金を増やすかどうかを決める。プランに加入したら、昇給後の最初の給料日から掛け金が増える。掛け金が上限に達するまで、増額するかどうかを昇給のたびに選択できる。解約はいつでも可能だ。

ＳＭａｒＴプランの加入を促進するため、貯蓄の「痛み」の先延ばしを可能にした。つまり将来の昇給を貯蓄に回すことで、短期的な痛みを最小限に抑えることができる。さらに、自動的に増額できる設計にしたため加入者の手間が省かれた。二〇〇六年に可決された年金関連法案では、退職年金の「非加入」という選択肢を従業員に与えることが定められた。ＳＭａｒＴプランでは、従業員は給料の一定割合を退職年金に自動的に回し、解約手続きを踏むまでは毎年自動的に加入する。この自動加入システムは、従業員の「惰性（優柔不断）」というバイアスに適した設計である。

ＳＭａｒＴプランのほかにも、行動ファイナンス理論を取り入れたさまざまな金融商品がある。「目標ベースの投資」プランは、目標のはっきりした複数のポートフォリオに貯蓄することで「心理会計」のバイアスを利用している。このプランは投資プロセスを簡素化し、投資家が理解しやすい設計となっている。

また「ライフサイクル」資産配分戦略では、年齢を重ねるにつれてリスクの高い証券から債券へと投資先を変えていく。つまり、加入時点の年齢に基づいて自動的に投資先を変更するため、年齢とともにリスク回避バイアスが強くなることにうまく対応している。

最後に

本書ではさまざまな見解やテーマを取り上げたため、スマートでシンプルな説明ができなかった部分もある。行動ファイナンスの分野は「よちよち歩き」の段階であり、ニューロファイナンスに至ってはまだ研究が始まったばかりである。それでも、ニューロフィードバック、脳志向型のコーチングやトレーニング、パーソナリティーの判定など、ニューロファイナンス分野におけるさまざまな方法が次々に開発されている。この分野の展開を遅らせている主な要因は、研究を行ってそれを投資に適用する優れた人材が不足していることだ。また、手軽で快適で便利な脳科学テクノロジーが開発されていないことも、ニューロファイナンスの展開を妨げていると考えられる。

「ニューロファイナンス」は一時的なブームなのだろうか？　私はそうは思わない。ニューロファイナンスは、個人レベルでも戦略としてもまだ十分に活用されていない。ニューロファイナンスは何百という脳の領域の相互作用を利用し、心理法則に根ざしているため、大きな潜在性がある。時代とともにテクノロジーが開発され、やがて広く受け入れられると、投資判断におけるニューロファイナンスの役割は大きなものとなるだろう。とはいうものの、ニューロファイナンスの研究はまだ始まったばかりである。

本書で紹介した考えや知識を、ぜひ日々の投資活動に生かしていただきたい。感情、モチベーション、認知バイアス、感情の防衛メカニズムなどは無意識に働くものであるが、その特徴を理解すると表面化させることができる。認識と規律があれば、自分の弱みを克服して強みを伸ばすことも可能だ。人間は無意識のバイアスに悩まされているが、瞑想やヨガなどの療法は時代にあった形で行われ続けている。

本書ではさまざまな自助的な方法を勧めているが、外部の指導を受けずにこれらの方法を行ってもうまくいかないだろう。

内なる自分を鍛えるつもりなら、外的な報酬（利益）は「おまけ」にすぎない。幸せで実りある生活を送ることが最終的な目標なのだから。

最後に、本書を読んでくださったことに感謝の意を表します。ご質問・ご意見があればいつでもご連絡いただきたいと思います。皆さまの成功をお祈りします。

最初の４年間は多額の利益を上げていたため、その手数料でも妥当だと思われた。1994年の創設時に１ドル投資した人は、1998年４月には2.85ドルの利益（手数料差し引き後）を上げたことになる。高いレバレッジとボラティリティに対する判断ミスによって、1998年後半にファンドは崩壊し、世界金融システムが破綻することが懸念された。その後、ニューヨーク連邦準備銀行による救済措置がとられた。

ポール・チューダー・ジョーンズ（Jones, Paul Tudor） 1954年、テネシー州メンフィス生まれの商品トレーダー。2005年度は５億ドルの利益を上げ、その富は25億ドルに上るとみられる。2006年９月のフォーブス世界長者番付では117位。

ポジトロン断層法（Positron emission tomography, PET） フルオロデオキシグルコースを注入して脳の活性領域を撮影する技術。ポジトロンを用いて代謝量を測定し、脳内で活発な部位を特定する。

ホルモン（Hormones） 血液を通して循環し、特定の器官に作用する化学伝達物質。主に、下垂体、膵臓、卵巣、精巣、甲状腺、副腎でホルモンが生成される。ホルモンは、生理的機能と心理的行動に影響を及ぼす。

目標（Goal） 努力の先にある目的物。

モメンタム投資（Momentum investing） 最近価格が上がった証券はその後も上がり続けるという仮定のもとで売買する投資スタイル。学術的研究によると、株式の「モメンタム効果」として、過去６カ月間のリターンが高いと、その後６～18カ月は超過リターンを得ることが明らかにされている。

予期（Anticipation） 予知、直感、予感。予期とは、一定の結果が間近に迫っていることを理解している状態。

予測（Predict） 観測、経験、科学的根拠などに基づいて予言すること。

ロングターム・キャピタル・マネジメント（LTCM）（Long-Term Capital Management） ２人のノーベル経済学賞受賞者とソロモン・ブラザーズのトレーダーらによって1994年設立されたヘッジファンド。運用開始時は当時としては最高額（12億5000ドル）の資金を調達した。手数料は業界平均を上回っていたが（純収益の25％）、

不確実性（Uncertainty）　確信が持てない、あるいは疑っている状態。結果や事前の情報が未知である。数学的には、一定の結果が生じる確率が50％。

ブライアン・ナットソン（Knutson, Brian）　スタンフォード大学心理学部準教授、SPAN研究所長。感情経験に関与する神経化学および神経解剖学のメカニズムを理解することを研究テーマとしている。

辺縁系（Limbic system）　脳回路の古い部分であり、感情の表出に関与する。報酬系（側坐核）、損失回避系（扁桃体）、ホルモン制御（視床下部）、記憶中枢（海馬）などから成る。

ベンゾジアゼピン（Benzodiazepines）　不安を和らげる物質。バリウム、ザナックス、アチバン、クロノピンなどの商品名で売られている。脳のガンマアミノ酪酸（GABA）受容体に作用する。

扁桃体（Amygdala）　辺縁系の一部で、攻撃、恐怖、感情的記憶において重要な役割を果たす。

（マーケットの）崩壊（Crash）　事業や株価が突然大暴落すること（その後、さらなる事業の破綻や市場の崩壊に結びつく）。

報酬系（Reward system）　望みやモチベーションに関係する神経系。腹側被蓋領域のドーパミン神経核から側坐核（NAcc）、さらには内側前頭前皮質（MPFC）に広がる。

ポール・ザック（Zak, Paul）　南カリフォルニアのクレアモント大学院のセンター・オブ・ニューロエコノミクス・スタディーズの創設者。現在は主に、社会的認知によって協調または対立が生じるプロセス、不確実な状況での意思決定、人間の神経基盤、制度設計が経済開発に及ぼす影響について研究している。信頼の生物学に関する彼の研究は、本書でも引用している。

らゆる属性から特徴付けられる個性。

背外側前頭前皮質（Dorsolateral prefrontal cortex） 作業記憶や行動遂行など、脳の高度な機能に関係すると考えられる領域。髄鞘形成が遅い部位でもあり、成人になっても形成が継続する。

パニック（Panic） ある考えに支配され、集団にも多大な影響を及ぼす脅威。恐怖や不安の強い感情。

バブル（Bubble） ある商品に対する投機によって価格が上昇し、さらなる投機が刺激されると、バブルが生じる。その商品の価格は不合理な水準に達し、価格が急落するとバブルが崩壊する。

バリュー銘柄（Value stocks） 基本的な資産または収益の潜在性の価値と比較して株価が安い銘柄。バリュー銘柄かどうかを判断するには、①PBR（株価純資産倍率）、②PER（株価収益率）、③PCFR（株価キャッシュフロー倍率）――の３つの指標がよく用いられる。

判断（Judgment） 決定に至る、あるいは結論を導き出す認知プロセス。

ピーター・リンチ（Lynch, Peter） 1944年１月19日生まれの投資家。銘柄選択に関しては世界で最も成功している投資家のひとり。現在はフィデリティ・インベンストメンツ社長。

不安（Anxiety） 心配、懸念。ネガティブな出来事を予期し、不快な感情を引き起こす。交感神経を活性化させ、コルチゾールなどのストレスホルモンやノルエピネフリンなどの神経伝達物質を放出する。

ファンダメンタル分析（Fundamental analysis） 企業の統計数字、経営の有効性、収益、資産価値、債務などから将来の株式リターンを評価する方法。

論を導き出してその見解を強く支持するバイアス。つまり、ある問題に直面すると、最初に望ましいと思った結論にたどり着くものと考える。

投資（Investment）　利益を上げることを目的として資金を使用し、証券や資産を購入することで所得や資金を増やすこと。

投資家（Investor）　事業利益や資産価値の上昇を期待して会社の株式や資産を保有する者。

同調性（Agreeableness）　協力や社会的な調和に関心を持つ個人的な特徴。同調性のある人は、他人とうまく付き合うことに価値を置く。

頭頂葉（Parietal lobe）　大脳皮質の４つの重要な部分のひとつ。身体のさまざまな部位から感覚情報を受け取る。また、読み書き、言語や計算にも関連する。

ドーパミン（Dopamine）　喜び、学習、連続的思考、運動調節にかかわる神経伝達物質。

トレーダー（Trader）　短期的な利益を上げることを目的として自分のために売買をする個人のこと。あるいは、企業やクライアントのために証券の売買を専門とする証券会社や金融機関の従業員。

ニューロエコノミクス（Neuroeconomics）　投資判断における脳の働きを研究する学問分野。

ニューロファイナンス（Neurofinance）　神経科学を投資に適用する学問分野。

ノルエピネフリン（ノルアドレナリン）（Norepinephrine）　交感神経系の神経終末から放出される神経伝達物質。ノルエピネフリンが枯渇すると、鬱の要因にもなりうる。

パーソナリティー（Personality）　行動、気質、感情、精神などあ領域であり、認知、意思決定、報酬の先送り、注目、および辺縁系による感情の表出の抑制において中心的役割を果たす。

側坐核（Nucleus accumbens, NAcc） 脳の側脳室の下角部分の神経細胞の集団。報酬の期待や報酬の追及によって活性化され、活性化されるとポジティブな感情が生まれる。

損失回避（Loss aversion） プロスペクト理論では、損失回避とは利益を求めるよりも損失を避ける傾向がある、ということを意味する。損失は利益の２倍の心理的影響力を持つという研究結果もある。エイモス・トベルスキーとダニエル・カーネマン（2002年ノーベル経済学賞を受賞）が損失回避という理論を提唱。

損失回避系（Loss avoidance system） 脳の基本的な刺激系であり、潜在的な危険を避けるように働く。扁桃体、海馬、視床下部など、ネガティブな感情の処理および反応に関連する領域で構成される。その皮質構造には、島皮質や前帯状回がある。

ダニエル・カーネマン（Kahneman, Daniel） 1934年、イスラエル、テルアビブ生まれの行動経済学のパイオニア。経済学と認知科学を統合し、人間の非合理に見えるリスク管理行動について説明した。

注意欠陥・多動性障害（Attention deficit-hyperactivity disorder, ADHD） 認知制御（不適切な考えや行動を抑える能力）が弱まる障害。

帳簿価格、簿価（Book Value） 企業の貸借対照表に記載されている資産価値。資産の市場価格とは必ずしも一致しない。

デイトレード（Day trading） １日のうちに何回も売買すること。

テクニカル分析（Technical analysis） チャートを作成し、金融データを量的および視覚的に解釈して予測を立てる。

動機づけられた推論（Motivated reasoning） 自分に好ましい結

ストレス（Stress） 緊張や不安が存在する精神状態。

精神生理学（Psychophysiology） 心理学の一部門で、心理的プロセスの生理的側面を研究する。電気皮膚反応（GSR）、筋緊張、あるいは心拍数や血圧や呼吸速度などの生命兆候を測定する。

セロトニン（Serotonin） 神経伝達物質。脳のセロトニン濃度またはセロトニンに対する感度が変化すると、その人の行動にも変化が見られる。1970年代、研究者たちは、自殺する人はほかの原因で死亡する人よりもセロトニン濃度が低いことを発見した。セロトニン濃度は、欝や不安症、強迫性障害などの気分障害に関連している。

前帯状皮質（Anterior cingulate cortex, ACC） 脳の裂孔を取り巻く皮質。報酬予測、意思決定、共感などの認知機能にかかわっている。神経科学者によると、背側前帯状皮質は主に理性的認知に関連し、腹側前帯状皮質は感情的認知に関連している。

選択的セロトニン再取り込み阻害薬（Selective serotonin reuptake inhibitors, SSRI） プロザックなど、シナプスからセロトニンが放出されるのを防ぐ薬。プロザックの販売以降、パキシル、ゾロフト、セレクサ、レクサプロなどが販売されている。SSRIを投与すると、欝、不安症、強迫性障害、心的外傷後ストレス障害、月経前不快気分障害など、さまざまな病気の症状を和らげることができる。セロトニンが欠乏すると欝や不安症になると考えられている。

前島皮質（Anterior insula） 外側溝の奥にある皮質で、前頭、側頭、頭頂のひだの下に位置し、被殻を覆っている。

前頭皮質（Frontal cortex） 運動調節のほか、推論、計画、抽象的思考など、複雑な認知機能に関連する脳の領域。

前頭前皮質（Prefrontal cortex） 脳の進化のなかで比較的新しい

衝動制御（Impulse-control） 衝動、気まぐれ、急変をコントロールする能力。

ジョージ・ソロス（Soros, George） 1930年８月12日、ハンガリーのブタペスト生まれのアメリカ人事業家。通貨投機家、哲学者としてよく知られる。現在、ソロス・ファンド・マネジメント会長、およびオープン・ソサエティ・インスティテュート会長を務める。過去に外交問題評議会に在籍したこともある。

ジョン・メリウェザー（Meriwether, John） 1947年８月10日、イリノイ州シカゴ生まれの金融家。債券アービトラージのパイオニアと言われる。ソロモン・ブラザーズの債券トレーダーとして働き、1980年代初めには国内債券取引グループのトップとなり、1988年に副社長に就任。1994年に、コネチカット州グリニッジにLTCM（ロングターム・キャピタル・マネジメント）を設立したが、1998年に破綻。

神経伝達物質（Neurotransmitter） 電気的刺激を受けて軸索終末から放出される化学物質。シナプス間隙に放出されると後シナプス細胞の受容体と結びつき、二次ニューロンの電気的反応や遺伝的反応のスピードを刺激する。興奮性の神経伝達物質は次のニューロンを活性化させる可能性があるが、抑制性の神経伝達物質は次のニューロンを非活性化させる可能性がある。

神経の可塑性（Neuroplasticity） 脳の機能は段階を追って変化するという考え。一般に、脳回路の使用が増えるとそれぞれの結びつきが強くなるが、使用が減ると結びつきは弱くなる。

身体的（Somatic） 人間の肉体に関連すること。

信念（Belief） 論理的に真実であるとされる考え。

信頼（Trust） 他人は誠実であり、当てにできると信じること。

などについて被験者に質問すると、ほとんどが自分は平均以上だと答える。「評価の誤り」では、自分の知識の精度を過大評価する。また、ランダムで独立した出来事を自分がコントロールできると信じる（「自己関与の幻想」）ことも自信過剰のひとつ。

自制心（Self-control）　衝動や本能に断固として立ち向かい、あらかじめ決めた計画に従う資質。

視床下部－下垂体－副腎皮質系（HPA系）（Hypothalamic-pituitary-adrenal axis）　神経内分泌系の主な部分であり、ストレスに対する反応を制御する。腺、ホルモン、中脳の相互作用を促し、汎適応症候群に影響する。

シナプス（Synapse）　２つのニューロン間の隙間（シナプス間隙）に神経伝達物質が放出される。

囚人のジレンマ（Prisoner's dilemma）　古典的なゲーム理論。脱獄を図ったが失敗に終わった２人の囚人がいる。看守から個別に質問され、共犯者を「裏切って」密告するか、共犯者と「協調」して黙秘するかの選択肢に迫られる。共犯者が協調して自分が裏切った場合に最も高い報酬が得られるが、両者が協調した場合の報酬は中程度、共犯者が裏切って自分が協調した場合の報酬が最も低い。

集団行動（Herding）　自分の知識ではなく、他人の観測に基づいて多くの投資家が同じ選択をすること。

証券（Security）　株式、デリバティブ、商品先物。

情緒不安定性（Neuroticism）　ストレスに敏感で、悲観的な考えを持つ傾向があるパーソナリティー。

情動（Affect）　感情、特に顔の表情やボディランゲージで表される心の状態。感情に関連する精神的経験全体を指すこともある。態度、嗜好、感情、気分などはすべて情動のプロセスで生じる。

めの被験者とのお金の分配を決められる。２人めの被験者がこの分配を不服とすると、両者とも報酬を受け取ることができない。２人めの被験者がこの分配を受け入れると、両者ともその分配どおりに報酬を受け取ることができる。

先物取引（Futures contract）　将来の決められた期日に一定価格で商品または証券を購入する権利を与える派生商品。

サミュエル・クレメンズ（Clemens, Samuel）　マーク・トウェインの本名。アメリカの小説家、ユーモア作家。

ジェームズ・クレイマー（Cramer, James）　ジャーナリスト、元ヘッジファンドマネジャー、ザ・ストリート・ドット・コムの創始者、CNBC『マッドマネー』のホスト。

時間選好（Discounting）　のちの大きな報酬よりも、身近な小さな報酬を好む。

自己関与の幻想（Illusion of control）　自分が結果に影響を及ぼすことができる、という信念。選択肢が多いとき、タスクの初めの段階で成功を収めたとき（コイントスのゲームなど）、自分がよく知っているタスクに携わるとき、情報の量が多いとき、個人的にかかわりがあるときなどに、自己関与の幻想が生じる。

自己帰属バイアス（Self-attribution bias）　良い結果は自分のスキルのおかげ、悪い結果は運のせいにする考え。

自己統制（Self-regulation）　目標を達成するという意思を持って努力し、自分を自動的に調整すること。

自信（Confidence）　確信、疑いのないこと、自分の能力を信じること。

自信過剰（Overconfidence）　自信過剰にはいくつかのタイプがある。例えば「平均以上」効果では、運転技術、身体能力、経営能力

えば、怖いという気持ちになると、それを恐怖の感情だと認識する。すべての気持ちが感情に結びつくわけではないが、意識的な感情経験はすべて気持ちから生じる。

恐怖（**Fear**）　危険を予期することで引き起こされる強い不快な感情。

勤勉性（**Conscientiousness**）　目標達成に向けて計画を立てて準備し、目標追求のためのルールに従い、衝動を抑える傾向のあるパーソナリティー。

グルココルチコイド（**Glucocorticoids**）　ストレスを感じると分泌されるステロイドホルモン。ストレスホルモンのコルチゾールもグルココルチコイドの一種。

権威（**Authority**）　最も信頼できる見解を持つとされる専門家。

「五因子」（**"Big Five"**）　パーソナリティーの「五因子」は、情緒不安定性、外向性、開放性、協調性、勤勉性で構成される。実験的調査で明らかになった個人の特徴を５つに分類したものであり、あくまでも記述的モデルであって理論・学説ではない。

交感神経系（**Sympathetic nervous system**）　覚醒や緊急の身体的反応に関連する自律神経系のひとつ。

興奮（**Excitement**）　高揚感。活力にあふれた陽気な喜びの感情。

強欲（**Greed**）　必要以上に取得または所有したい（特に、物質的）という強い望み。

コンパレーター（**比較器**）（**Comparator**）　目標達成に向けて期待される進捗状況と、実際の進捗状況を比べるときに使用する脳の回路。比較した結果、何らかの感情が生まれる。

最後通牒ゲーム（**Ultimatum game**）　経済学の実験ゲーム。２人の被験者が匿名で一度だけ報酬の受け渡しを行う。１人めは、２人

ケロッグ経営大学院の助教授。かつてはスタンフォード大学院金融学部で学び、脳機能イメージングの実験や行動的投資配分戦略（BIAS）タスクを設計。

眼窩前頭皮質（Orbital frontal cortex, OFC） 意思決定などの認知プロセスに関連する脳の皮質の領域。前頭葉のなかでも眼窩の上にあることからこの名称がつけられた。

感情（Emotion） 心理学的には、個人の内（身体的）と外（社会的）の感覚に基づく精神状態を意味する。幸せ、悲しみ、怒り、高揚、いら立ち、喜びなども感情の一種である。

感情の防衛メカニズム（Emotional defense mechanism） 自分の内外のストレス要因や危険から生じる不安を防衛する自動的な心理プロセス。感情の対立や外部のストレス要因に対する自分の反応を仲介する。投影、分離、同一化など、精神医学的に不適応なメカニズムもある。

期待される価値（Expected value） （特にギャンブルで）ランダムな変数の期待される価値は、考えられる結果にそれぞれの報酬（価値）を掛けた確率の合計。つまり、オッズ（確率）が同じ賭けが何度も繰り返された場合、賭けに１回勝ったときに「期待される」平均金額のこと。

機能的磁気共鳴画像法（Functional magnetic resonance imaging, fMRI） fMRIを利用すると、脳の小さな領域（２立方ミリメートル）の脳の活動の変化を短時間間隔（２秒）で測定することができる。脳の活動の変化は、代謝部位、組織の酸素使用、血流（血液酸素濃度依存性＝BOLD＝シグナル）の変化から分かる。

希望（Hope） 願いが満たされるという感情。

気持ち（Feelings） 感情を認識するのに影響する意識的経験。例

オプション（Option）　オプションの買い手は将来の特定の期日（満期日）かその日よりも前に特定の価格で証券などを買う権利を有し、一方、売り手は一定の価格で売る義務がある取引のこと。つまり、買い手には権利、売り手には義務がある。買い手が支払う金額をプレミアムと呼ぶ。

思い上がり（Hubris）　いったん成功を収めた人が、その後のリスクに対する心構えや注意を怠ること。思い上がりは、損失の前触れでもある。

価（Valence） ポジティブとネガティブの双極の感情。

外向性（Extraversion）　社交的で楽観的だと特徴付けられるパーソナリティー。

海馬（Hippocampus）　辺縁系の脳の領域で、学習と記憶をつかさどる。

開放性（Openness）　伝統的・現実的なパーソナリティーと対照をなし、想像力・創造力にあふれ、新しい経験を受け入れるパーソナリティー。

覚醒（Arousal）　生理的な活性化。発汗、震え、強い警戒、瞳孔の拡張、興奮といった身体的兆候が見られることが多い。

株価収益率（Price-to-earnings, P/E ratio）　会社の収益に対する株価の割合。

株式市場（Stock market）　一般的には、物質的交換、電子的取引、あるいは店頭での売買など、さまざまな形態で証券を取引する場。「証券取引所」は株式市場の特別な形態で、ＮＹＳＥ（ニューヨーク証券取引所）やナスダック、アメリカ証券取引所など、株式や債券の売買が行われる施設を指す。

カメリア・クーネン（Kuhnen, Camelia）　ノースウェスタン大学

インプライドボラティリティ（Implied volatility）　オプションのプレミアムから将来の変動率を予測した数値。ヒストリカルボラティリティが過去のデータに基づいているのに対し、インプライドボラティリティは現在のポートフォリオのリスクから測定する。

ウォーレン・バフェット（Buffet, Warren）　1930年８月30日生まれのアメリカ人投資家、実業家。本書執筆時、世界長者番付第２位で、その資産は450億ドルを超える。

内側前頭前皮質（Medial prefrontal cortex、MPFC）　前頭葉の内側の灰白質。嗜好、信頼、選好に関連すると考えられる。

うわさ（Rumor）　口コミなどで広がった、証明されない不確かな情報。他人から聞いただけの情報。風聞。出所と正確さがあいまいで、小集団内に広がる。

エクイティプレミアム・パズル（Equity premium puzzle）　長期的に判断して債券よりも株式のほうがハイリターン（ほぼ６％高い）だとする考え方。エコノミストは、リスクの高い株式に投資したいという投資家の要望を反映し、裁定機会によってリターンの差が小さくなるだろうと予測する。

エクイティリスクプレミアム（Equity risk premium）　株式が債券を上回ると予測される金額。

エピネフリン（アドレナリン）（Epinephrine）　脳神経系の神経伝達物質、およびストレスを感じると、交感神経系が活性化され、副腎皮質より放出されるホルモン。

オピエート（オピオイド）（Opiate）　痛みと中枢神経系の活動を抑制する抗欝剤。処方薬にはモルヒネ、メペリジン（商品名——デメロール）、メサドン、コデインなどがあり、咳や痛みを和らげる。違法オピオイドにはヘロインがある。

用語解説

アービトラージ（裁定）（Arbitrage）　金利差や価格差を利用して、証券をあるマーケットで買うと同時に、別のマーケット売って、利ざやを稼ぐ取引。

あいまいさ（Ambiguity）　感情の対立や態度の相反など、複数の意味が考えられる状態。

（金融）アナリスト（Analyst）　企業について調査し、財務諸表を分析し、企業経営陣にインタビューを行い、投資委員会に出席して、さまざまな株式の投資推奨（買い、売り、保有）を行うプロ。証券アナリストまたは投資アナリストとも呼ばれる。

アンフェタミン（Amphetamines）　ノルエピネフィリンおよびドーパミンのニューロンによる再取り込みを阻止し、シナプス間隙のこれらの神経伝達物質量を増やす覚醒剤。メチルフェニデート（商品名――リタリン、コンサータなど）やデキストロアンフェタミン（商品名――アデラル）などは、注意欠陥・多動性障害（ADHD）の治療に用いられる。メタンフェタミン（Dアンフェタミン）は製造が簡単であり、娯楽目的で使用されることもある。依存症になると、自信過剰、陶酔感、性的興奮、スタミナ増強、不眠症などの症状が見られる。1950年代から60年代にかけては「元気回復」のために多く処方されていたが、現在ではFDA（食品医薬品局）スケジュール２薬物に分類されている（処方および政府許可においてのみ使用が可能）。

意思決定（Decision Making）　複数の選択肢のなかから一定の行動を選ぶ認知プロセス。

11. Kothari, S. P., and J. Shanken. 2002. "Anomalies and Efficient Portfolio Formation," The Research Foundation of AIMR Publications.
12. Trueman, B., F. M. H. Wong, and X-J. Zhang. 2003. "Anomalous Stock Returns around Internet Firms' Earnings Announcements." *Journal of Accounting and Economics* 34(1) (January): 249–271(23).
13. Peterson, R. 2002. "'Buy on the Rumor:' Anticipatory Affect and Investor Behavior." *Journal of Psychology and Financial Markets* 3(4), 218–226.
14. Peterson R. 2005. "Buy on the Rumor and Sell on the News." In Ong, M. (ed.), *Risk Management*. New York: Academic Press: pp. 677–698.
15. "LGT Investment Products—Active Management and Innovative Investment Philosophies." Downloaded on October 1, 2006, from: www.lgt-capital-management.com/cm/en/anlagefonds/.
16. "Investorama 2006." Downloaded on December 1, 2006, from: www.lgt-capital-management.com/cm/en/downloads/dok_marktinformationen/Investorama_1206_en.pdf.
17. http://mba.tuck.dartmouth.edu/pages/faculty/ken.french/data_library.html.
18. "Dimensions." Downloaded on October 1, 2006, from: www.dfaus.com/philosophy/dimensions/.
19. Thaler, R., and S. Benartzi. 2004. "Save More Tomorrow: Using Behavioral Economics to Increase Employee Saving." *Journal of Political Economy* 112: S164–S187.

21. See note 19.
22. deCharms, R., F. Maeda, G. Glover, et al. 2005. "Control over Brain Activation and Pain Learned by Using Real-Time Functional MRI." *Proceedings of the National Academy of Sciences* 102(51) (December 20): 18626–18631.
23. Ibid.
24. Mangels, J. A., B. Butterfield, J. Lamb, C. Good, and C. S. Dweck. 2006. "Why do beliefs about intelligence influence learning success? A social cognitive neuroscience model." *Social Cognitive and Affective Neuroscience.* 1(2): 75–86.
25. Bronson, P. 2007. "How Not to Talk to Your Kids: The Inverse Power of Praise." *New York Magazine*, February 19.

第23章　行動ファイナンス投資

1. エドウィン・ルフェーブル著『欲望と幻想の市場――伝説の投機王リバモア』（東洋経済新報社）
2. スティーブン・ドロブニー著『市場成功者たちの内幕物語』（晃洋書房）
3. "Brazil and the IMF: A Matter of Faith." *The Economist*, August 15, 2002.
4. Li, F., 2006. "Do Stock Market Investors Understand the Risk Sentiment of Corporate Annual Reports?" April 21. Available at SSRN: http://ssrn.com/abstract=898181.
5. Fama, E., and K. French. 1992. "The Cross-Section of Expected Stock Returns," *Journal of Finance* 47(2): 427–465.
6. Jegadeesh, N., and S. Titman. 1993. "Returns to Buying Winners and Selling Losers: Implications for Stock Market Efficiency." *Journal of Finance* 48(1): 65–91.
7. Watkins, B. 2004. "Riding the Wave of Sentiment: An Analysis of Return Consistency as a Predictor of Future Returns." *Journal of Behavioral Finance*, April.
8. Lee, C., and B. Swaminathan. 2000. "Price Momentum and Trading Volume." *Journal of Finance* 55(5) (October): 2017.
9. Chan, W. 2002. "Stock Price Reaction to News and No-News. Drift and Reversal after Headlines." Cambridge: MIT Sloan School of Management, working paper. Downloaded on September 1, 2006, from: http://jfe.rochester.edu/02207.pdf.
10. DeBondt, W., and R. Thaler. 1985. "Does the Stock Market Overreact?" *Journal of Finance* 40: 793–805.

6. See note 3.
7. Center for Mindfulness in Medicine, Health Care, and Society (CFM). 2006. "Mindfulness-Based Stress Reduction Program Brochure." www.umassmed.edu/cfm/srp/.
8. Davidson, R. J., J. Kabat-Zinn, J. Schumacher, et al. 2003. "*Psychosomatic Medicine* 65: 564–570.
9. Speca, M., L. Carlson, E. Goodey, and M. Angen. 2000. "A Randomized, Wait-List Controlled Clinical Trial: The Effect of a Mindfulness Meditation-Based Stress Reduction Program on Mood and Symptoms of Stress in Cancer Outpatients." *Psychosomatic Medicine* 62: 613–622.
10. Schwartz, G. E., R. J. Davidson, and D. J. Goleman. 1978. "Patterning of Cognitive and Somatic Processes in the Self-Regulation of Anxiety: Effects of Meditation versus Exercise." *Psychosomatic Medicine* 40: 321–328.
11. Arnold, L. E. 2001. "Alternative Treatments for Adults with Attention-Deficit Hyperactivity Disorder (ADHD)." *Annals of the New York Academy of Sciences* 931 (June): 310–341.
12. Kristeller, J., and T. Johnson. 2003. "Cultivating Loving-Kindness: A Two-Stage Model for the Effects of Meditation on Compassion, Altruism and Spirituality. Portions presented at the conference: Works of Love: Scientific and Religious Perspectives on Altruism." Villanova University, Villanova, Pennsylvania, June 3.
13. Murphy, S., and D. Hirschhorn. 2001. *The Trading Athlete: Winning the Mental Game of Online Trading.* New York: John Wiley & Sons, p. 52.
14. Ibid.
15. Steenbarger, B. 2005. "How Experts Make Decisions Under Uncertainty —Part II." BrettSteenbarger.com, July 30. www.brettsteenbarger.com/articles.htm
16. Cymbalista, F., and D. MacRae. 2004. "George Soros: How He Knows What He Knows: Part 1: The Belief in Fallibility." *Stocks, Futures, and Options*, March 8.
17. Personal e-mail correspondence, May 2006.
18. Lyubomirsky, S., K. M. Sheldon, and D. Schkade. 2005. "Pursuing Happiness: The Architecture of Sustainable Change." *Review of General Psychology* 9: 111–131.
19. Sheldon, K., and S. Lyubomirsky. 2006. "How to Increase and Sustain Positive Emotion: The Effects of Expressing Gratitude and Visualizing Best Possible Selves." *Journal of Positive Psychology* 1: 73–82.
20. Lyubomirsky, S., C. Tkach, and M. R. DiMatteo. 2006. "What Are the Differences between Happiness and Self-Esteem? *Social Indicators Research* (September) v78, n3, 363–404.

10. Dijkers, M. 1997. "Quality of Life after Spinal Cord Injury: A Meta Analysis of the Effects of Disablement Components." *Nature* 35(12): 829–840.
11. Lyubomirksy, S., L. Sousa, and R. Dickerhoof. 2006. The Costs and Benefits of Writing, Talking, and Thinking about Life's Triumphs and Defeats. *Journal of Personality and Social Psychology* 90: 692–708.
12. Begley, S. 2004. "Scans of Monks' Brains Show Meditation Alters Structure, Functioning." *Wall Street Journal: Science Journal*, November 5.
13. Lutz, A., L. Greischar, N. Rawlings, et al. 2004. *Proceedings of the National Academy of Sciences* 101(46) (November 16): 16369–16373.
14. See note 12.
15. Cook, M. 2006. 'What Makes a Trader Successful." Handout at the Technical Securities Analysts of San Francsico Annual Conference.
16. Raschke, L. B. 1999. "Swing Trading: Rules and Philosophy." Downloaded on October 9, 1999, from: www.mrci.com/lbr/swgrules/index.cfm.
17. See note 15.
18. Steenbarger, B. 2005. "Trading Journals that Work." BrettSteenbarger.com, July 30. Downloaded on October 1, 2006, from: www.brettsteenbarger.com/articles.htm.
19. Steenbarger B. 2005. "When Trading Journals Don't Work." Trade2Win.com. August 18. Downloaded on October 1, 2006, from: www.trade2win.com/knowledge/articles/general%20articles/when-trading-journals-dont-work.

第22章　行動を変える方法

1. ジュディス・S・ベック著『認知療法実践ガイド 基礎から応用まで――ジュディス・ベックの認知療法テキスト』（星和書店）
2. Shannahoff-Khalsa, D. S. 2004. "An Introduction to Kundalini Yoga Meditation Techniques that Are Specific for the Treatment of Psychiatric Disorders." *Journal of Alternative and Complementary Medicine* 10(1) (February): 91–101.
3. Woolery, A., H. Myers, B. Sternlieb, and L. Zeltzer. 2004. "A Yoga Intervention for Young Adults with Elevated Symptoms of Depression." *Alternative Therapies in Health and Medicine* 10(2) (March-April): 60–63.
4. Jensen, P. S., and D. T. Kenny. 2004. "The Effects of Yoga on the Attention and Behavior of Boys with Attention-Deficit/Hyperactivity Disorder (ADHD)." *Journal of Attention Disorders*7(4) (May): 205–216.
5. Sharma, K., and V. Shukla. 1988. "Rehabilitation of Drug-Addicted Persons: The Experience of the Nav-Chetna Center in India." *Bulletin on Narcotics* 40(1): 43–49.

29. Liu, Y-J., C-L. Tsai, M-C. Wang, and N. Zhu. 2006. "House Money Effect: Evidence from Market Makers at Taiwan Futures Exchange" (April). http://faculty.gsm.ucdavis.edu/~nzhu/papers/housemoney.pdf.
30. Locke, P. R., and S. C. Mann. 2004. "Prior Outcomes and Risky Choices by Professional Traders." Working paper. http://home.gwu.edu/~plocke/prioroutcomes.pdf.
31. Chen, G., O. Rui, and Y. Xu. 2006. "When Will Investors Herd?: Evidence from the Chinese Stock Markets." Working paper, School of Management, The University of Texas at Dallas, November 2003. http://ccfr.org.cn/cicf2005/paper/20050113024448.pdf.
32. Ng, L., and F. Wu. 2006. "Peer Effects in Investor Trading Decisions: Evidence from a Natural Experiment." Working paper. https://wpweb2.tepper.cmu.edu/wfa/wfasecure/upload/2006_5.768332E+07_PeerEffects_WFA05.pdf.

第21章　感情管理

1. Kasser, T., and R. M. Ryan.1996 "Further Examining the American Dream: Differential Correlates of Intrinsic and Extrinsic Goals." *Personality and Social Psychology Bulletin* 22(3): 280–287.
2. Farrell, P. "Bobby Badfingers' Big Secret about Retiring!" Marketwatch.com. Last update: 5:36 P.M. ET, August 2, 2006. www.marketwatch.com/News/Story/Story.aspx?guid=%7B6A52568C-C650-4AFA-B654-407520B4EA6D%7D&siteid=mktw.
3. McCall, R. D. 1997. *Way of Warrior Trader: The Financial Risk-Taker's Guide to Samurai Courage, Confidence and Discipline*. New York: McGraw-Hill.
4. Ritholtz, B. 2005. "Apprenticed Investor: The Zen of Trading." RealMoney.com. Published online June 1, 2005, 11:37 A.M. EDT. www.thestreet.com/comment/barryritholtz/10226021.html.
5. Vohs, K. D., N. L. Mead, and M. R. Goode. 2006. "The Psychological Consequences of Money." *Science* 314(5802) (November 17): 1154–1156.
6. Lykken, D., and A. Tellegen. 1996. "Happiness Is a Stochastic Phenomenon." *Psychological Science* 7(3): 186–189.
7. Diener, E., E. Suh, R. Lucas, and H. Smith. 1999. "Subjective Well-Being: Three Decades of Progress." *Psychological Bulletin* 125(22): 276–302.
8. Frederick, S., and G. Loewenstein. 1999. "Hedonic Adaptation." *Well-Being: The Foundations of Hedonic Psychology*. Russell Sage Foundation Press: New York City.
9. Brickman, P., D. Coates, and R. Janoff-Bulman. 1978. "Lottery Winners and Accident Victims: Is Happiness Relative?" *Journal of Personality and Social Psychology* 36: 917–927.

13. Marschner, A., T. Mell, I. Wartenburger, et al. 2005. "Reward-Based Decision-Making and Aging." *Brain Research Bulletin* 67(5) (November 15): 382–390 (Epub July 11, 2005).
14. See note 8.
15. Reyna, V. R. 2004. "How People Make Decisions that Involve Risk: A Dual-Processes Approach." *Current Directions in Psychological Science* 13: 60–66.
16. Kuhnen, C., and B. Knutson. 2006. Presentation by Camelia Kuhnen to the Stanford Institute of Theoretical Economics (SITE) conference. August 14, Stanford University.
17. Schaie, K. W. 2005. "What Can We Learn From Longitudinal Studies of Adult Development?" *Research in Human Development* 2(3): pp. 133–158.
18. Schaie, K. W. 2005. *Developmental Influences on Adult Intelligence: The Seattle Longitudinal Study.* New York: Oxford University Press, p. 127.
19. Ibid.
20. Tueth, M. J. 2000. "Exposing Financial Exploitation of Impaired Elderly Persons." *American Journal of Geriatric Psychiatry* 8 (May): 104–111.
21. Weber, E. U., C. K. Hsee, and J. Sokolowska. 1998. "What Folklore Tells Us about Risk and Risk Taking: Cross-Cultural Comparisons of American, German, and Chinese Proverbs." *Organizational Behavior and Human Decision Processes* 75(2) (August): 170–186.
22. Fan, J. X., and J. J. Xiao. 2003. "Cross-Cultural Differences in Risk Tolerance: A Comparison between Chinese and Americans." *Consumer Interest Annual* 49. The proceedings of the 49th annual conference. April 2–5, 2003 (Atlanta, GA).
23. See note 12.
24. See note 18.
25. Lau, L-Y., and R. Ranyard. 2005. "Chinese and English Probabilistic Thinking and Risk Taking in Gambling." *Journal of Cross-Cultural Psychology* 36: 621–627.
26. Weber, E., D. Ames, and A-R. Blais. 2005. "'How Do I Choose Thee? Let Me Count the Ways: A Textual Analysis of Similarities and Differences in Modes of Decision Making in the USA and China." *Management and Organization Review* 1(1) (March): 87–118.
27. Chen, G. M., K. A. Kim, J. R. Nofsinger, and O. M. Rui. 2005. "Behavior and Performance of Emerging Market Investors: Evidence from China." (Version: October 2005). Unpublished Washington State University working paper. www.darden.virginia.edu/batten/emipm/PDFs/EmergMarkConf_Chinese_Behavior.pdf.
28. Ibid.

22. Atkins, A., and E. Dyl. 1990. "Price Reversals, Bid-Ask Spreads, and Market Efficiency." *Journal of Financial and Quantitative Analysis* 25: 535–547.
23. George, T. J., and C. Y. Hwang. 1995. "Transitory Price Changes and Price-Limit Rules: Evidence from the Tokyo Stock Exchange." *Journal of Financial and Quantitative Analysis* 30: 313–327.
24. See note 20.

第20章　年齢、性別、文化

1. Canli, T., J. E. Desmond, Z. Zhao, and J. Gabrieli. 2002. "Sex Differences in the Neural Encoding of Emotional Experiences." Proceedings of the National Academy of Sciences 99(16): 10789–10794.
2. Hamann, S., and T. Canli. 2004. "Individual Differences in Emotion Processing." *Current Opinion in Neurobiology* 14: 233–238.
3. Shansky, R. M., K. Rubinow, A. Brennan, and A. F. Arnsten. 2006. "The Effects of Sex and Hormonal Status on Restraint-Stress-Induced Working Memory Impairment." *Behavior and Brain Function* 7(2) (March): 8.
4. Amin, Z., C. N. Epperson, R. T. Constable, and T. Canli. 2006. "Effects of Estrogen Variation on Neural Correlates of Emotional Response Inhibition." *Neuroimage*, April 25 (Epub ahead of print).
5. Rilling, J., D. Gutman, T. Zeh, et al. 2002. "A Neural Basis for Social Cooperation." *Neuron* 35: 395–405.
6. de Quervain, D. S., U. Fischbacher, V. Treyer, et al. 2004. "The neural basis of altruistic punishment." Science. 305(5688) (August 27): 1254–1258.
7. Odean, T., and B. Barber. 2001. "Boys Will Be Boys: Gender, Overconfidence, and Common Stock Investment." *Quarterly Journal of Economics* 116(1) (February): 261–292.
8. Ibid.
9. Nicholson, N., M. Fenton-O'Creevy, E. Soane, and P. Willman. 2006. "Risk Propensity and Personality." http://facultyresearch.london.edu/docs/risk.ps.pdf.
10. Miller, E. K. 2000. "The Prefrontal Cortex and Cognitive Control." *Nature: Review of Neuroscience* 1: 59–65.
11. Williams, L. M., K. J. Brown, D. Palmer, et al. 2006. "The Mellow Years?: Neural Basis of Improving Emotional Stability over Age." *Journal of Neuroscience* 26(24) (June 14): 6422–6430.
12. Hedden, T., and J. D. Gabrieli. 2005. "Healthy and Pathological Processes in Adult Development: New Evidence from Neuroimaging of the Aging Brain." *Current Opinion in Neurology* 18(6) (December): 740–747.

6. Slovic, P., and B. Fischhoff. 1977. "On the Psychology of Experimental Surprises." *Journal of Experimental Psychology: Human Performance and Perception.* 3: 544–551.
7. Knutson, B., and J. C. Cooper. 2006. "The Lure of the Unknown." *Neuron* 51: 280–282.
8. Schweitzer, J. B., D. O. Lee, R. B. Hanford, et al. 2004. "Effect of Methylphenidate on Executive Functioning in Adults with Attention-Deficit/Hyperactivity Disorder: Normalization of Behavior but Not Related Brain Activity." *Biological Psychiatry* 56(8) (October 15): 597–606.
9. Knutson, B., J. M. Bjork, G. W. Fong, et al. 2004. "Amphetamine Modulates Human Incentive Processing." *Neuron* 43: 261–269.
10. Scheres, A., M. P. Milham, B. Knutson, and F. X. Castellanos. 2007. "Ventral Striatal Hyporesponsiveness during Reward Prediction in Attention-Deficit/Hyperactivity Disorder." *Biological Psychiatry.* (March 1) 61(5):720–724.
11. 11. Cooper, M., H. Gulen, and P. R. Rau. 2005. "Changing Names with Style: Mutual Find Name Changes and Their Effects on Fund Flows." *Journal of Finance* 60(6) (December): 2825–2858.
12. Head, A., G. Smith, and J. Wilson. 2006. "Would a Stock by Any Other Ticker Smell as Sweet?" Working paper. www.economics.pomona.edu/GarySmith/Econ190/tickers.pdf#search=%22Would%20a%20Stock%20By%20Any%20Other%20Ticker%20Smell%20as%20Sweet%3F%22.
13. Valentino, J. 2006. "Does Stock by Any Other Name Smell as Sweet?" *Wall Street Journal,* September 28, p. C1.
14. Alter, A. A., and D. M. Oppenheimer DM. 2006. "Predicting Short-Term Stock Fluctuations by Using Processing Fluency." *Proceedings of the National Academy of Sciences* 103: 9369–9372 (published online before print June 5 2006, 10.1073/pnas.0601071103).
15. Ibid.
16. See note 12.
17. Busse, J., and T. Green. 2002. "Market Efficiency in Real Time." *Journal of Financial Economics* 65: 415–437.
18. Barber, B. M., and T. Odean. 2005. "All that Glitters: The Effect of Attention and News on the Buying Behavior of Individual and Institutional Investors" (March 2006). EFA 2005 Moscow Meetings Paper. Available at SSRN: http://ssrn.com/abstract=460660.
19. Hirshleifer, D., J. N. Myers, L. A. Myers, and S. H. Teoh. 2004. "Do Individual Investors Drive Post-Earnings Announcement Drift? Direct Evidence from Personal Trades." Working paper, EconWPA.
20. Seasholes, M., and G. Wu. 2006. "Predictable Behavior, Profits, and Attention." Working paper. http://faculty.haas.berkeley.edu/mss/
21. Amihud, Y., and H. Mendelson. 1987. "Trading Mechanisms and Stock Returns: Empirical Investigation." *Journal of Finance* 42(3): 533–553.

22. See note 18.
23. Data obtained from Hersh Shefrin PowerPoint presentation to the 2005 T. Rowe Price Investment Symposium.
24. Chiu, Y-C., C-H. Lin, J-T. Huang, et al. 2005. "Immediate Gain Is Long-Term Loss: Are There Foresighted Decision Makers in Iowa Gambling Task?" Paper presented at the Society for Neuroeconomics 3rd Annual Meeting, Kiawah Island, South Carolina, September 15–18.
25. Chiu Y-C, C-H. Lin, S. Lin, and J-T. Huang. 2006. "Reexamining the Effect of Long-Term Outcome and Gain-Loss Frequency: From Uncertainty to Certainty." Paper presented at the Society for Neuroeconomics 4th Annual Meeting, Park City, Utah.
26. See note 24.
27. See note 25.
28. Personal communication with Ching-Hung Lin at the 4th Annual Meeting of Society of Neuroeconomics, Park City, Utah.
29. Delgado, M. R., M. M. Miller, S. Inati, and E. A. Phelps. 2005. "An fMRI Study of Reward-Related Probability Learning." *NeuroImage*, 24(3): 862–873.
30. Kaestner, M. 2006. "Investors Misreaction to Unexpected Earnings: Evidence of Simultaneous Overreaction and Underreaction" *ICFAI Journal of Behavioral Finance* 3(1) (March). Available at SSRN: http://ssrn.com/abstract=877246.
31. Gladwell, M. 2002. "Blowing Up." *The New Yorker*, April 22–29, 2002. www.gladwell.com/2002/2002_04_29_a_blowingup.htm.
32. Ibid.

第19章　注目と記憶

1. Kumar, A., and R. Dhar. 2001. "A Non-Random Walk Down the Main Street: Impact of Price Trends on Trading Decisions of Individual Investors." Yale School of Management Working Papers ysm208, Yale School of Management.
2. Welch, I. 2000. "Views of Financial Economists on the Equity Premium and Other Issues." *Journal of Business* 73(4) (October): 501–537.
3. Welch I. 2001. "The Equity Premium Consensus Forecast Revisited" (September). Cowles Foundation Discussion Paper No. 1325. Available at SSRN: http://ssrn.com/abstract=285169.
4. Adcock, R. A., A. Thangavel, S. Whitfield-Gabrieli, et al. 2006. "Reward-Motivated Learning: Mesolimbic Activation Precedes Memory Formation." *Neuron* 50: 507–517.
5. Hassabis, D., D. Kumaran, S. D. Vann, and E. A. Maguire. 2007. "Patients with hippocampal amnesia cannot imagine new experiences." *Proceedings of the National Academy of Sciences* 104: 1726–1731.

第18章　チャート作成とデータマイニング

1. カール・セーガン著『サイエンス・アドベンチャー』（新潮社）
2. マイケル・ルイス著『マネー・ボール』（ランダムハウス講談社文庫）
3. Leinweber, D. 1997. "Stupid Data Mining Tricks: Over-fitting the S&P 500." First Quadrant Monograph.
4. "Keeping Cool Amid Global Strife." *Wall Street Journal*, Money and Investing, July 17, 2006, p. C1.
5. Goldstein, S. 1994. "Watch What You're Thinking!" *Skeptical Inquirer*, June 22.
6. Ibid.
7. Osler, C., and K. Chang. 1995. "Head and Shoulders: Not Just a Flaky Pattern." Federal Reserve Bank of New York. Staff Report No. 4.
8. Lo, A., H. Mamaysky, and J. Wang. 2000. "Foundations of Technical Analysis: Computational Algorithms, Statistical Inference, and Empirical Implementation." *Journal of Finance* 55: 1705–1765.
9. Ibid.
10. Ibid., p. 11.
11. DeBondt, W. 1993. "Betting on Trends: Intuitive Forecasts of Financial Risk and Return." *International Journal of Forecasting* 9(3) (November): 355–371.
12. Schachter, S., R. Ouellette, B. Whittle, and W. Gerin. "Effects of Trend and of Profit or Loss on the Tendency to Sell Stock." *Basic and Applied Social Psychology* 8: 259–271.
13. Johnson, J., G. Tellis, D. Macinnis. 2005. "Winners. Losers, and Biased Trades" *Journal of Consumer Research*, v32, September, pp324–329.
14. Trope, Y., and Liberman, N. 2003. "Temporal Construal." *Psychological Review*. 110(3): 403–421.
15. Mussweiler, T., and K. Schneller. 2003. "What Goes up Must Come Down"—How Charts Influence Decisions to Buy and Sell Stocks." *Journal of Behavioral Finance* 4,(3): 121–130.
16. Ibid.
17. Ibid.
18. Downloaded on October 1, 2006, from: www.irrationalexuberance.com/definition.htm.
19. ロバート・J・シラー著『投機バブル　根拠なき熱狂』（ダイヤモンド社）
20. Mankiw, N. G. 2000. "First Principles: How Irrational Is Our Exuberance?" *Fortune*, April 17.
21. Greenspan, A. 1996. "The Challenge of Central Banking in a Democratic Society." Speech presented to the Annual Dinner and Francis Boyer Lecture of The American Enterprise Institute for Public Policy Research, Washington, D.C., December 5. www.federalreserve.gov/BOARDDOCS/SPEECHES/19961205.htm.

2. チャールズ・マッケイ著『狂気とバブル――なぜ人は集団になると愚行に走るのか』（パンローリング）
3. Cialdini, R. 1993. *Influence: The Psychology of Persuasion.* New York: Quill-William Morrow, p. 116.
4. Solnick, S. J., and D. Hemenway D. 1998. "Is More Always Better? A survey on positional concerns." *Journal of Economic Behavior and Organization* 37(3): 373–383. The authors surveyed 155 students and 79 staff and faculty at Harvard's School of Public Health in 1995 to determine how important were positional concerns.
5. Cialdini, p. 118.
6. Warneryd, K-E. 2001. *Stock Market Psychology.* Northhampton, Mass.:
7. Edward Elgar Publishing, p. 220.
Das, S., A. Martinez-Jerez, and P. Tufano. 2005. "'e' Information: A Clinical Study of Investor Discussion and Sentiment." *Financial Management* 34(3): 103–137.
8. スタンレー・ミルグラム著『服従の心理』（河出書房新社）
9. Cialdini, p. 211.
10. Lefkowitz, M., R. Blake, and J. Mouton. 1955. "Status Factors in Pedestrian Violation of Traffic Signals." *Journal of Abnormal and Social Psychology* 51: 704–706.
11. Doob, A., and A. Gross. 1968. "Status of Frustrator as an Inhibitor of Horn-Honking Responses." *Journal of Social Psychology* 76: 213–218.
12. Cialdini, p. 218.
13. Berns, G. S., J. Chappelow, C. F. Zink, et al. 2005. "Neurobiological Correlates of Social Conformity and Independence during Mental Rotation." *Biological Psychiatry* 58(3) (August 1): 245–253.
14. Blodget, H. 2004. "Wall Street Self-Defense. Born Suckers: The Greatest Wall Street Danger of All: You." Slate.com, December 14.
15. Welch, I. 2000. "Herding among Security Analysts." *Journal of Financial Economics* 58(3) (December): 369–396.
16. "Wall Street Prophets." 2001. *60 Minutes II.* CBS, January 30.
17. Ibid.
18. Ibid.
19. Wermers, R. 1999. "Mutual Find Herding and the Impact on Stock Prices." *Journal of Finance* 54(2) (April): 581–622.
20. Hong, H., J. Kubik, and J. Stein. 2005. "Thy Neighbor's Portfolio: Word of Mouth Effects in the Holdings and Trades of Money Managers." *Journal of Finance.* 60(6): 2810–2824.
21. Chen, Q., and W. Jiang. 2006. "Analysts; Weighting of Private and Public Information." *Review of Financial Studies* 19(1): 319–355.
22. Shefrin, H. 2006. Behavioral Corporate Finance: Decisions that Create Value." McGraw-Hill Irwin: New York, p. 154.

7. Mischel, W., Y. Shoda, M. I. Rodriguez. 1989. "Delay of Gratification in Children." *Science* 244(4907) (May 26): 933–938.
8. Eigsti, I. M., V. Zayas, W. Mischel, et al. 2006. "Predicting Cognitive Control from Preschool to Late Adolescence and Young Adulthood." *Psychological Science* 17(6) (June): 478–484.
9. McClure, S. M., D. I. Laibson, G. Loewenstein, and J. D. Cohen. 2004. "Separate Neural Systems Value Immediate and Delayed Monetary Rewards." *Science* 304: 503–507.
10. Yang, Y., A. Raine, T. Lencz, et al. 2005. "Volume Reduction in Prefrontal Gray Matter in Unsuccessful Criminal Psychopaths." *Biological Psychiatry* 57(10) (May 15): 1103–1108.
11. See note 9.
12. Loewenstein, G. 1996. "Out of Control: Visceral Influences on Behavior." *Organizational Behavior and Human Decision Processes* 65: 272–292.
13. See note 9.
14. Henderson, M. 2006. "Why Say No to Free Money? It's Neuroeconomics, Stupid." *The Times*, London: October 7.
15. Giordano, L. A, W. K. Bickel, G. Loewenstein, et al. 2002. "Mild Opioid Deprivation Increases the Degree that Opioid-Dependent Outpatients Discount Delayed Heroin and Money." *Psychopharmacology* (Berlin) 163: 174.
16. Grant, J. E. "Outcome Study of Kleptomania Patients Treated with Naltrexone: A Chart Review." *Clinical Neuropharmacology* 28(1) (January–February): 11–14.
17. See note 4.
18. Chen, K., V. Lakshminarayanan, and L. Santos. 2006. "How Basic Are Behavioral Biases? Evidence from Capuchin Monkey Trading Behavior." *Journal of Political Economy*, June.
19. Ariely, D., J. Cohen, K. Ericson, et al. 2006. "Implementing Self-Control." Poster presentation at the Society for Neuroeconomics 2006 annual meeting. Park City, Utah.
20. See note 4.
21. Ariely, D., and K. Wertenbroch. 2002. "Procrastination, Deadlines, and Performance: Self-Control by Precommitment." *Psychological Science* 13(3): 219–224.
22. "Industry by Industry: The Stars, Their Stocks, and Their Latest Picks." *Wall Street Journal*, May 22, 2006, p. R3.

第17章　集団行動

1. ジャック・D・シュワッガー著『マーケットの魔術師【株式編】《増補版》――米トップ株式トレーダーが語る儲ける秘訣』（パンローリング）

23. スティーブン・ドロブニー著『市場成功者たちの内幕物語』（晃洋書房）
24. Ibid., p. 40.
25. Ibid., p. 42.
26. Ibid., p. 47.
27. Ibid., p. 48.
28. Ibid., p. 43.
29. Ibid., pp. 50–51.
30. ジャック・D・シュワッガー著『マーケットの魔術師――米トップトレーダーが語る成功の秘訣』（パンローリング）
31. Seasholes, M. S., and L. Feng. 2005. "Do Investor Sophistication and Trading Experience Eliminate Behavioral Biases in Financial Markets?" June 6. Available at SSRN: http://ssrn.com/abstract=694769.
32. "The Taming of the Shrewd." *The Economist*, May 6, 2000.
33. Ibid.
34. ジャック・D・シュワッガー著『マーケットの魔術師――米トップトレーダーが語る成功の秘訣』（パンローリング）
35. Ibid., p. 127.
36. Szala, G., and J. Reerink. 1994. "Tip-offs from Top Traders." *Futures*, July.
37. Cramer, J. C. 2000. "Cramer Rewrites 'The Trading Goddess' 10 Commandments.' The Street.com, March 11.

第16章　時間選好

1. Loewenstein, G., and J. S. Lerner. 2003. "The role of affect in decision making." In Davidson, R., H. Goldsmith, and K. Scherer (eds.), *Handbook of Affective Science*. Oxford: Oxford University Press, pp. 619–642.
2. Gray, J. R. 1999. "A Bias toward Short-Term Thinking in Threat-Related Negative Emotional States." *Personality and Social Psychology Bulletin* 25: 65–75.
3. Mitchell, J. M., H. Fields, M. D'Esposito, and C. Boettiger. 2005. "Impulsive Responding in Alcoholics: Neurobiological, Behavioral, and Environmental Relations to Drinking." *Alcoholism: Clinical & Experimental Research* 29(12) (December): 2158–2169.
4. Cohen, J. D. 2005. "The Vulcanization of the Human Brain: A Neural Perspective on Interactions between Cognition and Emotion." *Journal of Economic Perspectives* 19: 3–24.
5. Laibson, D., A. Repetto, and J. Tobacman. 2005. "Estimating Discount Functions with Consumption Choices over the Lifecycle." Working paper. Harvard University, August 11.
6. Ibid.

6. Chen, K., V. Lakshminarayanan, and L. Santos. 2006. "How Basic Are Behavioral Biases? Evidence from Capuchin Monkey Trading Behavior." *Journal of Political Economy*, June 2006.
7. Ibid.
8. Harbaugh, W. T., K. Krause, and L. Vesterlund. 2002. "Prospect Theory in Choice and Pricing Tasks," University of Oregon Economics Department Working Papers 2002–02, University of Oregon Economics Department, revised December 17, 2003.
9. Gneezy, U. 1997. "An experiment on Risk Taking and Evaluation Periods." *Quarterly Journal of Economics* 112: 631–645.
10. Shiv, B., G. Loewenstein, A. Bechara, et al. 2005. "Investment Behavior and the Negative Side of Emotion." *Psychological Science* 16(6).
11. Mehra, R. 2003. "The Equity Premium: Why Is It a Puzzle?" *Financial Analysts Journal*, January/February: 54–69.
12. Mehra, R., and E. C. Prescott. 1985. "The Equity Premium: A Puzzle." *Journal of Monetary Economics* 15(2) (March): 145–161.
13. Haigh, M., and J. List. 2005. "Do Professional Traders Exhibit Myopic Loss Aversion? An Experimental Analysis." *Journal of Finance* 60(1) (February): 523.
14. Benartzi, S., and R. Thaler. 1995. "Myopic Loss Aversion and the Equity Premium Puzzle," MIT Press, *Quarterly Journal of Economics*, 110(1) (February): 73–92.
15. Burton K. and J. Strasburg. 2006. "Amaranth's $6.6 Billion Slide Began With Trader's Bid to Quit." (December 6). Downloaded from: http://www.bloomberg.com/apps/news?pid=newsarchive&sid=aRJS57CQQbeE.
16. Ibid.
17. Ibid.
18. ニック・リーソン著『私がベアリング銀行をつぶした』（新潮社）
19. Thaler, R., and E. Johnson. 1990. "Gambling with the House Money and Trying to Break Even: The Effects of Prior Outcomes on Risky Choice." *Management Science* 36(6) (June): 643–660.
20. Personal e-mail communication with Hersh Shefrin, September 21, 2006. Shefrin commented: "The key driver of the shift in risk attitude is that the person segregates the two gains, the prior gain and the gain from the gamble. That kick from savoring the gains separately provides a psychological impetus to taking the gamble, given the cushion provided by the prior gain."
21. Liu, Y-J., C-L. Tsai, M-C. Wang, and N. Zhu. 2006. "House Money Effect: Evidence from Market Makers at Taiwan Futures Exchange" (April). http://faculty.gsm.ucdavis.edu/~nzhu/papers/housemoney.pdf.
22. Nicolosi, G., P. Liang, and N. Zhu. 2003. "Do Individual Investors Learn from Their Trading Experience?" Yale ICF Working paper No. 03–32.

7. Vergano, D. 2006. "Study: Ask with Care: Emotion Rules the Brain's Decisions." *USA Today*, August 7. pp. D4.
8. Ibid.
9. Locke, P. R., and S. C. Mann. 2000. "Do Professional Traders Exhibit Loss Realization Aversion?" (November). Available at SSRN: http://ssrn.com/abstract=251942 or DOI: 10.2139/ssrn.251942.
10. Odean, T. 1998. "Are Investors Reluctant to Realize Their Losses?" *Journal of Finance* 53(5) (October): 1775–1798.
11. Coval, J. D., T. Shumway. 2005. "Do Behavioral Biases Affect Prices?" *Journal of Finance*. 60(1) (February).
12. Brown, S., D. R. Gallagher, O. W. Steenbeck, and P. L. Swan. 2004. "Double or Nothing: Patterns of Equity Fund Holdings and Transactions." Working paper, New York University. Current Draft: May 1, 2005.
13. Genesove, D., and C. Mayer. 2001. "Loss Aversion and Seller Behavior: Evidence from the Housing Market," MIT Press, *Quarterly Journal of Economics*, 116(4) (November): 1233–1260.
14. Heath, C., S. Huddart, and M. Lang. 1999. "Psychological Factors and Stock Option Exercise." MIT Press, *Quarterly Journal of Economics*114(2) (May): 601–627.
15. See note 7.
16. Weber, M., and F. Welfens. 2006. "An Individual Level Analysis of the Disposition Effect: Empirical and Experimental Evidence" (May). Available at SSRN: http://ssrn.com/abstract=889303.
17. Ibid.
18. Ibid.

第15章　損失回避

1. ジャック・D・シュワッガー著『マーケットの魔術師【株式編】《増補版》――米トップ株式トレーダーが語る儲ける秘訣』（パンローリング）
2. Fogel, S. O., and T. Berry. 2006. "The Disposition Effect and Individual Investor Decisions: The Roles of Regret and Counterfactual Alternatives" *Journal of Behavioral Finance* 7(2): 107–116.
3. Heyman, J. E., Y. Orhun, and D. Ariely. 2004. "Auction Fever: The Effect of Opponents and Quasi-endowment on Product Valuations." *Journal of Interactive Marketing* 18(4): 7–21.
4. Novemsky, N., and D. Kahneman. 2005. "How Do Intentions Affect Loss Aversion?" *Journal of Marketing Research* 42 (May): 139–140.
5. List, J. A. 2003. "Does Market Experience Eliminate Market Anomalies?" *Quarterly Journal of Economics* 118(1): 41–71.

31. Hsu, M., M. Bhatt, R. Adolphs, et al. 2005. "Neural Systems Responding to Degrees of Uncertainty in Human Decision-Making." *Science* 310(5754) (December 9): 1680–1683.
32. Deppe, M., W. Schwindt, J. Kramer, et al. 2005. "Evidence for a Neural Correlate of a Framing Effect: Bias-Specific Activity in the Ventromedial Prefrontal Cortex during Credibility Judgments." *Brain Research Bulletin* 67(5) (November 15): 413–421 (Epub July 25, 2005).
33. Holm, H., and P. Nystedt. 2005. "Intra Generational Trust: A Semi Experimental Study of Trust Among Different Generations." *Journal of Economic Behavior and Organization* 58: 403–419.
34. Sanfey, A. G., J. K. Rilling, J. A. Aronson, et al.2003. "The Neural Basis of Economic Decision-Making in the Ultimatum Game." *Science* 300(5626) (June 13): 1755–1758.
35. Winston, J. S., B. A. Strange, J. O'Doherty, and R. J. Dolan. 2002. "Automatic and Intentional Brain Responses during Evaluation of Trustworthiness of Faces." *Nature Neuroscience* 5(3) (March): 192–193, 277–283.
36. Insel, T. R., Shapiro, L. E. 1992. "Oxytocin receptor distribution reflects social organization in monogamous and polygamous voles." *Proceedings of the National Academy of Sciences*. 89(13) (July 1): 5981–5985.
37. Zak, P. J., R. Kurzban, and W. T. Matzner. 2004. "The Neurobiology of Trust." *Annals of the New York Academy of Sciences* 1032 (December): 224–227.
38. Zak, P. J., R. Kurzban, and W. T. Matzner. 2005. "Oxytocin Is Associated with Human Trustworthiness." *Hormones and Behavior* 48: 522–527.
39. Kosfeld, M., M. Heinrichs, P. J. Zak, et al. 2005. "Oxytocin Increases Trust in Humans." *Nature* 435 (June 2): 673–676.

第14章　フレーミング

1. エリック・シュローサー著『ファストフードが世界を食いつくす』（草思社）
2. Personal communication with Camelia Kuhnen, September 30, 2006.
3. Shefrin, H. M., and M. Statman. 1985. "The Disposition to Sell Winners Too Early and Ride Losers Too Long: Theory and Evidence." *Journal of Finance* 40, 777–792.
4. Kahneman, D., and A. Tversky. 1979. "Prospect Theory: An Analysis of Decision under Risk." *Econometrica* 47: 263–291.
5. Ariely, D. 2002. University of California at Berkeley, Psychology and Economics Spring Seminar.
6. De Martino, B., D. Kumaran, B. Seymour, and R. J. Dolan. 2006. "Biases, and Rational Decision-Making in the Human Brain." *Science* 313(5787) (August 4): 684–687.

13. Hausch, D. B., V. Lo, and W. T. Ziemba (eds.). 1994. *The Efficiency of Racetrack Betting Markets.* San Diego: Academic Press.
14. See note 2.
15. Hsee, C. K., and Y. Rottenstreich. 2001. "Money, Kisses, and Electric Shocks: On the Affective Psychology of Risk." *Psychological Science* 12: 185–190.
16. Wright, W., and G. H. Bower. 1992. "Mood Effects on Subjective Probability Assessment." *Organizational Behavior and Human Decision Processes.* 52(2): 276–291.
17. Loewenstein, G., and J. S. Lerner. 2003. "The Role of Affect in Decision Making." *Handbook of Affective Science*, ed. R. Davidson, H. Goldsmith, and K. Scherer. Oxford: Oxford University Press, pp. 619–642.
18. See note 1.
19. See note 2.
20. Ellsberg, D. 1961. "Risk, Ambiguity, and the Savage Axioms." *Quarterly Journal of Economics* 75: 643–669.
21. Kumar, A. 2006. "Valuation Uncertainty and Behavioral Biases," May 31. Available at SSRN: http://ssrn.com/abstract=903820.
22. Bartov, E., P. S. Mohanram, and C. Seethamraju. 2001. "Valuation of Internet Stocks—an IPO Perspective" (April). Available at SSRN: http://ssrn.com/abstract=267928 or DOI: 10.2139/ssrn.267928.
23. Baker, M. and J. Wurgler. 2006. "Investor Sentiment and the Cross-Section of Stock Returns." *The Journal of Finance* 61 (4): 1645–1680.
24. MacGregor, D. G., P. Slovic, D. Dremen, and M. Berry. 2000. "Imagery, Affect, and Financial Judgment." *Journal of Psychology and Financial Markets* 1: 104–110.
25. Francis, J., R. LaFond, P. M. Olsson, and K. Schipper. 2003. "Accounting Anomalies and Information Uncertainty" (February). AFA 2004 San Diego Meetings; EFA 2003 Annual Conference Paper No. 199. Available at SSRN: http://ssrn.com/abstract=414141 or DOI: 10.2139/ssrn.414141.
26. See note 21.
27. Rode, C., L. Cosmides, W. Hell, and J. Tooby. 1999. "When and Why Do People Avoid Unknown Probabilities in Decisions under Uncertainty? Testing Some Predictions from Optimal Foraging Theory." *Cognition* 72(3) (October 26): 269–304.
28. See Note 17.
29. McDonald, H. E., and E. R. Hirt. 1997. "When Expectancy Meets Desire: Motivational Effects in Reconstructive Memory." *Journal of Personality and Social Psychology* 72: 5–23.
30. Camerer, C., and M. Weber M. 1992. "Recent Developments in Modelling Preferences: Uncertainty and Ambiguity." *Journal of Risk and Uncertainty* 5: 325–370.

32. Cymbalista, F. 2003. "George Soros: How He Knows What He Knows: Part 1: The Belief in Fallibility." *Stocks, Futures, and Options* 2(7) (July).
33.ジョージ・ソロス著『ソロスの資本主義改革論――オープンソサエティを求めて』(日本経済新聞社)

第13章　意思を決定する

1. マイケル・J・モーブッシン著『投資の科学――あなたが知らないマーケットの不思議な振る舞い』(日経BP社)
2. Loewenstein, C. K., G. F. Loewenstein, E. U. Weber, and N. Welch. 2001. "Risk as Feelings." *Psychological Bulletin* 2: 267–286.
3. See note 1.
4. Miller, E. K., and J. D. Cohen. 2001. "An Integrative Theory of Prefrontal Cortex Function." *Annual Review of Neuroscience* 24: 167–202.
5. Breiter, H., I. Aharon, D. Kahneman, A. Dale, and P. Shizgal. 2001. "Functional Imaging of Neural Responses to Expectancy and Experience of Monetary Gains and Losses." *Neuron* 30: 619–639.
6. Knutson, B., G. W. Fong, C. S. Adams, and D. Hommer. 2001. "Dissociation of Reward Anticipation versus Outcome with Event-Related fMRI." *NeuroReport* 12: 3683–3687.
7. Knutson, B., C. S. Adams, G. W. Fong, and D. Hommer. 2001. "Anticipation of Monetary Reward Selectively Recruits Nucleus Accumbens." *Journal of Neuroscience* 21: RC159.
8. Knutson, B., G. W. Fong, S. M. Bennett, et al. 2003. "A Region of Mesial Prefrontal Cortex Tracks Monetarily Rewarding Outcomes: Characterization with Rapid Event-Related fMRI." *NeuroImage* 18: 263–272.
9. Ackert, L. F., N. Charupat, R. Deaves, and B. Kluger. 2006. "The Origins of Bubbles in Laboratory Asset Markets" (May). FRB of Atlanta Working Paper No. 2006–6 Available at SSRN: http://ssrn.com/abstract=903159.
10. Slovic, P., M. Finucane, E. Peters, and D. G. MacGregor. 2002. "The Affect Heuristic." In Gilovich, T., D. Griffin, and D. Kahneman (eds.), *Intuitive Judgment: Heuristics and Biases*. New York: Cambridge University Press, pp. 397–420.
11. Fox, C., and A. Tversky. 2000. "A Belief-Based Account of Decision under Uncertainty." In Kahneman, D., and A. Tversky (eds.), *Choices, Values, and Frames*. New York: Cambridge University Press and Russell Sage Foundation, pp. 118–142.
12. Prelec, D. 1998. "The Probability Weighting Function." *Econometrica* 60: 497–528.

(5-HTTLPR) and Anxiety-Related Personality Traits." *American Journal of Medical Genetics. Part B, Neuropsychiatric Genetics.* 127(1) (May 15): 85–89.

15. Zuckerman, M. 1974. "The Sensation-Seeking Motive." In Maher, B. (ed.), *Progress in Experimental Personality Research*, vol. 7. New York: Academic Press, pp 79–148.
16. Zuckerman, M., and D. M. Kuhlman. 2000. "Personality and Risk-Taking: Common Biosocial Factors." *Journal of Personality* 68: 999–1029.
17. Grinblatt, M., M. Keloharju. 2006. "Sensation Seeking, Overconfidence, and Trading Activity" (September 14). Working Paper. http://icf.som.yale.edu/pdf/seminar06–07/Grinblatt.pdf.
18. Cloninger, C. R., R. Adolfsson, and N. M. Svrakic. 1996. "Mapping Genes for Human Personality." *Nature Genetics* 12(1) (January): 3–4.
19. Golimbet, V. E., M. V. Alfimova, I. K. Gritsenko, and R. P. Ebshtein. 2006. "[Dopamine System Genes and Personality Traits of Extraversion and Novelty Seeking]." Zhurnal vyssheĭ nervnoĭ deiatelnosti imeni I P Pavlova. 56(4) (July-August): 457–463. [Article in Russian].
20. Glassman, J.K. 2007. "Become a Better Investor." *Kiplinger's Personal Finance* magazine. (January). http://www.kiplinger.com/magazine/archives/2007/01/glassman.html.
21. Durand, R. B., R. Newby, and J. Sanghani. 2006. "An Intimate Portrait of the Individual Investor" (March). Available at SSRN: http://ssrn.com/abstract=887441.
22. O'Creevy, F., M. N. Nicholson, E. Soane, and P. Willman. 2004. *Traders: Risks, Decisions, and Management in Financial Markets*. Oxford: Oxford University Press.
23. ブレット・スティンバーガー著『精神科医が見た投資心理学』(晃洋書房)
24. Hirschhorn, D. 2007. Personal email communication. (February 16).
25. Lo, A., and D. Repin. 2005. "Fear and Greed in Financial Markets: A Clinical Study of Day-Traders." Presentation to the annual conference of the American Economics Association, Philadelphia, January.
26. Oberlechner, T. 2004. "Perceptions of Successful Traders by Foreign Exchange Professionals." *Journal of Behavioral Finance* 5(1): 23–31.
27. Biais, B., D. Hilton, K. Mazurier, and S. Pouget. 2000. "Psychological Traits and Trading Strategies." Unpublished manuscript.
28. ダニエル・ゴールマン著『ビジネスＥＱ――感情コンピテンスを仕事に生かす』(東洋経済新報社)
29. ジャック・D・シュワッガー著『マーケットの魔術師【株式編】《増補版》――米トップ株式トレーダーが語る儲ける秘訣』(パンローリング)
30. ジョージ・ソロス著『ジョージ・ソロス』(テレコムスタッフ)
31. See note 1.

第12章　パーソナリティーの役割

1. マイケル・J・モーブッシン著『投資の科学――あなたが知らないマーケットの不思議な振る舞い』（日経BP社）
2. ロバート・G・ハグストローム著『バフェットのポートフォリオ――全米No.1投資家の哲学とテクニック』（ダイヤモンド社）
3. ジャック・D・シュワッガー著『マーケットの魔術師【株式編】《増補版》――米トップ株式トレーダーが語る儲ける秘訣』（パンローリング）
4. Dictionary.com. 2006. "Personality." *Dictionary.com.* http://dictionary.reference.com/search?q=personality.
5. McCrae, R. R., and P. T. Costa, Jr. 1996. "Toward a New Generation of Personality Theories: Theoretical Contexts for the Five-Factor Model." In J. S. Wiggins (ed.), *The Five-Factor Model of Personality: Theoretical perspectives* New York: Guilford, pp. 51–87.
6. Caspi, A. 2000. "The Child Is Father of the Man: Personality Continuities from Childhood to Adulthood." *Journal of Personality and Social Psychology* 78: 158–172.
7. See note 5.
8. Goldberg compiled these 300 questions into a new personality assessment tool, which he called the IPIP-NEO. John A. Johnson, a professor at Penn State University, posted Goldberg's phrases online in 1996. As of 2005, at least 175,000 people had answered the test items online. The five clusters remained consistent in others' research as well Costa, P. T., Jr., and McCrae, R. R. 1992. "Normal Personality Assessment in Clinical Practice: The NEO Personality Inventory." *Psychological Assessment* 4: 5–13.
9. Cohen, M. X., J. Young, J. M. Baek, et al. 2005. "Individual Differences in Extraversion and Dopamine Genetics Predict Neural Reward Responses."*Cognitive Brain Research* 25(3) (December): 851–861 (Epub November 11, 2005).
10. Paulus, M. P., C. Rogalsky, A. Simmons, et al. 2003. "Increased Activation in the Right Insula during Risk-Taking Decision Making Is Related to Harm Avoidance and Neuroticism." *Neuroimage* 19(4) (August): 1439–1448.
11. See note 5.
12. Fox, N. A., H. A. Henderson, K. H. Rubin, et al. 2001. "Continuity and Discontinuity of Behavioral Inhibition and Exuberance: Psychophysiological and Behavioral Influences across the First Four Years of Life." *Child Development* 72:1, 1–21.
13. Arnold, P. D., G. Zai, and M. A. Richter. 2004. "Genetics of Anxiety Disorders." *Current Psychiatry Reports* 6(4) (August): 243–254. Review.
14. Sen, S., M. Burmeister, and D. Ghosh. 2004. "Meta-analysis of the Association between a Serotonin Transporter Promoter Polymorphism

8. Goudriaan, A. E., J. Oosterlaan, E. de Beurs, and W. van den Brink. 2006. "Neurocognitive Functions in Pathological Gambling: A Comparison with Alcohol Dependence, Tourette Syndrome and Normal Controls." *Addiction* 101(4) (April): 534–547.
9. Northoff, G., S. Grimm, H. Boeker, et al. 2005. "Affective Judgment and Beneficial Decision Making: Ventromedial Prefrontal Activity Correlates with Performance in the Iowa Gambling Task." *Human Brain Mapping*, December 21.
10. Potenza, M. N., H. C. Leung, H. P. Blumberg, et al. 2003. "An fMRI Stroop Task Study of Ventromedial Prefrontal Cortical Function in Pathological Gamblers." *American Journal of Psychiatry* 160(11) (November): 1990–1994.
11. Green, J. 2003. "The Bookie of Virtue." *Washington Monthly* (June). www.washingtonmonthly.com/features/2003/0306.green.html.
12. Ibid.
13. See note 1.
14. Williams, R. J., and D. Connolly. 2006. "Does Learning about the Mathematics of Gambling Change Gambling Behavior?" *Psychology of Addictive Behaviors* 20(1) (March): 62–68.
15. Floyd, K., J. P. Whelan, and A. W. Meyers. 2006. "Use of Warning Messages to Modify Gambling Beliefs and Behavior in a Laboratory Investigation." *Psychology of Addictive Behaviors* 20(1) (March): 69–74.
16. Kim, S. W., J. E. Grant, D. E. Adson, and Y. C. Shin. 2001. "Double-blind naltrexone and placebo comparison study in the treatment of pathological gambling." *Biological Psychiatry* 49(11) (June 1): 914–921.
17. Grant, J. E., M. N. Potenza, E. Hollander, et al. 2006. "Multicenter Investigation of the Opioid Antagonist Nalmefene in the Treatment of Pathological Gambling." *American Journal of Psychiatry* 163(2) (February): 303–312.
18. Di Chiara, G., and A. Imperato. 1988. "Opposite Effects of Mu and Kappa Opiate Agonists on Dopamine Release in the Nucleus Accumbens and in the Dorsal Caudate of Freely Moving Rats." *Journal of Pharmacology and Experimental Therapeutics* 244: 1067–1080.
19. Jayaram-Lindstrom, N., P. Wennberg, Y. L. Hurd, and J. Franck. 2004. "Effects of Naltrexone on the Subjective Response to Amphetamine in Healthy Volunteers." *Journal of Clinical Psychopharmacology* 24(6) (December): 665–669.
20. Dannon, P.N., K. Lowengrub, E. Musin E, et al. 2005. "Sustained-Release Bupropion versus Naltrexone in the Treatment of Pathological Gambling: A Preliminary Blind-Rater Study." *Journal of Clinical Psychopharmacology* 25(6) (December): 593–596.

10. Schmid, R. E. 2004. "Researchers: Stress Causes Forgetfulness." *Associated Press*. October 28, 9:04 P.M. ET.
11. See note 4.
12. Glaser, R., J. Rice, J. Sheridan, et al. 1987. "Stress-Related Immune Suppression: Health Implications." *Brain Behaviour and Immunity* 1: 7–20.
13. Shelton, S. E., J. D. Berard, and N. H. Kalin. 1997. "Aggression, fear and cortisol in young rhesus monkeys." *Psychoneuroendocrinology* 22: Supplement 2, S198. Presented at the International Society of Psychoneuroendocrinology 28th Annual Meeting, San Francisco, California, July.
14. Birnbaum, S. G., P. X. Yuan, M. Wang, et al. 2004. "Protein Kinase C Overactivity Impairs Prefrontal Cortical Regulation of Working Memory." *Science* 306(5697) (October 29): 882–884.
15. See note 5.
16. Lo, A., and D. Repin. 2002. "The Psychophysiology of Real-Time Financial Risk Processing." *Journal of Cognitive Neuroscience* 14: 323–339.
17. Seligman, M., and S. Maier. 1967. "Failure to Escape Traumatic Shock." *Journal of Experimental Psychology* 74: 1–9.

第11章　リスクへの愛

1. ウィリアム・J・ベネット著『魔法の糸——こころが豊かになる世界の寓話・逸話・説話１００選』（実務教育出版）
2. Kumar, A. 2006. "Who Gambles in the Stock Market?" (July 11). AFA 2006 Boston Meetings Paper Available at SSRN: http://ssrn.com/abstract=686022.
3. 『DSM-IV-TR　精神疾患の診断・統計マニュアル』（医学書院）
4. Franzen, H. 2001. "Gambling—Like Food and Drugs—Produces Feelings of Reward in the Brain." *Scientific American* Online, May 24. www.sciam.com/article.cfm?articleID=0004400A-E6F5–1C5E-B882809EC588ED9F.
5. Goudriaan, A. E., J. Oosterlaan, E. de Beurs, and W. van den Brink. 2006. "Psychophysiological Determinants and Concomitants of Deficient Decision Making in Pathological Gamblers." *Drug and Alcohol Dependence*, March 28.
6. Reuter, J., T. Raedler, M. Rose, et al. 2005. "Pathological Gambling Is Linked to Reduced Activation of the Mesolimbic Reward System." *Nature Neuroscience* 8(2) (February): 147–148 (Epub January 9, 2005).
7. Dodd, M. L., K. J. Klos, J. H. Bower, et al. 2005. "Pathological Gambling Caused by Drugs Used to Treat Parkinson Disease." *Archives of Neurology* 62(9) (September): 1377–1381 (Epub July 11, 2005).

M., J. Krueger, and D. Dunning (eds.), *The Self in Social Judgment.* New York: Psychology Press, pp. 43–64.
5. "Abreast of the Market: Industrials Break 7600 and 7700; Polo Ralph Lauren IPO Surges." 1997. *Wall Street Journal*, June 13.
6. Berns, G. S., J. Chappelow, M. Cekic, et al. 2006. "Neurobiological Substrates of Dread." *Science*, 312(5774) (May 5): 704–706.
7. Miller, L., K. Taber, G. Gabbard, and R. Hurley. 2005. "Neural Underpinnings of Fear and Its Modulation: Implications for Anxiety Disorders." *Journal of Neuropsychiatry and Clinical Neuroscience* 17:1 (February): 1–6.
8. Khan, A., R. L. Kolts, M. H. Rapaport, et al. 2005. "Magnitude of Placebo Response and Drug-Placebo Differences across Psychiatric Disorders." *Psychological Medicine* 35(5) (May): 743–749.
9. Wager, T. D., J. K. Rilling, E. E. Smith, et al. 2004. "Placebo-Induced Changes in fMRI in the Anticipation and Experience of Pain." *Science* 303: 1162–1167.
10. Cohen, J. D. 2005. "The Vulcanization of the Human Brain: A Neural Perspective on Interactions between Cognition and Emotion." *Journal of Economic Perspectives* 19: 3–24.
11. Van Boven, L., and G. Loewenstein. 2003. "Social Projection of Transient Drive States." *Personality and Social Psychology Bulletin* 29: 1159–1168. Described in: Van Boven and Loewenstein, 2005.

第10章　ストレスと燃え尽き症候群

1. スティーブン・ドロブニー著『市場成功者たちの内幕物語』(晃洋書房)
2. Browning, E. S. 2006. "As Stocks Near a High, Pressure Builds for a Professional Investor." *Wall Street Journal*, September 29.
3. Ibid.
4. Sarafino, E. P. 1998. *Health Psychology: Biopsychosocial Interactions*, 3rd ed. New York: John Wiley & Sons.
5. Cramer, J. 2000. "Cramer Rewrites 'The Trading Goddess' 10 Commandments." *The Street.com*, March 11.
6. Ariely, D. 2006. "Large Stakes, Big Mistakes." Presentation to the Stanford Institute of Theoretical Economics, Psychology and Economics Session. (August 7, 2006.)
7. Ibid.
8. Ibid.
9. ロバート・M・サルポルスキー著『なぜシマウマは胃潰瘍にならないか——ストレスと上手につきあう方法』(シュプリンガー・フェアラーク東京)

23. McClure, S. M., M. S. Gilzenrat, and J. D. Cohen. 2004. "An Exploration-Exploitation Model Based on Norepinephrine and Dopamine Activity." *Advances in Neural Information Processing Systems* 18.
24. Ibid.
25. スティーブン・ドロブニー著『市場成功者たちの内幕物語』（晃洋書房）
26. Ibid., pp. 76–77.
27. Ibid.
28. Ibid.
29. Ibid., p. 78.
30. ジャック・D・シュワッガー著『マーケットの魔術師――米トップトレーダーが語る成功の秘訣』（パンローリング）
31. ジャック・D・シュワッガー著『新マーケットの魔術師――米トップトレーダーたちが語る成功の秘密』（パンローリング）
32. Oberlechner, T. 2004. *Psychology of the Foreign Exchange Market.* Chichester, England: John Wiley & Sons.
33. Kahn, H., and C. L. Cooper. 1996. "How Foreign Exchange Dealers in the City of London Cope with Occupational Stress." *International Journal of Stress Management* 3: 137–145.
34. Bloomfield, R., R. Libby, and M. M. Nelson. 1999. "Confidence and the Welfare of Less-Informed Investors." *Accounting, Organizations and Society* 24: 623–647.
35. Zacharakis, A. L., and D. A. Shepherd. 2001. "The Nature of Information and Venture Capitalists' Overconfidence. *Journal of Business Venturing* 16(4): 311–332.
36. Dittrich, D., V. Alexis, W. Guth, and B. Maciejovsky. "Overconfidence in Investment Decisions: An Experimental Approach." *European Journal of Finance* 11(6) (December): 471–491.

第９章　不安、恐怖、緊張感

1. Cramer, J. 2000. "The Game of Calls and Strikes." *TheStreet.com*, March 17.
2. Roth, W. T., G. Breivik, P. E. Jorgensen, and S. Hofmann. 1996. "Activation in Novice and Expert Parachutists while Jumping." *Psychophysiology* 33: 63–72.
3. Monat, A. 1976. "Temporal Uncertainty, Anticipation Time, and Cognitive Coping under Threat." *Journal of Human Stress* 2: 32–43.
4. Van Boven, L., G. Loewenstein, D. Dunning, and N. Welch. 2005. "The Illusion of Courage: Underestimating the Impact of Fear of Embarrassment on the Self." Unpublished manuscript. Described in: Van Boven, L., and G. Loewenstein. 2005. "Cross-Situational Projection." In Alicke,

5. Biais, B., D. Hilton, K. Mazurier, and S. Pouget. 2002. "Psychological Disposition and Trading Behavior." Unpublished manuscript.
6. O'Creevy, F, M. N. Nicholson, E. Soane, and P. Willman. 1998. "Individual and Contextual Influences on the Market Behavior of Finance Professionals." Unpublished manuscript.
7. Svenson, O. 1981. "Are We All less Risky and More Skillful than Our Fellow Drivers?" *Acta Psychologica* 47: 143–148.
8. Fischoff, B. 1977. "Perceived Informativeness of Facts." *Journal of Experimental Psychology: Human Perception and Performance* 3(2): 349–358.
9. Graham, J.R. and Harvey, C.R. 2005. "Expectations, Optimism, and Overconfidence." (April 12). Working Paper. http://icf.som.yale.edu/pdf/seminars04-05/Harvey.pdf.
10. Langer, E. J., and J. Roth. 1975. "Heads I Win, Tails It's Chance: The Illusion of Control as a Function of the Sequence of Outcomes in a Purely Chance Task." *Journal of Personality and Social Psychology* 32: 951–955.
11. Ibid.
12. Ibid.
13. Fischhoff, B., P. Slovic, and S. Lichtenstein. 1982. "Lay Foibles and Expert Fables in Judgments about Risk." *The American Statistician* 36(3): 240–255.
14. Hastorf, A. H., D. J. Schneider, and J. Polefka. 1970. *Person Perception*. Reading, Mass.: Addison-Wesley.
15. Cooper, A., C. Woo, and W. Dunkelberg. 1988. "Entrepreneurs' Perceived Chances for Success." *Journal of Business Venturing* 3: 97–108.
16. Stael von Holstein, C-A. 1972. "Probabilistic forecasting: An Experiment Related to the Stock Market." *Organizational Behavior and Human Performance* 8: 139–158.
17. Russo, J. E., and P. J. Schoemaker. 1992. "Managing Overconfidence." *Sloan Management Review* 33(2): 7–17.
18. Dittrich, D., V. Alexis, W. Guth, and B. Maciejovsky. 2005. "Overconfidence in Investment Decisions: An Experimental Approach." *European Journal of Finance* 11(6) (December): 471–491.
19. Kahneman, D., and M. W. Riepe. 1998. "Aspects of Investor Psychology." *Journal of Portfolio Management* 24(4) (Summer): 52–65.
20. See note 15.
21. Langer, E. 1975. "The Illusion of Control." *Journal of Personality and Social Psychology* 32: 311–328.
22. Presson, P., and Benassi, V. 1996. "Illusion of Control: A Meta-Analytic Review." *Journal of Social Behavior and Personality* 3: 493–510.

7. Kahn, J. 1999. "On-line Brokerages Use Advertising in a Battle for New Customers." *New York Times*, October 4. www.nytimes.com/library/tech/99/10/biztech/articles/04trad.html.
8. Nofsinger, J. R. 2001. *Investment Madness: How Psychology Affects Your Investing ... and What to Do about It*. Upper Saddle River, N.J.: Prentice Hall, p. 129.
9. Levitt, A. 1999. "Plain Talk About On-line Investing." Speech at the National Press Club (May 4); see also Report of NASDR Concerning the Advertisement of On-line Brokerages (September 21, 1999).
10. See note 6.
11. SEC Office of Compliance Inspections and Examinations. 2001. "Examinations of Broker-Dealers Offering On-line Trading: Summary of Findings and Recommendations" 1 (January 26). www.sec.gov/news/studies/online.htm.
12. Cassidy, J. 2002. "The Greed Cycle: How the Financial System Encouraged Corporations to Go Crazy." *The New Yorker*, September 23.
13. Krugman, P. 2002. "Greed Is Bad." *New York Times*, June 4.
14. Kuhnen, C., and B. Knutson. 2005. "The Neural Basis of Financial Risk-Taking." *Neuron*, 47(5) (September 1).
15. Knutson, B., S. Rick, G. E. Wimmer, et al. 2007. "Neural Predictors of Purchases." *Neuron* 4;53(1): 147–156.
16. Heath, R. G. 1964. "Pleasure Response of Human Subjects to Direct Stimulation of the Brain: Physiologic and Psychodynamic Considerations." In Heath, R. G. (ed.), *The Role of Pleasure in Human Behavior* New York: Hoeber, pp. 219–243.
17. Knutson, B., G. W. Fong, S. M. Bennett, et al. 2003. "A Region of Mesial Prefrontal Cortex Tracks Monetarily Rewarding Outcomes: Characterization with Rapid Event-Related fMRI." *NeuroImage* 18: 263–272.
18. Knutson, B., C. S. Adams, G. W. Fong, and D. Hommer. 2001. "Anticipation of Monetary Reward Selectively Recruits Nucleus Accumbens." *Journal of Neuroscience* 21: RC159.

第8章　自信過剰と思い上がり

1. Samuelson, P. 2002. "Is There Life after Nobel Coronation?" *Nobel Web*. http://nobelprize.org/economics/articles/samuelson/index.html.
2. Byrne, J. A., W. C. Symonds, and J. E. Siler. 1991. "CEO Disease." *Business Week*, April 1: 52–60.
3. Lenzner, R. 1998. "John Meriwether, Former Salomon Brothers Trader, Uses Leverage." Investing: Archimedes on Wall Street. *Forbes*, October 19.
4. デビッド・N・ドレマン著『株式投資は心理戦争』（パンローリング）

29. Mellers, B. A., A. Schwartz, K. Ho, and I. Ritov. 1997. "Decision Affect Theory: Emotional Reactions to the Outcomes of Risky Options." *Psychological Science* 8: 423–429.
30. See note 4.
31. Wilson, T. D., T. Wheatley, J. M. Meyers, et al.. 2000. "A Source of Durability Bias in Affective Forecasting." *Journal of Personality and Social Psychology* 78(5) (May): 821–836.
32. Gross, J. J., and R. W. Levenson. 1993. "Emotional Suppression: Physiology, Self-Report, and Expressive Behavior." *Journal of Personality and Social Psychology* 64: 970–986.
33. Keltner, D., K. D. Locke, and P. C. Audrain. 1993. "The Influence of Attributions on the Relevance of Negative Feelings to Personal Satisfaction." *Personality and Social Psychology Bulletin* 19: 21–29.
34. Gasper, K., and G, L. Clore. 1998. "The Persistent Use of Negative Affect by Anxious Individuals to Estimate Risk." *Journal of Personality and Social Psychology* 74: 1350–1363.
35. Lerner, J., and P. E. Tetlock. 1999. "Accounting for the Effects of Accountability." *Psychological Bulletin* 125: 255–275.

第7章　興奮と強欲

1. Securities and Exchange Commission 2000. "SEC Brings Fraud Charges in Internet Manipulation Scheme: Settlement Calls for Return of $285,000 in Illegal Gains." Case 2000-135. Washington, D.C., September 20, 2000. Securities and Exchange Commission Press Release. www.sec.gov/news/press/2000-135.txt.
2. Lewis, M. 2001. "Jonathan Lebed: Stock Manipulator, S.E.C. Nemesis—and 15." *New York Times Magazine*, February 25.
3. "Pump and Dump." 2000. *60 Minutes*. CBS News: New York, October 19.
4. Berg, S. Z. 2000. "Fraudulent Stock Schemes Still Vexing Investors, SEC." *TheStreet.com: Personal Finance: Investing*. TheStreet.com. December 16.
5. Elsbach, K. D., and Barr, P. S. 1999. "The Effects of Mood on Individuals' Use of Structured Decision Protocols." *Organizational Science* 181: 185–194.
6. Office of the New York State Attorney General Eliot Spitzer. 1999. "From Wall Street to Web Street: A Report on the Problems and Promise of the On-line Brokerage Industry." Prepared by Investor Protection Internet Bureau and Securities Bureau, 1189 PLI/Corp 355, 395 (1999). www.oag.state.ny.us/investors/1999_on-line_brokers/brokers.html.

12. Isen, A. M., T. E. Nygren, and F. G. Ashby. 1988. "Influence of Positive Affect on the Subjective Utility of Gains and Losses: It Is Just Not Worth the Risk." *Journal of Personality and Social Psychology* 55(5) (November): 710–717.
13. Isen, A. 1999. "Positive Affect." *Handbook of Cognition and Emotion*, ed. T. Dalgleish and M. Power. Chichester, England: John Wiley & Sons.
14. Lyubomirsky, S., and S. Nolen-Hoeksema. 1995. "Effects of Self-Focused Rumination on Negative Thinking and Interpersonal Problem-Solving." *Journal of Personality and Social Psychology* 69: 176–190.
15. Mellers, B. A., A. Schwartz, and I. Ritov. 1999. "Emotion-Based Choice." *Journal of Experimental Psychology* 128: 332–345.
16. Fogel, S. O., and T. Berry. 2006. "The Disposition Effect and Individual Investor Decisions: The Roles of Regret and Counterfactual Alternatives." *Journal of Behavioral Finance* 7(2): 107–116.
17. Ibid.
18. Hurley, D. 2005. "Divorce Rate: It's Not as High as You Think." *The New York Times*, April 19.
19. Lerner, J. S., D. A. Small, and G. Loewenstein. 2004. "Heart Strings and Purse Strings: Carry-over Effects of Emotions on Economic Transactions." *Psychological Science* 15: 337–341.
20. Ibid.
21. Lerner, J. S., and D. Keltner. 2001"Fear, Anger, and Risk." *Journal of Personality and Social Psychology* 81: 146–159.
22. See note 19.
23. Bodenhausen, D., L. Sheppard, and G. Kramer. 1994. "Negative Affect and Social Judgment: The Differential Impact of Anger and Sadness." *European Journal of Social Psychology* 24(1): 45–62.
24. See note 19.
25. Sieff, E. M., R. M. Dawes, and G. Loewenstein. 1999. "Anticipated versus Actual Responses to HIV Test Results." *American Journal of Psychology* 112(2): 297–311.
26. Read, D., and G. Loewenstein. 1999. "Enduring Pain for Money: Decisions Based on the Perception and Memory of Pain." *Journal of Behavioral Decision Making* 12(1): 1–17.
27. Dunning, D., L. Van Boven, and G. Loewenstein. 2001. "Egocentric Empathy Gaps in Social Interaction and Exchange." In Lawler, E., M. Macey, S. Thye, and H. Walker (eds.), *Advances in Group Processes*, vol. 18. New York: Elsevier Limited, pp. 65–97.
28. Gilbert, D. T., E. C. Pinel, T. D. Wilson, and S. J. Blumberg. 1998. "Immune Neglect: A Source of Durability Bias in Affective Forecasting." *Journal of Personality and Social Psychology* 75(3): 617–638.

H. Goldsmith, and K. Scherer. Oxford: Oxford University Press, pp. 619–642.
14. Ibid.
15. Winkielman, P., K.C. Berridge, and J.L. Wilbarger. 2005. "Unconscious affective reactions to masked happy versus angry faces influence consumption behavior and judgments of value." *Personality and Social Psychology Bulletin* 1: 121–135.
16. Trujillo, J., B. Knutson, M. P. Paulus, P. Winkielman. 2006. "Taking Gambles at Face Value: Effects of Emotional Expressions on Risky Decisions." Working paper. http://www.gsb.stanford.edu/FACSEMINARS/events/marketing/pdfs%202006/2006_04-19_Winkielman_paper2.pdf.

第6章　お金に関する感情

1. Niedenthal, P., J. Halberstadt, and A. Innes-Ker. 1999. "Emotional Response Categorization." *Psychological Review* 106(22): 337–361.
2. Niedenthal, P. M., and S. Kitayama (eds.). 1994. *The Heart's Eye: Emotional Influences in Perception and Attention.* New York: Academic Press.
3. Lerner, J. S. and Keltner, D. (2000). "Beyond Valence: Toward a Model of Emotion-Specific Influences on Judgment and Choice." *Cognition and Emotion 14*: 473–493
4. Loewenstein, G., and J. S. Lerner. 2003. "The Role of Affect in Decision Making." In Davidson, R., H. Goldsmith, and K. Scherer (eds.), *Handbook of Affective Science.* Oxford: Oxford University Press, pp. 619–642.
5. Fredrickson, B. L. 2001. "The Role of Positive Emotions in Positive Psychology: The Broaden-and-Build Theory of Positive Emotions." *American Psychologist* 56*:* 218–226.
6. Lyubomirsky, S., K. M. Sheldon, and D. Schkade. 2005. "The Benefits of Frequent Positive Affect." *Psychological Bulletin* 131: 803–855.
7. Abbe, A., C. Tkach, and S. Lyubomirsky. 2003. "The Art of Living by Dispositionally Happy People." *Journal of Happiness Studies* 4: 385–404.
8. Bodenhausen, G. V., G. P. Kramer, and K. Süsser. 1994. "Happiness and Stereotypic Thinking in Social Judgment." *Journal of Personality and Social Psychology* 66: 621–632.
9. Isen, A. M., and B. Means. 1983. "The Influence of Positive Affect on Decision-Making Strategy." *Social Cognition* 2: 18–31.
10. Forgas, J. P. 1991. "Affect and Social Judgments: An Introductory Review." *Emotion and Social Judgments*, ed. J. P. Forgas. Oxford: Pergamon Press, pp. 3–29.
11. Ibid.

29. Deakin, J. B., Aitken, M. R., Dowson, J. H., et al. 2004. "Diazepam Produces Disinhibitory Cognitive Effects in Male Volunteers." *Psychopharmacology* (Berlin). 173(1–2) (April): 88–97.
30. Lane, S. D., Tcheremissine, O. V., Lieving, L. M., et al. 2005. "Acute Effects of Alprazolam on Risky Decision Making in Humans." *Psychopharmacology* (Berlin), April 14.
31. Morgan, D., K. Grant, H. Gage, et al. 2002. "Social Dominance in Monkeys: Dopamine D2 Receptors and Cocaine Self-Administration," *Nature Neuroscience* 5: 169–174.
32. Ibid.

第5章　直感

1. Browning, E. S. 2006. "Keeping Cool amid Global Strife." *Wall Street Journal*, July 17.
2. Cohen, J. 2005. "The Vulcanization of the Human Brain: A Neural Perspective on Interactions between Cognition and Emotion." *Journal of Economic Perspectives* 19: 3–24.
3. トール・ノーレットランダーシュ著『ユーザーイリュージョン——意識という幻想』（紀伊國屋書店）
4. マイケル・T・カウフマン著『ソロス』（ダイヤモンド社）
5. Cymbalista, F., and D. MacRae. 2004. "George Soros: How He Knows What He Knows, Part 1: The Belief in Fallibility." *Stocks, Futures, and Options*, March 8.
6. Hirshhorn, D. 2007. Personal comunication, February 16.
7. エドウィン・ルフェーブル著『欲望と幻想の市場——伝説の投機王リバモア』（東洋経済新報社）
8. Peters, E., I. M. Lipkus, and M. A. Diefenbach. "The Functions of Affect in Health Communications and in the Construction of Health Preferences." *Journal of Communication* 56: S140–S162.
9. Ibid.
10. Peters, E., and D. Västfjäll. 2005. "Affective Processes in the Decision Making by Older Adults." *Papers from the Workshop on Decision Making Needs of Older Adults*. Working Paper. //www7.nationalacademies.org/csbd/peters_paper.pdf#search=%22fear%20induction%20loss%20aversion%20curve%22.
11. ダニエル・ゴールマン著『ビジネスＥＱ——感情コンピテンスを仕事に生かす』（東洋経済新報社）
12. Ibid., p. 319.
13. Loewenstein, G., and J. S. Lerner. 2003. "The Role of Affect in Decision Making." *Handbook of Affective Science*, ed. R. Davidson,

15. Kim, S. W., J. E. Grant, D. E. Adson, and Y. C. Shin. 2001. "Double-Blind Naltrexone and Placebo Comparison Study in the Treatment of Pathological Gambling." *Biological Psychiatry* 49(11) (June 1): 914–921.
16. Di Chiara, G., and A. Imperato. 1988. "Opposite Effects of Mu and Kappa Opiate Agonists on Dopamine Release in the Nucleus Accumbens and in the Dorsal Caudate of Freely Moving Rats." *Journal of Pharmacology and Experimental Therapeutics* 244: 1067–1080.
17. Jayaram-Lindstrom, N., P. Wennberg, Y. L. Hurd, J. Franck. 2004. *Journal of Clinical Psychopharmacolology*. 24(6) (December): 665–669.
18. Bullock K and L. Koran. 2003. "Psychopharmacology of compulsive buying." *Drugs of Today (Barcelona)* 39(9) (September): 695–700.
19. Saxena S, Maidment KM. 2004. "Treatment of compulsive hoarding." *Journal of Clinical Psychology* 60(11) (November): 1143–1154.
20. Jacobs, A. 2005. "The Adderall Advantage." *New York Times*, July 31. www.nytimes.com/2005/07/31/education/edlife/jacobs31.html?ex=1160280000&en=7662c0a7d4339c43&ei=5070.
21. Phillips, P. 2005. "The 2005 World Series of Poker: How I Blew $350,000. Plus: My Chemical Weapon, Modafinil." Slate.com. July 7.
22. Nesse, R. 2000. "Is the Market on Prozac?" *The Third Culture*, February 28, 2000.
23. ピーター・D・クレイマー著『驚異の脳内薬品――鬱に勝つ「超」特効薬』（同朋舎）
24. Knutson, B.,O. M. Wolkowitz, S. W. Cole, et al. 1998. "Selective Alteration of Personality and Social Behavior by Serotonergic Intervention." *American Journal of Psychiatry* 155: 373–379.
25. Del-Ben, C. M., Deakin, J. F., McKie, S., et al. 2005. "The Effect of Citalopram Pretreatment on Neuronal Responses to Neuropsychological Tasks in Normal Volunteers: An fMRI Study." *Neuropsychopharmacology*, April 13.
26. Lane, S. D., Cherek, D. R., Tcheremissine, O. V., et al. 2005. "Acute Marijuana Effects on Human Risk Taking." *Neuropsychopharmacology* 30(4) (April): 800–809.
27. Lane, S. D., Cherek, D. R., Pietras, C. J., and Tcheremissine, O. V. 2004. "Alcohol Effects on Human Risk Taking." *Psychopharmacology* (Berlin) 172(1) (February): 68–77.
28. Rogers, R. D., Lancaster, M., Wakeley, J., and Bhagwagar, Z. 2004. "Effects of Beta-Adrenoceptor Blockade on Components of Human Decision-Making." *Psychopharmacology* (Berlin), 172(2) (March): 157–164.

2. Aghajanian, G., and E. Sanders-Bush. 2006. "Serotonin." *Neuropsychopharmacology: The Fifth Generation Process.* www.acnp.org/Docs/G5/CH2_15–34.pdf.
3. Grace, A. 2006. "Dopamine." *Neuropsychopharmacology: The Fifth Generation Process.* www.acnp.org/G4/GN401000014/CH014.html.
4. "The Top 300 Prescriptions for 2005 by Number of US Prescriptions Dispensed" 2006. RxList: The Internet Drug Index. www.rxlist.com/top200.htm
5. Reif, A., and K. P. Lesch. "Toward a Molecular Architecture of Personality." *Behavioral Brain Research*, 2003.
6. Canli, T., K. Omura, B. W. Haas, et al. 2005. "Beyond Affect: A Role for Genetic Variation of the Serotonin Transporter in Neural Activation during a Cognitive Attention Task." *Proceedings of the National Academy of Science.* 102(34) (August 23): 12224–12229 (Epub August 10, 2005).
7. Herrmann, M. J., T. Huter, F. Muller, et al. 2006. "Additive Effects of Serotonin Transporter and Tryptophan Hydroxylase-2 Gene Variation on Emotional Processing." *Cerebral Cortex* June 26 (Epub ahead of print).
8. Rogers, R. D., M. Lancaster, J. Wakeley, and Z. Bhagwagar. 2004. "Effects of Beta-Adrenoceptor Blockade on Components of Human Decision-Making." *Psychopharmacology* (Berlin), 172(2) (March): 157–164.
9. Lovallo, W.R., M. al' Absi, K. Blick, T.L. Whitsett, and M.F. Wilson. 1996. Stress-like adrenocorticotropin responses to caffeine in young healthy men. *Pharmacology Biochemistry & Behavior*, 55, 365–36.
10. Kuriyama, S., T. Shimazu, K. Ohmori, N. Kikuchi, et al. 2006. "Green Tea Consumption and Mortality Due to Cardiovascular Disease, Cancer, and All Causes in Japan." *Journal of the American Medical Association* (September 13): 1255–1265.
11. Gesch, C. B., S. M. Hammond, S. E. Hampson, et al. 2002. "Influence of Supplementary Vitamins, Minerals and Essential Fatty Acids on the Antisocial Behaviour of Young Adult Prisoners: Randomised, Placebo-Controlled Trial." *British Journal of Psychiatry*, 181 (July): 22–28.
12. Bernhardt, S. L. 2005. "Bipolar Disorder: Tempering the Mania of Manic Depression." www.have-a-heart.com/bipolar-depression.html.
13. Fieve, R. 1978. *Moodswing: The Third Revolution in Psychiatry.* New York: Bantam Books.
14. 『DSM-IV-TR　精神疾患の診断・統計マニュアル』（医学書院）

第3章　感情の発生源

1. Schultz, W., P. Dayan, P., and P. R. Montague. 1997. "A Neural Substrate of Prediction and Reward." *Science* 275: 1593–1599.
2. Suri, R. E., and W. Schultz. 2001. "Temporal Difference Model Reproduces Anticipatory Neural Activity." *Neural Computation* 13: 841–862.
3. See note 1.
4. Medvec, V. H., S. F. Madey, and T. Gilovich. 1995. "When Less Is More: Counterfactual Thinking and Satisfaction among Olympic Medalists." *Journal of Personality and Social Psychology* 69(4) (October): 603–610.
5. Kirsch, I., and G. Sapirstein. 1998. "Listening to Prozac but Hearing Placebo: A Meta-Analysis of Antidepressant Medication." *Prevention & Treatment* 1 (June).
6. Talbot, M. 2000. "The Placebo Prescription." New York Times, January 9.
7. BBC. 1987. "Shares Plunge after Wall Street Crash." October 19. http://news.bbc.co.uk/onthisday/hi/dates/stories/october/19/newsid_3959000/3959713.stm.
8. Ibid.
9. Kunda, Z. 1990. "The Case for Motivated Reasoning." *Psychological Bulletin* 108(3) (November): 480–498.
10. Ditto, P. H., G. D. Munro, A. M. Apanovitch, et al. 2003. "Spontaneous Skepticism: The Interplay of Motivation and Expectation in Responses to Favorable and Unfavorable Medical Diagnoses." *Personality and Social Psychology Bulletin* 29(9): 1120–1132.
11. Westen, D., P. Blagov, K. Harenski, C. Kilts, and S. Hamann. 2006. "An fMRI Study of Motivated Reasoning: Partisan Political Reasoning in the U.S. Presidential Election." Working paper. October 1. http://www.uky.edu/AS/PoliSci/Peffley/pdf/Westen%20The%20neural%20basis%20of%20motivated%20reasoning.pdf.
12. Ibid.
13. Ibid.
14. Dawson, E., T. Gilovich, and D. Regan. 2002. "Motivated Reasoning and Performance on the Wason Selection Task." *Personality Social Psychology Bulletin* 28: 1379–1387.

第4章　神経化学

1. Foer, J. 2005. "The Adderall Me: My Romance with ADHD Meds." Updated Tuesday, May 10, 2005, at 7:26 A.M. ET. Slate.com. www.slate.com/id/2118315/.

5. Bechara, A., H. Damasio, D. Tranel, and A. R. Damasio. 2005. "The Iowa Gambling Task and the Somatic Marker Hypothesis: Some Questions and Answers." *Trends in Cognitive Sciences* 9(4) (April).
6. Bechara, A., H. Damasio, D. Tranel, and A. R. Damasio. 1997. "Deciding Advantageously before Knowing the Advantageous Strategy." *Science* 275: 1293–1295.
7. ポール・D・マクリーン著『三つの脳の進化——反射脳・情動脳・理性脳と「人間らしさ」の起源』(工作舎)
8. Prabhakaran, V., B. Rypma, and J. D. Gabrieli. 2001. "Neural Substrates of Mathematical Reasoning: A Functional Magnetic Resonance Imaging Study of Neocortical Activation during Performance of the Necessary Arithmetic Operations Test." *Neuropsychology* 15(1) (January): 115–127.
9. Davidson, R. J., D. C. Jackson, and N. H. Kalin NH. 2000. "Emotion, Plasticity, Context, and Regulation: Perspectives from Affective Neuroscience." *Psychological Bulletin* 126: 890.
10. Spencer, H. 1880. *Principles of Psychology.* New York: Appleton Press.
11. Heath, R. G. 1964. "Pleasure Response of Human Subjects to Direct Stimulation of the Brain: Physiologic and Psychodynamic Considerations." In R. G. Heath (ed.), *The Role of Pleasure in Human Behavior*. New York: Hoeber, pp. 219–243.
12. O'Doherty, J., R. Deichmann, H. D. Critchley, and R. J. Dolan. 2003. "Temporal Difference Models and Reward-Related Learning in the Human Brain." *Neuron* 38: 329–337.
13. Karama, S., A. R. Lecours, J. M. Leroux, et al. 2002. "Areas of Brain Activation in Males and Females during Viewing of Erotic Film Excerpts." *Human Brain Mapping* 16(1): 1–13.
14. Rilling, J., D. Gutman, T. Zeh, et al. 2002. "A Neural Basis for Social Cooperation." *Neuron* 35(2): 395.
15. Erk, S., M. Spitzer, A. P. Wunderlich, et al. 2002. "Cultural Objects Modulate Reward Circuitry." *Neuroreport* 13(18): 499–503.
16. Mobbs, D., M. D. Greicius, E. Abdel-Azim, et al. 2003. "Humor Modulates the Mesolimbic Reward Centers." *Neuron* 40(5): 1041–1048.
17. de Quervain, D. J., U. Fischbacher, V. Treyer, et al. 1994. "The Neural Basis of Altruistic Punishment." *Science* 305(5688): 1254.
18. "Lessons from the Brain-Damaged Investor." *Wall Street Journal*, July 21, 2005.
19. Chang, H. K. 2005. "Emotions Can Negatively Impact Investment Decisions" (September). Stanford GSB. www.gsb.stanford.edu/news/research/finance_shiv_invesmtdecisions.shtml.

22. マイケル・J・モーブッシン著『投資の科学――あなたが知らないマーケットの不思議な振る舞い』(日経BP社)
23. Ibid., p. 83.
24. Hirshleifer, D., and T. Shumway. 2003. "Good Day Sunshine: Stock Returns and the Weather." *Journal of Finance* 58(3) (June): 1009–1032.
25. Kamstra, M., L. Kramer, and M. Levi. 2003. "Winter Blues: A SAD Stock Market Cycle." *American Economic Review* 93(1) (March): 324–343.
26. Limpaphayom, P., P. Locke, and P. Sarajoti. 2005. "Gone with the Wind: Chicago Weather and Futures Trading." 2005 FMA Annual Meeting conference paper. www.fma.org/Chicago/Papers/gloom_doom_weather_futures_trading.pdf.
27. Krivelyova, A., and C. Robotti. 2003. "Playing the Field: Geomagnetic Storms and the Stock Market." Working paper, Federal Reserve Bank of Atlanta.
28. Yuan, K. Z., L. Zheng, and Q. Zhu. 2001. "Are Investors Moonstruck? Lunar Phases and Stock Returns." September 5. http://ssrn.com/abstract=283156 or http://dx.doi.org/10.2139/ssrn.283156" \t "_blank.
29. Clarke, R., and M. Statman. 1998. "Bullish or Bearish?" *Financial Analysts Journal*, May/June.
30. Fisher, K., and M. Statman. 2000. "Investor Sentiment and Stock Returns." *Financial Analysts Journal*, March/April.
31. Ibid.
32. Ibid.
33. Fisher, K., and M. Statman. 2004. "Sentiment, Value, and Market-Timing." *Journal of Investing*, Fall: 10–21.

第2章　脳の世界を探る

1. ダニエル・ゴールマン著『ＥＱ――こころの知能指数』(講談社プラスアルファ文庫)
2. アントニオ・R・ダマシオ著『無意識の脳 自己意識の脳――身体と情動と感情の神秘』(講談社)
3. Beer, J. S., R. T. Knight, and M. D'Esposito. 2006. "Controlling the Integration of Emotion and Cognition: The role of Frontal Cortex in Distinguishing Helpful from Hurtful Emotional Information." *Psychological Science* 17 (May): 448–453.
4. Bechara, A., A. R. Damasio, H. Damasio, and S. W. Anderson. 1994. "Insensitivity to Future Consequences Following Damage to Human Prefrontal Cortex." *Cognition* 50: 7–15.

5. Odean, T., and B. Barber. 2000. "Trading Is Hazardous to Your Wealth: The Common Stock Investment Performance of Individual Investors." *Journal of Finance* 55(2): 773–806.
6. Odean, T. 1998. "Are Investors Reluctant to Realize Their Losses?" *Journal of Finance* 53: 1775–1798.
7. Odean, T., and B. Barber. 2000. "You Are What You Trade," *Bloomberg Personal Finance*, May.
8. Odean, T. 1999. "Do Investors Trade Too Much?" *American Economic Review*, December: 1279–1298.
9. Bogle, J. C. 2005. "The Mutual Fund Industry Sixty Years Later: For Better or Worse?" *Financial Analysts Journal* 61(1) (January/February): 15–24.
10. Dalbar Press Release. 2003. DALBAR's 2003 update to the Quantitative Analysis of Investor Behavior (QAIB) www.dalbarinc.com/content/printerfriendly.asp?page=2003071601.
11. Wermers, R. 2000. "Mutual Fund Performance: An Empirical Decomposition into Stock-Picking Talent, Style, Transactions Costs, and Expenses." *Journal of Finance* 55(4) (August).
12. Carhart, M. 1997. "On Persistence in Mutual Fund Performance." *Journal of Finance* 52: 57–82.
13. Wermer, et al., 2006. "Can Mutual Fund Stars Really Pick Stocks? New Evidence from a Bootstrap Analysis." SSRN working paper.
14. Mizrach, B., and S. Weerts. 2004. "Experts Online: An Analysis of Trading Activity in a Public Internet Chat Room." Departmental Working Papers 200412, Rutgers University, Department of Economics.
15. Georgette, J. 2002. "Putting Away the Darts after 14 Years: The *Wall Street Journal*'s Dartboard Ends Its Run." *Wall Street Journal*, April 18.
16. Michaely, R., and K. Womack. 2005. "Market Efficiency and Biases." In Richard Thaler (ed.), *Advances in Behavioral Finance*, vol. II. New York: Russell Sage Foundation.
17. Barber, B., and D. Loeffler. 1993. "The 'Dartboard' Column: Second-Hand Information and Price Pressure." *Journal of Financial and Quantitative Analysis* 28: 273–284.
18. Barber, B., R. Lehavy, M. Nichols, and B. Trueman. 2001. "Can Investors Profit from the Prophets? Security Analyst Recommendations and Stock Returns." *Journal of Finance*, 61, no. 2: 531–563.
19. Fuller, R. 1998. "Behavioral Finance and the Sources of Alpha." *Journal of Pension Plan Investing* 2(3) (Winter).
20. Ibid.
21. An average alpha computed from "returns since inception" versus the benchmarks. Taken from 2Q 2006 report. www.fullerthaler.com/QuarterlyReview/newsltr2006Q2.pdf.

注釈

はじめに

1. マイケル・ルイス著『ライアーズ・ポーカー』(パンローリング)
2. ロジャー・ローウェンスタイン著『最強ヘッジファンドLTCMの興亡』(日経ビジネス人文庫)
3. チャールズ・マッケイ著『狂気とバブル——なぜ人は集団になると愚行に走るのか』(パンローリング)

4. Powers, R. 2005. *Mark Twain: A Life*. New York: Free Press, p. xi.
5. Twain, Mark. 1872. *Roughing It*, Chapter 26. Free Public Domain Books from the Classic Literature Library. http://mark-twain.classic-literature.co.uk/roughing-it/.
6. Ibid.
7. Ibid., Chapter 58.
8. Ibid.
9. Statman, M. 2003. "A Century of Investors." *Financial Analysts Journal* 59(3) (May/June).

第1章　マインドとマーケット

1. Johnson, R. L. 1998. "Day Trading: An Analysis of Public Day Trading at a Retail Day Trading Firm." www.nasaa.org/searchable_files/1405/Day_Trading_Analysis.pdf.
2. Frew, A. 1999. "States Spearhead the Crackdown on Day Trading, but Is It Warranted?" Money.CNN.com. September 1. http://money.cnn.com/1999/09/01/investing/daytrade_regulators/.
3. Karmin, C., and M. Sesit. 2005. "Currency Markets Draw Speculation, Fraud Day Traders Find New Outlet in Foreign-Exchange Wagers; 'A Lot of George Soros Wannabes.'" *Wall Street Journal*, July 26.
4. Barber, B. M., Yi-Tsung Lee, Yu-Jane Liu, and Terrance Odean. 2005. "Who Loses from Trade? Evidence from Taiwan." AFA 2006 Boston Meetings Paper. http://ssrn.com/abstract=529062.

■著者紹介

リチャード・L・ピーターソン（Richard L. Peterson）

マーケット・サイコロジー・コンサルティングの執行役員、『ジャーナル・オブ・ビヘイビアル・ファイナンス』の共同編集者。精神科医の肩書きを持ち、かつては自身もトレードをしていた。さまざまな雑誌・メディアに論文を発表・寄稿している。投資のプロを対象にして世界中でセミナーを開催しており、http://www.marketpsych.com/ と http://www.richard.peterson.net/ の２つのホームページを運営している。テキサス大学で理学士号ならびに医学博士号を修得し、サンフランシスコのベイエリアで精神科の研修期間を終え、スタンフォード大学にて神経経済学の博士研究を行った。今後は、計量心理学に基づくヘッジファンドを運営することを計画している。現在、妻と娘とロサンゼルスに在住。

■監修者紹介

長尾慎太郎（ながお・しんたろう）

東京大学工学部原子力工学科卒。日米の銀行、投資顧問会社、ヘッジファンドなどを経て、現在は大手運用会社勤務。訳書に『魔術師リンダ・ラリーの短期売買入門』『タートルズの秘密』『新マーケットの魔術師』『マーケットの魔術師【株式編】』（いずれもパンローリング、共訳）、監修に『ゲイリー・スミスの短期売買入門』『バーンスタインのデイトレード入門』『究極のトレーディングガイド』『マーケットのテクニカル秘録』『高勝率トレード学のススメ』『フルタイムトレーダー完全マニュアル』『新版　魔術師たちの心理学』『トレーディングエッジ入門』『スイングトレードの法則』『エリオット波動入門』『EVトレーダー』『ロジカルトレーダー』『ターブ博士のトレード学校　ポジションサイジング入門』『フィボナッチトレーディング』『フィボナッチブレイクアウト売買法』『アルゴリズムトレーディング入門』『クオンツトレーディング入門』『イベントトレーディング入門』『スイングトレード大学』『オニールの成長株発掘法【第４版】』『コナーズの短期売買実践』『トレードの教典』など、多数。

■訳者紹介

岡村桂（おかむら・かつら）

青山学院大学国際政治経済学部を卒業。現在はフリーランスで翻訳家。訳書に、『インベストメント・スーパースター』『バーンスタインのデイトレード入門』『バーンスタインのデイトレード実践』『富者の集中投資 貧者の分散投資』『投資価値理論』（以上パンローリング）、『ハーバード・ビジネス・エッセンシャルズ　変革力』『ハーバード・ビジネス・エッセンシャルズ　交渉力』（以上講談社）、『富への道の教え』（PHP研究所）、『キャッツ！　ネコに学ぶ組織を変える９つの教え』（TOブックス）など。

2011年9月2日　初版第1刷発行
2018年9月1日　　　第2刷発行

ウィザードブックシリーズ⑱④

脳とトレード
──「儲かる脳」の作り方と鍛え方

著　者　リチャード・L・ピーターソン
監修者　長尾慎太郎
訳　者　岡村桂
発行者　後藤康徳
発行所　パンローリング株式会社
〒160-0023　東京都新宿区西新宿7-9-18-6F
TEL 03-5386-7391　FAX 03-5386-7393
http://www.panrolling.com/
E-mail　info@panrolling.com
編　集　エフ・ジー・アイ（Factory of Gnomic Three Monkeys Investment）合資会社
装　丁　パンローリング装丁室
組　版　パンローリング制作室
印刷・製本　株式会社シナノ

ISBN978-4-7759-7151-2

マーク・ダグラスの遺言と
トレーダーで成功する秘訣
トレード心理学の大家の集大成！

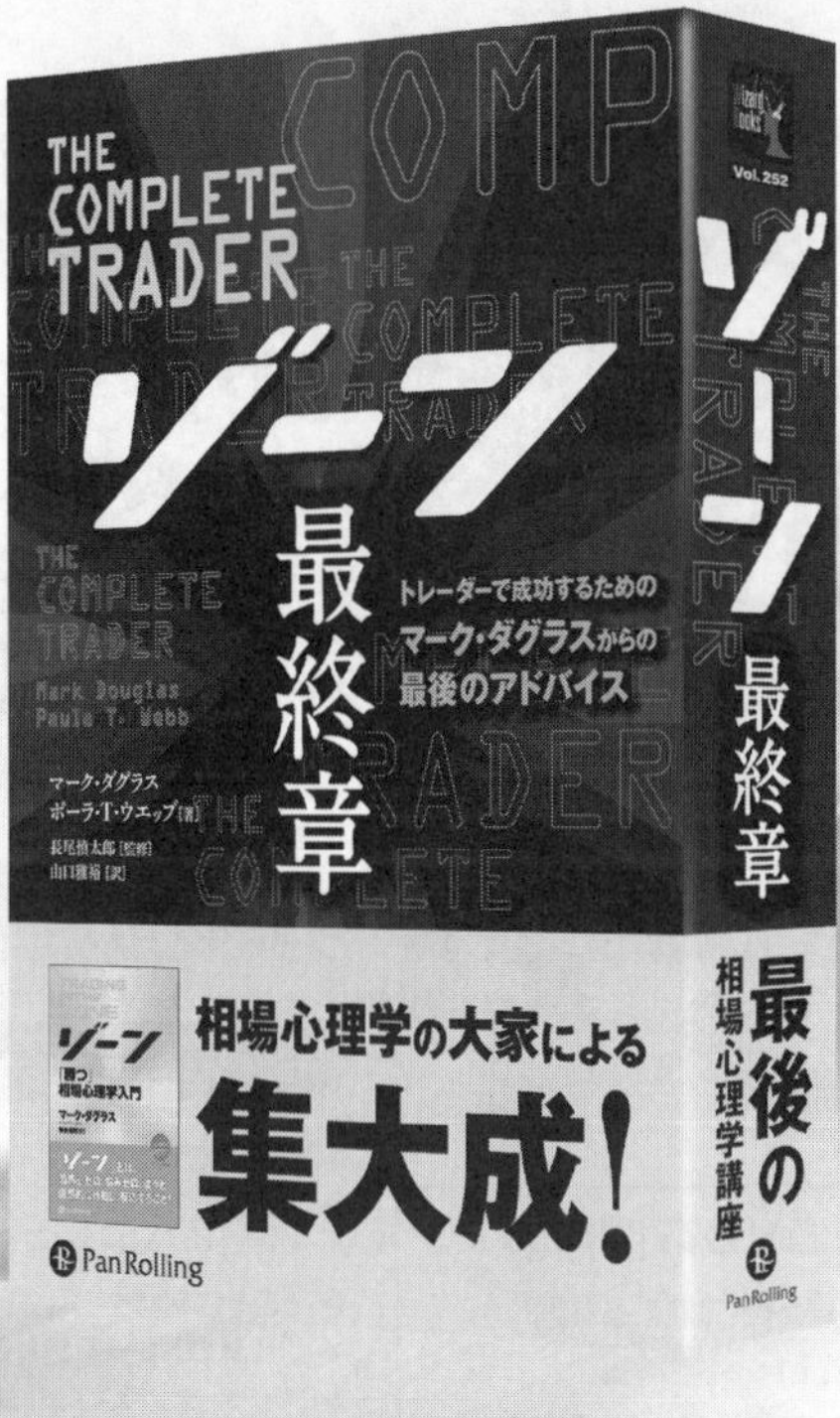

ゾーン　最終章

四六判 558頁　**マーク・ダグラス，ポーラ・T・ウエッブ**

定価 本体2,800円+税　ISBN 9784775972168

1980年代、トレード心理学は未知の分野であった。創始者の一人であるマーク・ダグラスは当時から、今日ではよく知られているこの分野に多くのトレーダーを導いてきた。

彼が得意なのはトレードの本質を明らかにすることであり、本書でもその本領を遺憾なく発揮している。そのために、値動きや建玉を実用的に定義しているだけではない。市場が実際にどういう働きをしていて、それはなぜなのかについて、一般に信じられている考えの多くを退けてもいる。どれだけの人が、自分の反対側にもトレードをしている生身の人間がいると意識しているだろうか。また、トレードはコンピューター「ゲーム」にすぎないと誤解している人がどれだけいるだろうか。

読者はトレード心理学の大家の一人による本書によって、ようやく理解するだろう。相場を絶えず動かし変動させるものは何なのかを。また、マーケットは世界中でトレードをしているすべての人の純粋なエネルギー —— 彼らがマウスをクリックするたびに発するエネルギーや信念 —— でいかに支えられているかを。本書を読めば、着実に利益を増やしていくために何をすべきか、どういう考え方をすべきかについて、すべての人の迷いを消し去ってくれるだろう。

ブレット・N・スティーンバーガー

ニューヨーク州シラキュースにある SUNY アップステート医科大学で精神医学と行動科 学を教える客員教授。2003 年に出版された『精神科医が見た投資心理学』（晃洋書 房）の著書がある。シカゴのプロップファーム（自己売買専門会社）であるキングズ トリー・トレーディング社のトレーダー指導顧問として、多くのプロトレーダーを指 導・教育したり、トレーダー訓練プログラムの作成などに当たっている。

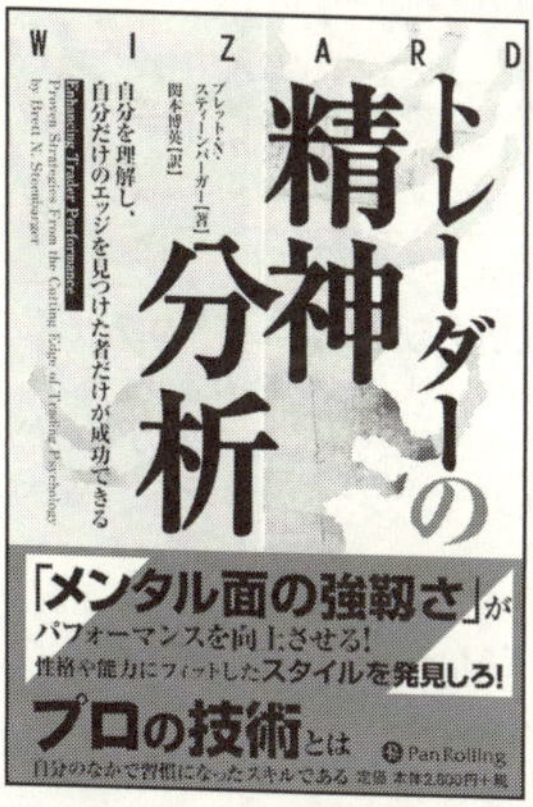

ウィザードブックシリーズ 126

トレーダーの精神分析

自分を理解し、自分だけのエッジを見つけた者だけが成功できる

定価 本体2,800円+税　ISBN:9784775970911

性格や能力にフィットしたスタイルを発見しろ！


「メンタル面の強靭さ」がパフォーマンスを向上させる！

「プロの技術とは自分のなかで習慣になったスキルである」

メンタル面を鍛え、エッジを生かせば、成功したトレーダーになれる！

トレーダーのいろいろなメンタルな問題にスポットを当て、それを乗り切る心のあり方などをさらに一歩踏み込んで紹介。

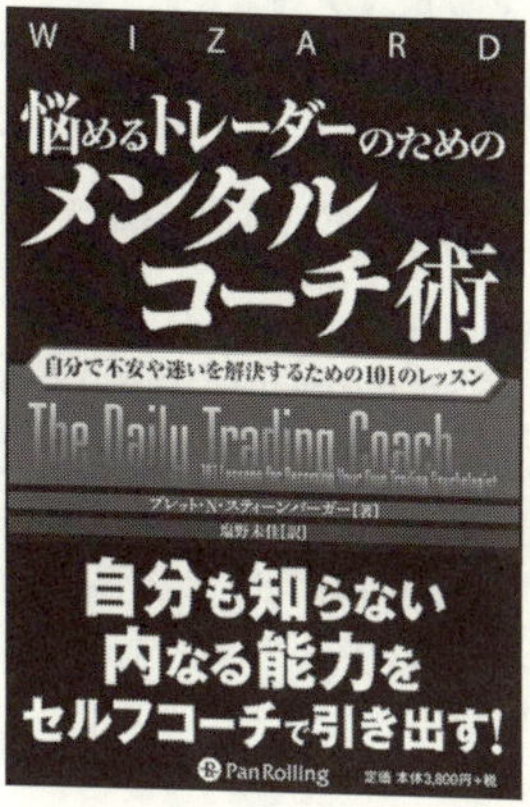

ウィザードブックシリーズ 168

悩めるトレーダーのためのメンタルコーチ術

定価 本体3,800円+税　ISBN:9784775971352

不安や迷いは自分で解決できる！


トレードするとき、つまりリスクと向き合いながらリターンを追求するときに直面する難問や不確実性や悩みや不安は、トレードというビジネス以外の職場でも夫婦・親子・恋人関係でも、同じように直面するものである。

読者自身も知らない、無限の可能性を秘めた潜在能力を最大限に引き出すとともに明日から適用できる実用的な見識や手段をさまざまな角度から紹介。

アリ・キエフ

精神科医で、ストレス管理とパフォーマンス向上が専門。ソーシャル・サイキアトリー・リサーチ・インスティチュートの代表も務める博士は、多くのトレーダー にストレス管理、ゴール設定、パフォーマンス向上についての助言を行っている。

ウィザードブックシリーズ 107

トレーダーの心理学 トレーディングコーチが伝授する達人への道

定価 本体2,800円+税　ISBN:9784775970737

人生でもトレーディングでも成功するためには、勝つことと負けることにかかわるプレッシャーを取り除く必要がある。実際、勝敗に直接結びつくプレッシャーを乗り越えられるかどうかは、成功するトレーダーと普通のトレーダーを分ける主な要因のひと つになっている。
トレーディングの世界的コーチが伝授する
成功するトレーダーと消えていくトレーダーの違いとは?

トレード心理学の四大巨人 不朽不滅の厳選ロングセラー

マーク・ダグラス　ブレット・N・スティーンバーガー　アリ・キエフ　ダグ・ハーシュホーン

トレーダーや投資家たちが市場に飛び込んですぐに直面する問題とは、マーケットが下がったり横ばいしたりすることでも、聖杯が見つけられないことでも、理系的な知識の欠如によるシステム開発ができないことでもなく、自分との戦いに勝つことであり、どんなときにも揺るがない規律を持つことであり、何よりも本当の自分自身を知るということである。つまり、トレーディングや投資における最大の敵とは、トレーダー自身の精神的・心理的葛藤のなかで間違った方向に進むことである。これらの克服法が満載されたウィザードブックを読めば、次のステージに進む近道が必ず見つかるだろう!!